Sehenswürdigkeiten entlang der Autobahn

Touristische Hinweisschilder – wofür sich ein Abstecher lohnt

Bassermann

ISBN: 978-3-8094-3200-5

1. Auflage

Bildnachweis: Fotos von Josef Jung und Karl Kammerlander, Limburg

Umschlaggestaltung: Atelier Versen, Bad Aibling
Projektleitung: Martha Sprenger
Herstellung: Sonja Storz

Layout und Satz: JUNG MEDIENPARTNER GmbH, Limburg

Verlagsgruppe Random House FSC® N001967
Das für dieses Buch verwendete FSC®-zertifizierte Papier *Szolofszet* liefert
ANTALIS HUNGARY KFT., Ungarn.

Druck und Bindung: Alföldi, Debrecen

Printed in Hungary

Inhalt

Erklärungen zur Nutzung dieses Buches

Durch die Touristischen Unterrichtungstafeln, wie die braunen Schilder an der Autobahn offiziell genannt werden, sollen Reisende auf den Autobahnen über Landschaften, Regionen, Sehenswürdigkeiten und Städte, an denen sie gerade vorbeifahren, informiert werden. Oft ist es einfach nur der Hinweis auf einen bestimmten Großraum, in dem man sich gerade befindet, wie zum Beispiel der Schwarzwald oder die Sächsische Schweiz. Andererseits wird auch auf bestimmte Naturschutzgebiete und Naturparks hingewiesen oder auch ganz konkret auf bestimmte Einzelziele wie historische Städte, Bauwerke, Naturdenkmale, interessante Museen oder andere Sehenswürdigkeiten.

Das vorliegende Buch soll dazu dienen, dass sich Reisende bereits vor Antritt der Fahrt informieren können, welche Sehenswürdigkeiten sich an der geplanten Autobahn-Reiseroute befinden, damit man diese besuchen kann. Natürlich kann man als Beifahrer auch spontan im Buch nachlesen, wenn man ein „braunes Schild" an der Autobahn sieht. Die Beschreibungen zu den Schildern sind Kurzinformationen, die einen ersten Eindruck vermitteln. Detaillierte Informationen finden Sie unter den angegebenen Internetadressen.

Die jeweiligen Tafeln stehen in der Regel etwa 2 bis 3 Kilometer vor einer Ausfahrt (offiziell Anschlussstelle = AS). Jedoch ist nicht immer die nächste Ausfahrt die verkehrstechnisch günstigste. Das Buch gibt am Rand die jeweilige Nummer der Ausfahrt/Anschlussstelle mit der am schnellsten zum Ziel führenden Bundes- oder Landesstraße an (z.B.: AS 133 Hermeskeil > B52, L148). Dies gilt nicht für die Hinweistafeln auf Großgebiete, wie Eifel, Rheingau oder Wattenmeer, die kein bestimmtes Einzelziel darstellen; für diese wird nur eine der möglichen Ausfahrten angegeben.

Wichtiger Hinweis:

Bitte beachten Sie, dass Autor und Verlag für die Vollständigkeit aller Unterrichtungstafeln keine Gewähr übernehmen können.
Da es auf den Autobahnen ständige Veränderungen durch Neubau- und Ausbaustrecken gibt, werden bestehende Tafeln auch aus bautechnischen oder sicherheitstechnischen Gründen wieder entfernt und andererseits auch ständig neue Tafeln aufgestellt. Oft sind die Tafeln auch das Ziel von Wandalismus oder sogenannten „Graffiti-Künstlern" und müssen zu Restaurierungszwecken zeitweilig entfernt werden.

Die in diesem Buch aufgeführten Unterrichtungstafeln wurden von August 2013 bis März 2014 durch eine Bestandsaufnahme ermittelt. Zu diesem Zweck wurden alle Autobahnen in Deutschland abgefahren um den aktuellen Stand zu ermitteln und die Schilder zu fotografieren. Leider war es aus Sicherheitsgründen nicht immer möglich alle Unterrichtungstafeln zu fotografieren und möglicherweise wurden auch einige übersehen. Wir würden uns aber sehr freuen, wenn Sie uns informieren, falls Ihnen im Buch fehlende oder neue Tafeln bekannt sind. Schreiben Sie eine E-Mail an: kundenservice@randomhouse.de, damit wir diese bei einer anstehenden Nachauflage ergänzen können. Wir freuen uns auf Ihre Zuschriften.
Herzlichen Dank.

Danksagung

Wir bedanken uns für die besondere Unterstützung und Hilfe bei der Ermittlung der Touristischen Unterrichtungstafeln durch:

- die TMB Tourismus-Marketing Brandenburg GmbH, Potsdam, Herrn Dirk Wetzel,

- das Landesverwaltungsamt Sachsen-Anhalt, Halle, Referat 307 – Verkehrswesen, Frau Anja Nitschke,

- das Landesamt für Straßenbau und Verkehr Sachsen, Dresden, Presse- und Öffentlichkeitsarbeit, Frau Isabel Siebert und

- den Landesbetrieb Straßenbau und Verkehr, Schleswig-Holstein, Kiel, Herrn Dieter Bock.

AS 9 Oldenburg-Nord, > K41

Im **Wallmuseum Oldenburg** können die Besucher das größte archäologische Bodendenkmal der Slawen in Schleswig-Holstein bewundern. Auf dem Gelände, auf dem schon früher eine Slawensiedlung bestand, kann man in die Geschichte eintauchen. Sehenswert sind hier unter anderem das Pfahldorf, alte Scheunen und die Wallseewiese.

@ www.oldenburger-wallmuseum.de

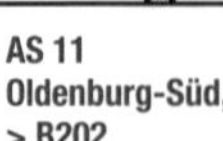

AS 11 Oldenburg-Süd, > B202

Die **Hohwachter Bucht** liegt östlich von Kiel. Hier kann man naturbelassene Wälder, Naturstrände und die einzigartige Steilküste genießen, aber auch viele Freizeitmöglichkeiten nutzen. Wassersportler, Golfer, Radfahrer, Wanderer und Reiter finden hier hervorragende Bedingungen vor. Kunstfreunde kommen in den zahlreichen Galerien und Ateliers auf ihre Kosten. Spaß für Kinder ist im „Piratenlager“ in Hohwacht, einem Abenteuer-Spielplatz, garantiert.

@ www.hohwachterbucht.de

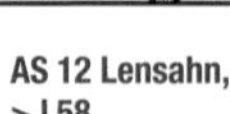

AS 12 Lensahn, > L58

Kloster Cismar. Heute ist nur noch die Kirche vom ehemaligen Benediktinerkloster erhalten. Die im 13. Jahrhundert erbaute gewaltige Klosteranlage zählt zu den bedeutendsten Bauwerken der norddeutschen Backsteingotik. Eine Kostbarkeit ist der geschnitzte Altarschrein mit mehr als 120 Einzelfiguren. Interessierte können an Führungen teilnehmen.

@ www.cismar.de/kloster.htm

AS 15 Eutin

Im **Naturpark Holsteinische Schweiz** erfreuen sich die Besucher an der vielfältigen Landschaft mit zahlreichen Seen und Wäldern, die vielen seltenen Tieren, wie dem Seeadler, einen geschützten Lebensraum bietet. Sehenswert sind auch die historischen Wasser- und Windmühlen.

@ www.naturpark-holsteinische-schweiz.de

AS 14
Neustadt-Mitte,
> K45

Der **HANSA-PARK Sierksdorf** kann sich rühmen, der einzige Erlebnispark Deutschlands zu sein, der an einem Meer liegt – nämlich an der Ostsee. Seit 1980 wurde er kontinuierlich erweitert. Er bietet seinen Besuchern mit zahlreichen Fahrgeschäften, Shows und spektakulären Vergnügungsanlagen ein abwechslungsreiches Programm für die ganze Familie. Für Stärkung zwischendurch sorgen verschiedenartige Restaurants und Kioske. Für jeden Geschmack ist etwas dabei.

@ www.hansapark.de

Altstadt und Schloss Eutin

AS 15 Eutin,
> B76

Altstadt und Schloss Eutin liegen inmitten einer herrlichen Seenlandschaft. Im Frühmittelalter wurde die Stadt unter dem slawischen Namen „Utin" gegründet und hat sich zu einer modernen Stadt mit historischer Altstadt entwickelt. Das Schloss, dessen Innenausstattung größtenteils erhalten ist, ging aus einer Burganlage hervor. Heute ist hier ein Museum untergebracht, auch kulturelle Veranstaltungen werden angeboten.

@ www.schloss-eutin.de

AS 22 Lübeck-Zentrum

Zum **UNESCO-Weltkulturerbe** gehört die **Hansestadt Lübeck**. Eine Stadt, die sich mit ihren über 200.000 Einwohnern zu einem Produktions- und Dienstleistungszentrum an der Ostsee entwickelt hat. Sehenswürdigkeiten sind unter anderem der größte Fährhafen Europas, das Holstentor, die sieben Türme und das Buddenbrookhaus.

@ www.luebeck.de

AS 28
Großhansdorf,
> L224

Schloss Ahrensburg. Das 400 Jahre alte Ahrensburger Schloss wurde als Museum und als Wahrzeichen, als Veranstaltungsort und Treffpunkt für viele Besucher zu einem attraktiven Anziehungspunkt der Region. Unzählige Veranstaltungen, wie der historische Mittelaltermarkt, sind prägend für das moderne kulturelle Leben in Ahrensburg.

@ www.schloss-ahrensburg.de

AS 55 Bremen-Hemlingen

UNESCO-Welterbe Bremer Rathaus und Roland. Zu den bekanntesten Wahrzeichen der Hansestadt gehören das Rathaus aus dem 15. Jahrhundert, die Roland-Statue und die Bremer Stadtmusikanten. Seit dem Jahr 1404 wacht die Roland-Statue vor dem Rathaus über die hanseatische Freiheit. @ www.bremen-tourismus.de

AS 59 Groß Ippener

Der **Naturpark Wildeshauser Geest** ist ein 1500 Quadratkilometer großes Tiefland mit Wäldern, Mooren, Heide, Flüssen und Seen. Dazwischen liegen kleine idyllische Ortschaften, die man über gut ausgeschilderte Rad- und Wanderwege erkunden kann. Auch Golfer und Wasserwanderer sind willkommen. @ www.wildegeest.de

AS 60 Wildeshausen-Nord, > B213

Urgeschichtliches Zentrum Wildeshausen. Eingebunden in das Urgeschichtliche Zentrum sind die großen Steine von Kleinenkneten und das Pestruper Gräberfeld. Sie gehören zu den vorgeschichtlichen Denkmälern von Wildeshausen im Landkreis Oldenburg, deren Entstehung bis zur Eiszeit zurückreicht. @ www.wildeshausen.de

AS 62 Ahlhorner Heide

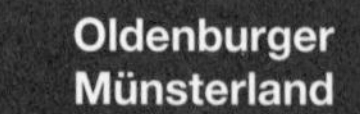

Im **Oldenburger Münsterland** bieten sich dem Touristen zahlreiche Wander- und Wassersportmöglichkeiten. @ www.oldenburger-muensterland.de

AS 63 Kreuz Cloppenburg, > B72

Das **Freilichtmuseum Cloppenburg** zeigt auf einer Fläche von 15 Hektar neben einer Anzahl von Bauern- und Herrenhäusern auch historische Mühlen, eine Kirche und weitere Sehenswürdigkeiten. Den Besucher empfängt dazu ein breites Angebot an Gärten mit barocken Parkornamenten und Bauerngärten. @ www.museumsdorf.de

Der **Kulturschatz Artland** ist eine Region im Landkreis Osnabrück und präsentiert auf 180 Quadratkilometern einzigartige Kulturschätze und eine Vielzahl historischer Fachwerkhöfe. Das Gebiet ist ein Paradies für Wanderer, Radler und Familienurlauber. Man kann seinen Mut in einem Hochseilgarten beweisen oder an einer Draisinenfahrt teilnehmen.

@ www.tourismus-artland.de

Das **Industrie Museum Lohne** in der gleichnamigen Stadt hat sich der industriellen Geschichte Lohnes und der Region verschrieben. 1988 eröffnet, zog das Museum 2000 in einen Neubau um und ist heute ein kulturelles Zentrum der Region. Neben Dauer- und Sonderausstellungen finden auch andere kulturelle Veranstaltungen statt.

@ www.industriemuseum-lohne.de

Dümmer Dammer Berge. Der Naturpark Dümmer erstreckt sich über rund 500 Quadratkilometer. Herzstücke des Parks sind die Dammer Berge und der Dümmer, Niedersachsens zweitgrößter Binnensee. Freunde des Wassersports kommen hier auf ihre Kosten. Im Frühjahr und im Herbst nutzen Kraniche den Naturpark als Rastplatz.

@ www.naturpark-duemmer.de

Tuchmacher Museum Bramsche. Seit 1997 kann man im Tuchmacher Museum Bramsche auf einer Fläche von 2000 Quadratmetern Industriegeschichte hautnah erleben und bei einer Führung durch die Werkhalle gleichzeitig erfahren, wie schwer das Leben und die Arbeit für die Menschen im 18. und 19. Jahrhundert waren. Es finden auch Lesungen, Konzerte und andere kulturelle Veranstaltungen statt.

@ www.tuchmachermuseum.de

AS 68
Bramsche,
> B218

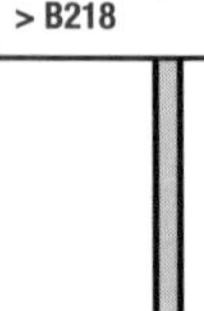

Varusschlacht. Beweise für den genauen Ort der Varusschlacht zwischen Germanen und Römern fehlen bis heute. Dass diese 9 n. Chr. stattfand, gilt aber als sicher. Bei Bramsche-Kalkriese hat man viele Beweise für eine Schlacht aus dieser Zeit gefunden und ein Museum errichtet. Doch war es wirklich die Varusschlacht?

@ www.kalkriese-varusschlacht.de

AS 70
Osnabrück-
Nord, > B68

Im **Museum Industriekultur Osnabrück** wird ein Blick in die Geschichte des Steinkohleabbaus möglich. Seit 1871 wird im Haseschachtgebäude des Museums die Industrialisierung der Region dargestellt. Hier kann man historische Dampfmaschinen in Aktion erleben. Der gläserne Aufzug entführt Besucher in die Welt der Bergwerkstollen. Anschließend kann man im Museumscafé entspannen.

@ www.industriekultur-museumos.de

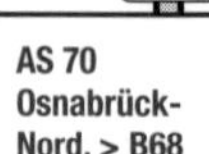

AS 70
Osnabrück-
Nord, > B68

Osnabrück, Rathaus des Westfälischen Friedens

Osnabrück – Rathaus des Westfälischen Friedens. In dem im Jahr 1512 fertiggestellten Rathaus wurde der Dreißigjährige Krieg mit dem Westfälischen Frieden beendet – wie auch in Münster. Besonders sehenswert sind der Friedenssaal mit seinen Gemälden und die Schatzkammer mit einer Nachbildung des Friedensvertrags. @ www.osnabrueck.de

AS 73
Lengerich

Tecklenburger Land

Tecklenburger Land. Den Namen hat die seenreiche Region im nördlichen Westfalen von der Burg Tecklenburg, die über mehrere Jahrhunderte der Sitz der Grafenfamilie war. @ www.tecklenburger-land-tourismus.de

AS 74
Ladbergen

Münsterland

Das **Münsterland** ist eine Region im Nordwesten Westfalens mit einer Fläche von rund 8000 Quadratkilometern. Es wird geprägt von Hügellandschaften und den Tälern der Flüsse Ems und Lippe. @ www.muensterland.de

Münster – Rathaus des Westfälischen Friedens. In dem historischen Rathaus wurden die Verhandlungen zum Westfälischen Frieden geführt. Das Rathaus, ein gotischer Bau aus der Mitte des 14. Jahrhunderts, wurde im Zweiten Weltkrieg zerstört, aber in den Fünfzigerjahren wieder aufgebaut. @ www.muenster.de

Schloss Nordkirchen – Westfälisches Versaille. Das barocke Wasserschloss wird auch das „Westfälische Versailles" genannt und braucht sich nicht hinter dem französischen Namensgeber zu verstecken. Über Jahrhunderte haben berühmte Baumeister und Gartenkünstler ein Meisterwerk geschaffen. @ www.schloss-nordkirchen.de

Historischer Stadtkern Werne. Die Gründung der Stadt lässt sich bis ins Jahr 800 zurückverfolgen. Den historischen Stadtkern von Werne präsentieren das Alte Rathaus, die Christophorus-Kirche, das so genannte Wärmehäuschen, das Stadtmuseum am Kirchhof, das Steinhaus und das Kapuzinerkloster. @ www.werne.de

Industrie · Kultur · Landschaft Metropole Ruhr

Industrie · Kultur · Landschaft Metropole Ruhr. Der Großraum hat eine Wandlung vom Kohlerevier zu einer Kultur-Landschaft vollzogen. @ www.ruhr-tourismus.de

Industriekultur Lindenbrauerei Unna. Einige Teile der 1859 erbauten und 1979 stillgelegten Brauerei stehen unter Denkmalschutz. In den großen Hallen ist heute der Verein „Lindenbrauerei e.V." kulturell tätig und veranstaltet in dem Kulturzentrum Ausstellungen, Lesungen und Konzerte – von Pop bis Klassik. @ www.lindenbrauerei.de

AS 88 Hagen-Süd, > B54, B7

Schloss Hohenlimburg ist die wohl einzige mittelalterliche Höhenburg in Westfalen, die noch fast original erhalten ist. Ganzjährig wird hier ein Kultur- und Unterhaltungsprogramm angeboten. 2008 wurden der Höhengarten, der Wehrgang und das Kaltwalzmuseum restauriert. Das Schloss bietet ein schönes Ambiente für das jährlich stattfindende Märchenfest.

@ www.schloss-hohenlimburg.de

AS 94 Wuppertal-Ronsdorf

Bergisches Land

Bergisches Land. Das Bergische Land bietet aktiven wie auch Ruhe suchenden Gästen attraktive Freizeitmöglichkeiten – Sport in landschaftlich wunderschöner Umgebung, Kultur-, Kur- und Wellnessangebote stehen zur Auswahl. Freunde kulinarischer Genüsse erfreuen sich an den regionalen Spezialitäten. @ www.dasbergische.de

AS 94 Wuppertal-Ronsdorf

Industrieland NRW Metallverarbeitung im Bergischen Städtedreieck. Das einwohnerreichste Bundesland ist eine der wirtschaftsstärksten Regionen in Europa. So ist Nordrhein-Westfalen durch Erdöl-, Kohle- und Grundstoffchemie das Energieland Nummer 1 in der Bundesrepublik. Messer, Zange und eine Radnabe stehen für die bergische Schneidwaren-, Werkzeug- und Automotive-Industrie in der Region rund um Solingen, Remscheid und Wuppertal.

@ www.nrw.de, @ www.bergisches-dreieck.de

Deutsches Röntgen-Museum Deutsches Werkzeugmuseum. Einem der berühmtesten Söhne der Stadt, Wilhelm Conrad Röntgen, wurde in Remscheid-Lennep ein Museum errichtet, das sich mit dem Leben und Schaffen des Wissenschaftlers befasst. Das Werkzeugmuseum zeigt die Entwicklung des Werkzeugs von der Steinzeit bis heute. Unter anderem sind zwei Schmieden und eine historische Fabrikhalle zu besichtigen.

@ www.roentgenmuseum.de
@ www.werkzeugmuseum.org

Hückeswagen Historischer Stadtkern. Der gesamte historische Stadtkern steht unter Denkmalschutz. Bestimmt wird das Ensemble durch das gräfliche Schloss, das sich, wie die Paulskirche, Johanniskirche und katholische Pfarrkirche, im Stadtzentrum befindet. @ www.hueckeswagen.de

Schloss Burg

Schloss Burg. Die größte wiederhergestellte Burganlage Westdeutschlands ist ein Anziehungspunkt für Groß und Klein. In einem sehr gut ausgestatteten Bergischen Museum Schloss Burg wird ein Einblick in die Geschichte, Kultur und das Leben der Menschen im Mittelalter auf der Burg geboten. @ www.schlossburg.de

Der **Altenberger Dom**, auch der „Bergische Dom" genannt, wurde im gotischen Stil als Klosterkirche der Zisterzienser erbaut. 1815 wurde die Kirche Opfer eines Brandes, bis 1847 erfolgte der Wiederaufbau. Besonders sehenswert ist das prachtvolle Westfenster des Doms. @ www.altenberger-dom.de

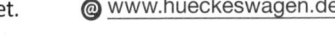

Industrieland NRW
Europas Chemieregion

Industrieland NRW Europas Chemieregion. Die Region ist durch Erdöl-, Kohle- und Grundstoffchemie das Energieland Nummer 1 in der Bundesrepublik. @ www.nrw.de

Weltkulturerbe Kölner Dom. Der Dom ist Wahrzeichen und zugleich die wohl älteste Baustelle der Stadt. Seit der Grundsteinlegung 1248 wird ständig an dem Bauwerk gearbeitet. Der Dom ist durch die Reliquien der Heiligen Drei Könige eine der bedeutendsten Wallfahrtskirchen. 1996 wurde der Dom von der UNESCO zum Weltkulturerbe erklärt. @ www.koelner-dom.de

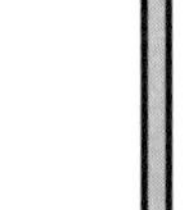

UNESCO-Weltkulturerbe Schlösser Brühl.

Die Schlösser Augustusburg und Falkenlust wurden unter den Schutz der UNESCO gestellt und zum Weltkulturerbe erhoben. Schloss Augustusburg, erbaut 1726, ist ein Meisterwerk des Rokoko, der Schlosspark ein Juwel französischer Gartenkunst. Unweit entfernt lieg das Jagdschloss Falkenlust, erbaut 1729. @ www.schlossbruehl.de

AS 110b
Euskirchen

Industriekultur Industriemuseum Euskirchen.

In der ehemaligen Tuchfabrik ist jetzt ein Industriemuseum untergebracht. Ludwig Müller baute in dem Gebäude 1894 eine florierende Volltuchfabrik auf. Nachdem der Betrieb geschlossen wurde, richtete man ein Museum in den vollkommen erhaltenen Produktionsstätten ein. Das Museumscafé lädt zum Verweilen ein. @ www.euskirchen.de

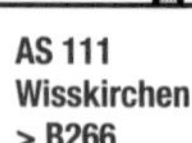

Freilichtmuseum Kommern.

Auf einem Gelände von 95 Hektar sind 65 historische Gebäude wieder errichtet worden. Bauernhöfe, Mühlen, Werkstätten, Schulen, Bäckereien und eine Kapelle bieten einen Blick in das Leben und Arbeiten der Landbevölkerung in der ehemaligen Rheinprovinz des 15. Jahrhunderts. Auch Tiere, die zum bäuerlichen Leben dazugehörten, laufen dem Besucher über den Weg.

@ www.kommern.lvr.de

Nationalpark Eifel.

Der Nationalpark Eifel wurde 2004 eröffnet. Auf dem 110 Quadratkilometer großen Gelände werden heute über 460 gefährdete Tier- und Pflanzenarten gezählt. Die Natur hat die Landschaft wieder zu einem „Buchen-Urwald“ werden lassen. Den Naturpark kann man in geführten Wanderungen oder auf eigene Faust erkunden, auch hoch zu Ross. @ www.nationalpark-eifel.de

Bad Münstereifel – Historischer Stadtkern. Mittelalter pur kann der Besucher erleben, der einen Abstecher in die Kurstadt macht. Einzigartig für Nordrhein-Westfalen sind die vollends erhaltene Stadtmauer, die restaurierten Fachwerkhäuser und die zehn Brücken. Die gesamte Innenstadt steht unter Denkmalschutz. Oberhalb der Stadt liegt die Burg aus dem 13. Jahrhundert. @ www.badmuenstereifel.de

Kloster Steinfeld. Bis in das Jahr 919 lässt sich die Geschichte des Klosters zurückverfolgen. Um 1130 gegründet, sind seit 1923 hier die Salvatorianer ansässig. Zum Kloster gehören unter anderem ein Gymnasium und ein Bildungs- und Gästehaus. Es finden kulturelle Veranstaltungen und Seminare statt. Im Klosterladen kann man neben Geschenkartikeln auch regionale Spezialitäten erwerben. @ www.kloster-steinfeld.de

Maare. Die Eifel ist die Landschaft der Maare (mare = Meer). Hierbei handelt es sich um einen trichterförmigen Typ von Vulkan, der überall in der Eifel zu finden ist. Als die Vulkane ihre Tätigkeit einstellten, füllten sich die riesigen Trichter mit Wasser und bildeten die landschaftlich wunderschönen Seen, von denen heute noch zehn zu bewundern sind. @ www.eifel.info

Manderscheider Burgen. In der Nähe von Manderscheid sind gleich zwei Burgruinen zu finden, die ihre geschichtlichen Wurzeln im Konflikt zwischen dem Kurfürstentum Trier und dem Herzogtum Luxemburg haben – die Niederburg und die Oberburg. Beide wurden im 12. Jahrhundert erstmals erwähnt und können besichtigt werden. Alljährlich findet auf der Niederburg ein mittelalterliches Fest statt, das viele Besucher anzieht.

@ www.niederburg-in-manderscheid.de

AS 123
Hasborn

Vulkaneifel

Vulkaneifel. Dieser Landstrich der Eifel wird bestimmt durch unzählige Vulkane, die ihre Tätigkeit eingestellt haben und durch ihre Kegel die Landschaft prägen. Eine Besonderheit ist der einzige Kaltwasser-Geysir der Vulkaneifel, der sich in Wallenborn befindet. Alle dreißig Minuten speit er eine bis zu drei Meter hohe Fontäne. @ www.vulkaneifel.de

AS 125
Wittlich-Mitte

Moseltal

Das **Moseltal** in Rheinland-Pfalz zieht sich vom Landkreis Trier-Saarburg bis in den Landkreis Cochem-Zell und ist wegen seiner traumhaften Landschaft und des Weins einen Besuch wert. @ www.mosel.de

AS 127
Salmtal, > L47

Wallfahrtskirche Klausen. Wo sich vor vielen Jahrhunderten ein Einsiedler einfand, sind heute in der Klausener Wallfahrtskirche über 100.000 Besucher pro Jahr anzutreffen. Vor über 500 Jahren stellte der Marienverehrer Eberhard an der Stelle der heutigen Kirche die Figur der „Schmerzhaften Mutter Gottes" auf. @ www.klausen.de

AS 130 Dreieck
Moseltal

Porta Nigra Trier Weltkulturerbe. Der Hauptanziehungspunkt in der ältesten deutschen Stadt ist das ehemalige römische Stadttor, die Porta Nigra, die aus einer Zeit um 180 n. Chr. stammen soll. Noch heute sind im Innern die Zeichen der römischen Steinmetze sowie die Spuren der Doppelkirche zu sehen, zu der die Porta Nigra umgebaut wurde. @ www.trier-info.de

AS 130 Dreieck
Moseltal,
> L150/145,
500 m

Villa Urbana Longuich. Die römische Villa stammt aus dem 2. Jahrhundert nach Christus. Nachdem bei Arbeiten Mauerreste der Villa gefunden wurden, ist das Gebäude rekonstruiert worden. Heute sind unter anderem die sehenswerte Badeanlage mit dem Feuerungsraum sowie das Heiß-, Warm-, Schwitz- und Kaltbad zu besichtigen. @ www.longuich.de

Villa Rustica Mehring. Nach der Entdeckung 1982 wurde mit dem Wiederaufbau der römischen Villa begonnen. Die Besucher können unter anderem Reste von schönen Mosaiken, Wand- und Deckengemälde sowie eine Feuerungsstelle besichtigen. Die Villa gehört zu den größten Herrenhäusern im Trierer Raum. @ www.trier-info.de

AS 130 Dreieck Moseltal, >B53

Naturpark Saar-Hunsrück Erbeskopf 818 m ü.NN. Der Naturpark erstreckt sich auf einer Fläche von 1055 Quadratkilometern. Die Hälfte der Fläche dieses Naherholungsgebiets ist von Wald bedeckt. Die Urlaubsregion rund um den Erbeskopf lockt mit gesunder Luft, dichten Wäldern, klaren Gewässern und Seen, seltenen Tierarten und Pflanzen viele Besucher an. @ www.naturpark.org, @ www.erbeskopf.de

AS 132 Reinsfeld, > B407, B3 27, L164

Erbeskopf/Hunsrück. Der Erbeskopf liegt inmitten des Naturparks Saar-Hunsrück am Saar-Hunsrück-Steig. Das Gebiet rund um den Erbeskopf bietet viele Möglichkeiten der Freizeitgestaltung. Im Sommer können unter anderem die Sommerrodelbahn und der Hochseilgarten genutzt werden, im Winter bieten sich ausgezeichnete Rodel- und Langlaufbedingungen. @ www.erbeskopf.de

AS 132 Reinsfeld, > B407, B3 27, L164

Gedenkstätte KZ Hinzert

Gedenkstätte KZ Hinzert. Als ein Polizeihaftlager wurde das KZ für straffällig gewordene Westwallarbeiter 1939 errichtet. Nach der Auflösung 1940 wurde es zu einem Durchgangslager hauptsächlich für Häftlinge aus Luxemburg, Belgien, Frankreich und Holland. @ www.gedenkstaette-hinzert-rlp.de

AS 133 Hermeskeil, > B52, L148

Naturpark Saar-Hunsrück

Naturpark Saar-Hunsrück. Siehe oben. @ www.naturpark.org

AS 133 Hermeskeil, > B52

AS 140 Tholey,
> B269

Tholey Benediktinerabtei. Da, wo heute Kloster und die Kirche des hl. Mauritius zu finden sind, erstreckte sich einst eine römische Poststation. Die ersten Benediktiner sollen schon 750 in Tholey gewesen sein. Nach einer wechselhaften Geschichte sind noch heute Mönche in Tholey anzutreffen.

@ www.abtei-tholey.de

AS 150
Saarbrücken-
Burbach

Weltkulturerbe Völklinger Hütte. 1986 lief die letzte Produktion, acht Jahre später wurde die Stahlhütte zum UNESCO-Weltkulturerbe erklärt. Heute kann man neben der Erlebniswelt Völklinger Hütte auch ein Science Center besuchen. Es gibt ein großes Angebot an kulturellen Veranstaltungen.

@ www.voelklinger-huette.de

AS 135 Dreieck
Nonnweiler,
> L149

Otzenhausen
Keltischer Ringwall

Otzenhausen Keltischer Ringwall. Ein Gehöft mit einem Wohnhaus und Speichergebäuden wurde bereits erbaut. Die Zukunftspläne sehen weitere in sich abgeschlossene Gehöfte vor, die einen Keltenpark ergeben sollen.

@ www.keltenring-otzenhausen.de

Über A48 bis
AS 5, > L109

Burg Eltz. Die mittelalterliche Burg gehört zu den schönsten Ritterburgen Deutschlands und hat eine 850-jährige Geschichte. Von Beginn an ist die Burg im Besitz der Familie zu Eltz. Hier besteht die Gelegenheit, in die abendländische Bau- und Kulturgeschichte einzutauchen.

@ www.burg-eltz.de

Autobahnende
> B268
> Zentrum

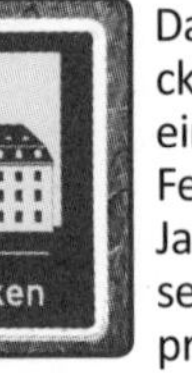

Das **Schloss Saarbrücken** entwickelte sich im 17. Jahrhundert aus einer Burg. 1793 wurde es durch ein Feuer zerstört und in den 1960er-Jahren geschlossen. Dank umfassender Sanierungsmaßnahmen präsentiert es sich dem Besucher heute in alter Pracht.

@ www.saarbruecker-schloss.de

AS 2 Hohen-
schönhausen,
> B158,
> poln. Grenze

Freilichtmuseum Altranft.

Das Brandenburgische Museum präsentiert sich als ein Museum für Jung und Alt sowie für alle Sinne. Bei einem einzigartigen Rundgang können Schloss, Kirche, Spritzenhaus, eine Schmiede, Wohnhäuser, eine Mühle, das Wasch- und Backhaus und vieles mehr besichtigt werden. Ausgangspunkt für alle Führungen ist das Schloss.

@ www.freilichtmuseum-altranft.de

AS 3 Marzahn,
> L33

Gärten der Welt. Einzigartig im Erholungspark Marzahn-Hellersdorf, in dem Gartenkunst aus aller Welt vorgestellt wird, ist der im Jahr 2000 eröffnete „Chinesische Garten des wiedergewonnenen Mondes“. Mit seinen 2,7 Hektar ist er der größte Chinesische Garten in Europa. Insgesamt gibt es neun Themengärten, wie zum Beispiel den Japanischen Garten, den Balinesischen Garten und den Renaissancegarten.

@ www.gruen-berlin.de

AS 2 Hohen-
schönhausen,
> B158,
> poln. Grenze

Historischer Stadtkern Bad Freienwalde (Oder).

Geschichte auf engstem Raum kann der Besucher der kleinen brandenburgischen Stadt erleben. Museen, das Schloss Freienwalde und die Innenstadt mit historischem Kern laden zu einem Besuch ein. Der Ort ist vor allem für seine staatlich anerkannten Moorbäder bekannt.

@ www.bad-freienwalde.de

AS 3 Marzahn,
> B1, L30

Historischer Stadtkern Altlandsberg.

Die idyllische Stadt kann auf Zeugnisse aus acht Jahrhunderten Stadtgeschichte verweisen, angefangen von der alten Stadtmauer aus dem 13. Jahrhundert mit ihren Tortürmen bis hin zu wunderschön sanierten Bürgerhäusern und dem Rathaus. Dazu hat die Stadt in ihrer Gemarkung einen großen Waldbestand.

@ www.altlandsberg.de

AS 4
Hellersdorf,
> B1, B168

Buckow (Märkische Schweiz) anerkannter Kurort.

„Villa Buchowe", Buchenort, Ort der Sommerfrische und als Perle der Märkischen Schweiz wird der Kneipp-Kurort oft bezeichnet. Vielfältige Kultur sowie die zahlreichen malerischen Seen lassen Buckow zu einem anspruchsvollen Urlaubsziel werden. Bekannt wurde der Ort auch durch seine Rosentage.

@ www.buckow-online.de

AS 4
Hellersdorf,
> B1

Rennbahn Hoppegarten.

Seit dem Jahr 1868 werden auf der traditionsreichen Trabrennbahn in Dahlwitz-Hoppegarten östlich von Berlin Pferderennen ausgetragen. Neben den klassischen Rennen werden auf das ganze Jahr verteilt auch alternative Themen angeboten. Darunter Messen und der schon traditionelle Ladies Day mit Berlins größtem Hutwettbewerb.

@ www.hoppegarten.com

AS 5
Rüdersdorf

Museumspark Rüdersdorf.

Ein Abstecher in den Museumspark Rüdersdorf im Landkreis Märkisch-Oderland bedeutet an Originalschauplätzen eine Reise zurück in die Zeit vor 240 Millionen Jahren. Aus der jüngsten zweitausendjährigen Geschichte können Besucher hier einen germanischen Kalkbrennofen und einen der modernsten Zementöfen der Welt besichtigen.

@ www.museumspark.de

AS 4
Hellersdorf,
> B1, B168

Naturpark Märkische Schweiz.

Mit 205 Quadratkilometern Fläche der kleinste Naturpark Brandenburgs. Die Landschaft bietet Seen, Bäche, Wälder, Wiesen, Schluchten und Täler, Moore und Teiche. Für Wanderer ist der Naturpark mit seinen 150 Kilometern Wanderwegen ein Paradies. Schulen und Kitas können das „Grüne Klassenzimmer" besuchen und in speziellen Kursen den Naturpark erkunden.

@ www.maerkischeschweiz.eu

AS 6 Erkner,
> L38

G.-Hauptmann-Museum.

In der Villa Lassen in Erkner ist das Museum untergebracht, das in dieser Form in Deutschland einzigartig ist. Ausgestellt werden neben der Einrichtung auch Stücke aus dem Nachlass des Nobelpreisträgers, darunter ein großer Teil seiner Bibliothek. Das Museum ist ein Veranstaltungsort für kulturelle Veranstaltungen, wie Konzerte und Lesungen sowie Sonderausstellungen.

@ www.gerhart-hauptmann.de

AS 8
Dreieck Spreeau
> A12, L23

Oder-Spree-Seengebiet. Sportfreunde kommen hier voll auf ihre Kosten. Zu den Angeboten gehören große Radtouren, Baden und Angeln in den unzähligen Flüssen und Seen, Klettern im Kletterwald sowie die zahlreichen Wanderwege. Aber auch wer nur Ruhe sucht, ist hier bestens aufgehoben, es gibt zahlreiche Kur- und Wellnessangebote. @ www.seenland-os.de

AS 10 Königs
Wusterhausen,
> B179

Funkerberg Königs Wusterhausen.

1914 wurde eine feste Militärfunkstation errichtet. Immer wieder wandelte sich die Funktion entweder für militärische Zwecke oder für die Ausstrahlung des Programms des Berliner Rundfunks. Nach der Wiedervereinigung wurde 1995 der Betrieb eingestellt und ein Museum errichtet.

@ www.funkerberg.de

AS 13
Genshagen,
> B101

Flaeming-Skate. Die große Qual der Wahl haben Skater und Radler auf Europas größtem Skatergebiet. Acht Rundkurse mit einer Streckenlänge von insgesamt 230 Kilometern sind im Angebot. Die Strecken haben eine Breite von zwei bis drei Metern und führen vorbei an idyllischen Dörfern, Wäldern, Wiesen und Feldern. Durch die Barrierefreiheit ist der Flaeming-Skate auch für Rollstuhlfahrer nutzbar.

@ www.flaeming-skate.de

AS 13
Genshagen,
> B101, L40

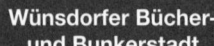

Schloss Diedersdorf. Das Herrenhaus wurde 1800 fertiggestellt. Heute beherbergt das denkmalgeschützte Anwesen unter anderem ein Hotel, Restaurants, die Königliche Schlossbäckerei, einen Weinkeller und einen Biergarten. Wechselnde Ausstellungen, Feste und Veranstaltungen ziehen das ganze Jahr hindruch zahlreiche Besucher an. Im Winter werden bei ausreichend Schnee Pferdeschlittenfarten angeboten.

@ www.schlossdiedersdorf.de

AS 12 Kreuz
Rangsdorf, B96

Wünsdorfer Bücher- und Bunkerstadt

Wünsdorfer Bücher- und Bunkerstadt. Auf einem ehemaligen militärischen Gelände entstand Deutschlands bisher einzige Bücherstadt. In Wünsdorf-Waldstadt sind nicht nur Abertausende von Literaturschätzen zu sehen und zu kaufen. Auch eine Besichtigung der gewaltigen unterirdischen Bunkeranlage und des Museums ist möglich.

@ www.buecherstadt.com

AS 17
Michendorf,
> B2, B246, L73

Naturpark Nuthe-Nieplitz. Seit 1999 können auf einer Parkfläche von 623 Quadratkilometern viele Vogelarten in Ruhe brüten oder sich von einem langen Flug ausruhen, so zum Beispiel Kraniche, Weiß- und Schwarzstörche. Tausende von Wildgänsen rasten jedes Jahr im Frühjahr und Herbst regelmäßig in diesem Gebiet. Große und klein Besucher haben die Gelegenheit, auf dem weitläufigen Gelände zu wandern und Tiere in freier Natur zu beobachten. Für Radler gibt es gut ausgebaute Radwege.

@ www.naturpark-nuthe-nieplitz.de

AS 17
Michendorf,
> B2

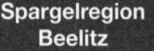

Spargelregion Beelitz

Spargelregion Beelitz. Berühmt ist die Region durch ihren Spargelanbau. Entlang einer Spargelstraße haben die Freunde des edlen Gemüses die Gelegenheit, sich Informationen rund um den Spargelanbau zu holen und diesen natürlich auch frisch geerntet zu verkosten. Weiterhin kann der Besucher in der reizvollen Landschaft die Seele baumeln lassen.

@ www.beelitz.de

Historischer Stadtkern Werder (Havel). Wasser bestimmt die Region um Werder. Der Weg eines Wanderers führt zwangsläufig immer ans Wasser, ob es die Havel ist oder die großen Seen. Auch die Blütenstadt Werder selbst ist durch Wasser getrennt. Der historische Kern der Stadt liegt auf einer Insel. Das Baumblütenfest ist eines der größten Volksfeste Deutschlands und wird jährlich von Hundertausenden Gästen besucht.

@ www.werder-havel.de

Schwielowsee. Die Gegend rund um den Schwielowsee mit ihren Schlössern und Parks besticht durch ihre Architektur. Über viele Jahrhunderte haben hier Architekten und Künstler ihre Spuren hinterlassen. Weiterhin kann der Gast sich in die traditionelle Kunst der Handweberei einführen lassen. Im Ort Caputh kann das Sommerhaus Albert Einsteins besichtigt werden.

@ www.schwielowsee.de

Biosphäre Potsdam. Eine Tropenwelt mitten in Potsdam! Dem Besucher wird ganzjährig die einzigartige Welt des Dschungels mit über 20.000 Tropenpflanzen und einem Schmetterlingshaus präsentiert. Und es geht hoch hinaus. Über einen Hochweg gelangt man sogar in die Baumkronen. Es werden Themenführungen, auch speziell für Kinder, angeboten.

@ www.biosphaere-potsdam.de

Schloss Paretz. Im Jahr 1797 ließ König Friedrich Wilhelm III. das Schloss erbauen und passte auch das gesamte Dorf dem Baustil an. Heute kann man in den Räumlichkeiten eine Dauerausstellung mit historischen Kutschen, Schlitten und Sänften aus mehreren Königshäusern besuchen. Außerdem finden verschiedenartige kulturelle Veranstaltungen statt.

@ www.stiftung-paretz.de

AS 26 Berlin-Spandau, > B5

Schloss Ribbeck. In neuem Glanz erstrahlt das Schloss Ribbeck seit seiner Renovierung im Jahr 2009. Berühmt in der ganzen Welt, hat es seit der Wiedervereinigung auch einen Deutschen Birnengarten. Im Museum wird dem Besucher die Geschichte des Hauses und Theodor Fontanes nähergebracht. Es finden zahlreiche kulturelle Veranstaltungen statt, unter anderem die Havelländischen Musikfestspiele. @ www.schlossribbeck.de

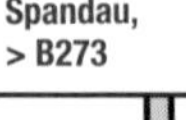

AS 26 Berlin-Spandau, > B273

Historischer Stadtkern Nauen

Historischer Stadtkern Nauen. Berühmt ist die Stadt im Havelland durch ihre historische Altstadt mit Kopfsteinpflaster und Bauwerken aus der Gründerzeit. Der Marktplatz wurde in Nauen durch eine Marktstraße ersetzt. In Nauen wurde auch im Jahr 1903 die erste Funkstation der Welt errichtet. Von Nauen aus gingen Nachrichten per Morsezeichen in alle Welt. Noch heute sendet die Deutsche Welle von hier aus ihre Sendungen. @ www.nauen.de

AS 26 Berlin-Spandau, > B5

Zitadelle Spandau. In einer der besterhaltenen Festungen Europas finden heute Feste, Konzerte und Kunstausstellungen statt. Die „Zitadellen-Schänke" im Gewölbekeller bietet dem Gast rustikale Kost, in der warmen Jahreszeit lockt der Biergarten. Früher wurde die Festung, die rundherum von Wasser umgeben ist, für militärische Zwecke genutzt. @ www.zitadellespandau.de

AS 28 Falkensee, > B273, B5, L91

Landgut A. Borsig

Landgut A. Borsig. An den ehemaligen Lokomotivindustriellen August Borsig erinnert das Landgut im Ortsteil Groß Behnitz, der zu Nauen zählt. Auf dem Anwesen wurden zahlreiche Gebäude rekonstruiert und renoviert. So kann man heute Räumlichkeiten für Veranstaltungen für bis zu 2000 Personen buchen. Das integrierte Hotel, ist Brandenburgs erstes zertifiziertes Bio-Hotel. Außerdem werden traditionelle Handwerkskurse angeboten, zum Beispiel Weben und Filzen. @ www.landgut-aborsig.de

Ruppiner Land. In dieser wunderschönen Landschaft lassen sich noch Fischotter, Kraniche, Seeadler und andere seltene Tiere bewundern. @ www.ruppin.de

Historischer Stadtkern Kremmen. Das Alte zu bewahren ist in der brandenburgischen Stadt-Kremmen hervorragend gelungen. In der historischen Altstadt sind heute Gebäude zu bewundern, die bis zu 320 Jahre alt sind. Auch die Landschaft mit ihren zahlreichen Wasserwegen ist einzigartig und einen Besuch wert. @ www.kremmen.de

Ofenmuseum Velten. Öfen und Keramik sind im Ofenmuseum Velten, nördlich von Berlin gelegen, zu finden. In unmittelbarer Nähe der aktiven Ofenfabrik Schmidt haben Besucher die Gelegenheit, in die Welt historischer Öfen und Kamine einzutauchen. Wer möchte, der kann sich an 20 Mitmach-Stationen anmelden. @ www.ofenmuseum-velten.de

Schloss Oranienburg. In den Räumlichkeiten des Barockschlosses, in denen einst Könige und Prinzessinnen lebten, sind jetzt Besucher willkommen. Neben der einzigartigen Sammlung an Gemälden und Porzellan sind die Ausstellungsstücke im Silbergewölbe und der weitläufige Schlosspark sehenswert. @ www.oranienburg-erleben.de

Naturpark Barnim. Neben Golf, Reiten und Wassersport hat der Besucher auch die Gelegenheit, die Natur in ihrer Ursprünglichkeit mit Seen und urigen Wäldern zu erleben. Es werden verschiedene Natur- und Landschaftsführungen angeboten, so zum Beispiel Rangertouren mit dem Rad. Der Naturpark ist nördlich von Berlin gelegen. @ www.np-barnim.de

AS 29 Dreieck Havelland, > B273

AS 29 Dreieck Havelland, > B273

AS 30 Oberkrämer, > L17, L20

AS 30 Oberkrämer, > L17, B273

AS 34 Mühlenbeck, > L21, B273

AS 16
Bernau-Süd,
> L312, B158

Gärten der Welt
(Gartenschau Berlin)

Gärten der Welt (Gartenschau Berlin). Siehe Seite 21, A10.

@ www.gruen-berlin.de

AS 14 Wandlitz,
> B273

Naturpark Barnim

Naturpark Barnim. Siehe Seite 27, A10.

@ www.np-barnim.de

AS 12
Finowfurt,
> B167

Zoo Eberswalde. Mit Wasserfällen fing die Geschichte des Eberswalder Zoos 1795 an. Mittlerweile hat er sich zu einem beliebten Ziel für Groß und Klein entwickelt. Auf 15 Hektar sind etwa 1500 Tiere in naturnahen Gehegen zu sehen, unter anderem europäische Wildkatzen, aber auch Löwen und Geparde sowie zahlreiche Exoten im Urwaldhaus. Veranstaltungen, wie die Afrikanischen Zoonächte, finden ebenfalls großen Anklang.

@ www.zoo.eberswalde.de

AS 12
Finowfurt,
> B167

Historischer Stadtkern Bad Freienwalde (Oder). An einer ehemaligen Siedlung entstand um 1200 die älteste Kurstadt Brandenburgs, Bad Freienwalde. Zu den schönsten historischen Bauten gehört das einstige Jagdschloss des Großen Kurfürsten, das sich einreiht in die vielen Baudenkmäler. Das Zentrum des Stadtbildes beherrscht die Stadtkirche St. Nikolai, die im Jahr 2006 umfassend saniert wurde.

@ www.bad-freienwalde.de

AS 12
Finowfurt,
> B167, L29

Schiffshebewerk Niederfinow. Ein Höhenunterschied von 36 Metern wird vom Schiffshebewerk am Oder-Havel-Kanal überwunden. Mehr als 500.000 Besucher jährlich besichtigen diese ungewöhnliche Konstruktion. Es werden Besichtigungsfahrten mit dem Schiff durch das Hebewerk angeboten, bei denen man die Technik hautnah erleben kann. Das Industriebauwerk ist zu einem geschützten Denkmal erklärt worden.

@ www.schiffshebewerk-niederfinow.info

AS 10 Chorin, > L23, B2

Kloster Chorin

Kloster Chorin. Das ehemalige Zisterzienserkloster hat sich zu einem Ort der Kunst und Kultur gewandelt. In dem vom Backstein geprägten Bau sind heute Ausstellungen sowie Opern- und Theateraufführungen im Programm. Aber auch drei Klostermärkte, verteilt auf das Jahr, ziehen Besucher an. @ www.kloster-chorin.org

AS 9 Joachimsthal

Barnimer Land

Barnimer Land. Diese wunderschöne Landschaft hat ihren Ursprung in der Eiszeit. Die Region kann auf ausgedehnten Rad-, Wander- und Wasserwegen erkundet werden. @ www.barnimerland.de

AS 8 Pfingstberg, > L24

Schloss Boitzenburg

Schloss Boitzenburg. Das ehemalige Grafenschloss gehört zu den schönsten und größten Schlössern in der Region Brandenburg. Das Schloss liegt inmitten eines großen Parks, in dem noch eine Kapelle und ein Gedächtnistempel zu finden sind. Die Geschichte des Schlosses beginnt 1276. @ www.dominikanerkloster-prenzlau.de

Prenzlau Dominikanerkloster. Der in den 1990er Jahren restaurierte Sakralbau des Klosters in der Uckermark gehört zu den besterhaltenen Klosteranlagen in Norddeutschland aus der Zeit des Mittelalters. Da, wo einst die Dominikaner weilten, haben ein Kulturzentrum und ein Museum Einzug gehalten. @ www.dominikanerkloster-prenzlau.de

AS 6 Gramzow, > B198

Historischer Stadtkern Angermünde. Auf dem wunderschönen Marktplatz der liebevoll restaurierten historischen Altstadt steht ein origineller Marktbrunnen. Weiter gehören zum Ensemble das barocke Rathaus, mittelalterliche Kirchen und eine Reihe von herrlichen Fachwerkhäusern. Die schmalen Gässchen laden zu einem Rundgang ein. Ein Highlight stellen die Ketzerführungen dar, bei denen in nächtlicher Atmosphäre das Mittelalter mit Inquisitoren und Ketzern wieder in Angermünde Einzug hält. @ www.angermuende.de

AS 8 Pfingstberg, > L24, B198

AS 8
Pfingstberg,
> L24, B109

Historischer Stadtkern Templin. Mit den Jahren hat sich die Stadt zu einer Kunst- und Kulturstadt entwickelt. Das Museum für Stadtgeschichte im historischen Stadtkern hat sich zu einem Treffpunkt für Kultur- und Geschichtsfreunde entwickelt. Unter anderem sind die drei Stadttore Templins, das Berliner Tor, das Prenzlauer Tor und das Mühlentor, sehenswert.

@ www.templin.de

AS 9
Joachimsthal

Biosphärenreservat
Schorfheide-Chorin

Biosphärenreservat Schorfheide-Chorin. Die Buchenwälder in der Region sind Welterbe. Im Biosphärenreservat kann der Besucher an geführten Wanderungen und Vorträgen teilnehmen. Das Gebiet ist reich an seltenen Vogelarten, wie Schreiadler oder Schwarzstorch.

@ www.schorfheide-chorin.de

AS 5 Kreuz
Uckermark

Schloss Wartin

Schloss Wartin. Anfang der 1990er-Jahre wurde das 1695 erbaute Gebäude vom Verein „Europäische Akademie“ wieder aufgebaut und saniert, dem Schloss wurde neues Leben eingehaucht. Heute wird es von diesem Verein für wissenschaftliche, künstlerische und kulturelle Aktivitäten genutzt. Auf den umliegenden Wiesen tummeln sich wieder die vom Aussterben bedrohten Skuddenschafe.

@ www.schloss-wartin.de

AS 5 Kreuz
Uckermark

Uckermark

Uckermark. Die Uckermark gehört zu den am dünnsten besiedelten Gebieten in Deutschland. Kleine Dörfer und eine herrliche Naturlandschaft laden zu einem Besuch ein.

@ www.uckermark.de

AS 4 Schmölln

Randow – Bruch. Die Randow ist namengebend für die Gegend in der nördlichen Uckermark, die bestimmt wird durch Flusstalmoore und Sumpfgebiete. In dieser unberührten Natur fühlen sich auch Seeadler und Schwarzstorch wohl. Im Herbst nutzen Kraniche das Gebiet als Raststätte.

@ www.uckermark-erleben.de

Berlin – Gramzow < > Gramzow – Berlin

A11

AS 6 Gramzow,
> B166

Nationalpark Unteres Odertal. Der Nationalpark beinhaltet die letzte Flussmündung Mitteleuropas, die noch intakt ist. Hier leben über 160 Vogelarten, darunter Schrei-, See- und Fischadler. Aber auch Wisente, Wasserbüffel und Auerochsen sind zu beobachten. Es werden Führungen angeboten.
@ www.nationalpark-unteres-odertal.de

Berlin – Frankfurt (Oder) < > Frankfurt (Oder) – Berlin

A12

AS 5
Fürstenwalde-
Ost, > B168

Historischer Stadtkern Beeskow. Der Besucher der historischen Spreestadt, die im 13. Jahrhundert durch die Ritter von Strele gegründet wurde, kann bei einem Bummel in die Welt des Mittelalters eintauchen. Die wunderschön restaurierten Häuser aus dem 16. Jahrhundert, die Marienkirche, die weitgehend erhaltene Stadtmauer und Burg Beeskow sind einen Besuch wert.
@ www.beeskow.de

AS 2
Friedersdorf,
> L39

Naturpark Dahme-Heideseen. Der knapp 600 Quadratkilometer große Park der 100 Seen südöstlich von Berlin ist ein ideales Wassersportrevier und zeigt sich in einem wunderschönen Bild. Wasser und Wälder laden Besucher zu Wanderungen und anderen sportlichen Aktivitäten ein. Man kann aber auch in aller Ruhe die fast unberührte Tier- und Pflanzenwelt genießen.
@ www.dahme-seen.de

AS 4
Fürstenwalde-
West

Domstadt Fürstenwalde/Spree. Die Geschichte der Stadt ist eng mit der des Doms verbunden. Hundert Jahre nach der ersten Erwähnung 1272 wurde die Stadt Sitz der Bischöfe von Lebus. 1414 wurde der Dom erstmals zerstört und 1995 das letzte Mal wieder eingeweiht. Heute ziehen auch ein Tiergarten, ein Badeparadies und eine große Freizeit- und Keramikwerkstatt Besucher an.
@ www.stadt-fuerstenwalde.de

AS 2 Friedersdorf, > L39

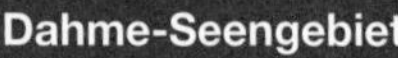

Das **Dahme-Seengebiet** erstreckt sich vom Zeuthener See über den Krossinsee bis zum Unteren Spreewald. Wassersportler, Wanderer, Radfahrer und Reiter können sich hier ihrer Leidenschaft widmen. @ www.dahme-seen.de

AS 4 Fürstenwalde-West, > L35, L412

Bad Saarow – anerkannter Kurort. Der Kurort am Scharmützelsee bietet nicht nur Gesundheit suchenden Menschen etwas. Die Stadt ist auch für Segler, Taucher, Golfer, Reiter und Wanderer ein Paradies. Hauptanziehungspunkt ist die Saarowtherme, die mit Spa und Wellness zu den modernsten ihrer Art in Europa gehört. @ www.bad-saarow.de

AS 6 Briesen, > L38

Schloss & Park Steinhöfel. Schloss Steinhöfel ist ein Adelssitz in der Mark Brandenburg, der auf das Jahr 1730 zurückgeht. An Umbauarbeiten und der Gartengestaltung im 19. Jahrhundert war Karl-Friedrich Schinkel beteiligt. Seit 2002 ist Schloss Steinhöfel mit seiner romantischen Parkanlage ein Hotel. @ www.schloss-steinhoefel.de

AS 6 Briesen, > L37

Erholungsort Müllrose-Schlaubetal. Die Stadt Müllrose im Landkreis Oder-Spree geht auf das Jahr 1260 zurück. Idyllisch zwischen dem Kleinen und Großen Müllroser See gelegen, bietet sie dem Besucher Sehenswürdigkeiten wie den historischen Marktplatz, die barocke Pfarrkirche oder eine Kutschenausstellung in der Remise im „Haus des Gastes“. @ www.muellrose.de

AS 7 Müllrose, > B87

Kloster Neuzelle

Kloster Neuzelle. Nach umfangreichen Umbauarbeiten präsentiert sich die Klosteranlage in neuem Glanz. Sie ist eine der wenigen Klosteranlagen in Deutschland und Europa, die in dieser Form noch erhalten sind. Ein Höhepunkt der kulturellen Veranstaltungen ist das Musiktheaterfestival „Oper Oder-Spree“. @ www.stift-neuzelle.de

Naturpark Schlaubetal.

Den Besucher im Naturpark Schlaubetal erwartet unberührte Natur, die er entweder zu Fuß oder aber mit dem Fahrrad erkunden kann. Unterwegs wird man gefangen von der Schönheit der vielen Seen, Moore, Wiesen und Wälder. Der Naturpark verfügt über einen großen Pflanzen- und Tierreichtum. Führungen mit der Naturwacht und auch Pilzexkursionen werden angeboten.

@ www.naturpark-schlaubetal.de

AS 7 Müllrose, > B87

Planstadt Eisenhüttenstadt.

Baubeginn der „ersten sozialistischen Stadt auf deutschem Boden" war im Jahr 1950, somit ist sie die jüngste Stadt Deutschlands. Eisenhüttenstadt wurde als Wohnstadt für die Arbeiter des Stahlwerks in unmittelbarer Nähe erbaut. Das reizvolle Umland lädt zu Radtouren und Wanderungen ein. Im Naherholungsgebiet „Insel" gibt es eine Minigolfanlage, ein Inselbad und ein Tiergehege.

@ www.eisenhuettenstadt.de

AS 9 Frankfurt-Mitte, > B112

Seenland Oder-Spree

Seenland Oder-Spree.

Über 200 romantische Seen, dazu zahlreiche kleine und große Flüsse lassen das Herz eines jeden Wassersportlers höher schlagen. Das Gebiet verfügt über die größte nutzbare Wasserfläche in Deutschland. Dazu laden einige Kurorte, wie Bad Saarow am Scharmützelsee, zum Kuren oder ganz einfach nur zum Verweilen ein.

@ www.seenland-os.de

AS 4 Fürstenwalde-West; AS 8 Frankfurt-West

St. Marien Frankfurt (Oder).

Zu den größten Schätzen, die in der im 13. Jahrhundert erbauten Kirche zu finden sind, gehört ein Bronzeleuchter. Der siebenflammige Leuchter wurde um 1375 geschaffen und ist einzigartig. Er hat eine Höhe von 4,70 Meter und eine Breite von 4,20 Meter. Besonders hervorzuheben sind auch die mittelalterlichen Glasmalereifenster aus dem 14. Jahrhundert.

@ www.st-marien-ffo.de

AS 8 Frankfurt-West

Dahme-Seengebiet.
Siehe Seite 32, A12.
@ www.dahme-seen.de

Schloss Königs Wusterhausen. Die Stadt Königs Wusterhausen war seit der Gründung 1320 immer ein Ort von Kultur und Bildung. Das Schloss wurde im 18. Jahrhundert vom preußischen König Friedrich Wilhelm II. und seiner Familie intensiv genutzt und zu einem Jagdschloss umgebaut. Nach umfangreichen Sanierungsarbeiten können Schloss und Garten seit dem Jahr 2000 wieder besichtigt werden.
@ www.koenigs-wusterhausen.de

Naturpark Dahme-Heideseen

Naturpark Dahme-Heideseen.
Siehe Seite 31, A12.
@ www.dahme-seen.de

Kriegsgräberstätte Waldfriedhof Halbe

Kriegsgräberstätte Waldfriedhof Halbe. Die Kriegsgräberstätte Waldfriedhof in der Gemeinde Halbe ist die größte Deutschlands. Hier tobte im April 1945 die Kesselschlacht von Halbe. Über 28.000 Tote des Zweiten Weltkriegs, darunter Gefangene oder auch desertierte deutsche Soldaten, liegen hier begraben. Auch Soldaten der Roten Armee haben hier ihre letzte Ruhestätte gefunden. Besucher können sich von einem Audio-Guide führen lassen.
@ www.volksbund.de

Museumsdorf Glashütte. Bei einem Besuch in den ehemaligen Werkräumen der Glashütte im Baruther Urstromtal bieten Glasmacher, Glasbläser sowie Kunsthandwerker und Künstler einen Einblick in das alte Handwerk. Unter anderem kann man auch eine Lehmbauschule, eine Töpferei und eine Schmiede besichtigen und selbst aktiv werden. Die Anlage wurde 1986 als Industrie-Denkmal anerkannt.
@ www.museumsdorf-glashuette.de

Historischer Stadtkern Dahme/Mark. Dahme wurde 1186 erstmals urkundlich erwähnt. Das Rathaus der Stadt hebt sich von den übrigen historischen Bauten ab. Das aus dem 19. Jahrhundert stammende Gebäude erinnert mehr an ein Märchenschloss als an ein Rathaus. Zum historischen Ensemble gehören auch die alte Stadtmauer und die Schlossruine im Schlosspark.

@ www.dahme.de

Tropical Islands. Mit zahlreichen Aktivitäten macht Europas größte Erlebnis-Landschaft 60 Kilometer südlich von Berlin auf sich aufmerksam. Hier können Besucher Abenteuer und Wellnessangebote in einer tropischen Urlaubswelt genießen. Das Angebot reicht vom Regenwald über das Tropendorf bis hin zu Wasserwelten. Restaurants, Bars und Übernachtungsmöglickeiten machen das Urlaubsfeeling perfekt.

@ www.tropical-islands.de

Biosphärenreservat Spreewald/Błota. Im UNESCO-Biosphärenreservat Spreewald/Błota (niedersorbisch „die Sümpfe") gibt es insgesamt 23 Naturschutzgebiete, die über 18.000 Pflanzen- und Tierarten beheimaten. 150 davon stehen auf der Roten Liste des Artenschutzes. Hier finden zum Beispiel Storch, Kranich und Seeadler Nistplätze, auch der Fischotter ist hier zu Hause.

@ www.spreewald.de

Schlossinsel Lübben. Die Innenstadt von Lübben kann mit der Schlossinsel auf eine schöne Art und Weise die Verbundenheit von Kultur und Natur präsentieren. Fantasievoll angelegte Wanderwege, ein Klanggarten und ein Wasserspielplatz laden Alt und Jung zum Spielen, Verweilen oder Wandern ein. Auch der neue Kahnhafen befindet sich auf der Schlossinsel.

@ www.luebben.de

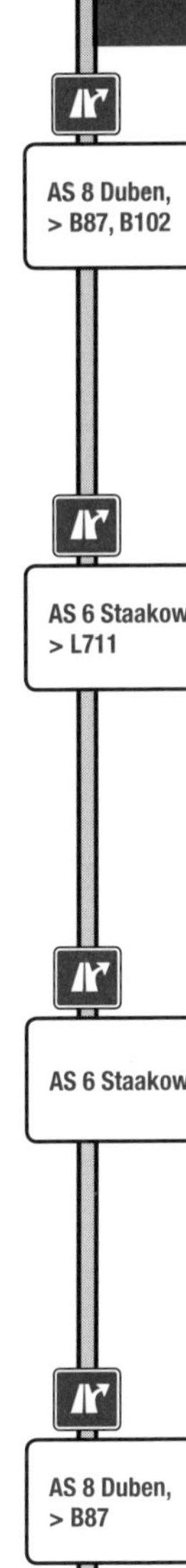

AS 12 Calau,
> L56

Der **Naturpark Niederlausitzer Landrücken,** westlich des Spreewalds gelegen, ist das größte zusammenhängende Waldgebiet im Süden Brandenburgs. Aus einem Braunkohletagebau wurde auf rund 580 Quadratkilometern durch Renaturierungsmaßnahmen eine herrliche Seenlandschaft. Biotope und Sumpfgebiete sind ideale Lebensorte für seltene Pflanzen- und Tierarten, so zum Beispiel den Raufußkauz.

@ www.naturparke.de

AS 8 Duben,
> B87

Historischer Stadtkern Luckau. Luckau, in der Niederlausitz gelegen, wurde erstmals 1230 erwähnt. Der historische Stadtkern besteht aus einem Ensemble von Bauwerken in der Altstadt und einer mittelalterlichen Stadtmauer. Dazu zählen die Hallenkirche St. Nikolai, aber auch der Schlossberg und der neun Hektar große Stadtpark, der dem Besucher beschauliches Lustwandeln anbietet.

@ www.luckau.de

AS 9 Lübbenau,
> L526

Das **Schloss Lübbenau** geht auf eine mittelalterliche Wasserburg zurück, der Umbau zu einem Schloss erfolgte um 1600. Umgeben ist das Schloss von einer Parkanlage, die Peter Joseph Lenné im englischen Landschaftsstil gestaltete. Heute ist das Schloss ein Wellness- und Tagungshotel. Ein liebevoll eingerichtetes Museum dokumentiert dessen bewegte Geschichte.

@ www.schloss-luebbenau.de

AS 9 Lübbenau,
> L526

Das **Lübbenau/Spreewald Freilandmuseum Lehde** ist ein bäuerliches Museumsdorf im Dorf Lehde. Drei altwendische Bauernhöfe stehen hier neben den dazugehörigen Ställen, einem Backhaus und einer Kahnbauerei. Besucher können die kulinarischen Spezialitäten, wie Quark mit Leinöl oder die berühmten Spreewaldgurken, genießen. Auch die Kahnfahrten sind sehr beliebt.

@ www.spreewald-lehde.de

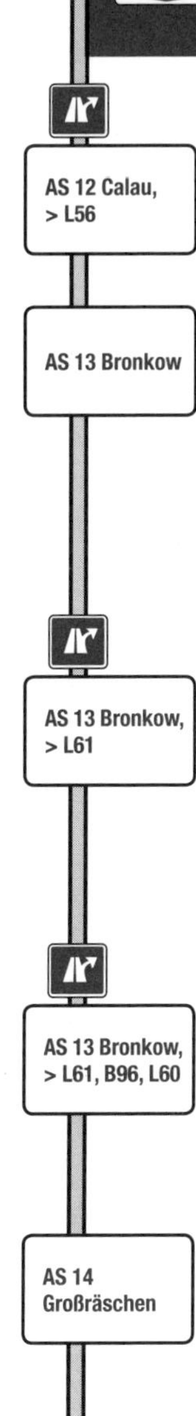

Fürstlich Drehna ist ein Ortsteil der Gemeine Luckau. Geprägt wird das Dorf Drehna durch sein Wasserschloss mit dem herrlich angelegten 52 Hektar großen Schlosspark. Heute befindet sich im Schloss ein Hotel. In der Nähe steht die Schlossbrauerei Fürstlich Drehna. @ www.fuerstlichdrehna.de

Niederlausitz
Dolna Łužyca

Niederlausitz Dolna Łužyca. Die Niederlausitz (niedersorbisch: Dolna Łužyca) ist ein ländlicher Großraum zwischen der polnischen Grenze im Osten, Sachsen im Süden und der Elbe im Westen mit einer Ausdehnung von rund 50.000 Quadratkilometern. @ www.niederlausitz.de

Besucherbergwerk F60. Was vor 150 Jahren mit dem Abbau von Braunkohle begann, ist heute ein Ort des modernen Abenteuers. Die Brücke F60 war bis 1992 in Betrieb und wird auch als „Liegender Eiffelturm der Lausitz" bezeichnet. Neben eindrucksvollen Führungen durch das ehemalige Fördergelände stehen viele Veranstaltungen zur Auswahl. @ www.f60.de

Historischer Stadtkern Doberlug. Aus einem Kloster wurde im 16. Jahrhundert nach einem Umbau das Schloss, um das in Hufeisenform die Stadt Doberlug entstand und das heute das Wahrzeichen der Stadt ist. Ein Kleinod ist die Klosterkirche des ehemaligen Zisterzienserklosters. Über das Gerberhandwerk, das hier seit 300 Jahren ansässig ist, informiert das Weißgerbermuseum. @ www.doberlug-kirchhain.de

Lausitzer Seenland

Lausitzer Seenland. Da, wo einst im Tagebau Braunkohle abgebaut wurde, entstanden durch Flutung mehr als 20 Seen, von denen 10 durch Kanäle miteinander verbunden sind. Das renaturierte Gebiet bietet gerade Wassersportlern ideale Bedingungen, ob auf dem Hausboot oder im Kanu. @ www.lausitzerseenland.de

AS 14
Großräschen,
> B96

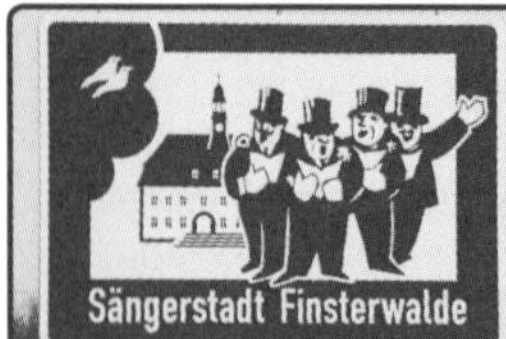

Sängerstadt Finsterwalde. Dem Namen Sängerstadt wird Finsterwalde im südlichen Brandenburg durch viele kulturelle Veranstaltungen im Laufe des Jahres gerecht. Das Finsterwalder Museum zeigt unter anderem eine Ausstellung zur Geschichte des Chorgesangs. Finsterwalde liegt am „Fürst-Pückler-Radweg“, der durch die herrliche Landschaft und verträumte Dörfer führt.

@ www.finsterwalde.de

AS 15
Klettwitz,
> 200 m

EuroSpeedway Lausitz. Auch der Lausitzring, eine der modernsten Rennstrecken Europas, ist nach der Stilllegung des Braunkohletagebaus entstanden. Auf der Rennstrecke werden nicht nur die Läufe für die Deutsche Tourenmeisterschaft ausgetragen, der Ring dient auch Rennställen für Testfahrten. Einmalig für deutsche Rennstrecken ist das Projekt Grüner Lausitzring, das die Faktoren Solarenergie, Biogas und Windenergie umfasst. @ www.lausitzring.de

AS 16
Schwarzheide,
> L55

Kunstguss-Museum
Lauchhammer

Kunstguss-Museum Lauchhammer. Die Geschichte des Kunstgusses in Lauchhammer begann 1725 mit dem Bau des ersten Hochofens. Heute kann in einem umfangreichen Museum, dem früheren Lehrlingsheim, eine große Sammlung an Eisen- und Bronzegüssen von Skulpturen und weiteren Gegenständen besichtigt werden.

@ www.kunstgussmuseum.de

AS 17 Ruhland,
> B169

Naturpark Niederlausitzer Heidelandschaft. Die ehemals stark vom Braunkohlebergbau beeinflusste Landschaft renaturiert sich mit menschlicher Unterstützung zusehends. Dies zeigt die Rückkehr von seltenen Tieren wie Weißstorch, Wiedehopf und Wolf sowie seltener Fledermausarten, Amphibien und Insekten. Verschiedene Angebote des Naturparks, wie zum Beispiel Rangertouren, bringen uns die Natur näher. @ www.naturpark-nlh.de

Bad Liebenwerda anerkannter Kurort.

Der Kurort im südlichen Brandenburg verfügt seit 1993 über eine Fachklinik für Orthopädie und Rheumatologie und über weitere Einrichtungen, die zur Behandlung und zur Rehabilitation notwendig sind. Pure Entspannung bietet die Lausitztherme „Wonnemar". Die Stadt zählt zu den ältesten Kurorten in Brandenburg. @ www.badliebenwerda.de

AS 17 Ruhland,
> B169, B101

Kulturschloss Großenhain.

Mit der Restaurierung der Schlossruine Großenhain im Landkreis Meißen wurde eine neue Heimat für das Kulturzentrum gefunden. Es kam wieder Leben in die historischen Gemäuer. Neben Theaterinszenierungen werden auch Konzerte und Jazzabende angeboten. Kulinarische Genüsse bietet ein Restaurant im Tonnengewölbe. @ www.kulturzentrum-grossenhain.de

AS 20
Thiendorf,
> B98

Sportstadt Riesa. Der Ruf als Sportstadt lässt sich in Riesa bis ins 19. Jahrhundert zurückverfolgen. Eine große Tradition und Vielfalt an Sportarten und Vereinen ist hier zu Hause. Dazu zählen klassische Sportarten wie Fußball, Leichtathletik oder Schwimmen, aber auch Kegeln und Sportakrobatik. Riesa ist Gastgeber bei sportlichen Großveranstaltungen mit meist internationaler Beteiligung. @ www.riesa.de

AS 20
Thiendorf,
> B98

Schloss Schönfeld. Nach der ersten urkundlichen Erwähnung im Jahr 1216 musste das Schloss eine Fülle von Umbauten über sich ergehen lassen. Schloss Schönfeld mit seinem schönen Park wird heute als nobles Tagungshotel geführt, in dem viele Veranstaltungen, wie zum Beispiel Lesungen und Konzerte, stattfinden. Auch für Hochzeiten bietet das Schloss einen stilvollen und romantischen Rahmen.

@ www.schloss-schoenfeld.de

AS 20
Thiendorf,
> B98, K8516

Berlin – Dresden < > Dresden – Berlin

AS 21
Radeburg

Meißen. Deutschlands wohl bekanntester Standort für Porzellan ist die Stadt Meißen. Der Besucher kann in der Porzellan-Manufaktur Meißen dem „Weißen Gold“ ganz nahe sein. Die 1000-jährige Stadt an der Elbe rühmt sich darüber hinaus einer wunderschönen, mittelalterlichen Innenstadt. Ihr Wahrzeichen, die Albrechtsburg, thront weithin sichtbar über der Stadt. @ www.stadt-meissen.de

Über A4, > B6

Schloss Moritzburg. Unweit von Dresden sind Schloss Moritzburg und das Fasanenschlösschen zu finden. Inmitten eines beliebten Naherholungsgebiets kann man die Welt des höfischen 18. Jahrhunderts erleben. Glanzpunkt ist das „Moritzburger Federzimmer“. Wussten Sie, dass das Schloss Kulisse für den Film „Drei Haselnüsse für Aschenbrödel“ war? @ www.schloss-moritzburg.de

Magdeburg – Nossen < > Nossen – Magdeburg

AS Schwerin-Ost, > B321

Residenzstadt Schwerin. Als Besucher kommt man an einer Besichtigung des prachtvollen Schlosses mit der Orangerie, dem Burggarten und dem herrlich angelegten Schlossgarten nicht vorbei. Das Schloss selbst liegt auf einer Insel inmitten des Schweriner Sees. Die Altstadt rund um den Dom ist ein Juwel früherer Baukunst. @ www.schwerin.de

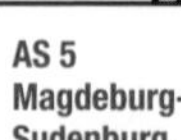

AS 5
Magdeburg-Sudenburg,
> B81, B71

Magdeburger Dom. Auf eine Geschichte von über 800 Jahren kann der Dom als Wahrzeichen der Stadt und Sitz des evangelischen Bischofs zurückblicken. Er ist der erste gotische Kathedralbau auf deutschem Boden und gleichzeitig Grabstätte Ottos des Großen, dem Gründer des Heiligen Römischen Reiches. Ein kultureller Höhepunkt sind die Magdeburger Domfestspiele. @ www.magdeburgerdom.de

Kloster Unser Lieben Frauen. Das Kloster wurde um das Jahr 1016 gegründet und ist damit das älteste Bauwerk der Stadt, in dem heute ein Museum für Gegenwartskunst untergebracht ist. Herrscht im Museum die Moderne vor, ist das Gebäude selbst ein Zeugnis romanischer Zeit, das im Laufe der Jahrhunderte immer wieder Zerstörung und Neuaufbau erlebt hat. @ www.kunstmuseum-magdeburg.de

AS 5
Magdeburg-
Sudenburg,
> B81, B71

DIE GRÜNE ZITADELLE VON MAGDEBURG. Eine ganz besondere Sehenswürdigkeit ist das 2005 mitten im Zentrum der Stadt errichtete Baukunstwerk, die Grüne Zitadelle. Friedensreich Hundertwasser schuf dieses faszinierende Bauwerk, das zu den letzten Werken des weltberühmten Künstlers zählt. In dem Gebäude befinden sich Wohnungen, Geschäfte und Restaurants. @ www.gruene-zitadelle.de

AS 5
Magdeburg-
Sudenburg,
> B81, B71

Burg Wanzleben ist eine der größten Niederungsburgen Europas und kann auf eine bewegte Vergangenheit verweisen. Um 900 erbaut, wurde die ehemalige Verteidigungsburg im 14. Jahrhundert zu einem Bischofswohnort. Heute ist in der Burg mit ihrem 30 Meter hohen Bergfried ein Hotel untergebracht. Auch werden kulturelle Veranstaltungen angeboten.
@ www.burgwanzleben.com

AS 4
Wanzleben,
> L50

Bad Salzelmen. Im ältesten Soleheilbad Deutschlands steht die Gesundheit des Menschen seit 1802 im Mittelpunkt des Kurbetriebes. Der Kunsthof bietet den Kurgästen Gelegenheit, sich über das Salzsieden im Mittelalter zu informieren und Einblick in die Geschichte Bad Salzelmens zu gewinnen. Das Physiotherapiezentrum Lindenbad bietet seinen Gästen unter anderem ein Natursole-Therapiebecken.
@ www.solepark.de

AS 7
Schönebeck,
> B246a,
K1295

AS 8 Calbe,
> L63

Rolandstadt Calbe (Saale). Die viereinhalb Meter hohe Sandsteinfigur des Roland ist die dritte ihrer Art und hat der Stadt ihren Namen gegeben. Schon 1381 wurde eine Statue geschaffen, der dann um 1658 die zweite folgte. Diese wurde aber, der Überlieferung nach, von frierenden Menschen 1947 verheizt. Der Zwiebelanbau hat in Calbe eine lange Tradition.

@ www.calbe.de

AS 9 Staßfurt,
> L73

Salzstadt Staßfurt. Die Historie des Kalibergbaus und der Stadt Staßfurt sind eng miteinander verbunden. Bei einer Führung durch das Bergbaumuseum und durch die Stadt kann man viel Interessantes über deren Geschichte erfahren. Höhepunkte sind die Zeugnisse des Bergbaus und die ersten Kalischächte der Welt. Sehenswert ist auch das Fahrzeugmuseum.

@ www.stassfurt.de

AS 10 Kreuz Bernburg,
> B185

Schloss Bernburg. Die Krone Anhalts wird Schloss Bernburg genannt. Diesen Titel trägt es zu Recht, denn das Schloss thront wie eine Krone auf einem Sandsteinfelsen. In die Burg ist ein umfangreiches Museum integriert, das zeitgenössische Kunst und Zeugnisse der Burggeschichte zeigt. Im Eulenspiegelturm begrüßt eine Eulenspiegelfigur die Besucher.

@ www.museumsschlossbernburg.de

AS 10 Kreuz Bernburg,
> B185

Aschersleben – Historische Stadtbefestigung. Aschersleben blickt auf 1200 Jahre Geschichte zurück, was auch die historische Altstadt dokumentiert. Das Stadtbild prägen einige mächtige Türme, die bis ins 14. Jahrhundert datiert werden und Bestandteile damaliger Stadtbefestigungen waren. Auf drei Routen wird der Besucher durch ein touristisches Fußgängerleitsystem zu den schönsten Sehenswürdigkeiten geführt.

@ www.aschersleben.de

Schloss Plötzkau. Die Edlen von Kakelingen waren die ersten Besitzer dieser historischen Gemäuer, die heute ein Museum beherbergen. Im Museumsturm zu sehen sind unter anderem eine große Kreuzritter-Ausstellung, zahlreiche Ausgrabungsfunde und Exponate aus 7000 Jahren Landwirtschaft. @ www.schloss-ploetzkau.de

AS 11 Dreieck Plötzkau, > L74, K2108

Bachstadt Köthen (Anhalt). Die Bachstadt Köthen birgt in ihren Mauern historische Schätze. Dazu zählt das Schloss, in dem heute ein modernes Veranstaltungszentrum sowie ein Museum untergebracht sind. Auch das Johann-Sebastian-Bach-Denkmal des Bildhauers Heinrich Pohlmann ist ein bewundernswertes Kunstwerk. @ www.koethen-anhalt.de

AS 10 Kreuz Bernburg, > B185

Die **Stammburg der Wettiner** hat den Namen der Stadt bekannt gemacht. 961 wurde die Burg erstmals erwähnt. Aus diesem Haus stammten einst die Oberhäupter europäischer Königshäuser. Heute ist hier ein Gymnasium untergebracht. @ www.wettin.de

AS 15 Halle-Trotha, > L50, L161

In **Petersberg** wurden elf Gemeinden zusammengeschlossen. In Ostrau kann man ein Barockschloss aus dem Jahr 1713 mit einer der schönsten Parkanlagen Sachsen-Anhalts besuchen, auch die Grabstätten der Wettiner befinden sich hier. @ www.gemeinde-petersberg.de

AS 15 Halle-Trotha, > L50, > Selbitz, > Trebitz

Händelhaus Halle. Im Händelhaus in Halle an der Saale ist heute ein Museum untergebracht. Es dokumentiert vor allem die Jugendzeit des Komponisten von 1685 bis 1703. Hier sind auch zahlreiche Instrumente, Handschriften und Bilder von ihm ausgestellt. Das Geburtshaus Händels bietet heute Raum für vielfältige kulturelle Veranstaltungen.
@ www.haendelhaus.de

AS 17 Halle/ Peissen, > B100, B6

AS 22
Leipzig-Nord

Bach in Leipzig. Am Thomanerplatz in Leipzig findet man im Bosehaus das Bach-Archiv. Im Herzstück, dem Sommersaal, finden heute Kammerkonzerte statt. Das Bach-Museum informiert über das Wirken und Leben von Johann Sebastian Bach. Sogar originale Bach-Handschriften können hier besichtigt werden. Highlight für alle Anhänger ist das jährlich stattfindende Bachfest. Der Bach-Wettbewerb Leipzig wird alle zwei Jahre ausgetragen. @ www.bach-leipzig.de

AS 22
Leipzig-Nord

Gondwanaland im Zoo Leipzig. Das Gondwanaland im Zoo Leipzig ist eine von Menschenhand geschaffene Tropenwelt, die absolut sehenswert ist. Hier sind die Regenwälder Afrikas, Asiens und Südamerikas zu finden, die mit über 90 Tier- und 500 Pflanzenarten in faszinierende Tropenwelten entführen. Im Vulkanstollen können lebende Fossilien bestaunt werden. @ www.zoo-leipzig.de

AS 25 Leipzig-
Nordost, > B87

Torgau Stadt der Renaissance. Ein Museumspfad durch Torgau führt Besucher zur Kurfürstlichen Kanzlei, zur Katharina-Luther-Stube, zum Braumuseum, dem Historischen Handwerkerhaus bis hin zum Schloss Hartenfels mit Hausmannsturm und Lapidarium, in dem die „Steinernen Zeugen" die Bildhauer- und Steinmetzkunst des Schlosses präsentieren. @ www.torgau.eu

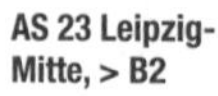

Moorheilbad Bad Düben. Deutschlands erster Bürgerpark wurde im Jahr 1846 in Bad Düben angelegt. Mitten in dem Park befinden sich die größte orthopädische Fachklinik Sachsens sowie ein Reha-Zentrum. Im Heide Spa kann der Gast Kur-, Wellness- und Gesundheitsangebote nutzen. Ein Spaziergang durch die historische Altstadt und ein Besuch der Burg Bad Düben sind empfehlenswert. @ www.bad-dueben.de

Die **Ringelnatz-Stadt Wurzen** schmückt sich als die Geburtsstadt des großen Dichters, Malers und Kabarettisten mit dessen Namen. Im städtischen Museum gibt es große Sammlungen und eine Dauerausstellung über Joachim Ringelnatz. Auch der historische Stadtkern Wurzens mit dem Dom, dem Bischofsschloss und der Stadtkirche St. Wenceslai sind sehenswert. @ www.wurzen.de

Der **Naturpark Dübener Heide** erstreckt sich über Sachsen und Sachsen-Anhalt zwischen Elbe und Mulde auf einer Fläche von 75.000 Hektar und verfügt über etwa 1000 Kilometer Rad- und Wanderwege. Kranich, Seeadler, Biber und Rothirsch haben hier ihren Lebensraum gefunden. Der Naturpark ist ein ideales Ziel für Erholung und Ruhe suchende Zeitgenossen. Die Entstehung des Naturparks ist Bürgerinitiativen zu verdanken. @ www.naturpark-duebener-heide.de

Völkerschlachtdenkmal. Zwischen 1898 und 1913 wurde das gewaltige Völkerschlachtdenkmal im Südosten Leipzigs erbaut. Es erinnert an die erste große Massenschlacht, bei der 1813 über 120.000 Soldaten aus ganz Europa ihr Leben verloren. Das Erklimmen der 364 Stufen lohnt sich, denn aus 91 Metern Höhe hat man einen wunderbaren Blick auf Leipzig. @ www.voelkerschlachtdenkmal.de

Schloss und Park Machern. Erbaut wurde das Schloss Machern als Wasserschloss, sein ältester Teil soll aus dem 16. Jahrhundert stammen. Der angrenzende Park wurde im 18. Jahrhundert im englischen Stil angelegt. Im Schloss finden heute kulturelle Veranstaltungen, wie Konzerte und Ausstellungen, statt. Das benachbarte Kavalierhaus beheimatet ein Hotel mit modernen Zimmern. @ www.schlossmachern.de

AS 26 Leipzig-Ost, > B6

Bad Lausick. In der Kurstadt bestehen zahlreiche Möglichkeiten der Unterhaltung und Freizeitgestaltung. Dazu gehört das Kur- und Stadtmuseum oder aber auch der Kurpark mit der Freilichtbühne „Schmetterling", der im englischen Stil angelegt ist und über einen großen alten Baumbestand verfügt. @ www.bad-lausick.de

AS 31 Grimma

Altstadt Grimma. Die Altstadt von Grimma, an der Mulde gelegen, wird dominiert vom Rathaus, das mitten auf dem von Bürgerhäusern aus dem 17. bis 19. Jahrhundert gesäumten Marktplatz steht. Hier ist auch das Seumehaus zu besichtigen, in dem sich die Druckerei des Verlegers klassischer Literatur Georg Göschen befand. @ www.grimma.de

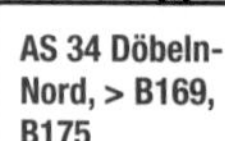

AS 34 Döbeln-Nord, > B169, B175

Schloss Colditz wurde um 1048 von Kaiser Heinrich III. erbaut und im 16. Jahrhundert zum Jagdschloss umgebaut. Im Zweiten Weltkrieg war es Gefangenenlager für französische und englische Offiziere und wurde von Luftangriffen verschont. Es finden Führungen statt, ein Museum erzählt dem Besucher von der Geschichte. @ www.schloss-colditz.com

AS 33 Leisnig, > S31

Burg Mildenstein. Viele Herrscherfamilien haben die Burg hoch oben auf den Felsen über der Mulde zum Schutz ihrer Ländereien genutzt. Darunter die Salier, die Staufer und die Wettiner. Einige Teile der Burg, wie der Rittersaal und die Küchen, sind noch im ursprünglichen Zustand erhalten und zu besichtigen. @ www.burg-mildenstein.de

AS 31 Grimma, > B107

Sächsisches Burgenland

Sächsisches Burgenland. Die Region ist geprägt von einer Fülle an Burgen, Schlössern und Herrschaftshäusern. @ www.tourismus-saechsisches-burgenland.de

AS 32
Mutzschen,
> S38

Wermsdorf – Schloss Hubertusburg. Schloss Hubertusburg in Wermsdorf wurde zwischen 1721 und 1733 als Jagdschloss errichtet. Im Laufe der Jahrhunderte erfolgte eine Nutzung unter anderem als Militärmagazin, Lazarett, Gefängnis und Hospital. Heute erstrahlt die Schlossanlage in altem barocken Glanz und beherbergt unter anderem ein Fachkrankenhaus. @ www.wermsdorf.de

AS 34
Döbeln-Nord,
> B169, B175

Sportstadt Riesa

Sportstadt Riesa. Siehe Seite 39, A13. @ www.riesa.de

AS 35
Döbeln-Ost

Döbeln findet 1286 erste urkundliche Erwähnung. Wirtschaftlichen Aufschwung erfuhr die Stadt an der Mulde durch den Silberbergbau, aber auch die Schuhmacherei hat hier eine lange Tradition, daher auch der Beiname Stiefelstadt. Die historische Altstadt bietet viele Sehenswürdigkeiten, darunter die Nikolaikirche aus dem 13. Jahrhundert, das Klostergässchen oder die Färberhäuser. @ www.doebeln.de

AS 35
Döbeln-Ost

Lommatzscher Pflege

Die **Lommatzscher Pflege** ist eine ländliche Region zwischen Meißen und Riesa. Die Kleinstadt namens Lommatzsch war früher bekannt als das Zentrum der sogenannten „Sächsischen Kornkammer“; die Böden in dieser Region sind sehr fruchtbar. @ www.lommatzscher-pflege.de

AS 36
Nossen-Nord,
> B175

Klosterpark Altzella. Das Kloster Altzella wurde im 11. Jahrhundert als Zisterzienserabtei Marienzell, dem heutigen Altzella, gegründet. Der Klosterpark wurde Anfang des 19. Jahrhunderts im englischen Stil als romantischer Landschaftspark fertiggestellt. Integriert wurden die Klosterruinen und das Mausoleum der Wettiner. Heute finden hier Veranstaltungen statt und der Besucher kann in der Klosterherberge übernachten. @ www.kloster-altzella.de

A14

AS 37 Nossen-Ost, > B101

Meißen

Meißen.
Siehe Seite 40, A13.

@ www.meissen.de

AS 37 Nossen-Ost, > B101 > Freiberg

Die **terra mineralia** im Schloss Feudenstein in Freiberg ist eine Mineralien-Ausstellung der TU Bergakademie Freiberg, die einzigartig in Deutschland ist. 3500 Mineralien, farbenprächtige Edelsteine und Meteoriten aus fünf Kontinenten lassen den Besucher in die Welt der Mineralien eintauchen. Für Kinder gibt es spezielle Angebote. @ www.terra-mineralia.de

A15

AS 2 Boblitz, > L55, L49

Lübbenau/Spreewald Freilandmuseum Lehde

Lübbenau/Spreewald Freilandmuseum Lehde
Siehe Seite 36, A13.

@ www.museum.kreis-osl.de

AS 3 Vetschau, > L49

Die **Slawenburg Raddusch** wurde so rekonstruiert, wie sie ursprünglich im 9. bis 10. Jahrhundert erbaut wurde. Archäologen fanden heraus, dass die Wehranlage komplett aus Holz errichtet wurde. Der Durchmesser betrug im Innenbereich 18 Meter und im Außenbereich 58 Meter.

@ www.slawenburg-raddusch.de

AS 3 Vetschau, > L54

Burg (Spreewald) anerkannter Kurort. Burg ist ein Ort, dessen wertvolle Solequelle erst im Frühjahr 1999 durch eine Bohrung bis in 1350 Meter Tiefe erschlossen wurde. In der Spreewald Therme kann der Besucher in der Sauna- und Badelandschaft entspannen oder sich im Wellnessbereich verwöhnen lassen. @ www.burgimspreewald.de

AS 7 Forst, > B12

Niederlausitz Dolna Łužyca

Niederlausitz Dolna Łužyca
Siehe Seite 37, A13.

@ www.niederlausitz.de

Biosphärenreservat Spreewald/Błota

Biosphärenreservat Spreewald/Błota
Siehe Seite 35, A13.

@ www.spreewald.de

Schloss & Park Branitz sind ein wunderschönes Ensemble, das von Hermann Fürst von Pückler-Muskau geschaffen wurde. Der Park trägt die Handschrift des exzentrischen Gartenkünstlers. Im Schloss sind Souvenirs seiner Reisen in den Orient zu bewundern. Besonders schön sind die wie Orientteppiche bemalten originalen Tapeten. @ www.pueckler-museum.de

Historischer Stadtkern Peitz

Historischer Stadtkern Peitz. Geprägt wird der Stadtkern der Kleinstadt Peitz vom Turm einer einst mächtigen Festung. Dieser Turm ist der Rest der Anlage und heute das Wahrzeichen der Stadt. Zur Altstadt gehören auch historische Bürgerhäuser, deren Bauzeit bis in das 17. Jahrhundert zurückgeht. @ www.peitz.de

Ostdeutscher Rosengarten Forst (Lausitz). Der Ostdeutsche Rosengarten Forst wurde im Jahr 2013 anlässlich seines 100-jährigen Bestehens mit der Ausrichtung der Deutschen Rosenschau beauftragt. Hier sind neben den über 800 Rosensorten in den verschiedensten Themengärten auch Dahlien und andere Gewächse zu sehen. @ www.rosengarten-forst.de

A17

AS 3 Dresden-Südvorstadt

Weißeritztalbahn. Auf Schmalspur führt die Weißeritztalbahn von Freital-Hainsberg bis in den Kurort Kipsdorf. Seit 1881 hat die Bahn große Bedeutung für den Güterverkehr, aber auch für den Tourismus. 2002 drohte durch ein Jahrhunderthochwasser das Aus, was aber abgewendet wurde.

@ www.weisseritztalbahn.com

AS 3 Dresden-Südvorstadt

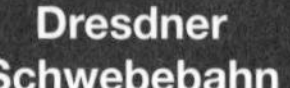

Die **Dresdner Schwebebahn** wurde als erste Bergschwebebahn der Welt 1901 in Betrieb genommen. Sie verbindet den Körnerplatz in Loschwitz mit Oberloschwitz. @ www.dresdner-bergbahnen.de

AS 4 Dresden-Prohlis

Dresden. Die sächsische Metropole an der Elbe wird auch Elbflorenz genannt. Prächtige Bauten aus der Renaissance und dem Barock sind weltberühmte Sehenswürdigkeiten. Die aus dem 19. Jahrhundert stammende Semperoper ist genauso wie das Schloss, die Frauenkirche und der Zwinger ein Publikumsmagnet. Für Interessierte ist das Deutsche Hygienemuseum ebenfalls einen Besuch wert. @ www.dresden.de

AS 6 Pirna, > S178

Schloss Weesenstein. Die 800-jährige Geschichte des romantischen Schlosses lässt sich an den verschiedenen Baustilen ablesen. Das Schloss bietet neben Führungen die Möglichkeit, Räumlichkeiten für Tagungen, Hochzeiten und Feiern zu mieten. Neben regulären Führungen bieten Sonntagsführungen spezielle Einblicke. @ www.schloss-weesenstein.de

AS 6 Pirna, > S178

Uhrenmuseum Glashütte

Uhrenmuseum Glashütte. Das Uhrmacherhandwerk hat in Glashütte eine lange Tradition, diese wird im Deutschen Uhrenmuseum auf 1000 Quadratmetern mit Exponaten aus 165 Jahren anschaulich dargestellt.
@ www.uhrenmuseum-glashuette.com

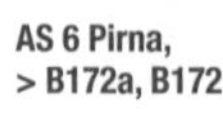

AS 6 Pirna, > B172a, B172

Sächsische Schweiz Bastei Festung Königstein. Die Bastei, die bekannteste Felsformation der Sächsischen Schweiz, ist heute ein beliebtes Ausflugsziel. Die Festung Königstein blickt auf eine 750-jährige Geschichte zurück. Auf dem Festungsgelände können unter anderem das Alte Zeughaus, die Garnisonskirche, das Brunnenhaus und die Kasemattenanlagen besichtigt werden. @ www.saechsische-schweiz.de

Pirna. Hoch über der Stadt thront die ehemalige Festungsanlage Sonnenstein, die, wie die Stadt, auf eine bewegte Geschichte verweisen kann. Seit 2012 steht die Anlage zur Besichtigung zur Verfügung. Die Stadt im Freitaat Sachsen ist bekannt für ihre Bürgerhäuser mit prächtigen Giebeln, Erkern und ihre alten Gassen. In Pirna beginnt die Sächsische Weinstraße.

@ www.pirna.de

Barockgarten Großsedlitz. Über 400 Kübelpflanzen, darunter 100 Bitterorangen, tragen im einzigartigen Barockgarten Großsedlitz zu einem grandiosen Gartenkunstwerk bei. Dazu gehören unter anderem auch Wasserspiele, 64 Sandsteinfiguren, große Heckenformationen und Schmuckvasen. Es finden klassische Konzerte und andere kulturelle Veranstaltungen statt.

@ www.barockgarten-grosssedlitz.de

Das **Kamelienschloss Zuschendorf** im Pirnaer Stadtteil Zuschendorf und ist bekannt für seine Jahrhunderte alte Gartenbaugeschichte. Wertvolle genetische Materialien konnten in Gewächshäusern auf einer Fläche von 1300 Quadratmetern erhalten werden. Die Botanischen Sammlungen sind im Landschloss Pirna-Zuschendorf, auch Kamelienschloss genannt, zu bewundern. Neben Kamelien blühen hier auch Azaleen, Hortensien und Rhododendren.

@ www.kamelienschloss.de

Das **Erzgebirge** kann vielerlei Attraktionen aufbieten, darunter unzählige Wintersportmöglichkeiten. Im Sommer lädt ein Wegenetz mit einer Länge von 5000 Kilometern zum Wandern ein. Auch Radfahrer und Mountainbiker finden in waldreicher Natur beste Voraussetzungen. Im Seiffener Spielzeugmuseum kann man die weltbekannte erzgebirgische Volkskunst bestaunen.

@ www.erzgebirge.net

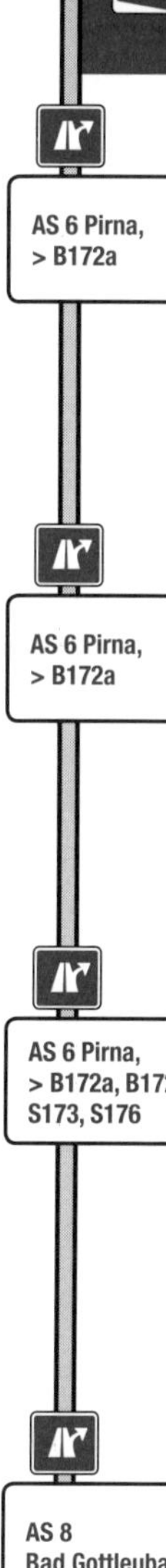

AS 6 Rostock-Ost, > B105

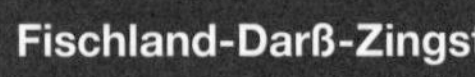

Fischland-Darß-Zingst. Die Halbinsel zwischen Ostsee und Bodden wird geprägt durch Steilufer und Strände; die Prerower Bucht zählt zu den schönsten Stränden in Europa. Kunstinteressierte kommen in Ahrenshoop auf ihre Kosten @ www.fischland-darss-zingst.de

AS 6 Rostock-Ost

Hansestadt Rostock. Seit 1418 ist Rostock Universitätsstadt und hat damit die älteste Universität Nordeuropas in ihren Mauern. Beherrscht wird die Hansestadt aber von ihrem Hafen. Rostock bietet viele historische Kleinode, wie die ehemaligen Werfthallen oder die zahlreichen Museen. Auch Warnemünde mit seinem Leuchtturm ist einen Besuch wert. @ www.rostock.de

AS 10 Kavelstorf, > L191, B103, > Pankelow

Miniland M-V Modell- und Landschaftspark. Das Miniland Mecklenburg-Vorpommern befindet sich in Göldenitz bei Rostock. In dem 4,5 Hektar großen Landschaftspark können große und kleine Besucher die detailgetreuen Miniaturnachbauten von Schlössern, Kirchen und Herrenhäusern bestaunen. @ www.miniland-mv.de

AS 11 Laage, > B103

Luftfahrtausstellung Flughafen Rostock-Laage. Wer die Luftfahrtausstellung in Rostock-Laage besucht, begibt sich auf eine Zeitreise. Anhand von Schautafeln und originalgetreuen Exponaten bekommen die Besucher einen Einblick in die Fluggeschichte. Im Speziellen kann man sich über das Schaffen Otto Lilienthals informieren. @ www.rostock-airport.de

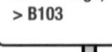

AS 11 Laage

Künstlerkolonie Schwaan

Künstlerkolonie Schwaan. Schon 1860 hielten sich mecklenburgische Maler in Schwaan auf; das Städtchen entwickelte sich zu einem Künstlerort. Studierende und Schüler kamen hierher. Das Kunstmuseum präsentiert wechselnde Ausstellungen. @ www.kunstmuseum-schwaan.de

Mecklenburgische Schweiz

Die **Mecklenburgische Schweiz** zwischen Ostsee und Mecklenburgischer Seenplatte besticht durch ihre Landschaft und die vielen Schlösser und Herrenhäuser. Beliebt sind Bootsferien; Boote können in Malchin und Demmin gechartert werden. @ www.naturpark-mecklenburgische-schweiz.de

Renaissance-Schloß Güstrow. Eine bedeutende Sammlung mittelalterlicher Kunst ist in den Räumlichkeiten des Renaissanceschlosses Güstrow zu bewundern. Zahlreiche Skulpturen und italienische Malerei aus der Renaissance und des Frühbarock werden präsentiert, darunter Werke von Cranach und Tintoretto. @ www.guestrow.m-vp.de/guestrower-schloss

Natur- und Umweltpark Güstrow. Auf eine Abenteuerreise mit Tieren begibt sich der Besucher des Natur- und Umweltparks Güstrow. Über 1000 Tiere, darunter Bären, Wölfe, Luchse, Eulen und Adler, leben auf dem großen Gelände in begehbaren Gehegen und Volieren. In einer Unterwasserwelt können Vertreter heimischer Fischarten beobachtet werden.
@ www.nup-guestrow.de

AS 17
Waren (Müritz)

Mecklenburgische Seenplatte

Mecklenburgische Seenplatte. Die einzigartige Naturlandschaft ist ein Magnet für Wasser- und Naturliebhaber. Wer aktiv als Freizeitkapitän auf dem Wasser unterwegs sein möchte, kann sich ein Kanu, ein Floß oder ein Hausboot mieten. @ www.mecklenburgische-seenplatte.de

AS 17
Waren (Müritz),
> B192, B108

Festspielort Ulrichshusen. In einer restaurierten Wasserburg ist ein kulturhistorisches Kleinod entstanden, das Ulrichshusen den Ruf eines Festspielorts eingebracht hat. In einer alten Scheune neben der Burg entstand einer der größten Konzertsäle. Seit 1994 haben dort schon namhafte Weltkünstler ihre Visitenkarte abgegeben. @ www.ulrichshusen.de

AS 15 Linstow

Resort Linstow. Im Resort Linstow findet man unbegrenzte Freizeitmöglichkeiten. Eine tropische Wasserwelt mit Erlebnis- und Kinderbad, Wasserrutschen sowie eine asiatische Sauna- und Wellnesslandschaft. @ www.linstow.vandervalk.de

AS 15 Linstow, L204

Nossentiner-
Schwinzer Heide

Nossentiner-Schwinzer Heide. Auf einer 36.000 ha großen Fläche erstreckt sich der Naturpark mit Mooren und Kiefernwäldern. Sehenswert ist der Aussichtsturm Moorochse. @ www.naturpark-nossentiner-schwinzer-heide.de

AS 17 Waren (Müritz), > B192

Das **AGRONEUM Alt Schwerin** ist ein agrarhistorisches Museum im Dorf Alt Schwerin, auf dem Gelände eines ehemaligen ritterschaftlichen Gutes, das die Landwirtschaftsgeschichte Mecklenburgs aus 5000 Jahren zeigt. @ www.museum-alt-schwerin.de

AS 17 Waren (Müritz), > B192

Das **MÜRITZEUM WAREN – Haus der 1000 Seen** liegt am Rande der Altstadt von Waren am Kleinen Herrensee. Aus dem ehemaligen Müritz Museum entstand das heute überregional bekannte Zentrum für Naturerlebnisse, Umweltbildung und Naturforschung. Über zwei Etagen erstreckt sich das Maränenbecken mit 100.000 Liter Wasser, in dem ein 500-köpfiger Maränenschwarm lebt. @ www.mueritzeum.de

AS 16 Malchow

Luftkurort Inselstadt Malchow. Malchow wird als „Perle der Mecklenburgischen Seenplatte" genannt. Reizvoll ist die Insellage des früheren Stadtteils inmitten des Malchower Sees. Das Mecklenburgische Orgelmuseum zeigt die Geschichte des mecklenburgischen Orgelbaus. Einen Besuch wert ist auch das Museum zur DDR-Alltagsgeschichte im ehemaligen Filmpalast. @ www.malchow-m-vp.de

AS 17
Waren (Müritz),
> B192

Müritz Nationalpark UNESCO-Welterbe Buchenwälder. Eine naturbelassene Landschaft mit alten Mooren, erfrischenden Seen und weiten Wäldern fesselt den Besucher von der ersten Sekunde an. Der Mensch kann eins werden mit der Natur und die Artenvielfalt bewundern, zum Beispiel Kraniche und Fischadler.

@ www.mueritz-nationalpark.de

AS 17
Waren (Müritz),
> B192

Land Fleesensee/ Göhren-Lebbin. Sport und Natur garantieren im Land Fleesensee in Göhren-Lebbin unbeschwerte Urlaubstage. Die Angebote gehen über Möglichkeiten des Wassersports bis hin zu Golf, Tennis und Reiten. Die herrlichen Liegewiesen am Fleesensee und die SPA-Therme laden zum Entspannen ein.

@ www.goehren-lebbin.m-vp.de

AS 18
Röbel/Müritz,
> B198

Schlossinsel Mirow – Mecklenburg-Strelitz. Die Mirower Schlossinsel geht auf das 13. Jahrhundert zurück und war Residenz der Herzöge von Mecklenburg-Strelitz. Auf der Insel befinden sich das Schloss aus dem 18. Jahrhundert, das barocke Kavaliershaus, die Johanniterkirche und das Torhaus, das im 16. Jahrhundert im Renaissancestil erbaut wurde. Sehenswert sind auch der Schlosspark und die Liebesinsel.

@ www.mirow.m-vp.de

AS 18
Röbel/Müritz,
> B198, B103

Plau am See – BÄRENWALD. In dem 16 Hektar großen Bärenwald Müritz in Plau am See finden seit 2006 Braunbären aus schlechter Haltung ein tiergerechtes Zuhause. Der Besucher kann sich auch in Ausstellungen über das Leben der Bären informieren. Für Kinder steht ein Abenteuer-Waldspielplatz zur Verfügung. Der Bärenwald ist ganzjährig geöffnet.

@ www.plau-am-see.de

Rostock – Wittstock < > Wittstock – Rostock

Röbel/Müritz – Bunte Stadt am kleinen Meer. Röbel geht auf das 10. Jahrhundert zurück. Die kleine Stadt am größten Binnensee Deutschlands ist heute ein attraktiver Urlaubsort, der durch seine malerische Lage, die liebevoll restaurierte Altstadt mit ihren Fachwerkhäusern und den Hafen viele Besucher anzieht. @ www.stadt-roebel.de

AS 20
Wittstock

Museum Dreißigjähriger Krieg Wittstock/Dosse. Das Museum ist im Turm der Bischofsburg untergebracht. Empfangen wird der Besucher in einem Einstimmungsraum und dann informiert über die Ursachen des Krieges, die Leiden der Menschen bis hin zu den Schlachten, insbesondere die von Wittstock. @ www.mdk-wittstock.de

AS 20
Wittstock

Die Landschaft der **Prignitz** lädt zum Verweilen ein. Radfahrer finden herrliche Möglichkeiten vor, auf Seen kann gepaddelt werden oder auf dem Rücken eines Pferdes die Gegend erkundet werden. Wer Hunger verspürt, sollte Knieperkohl probieren. @ www.dieprignitz.de

A115

Berlin – Michendorf < > Michendorf – Berlin

Deutsche Teilung
1945-1990

Deutsche Teilung 1945-1990. Das Schild erinnert an die Deutsche Teilung zwischen den Jahren 1949 bis zur Wiedervereinigung 1990. @ www.grenzerinnerungen.de

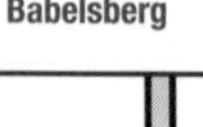

Potsdam – Schlösser und Parks. Weltberühmt sind die Potsdamer Schlösser und Parks. Im Park Sanssouci sind neben dem von Friedrich II. erbauten Schloss Sanssouci das Neue Palais, die Römischen Bäder, die Orangerie und das Chinesische Teehaus. zu finden Weiter können besucht werden Schloss Cecilienhof, das Belvedere sowie das Marmorpalais.

@ www.potsdam-park-sanssouci.de

Berlin – Michendorf < > Michendorf – Berlin

A115

Der **Filmpark Babelsberg** ist auf dem Gelände der Medienstadt Babelsberg zu finden. Im Themenpark erleben Besucher die ganze authentische Film- und Fernsehwelt. Bei einem Blick hinter die Kulissen können Originalschauplätze bekannter Filme besichtigt werden. Beliebt sind auch die Stuntshows.

@ www.filmpark-babelsberg.de

AS 6 Potsdam-Babelsberg

Bennstedt – Bad Lauchstädt < > Bad Lauchstädt – Bennstedt

A143

Goethe-Theater Bad Lauchstädt. Ein historisches Kleinod ist das 1802 erbaute Goethe-Theater in Bad Lauchstädt. Es ist das einzig erhaltene Theater, in dem der Dichter während seiner Tätigkeit als Theaterleiter mit dem Weimarer Ensemble gewirkt hat. Das Theater ist ein geistiges und kulturelles Zentrum. Neben den Aufführungen werden auch Führungen durch die Ausstellungsräume angeboten.

@ www.goethe-theater-bad-lauchstaedt.de

AS 6 Dreieck Halle-Süd,
> L163

Weinbauregion Höhnstedt. Seit Jahrhunderten wird in dieser Region Wein angebaut. Die ersten urkundlichen Einträge dieses Weinbaugebiets stammen aus dem Jahr 973. Angebaut wird hier eine Kreuzung zwischen Riesling und Silvaner, der Rivaner. Beliebt sind die geführten Wanderungen durch die Weinberge und die Winzerfeste in Höhnstedt.

@ www.weindorf-hoehnstedt.de

AS 3
Halle-Neustadt

Francksche Stiftungen

Franckesche Stiftungen. Einst wurde die Franckesche Stiftung durch August Hermann Francke gegründet. Heute befinden sich in den Räumlichkeiten unter anderem vier Schulen sowie über 50 verschiedene Einrichtungen. Die Stiftung in Halle gehört zu den Zentren in kultureller sowie wissenschaftlicher Hinsicht.

@ www.francke-halle.de

AS 3 Halle-Neustadt,
> B80
> Zentrum

AS 78 Brandenburg, > B102

Havelland. Die Birne des Herrn von Ribbeck auf Ribbeck im Havelland ist der größte Werbeträger dieser wasserreichen Region in Brandenburg. In Rathenow erfolgte die erste industrielle Fertigung einer Brille. Auf dem Gollenberg unternahm der Flugpionier Otto Lilienthal seine ersten Flugversuche.

@ www.havelland.de

AS 78 Brandenburg, > B102, K6948

Rochow-Museum Schloss Reckahn. Reckahn ist ein Ortsteil von Kloster Lehnin und liegt südlich von Brandenburg. Das Rochow-Museum befindet sich im Herrenhaus der Familie Rochow, dem Schloss Reckahn, und widmet sich dem Leben und Werk Friedrich Eberhard von Rochows, der vor allem durch seine Landschulreform Bekanntheit errang.

@ www.rochow-museum.de

AS 80 Lehnin, > L86

Zisterzienser-Kloster Lehnin. Das erste Zisterzienserkloster im Märkischen steht seit 1180 auf einem weitläufigen Anwesen in Lehnin. Besonders hervorzuheben sind die aus Backstein errichtete romanisch-gotische Klosterkirche sowie das „Königshaus". Das angeschlossene barocke Amtshaus aus dem 17. Jahrhundert beherbergt ein Museum.

@ www.klosterlehnin.de

AS 78 Brandenburg, > B102

Naturpark Westhavelland. Die Niederungen des Naturparks gehören zu den größten mitteleuropäischen Rast- und Brutgebieten für Watt- und Wasservögel im Binnenland. Von zwei Beobachtungstürmen in Luch bei Buckow und Garlitz kann die Großtrappe während der Balzzeit beobachtet werden. Der Naturpark schließt sich an das Biosphärenreservat Mittelelbe an.

@ www.nationale-naturlandschaften.de

AS 80 Lehnin, > L88

Spargelregion Beelitz

Spargelregion Beelitz. Siehe Seite 24, A10.

@ www.beelitz.de

Dom zu Brandenburg an der Havel. Auf einer Insel, aber trotzdem in der Altstadt, befindet sich der Dom zu Brandenburg an der Havel. Das Ensemble, bestehend aus dem Dom, den zahlreichen Nebengebäuden, Kurien und Klausur, ist prägend für die Dominsel. Mit dem Bau des Doms wurde im 12. Jahrhundert begonnen. @ www.dom-brandenburg.de

Fläming. Burgen und Schlösser, Städte mit historischem Stadtkern, Feldsteinkirchen und Klöster sind die Sehenswürdigkeiten dieser hügeligen Region. Prägend sind viele alte Mühlen, wie die in Europa einzigartige Scheunenwindmühle in Saalow. @ www.reiseregion-flaeming.de

Bad Belzig
Thermalsoleheilbad

Bad Belzig Thermalsoleheilbad. Das Thermalsoleheilbad ist das jüngste Bad dieser Art in Deutschland. Belzig blickt auf eine 1000-jährige Geschichte zurück und ist mit seinem historischen Wahrzeichen, der Burg Eisenhardt, einen Besuch wert. Im Torhaus der Burg befindet sich das Heimatmuseum. @ www.belzig.com

Naturpark
Hoher Fläming

Naturpark Hoher Fläming. Der Naturpark erstreckt sich zwischen Elbe, Dahme und dem Baruther Urstromtal. Er wird von einem Netz kleiner Bäche, Flämingfließe genannt, durchzogen. Zu den Tierarten, die hier ihren Lebensraum gefunden haben, gehören der Mittelspecht und der Große Abendsegler. @ www.flaeming.net

Bischofsresidenz Burg Ziesar. Erstmals erwähnt wurde die Bischofsresidenz Burg Ziesar in einer Urkunde des Bistums Brandenburg. Mitte des 14. Jahrhunderts wurde sie zu einer bischöflichen Residenz ausgebaut. Nach dem Krieg stand sie Flüchtlingen zur Verfügung und wurde als Schulinternat genutzt. 2005 zog ein Museum ein. @ www.burg-ziesar.de

AS 75 Theeßen

Jerichower Land. Der Landkreis lädt mit gut ausgebauten Radwanderwegen und Seen ein. Auf der „Straße der Romanik" kann man eine Entdeckungstour durch das Mittelalter machen. @ www.lkjl.de

AS 72 Lostau

Die **Colbitz-Letzlinger Heide** beheimatet den mit 220 Hektar größten Lindenwald in Europa. Die ältesten Exemplare sind bis zu 200 Jahre alt. Rad-, Wanderwege und Seen ziehen Besucher an. @ www.regionmagdeburg.de

AS 70 Magdeburg-Zentrum

Magdeburger Dom. Der Magdeburger Dom ist seit über 800 Jahren das Wahrzeichen der Stadt. Er ist der erste gotische Kathedralenbau auf deutschem Boden. Nach der Renovierung wurde Barlachs berühmtes Ehrenmal „Magdeburger Mal" wieder an seinem Originalstandort im Nordquerhaus aufgestellt. @ www.magdeburgerdom.de

AS 70 Magdeburg-Zentrum

Die **Magdeburger Börde** ist eine Region mit sehr fruchtbaren Böden. Besonders der Rübenanbau für die Zuckerindustrie wird betrieben. In Eickendorf gibt es ein Museum für Bodenschätzung. @ www.regionmagdeburg.de

AS 66 Bornstedt, > L24

Hundisburg Schloss und Garten. Schloss Hundisburg, ein Barockgarten und ein Landschaftspark bilden ein Ensemble. Das Schloss wird heute für kulturelle Veranstaltungen genutzt. Seit 1991 ist auch der Barockgarten wieder angelegt und der Landschaftspark ist ein Beispiel für gelungene Pflanzenverwendung. @ www.schloss-hundisburg.de

AS 63 Marienborn/ Helmstedt, > B1, B244

paläon Schöningen. Hintergrund des modernen Forschungs- und Erlebniszentrums Schöninger Speere sind sensationelle Funde von Dr. Hartmut Thieme. Er fand bei Rettungsgrabungen im Schöninger Tagebau sehr gut erhaltene Speere im Alter von 300.000 Jahren. @ www.palaeon.de

Deutsche Teilung 1945-1990

Deutsche Teilung 1945-1990. Das Schild soll an die Deutsche Teilung von 1949 bis zur Wiedervereinigung 1990 erinnern. @ www.grenzerinnerungen.de

AS 62 Helmstedt-Zentrum

Elm-Lappwald

In der Region **Elm-Lappwald** in Niedersachsen bieten sich vielfältige Möglichkeiten, die Freizeit sportlich zu gestalten. In Helmstedt lädt das Zonengrenzmuseum zu einem Besuch ein. @ www.elm-lappwald.de

Erlebnisstadt Wolfsburg. Wolfsburg wurde 1302 erstmals urkundlich erwähnt und ist die fünftgrößte Stadt Niedersachsens. Bekannt ist Wolfsburg vorrangig als Autostadt, hat aber auch andere Attraktionen zu bieten. Neben zahlreichen kulturellen Veranstaltungen laden unter anderem auch das Schloss Wolfsburg, das Planetarium und der Allerpark, ein Sport-, Freizeit- und Erholungspark auf einer Fläche von 130 Hektar, zu einem Besuch ein. @ www.wolfsburg.de

AS 58 Kreuz Wolfsburg, > A39

Der **Tierpark Essehof** befindet sich in Lehre-Essehof nahe Braunschweig. Hier besteht aufgrund des größeren Platzangebots die Möglichkeit, Tiere zu halten, die im Zoo Braunschweig nicht genügend Raum haben. Besonders widmet man sich hier bedrohten Haustierrassen. Aber auch Luchs, Gibbon und Pavian haben hier ihr Zuhause. @ www.zoo-bs.de

AS 57 Kreuz Braunschweig-Ost, > L295, L635

Braunschweig – Die Löwenstadt. Braunschweig wurde erstmals im Jahr 1031 urkundlich erwähnt. Den Zusatz „Die Löwenstadt“ bekam Braunschweig durch Heinrich den Löwen, den Welfenherzog, der die Stadt vor 850 Jahren zu einer Residenz ausbaute. Auf dem Burgplatz ist das Wahrzeichen der Stadt, der Löwe, als Denkmal zu sehen. Einen Besuch wert sind auch der Braunschweiger Dom und der historische Altstadtmarkt mit dem Gewandhaus. @ www.braunschweig.de

AS 56 Braunschweig-Flughafen

Das **Mühlen-Freilichtmuseum Südheide Gifhorn** zeigt auf einer Fläche von 15 Hektar 16 Mühlen in Originalgröße aus aller Welt. Hier findet der Besucher zum Beispiel Exemplare aus Griechenland, Spanien, Holland und Russland. In einer großen Halle sind Modelle und andere Exponate zur Mühlengeschichte ausgestellt. Für das leibliche Wohl wird im Niedersachsenhaus gesorgt. www.suedheide-gifhorn.de

AS 43 Dreieck Hannover-West

GARBSEN SEEN. Die Stadt Garbsen in Niedersachsen entstand erst 1974 durch den Zusammenschluss mehrerer Gemeinden. Der Blaue See ist sozusagen das Naherholungszentrum der Stadt; hier gibt es sogar eine Wasserskianlage, auch Golfer kommen hier auf ihre Kosten. Die Campinganlage verfügt auch über feste Unterkünfte in Form von Blockhütten direkt am See. @ www.garbsen.de

AS 42 Hannover-Herrenhausen, > B6

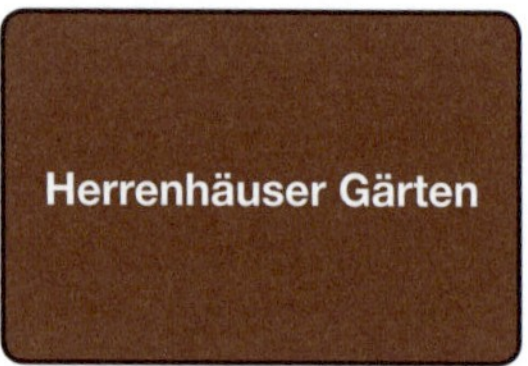

Herrenhäuser Gärten. Die Herrenhäuser Gärten sind in verschiedene Abschnitte unterteilt. Diese sind der große Barockgarten, der Berggarten mit über 12.000 Pflanzen, der Georgengarten und Welfengarten mit Schloss Monbrillant, der Grotte und Schloss Herrenhausen, dessen Wiederaufbau 2013 endete. Die Anlagen sind barrierefrei gestaltet, Besuchern werden Reliefkarten und E-Scooter angeboten.

@ www.hannover.de

Sauna-Therme Seelze. Die Königliche Kristall-Therme Seelze befindet sich im gleichnamigen niedersächsichen Ort. Dem Besucher stehen verschiedene Innen- und Außenbecken, darunter ein Natronbecken, und eine Saunalandschaft zur Verfügung. Auch textifreies Baden ist möglich. Ein Wellnessbereich lädt zu Behandlungen ein, Gastronomie ist ebenfalls vorhanden. @ www.kristalltherme-seelze.de

KLOSTER LOCCUM 1163

Das **KLOSTER LOCCUM 1163** in Rehburg-Loccum wurde 1163 von Zisterziensermönchen gegründet. Heute ist es als evangelisches Kloster Sitz des ältesten Predigerseminars der hannoverschen Landeskirche und öffnet seine Türen auch für Besucher. @ www.kloster-loccum.de

Der **Naturpark Steinhuder Meer** in der Region Hannover ist eine Symbiose aus Erholung und Naturschutz; besondere Aufmerksamkeit wird dem Seeadler gewidmet. Der größte Binnensee Norddeutschlands, das Steinhuder Meer, befindet sich mit einer Größe von 32 Quadratkilometern im Herzen dieses Naturparks. @ www.naturpark-steinhuder-meer.de

Barsinghausen – Erholung und Bergbautradition. Barsinghausen wurde erstmals 1193 urkundlich erwähnt. Die Geschichte der Stadt ist eng mit der des Bergbaus verbunden. Einen Einblick in die Arbeit unter Tage gewährt das Besucherbergwerk Klosterstollen. Direkt am Naherholungsgebiet Deister gelegen, bietet die Stadt viele Sehenswürdigkeiten. @ www.barsinghausen.de

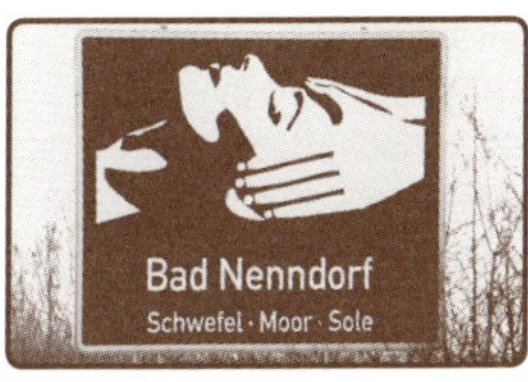

Bad Nenndorf: Schwefel · Moor · Sole. Bad Nenndorf liegt zwischen den Gebirgen Deister und Bückeberge westlich von Hannover und kann auf eine 200-jährige Tradition als Kurort verweisen. Der Historische Kurpark Bad Nenndorf hat seinen Ursprung im Jahr 1792 und besitzt den Status eines Kulturdenkmals. @ www.badnenndorf.de

Stadthagen Stadt der Weserrenaissance

Stadthagen – Stadt der Weserrenaissance, westlich von Hannover gelegen, wurde um 1222 gegründet. Zeugen der Weserrenaissance sind noch heute unter anderem das Schloss Stadthagen und das Alte Rathaus. @ www.stadthagen.de

AS 35 Bad Eilsen, > B83

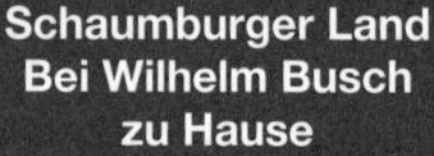

Schaumburger Land. Die Region ist geprägt von kultureller und landschaftlicher Vielfalt. 1832 wurde Wilhelm Busch in Wiedensahl geboren. Sein Geburtshaus beherbergt heute ein Museum, das an sein Leben und Schaffen erinnert. @ www.schaumburg.de

AS 37 Lauenau, > B442

BAD MÜNDER – Stadt der Heilquellen im Weserbergland. Bad Münder liegt im Landkreis Hameln-Pyrmont. Der Kurort zieht Aktiv- und Erholungsgäste gleichermaßen an und besticht durch seine Heilquellen, den Kur- und Landschaftspark mit dem Gradierwerk, den mittelalterlichen Gässchen und Fachwerkhäusern. @ www.bad-muender.de

AS 37 Lauenau, > B442, B217

Das **Wisentgehege Springe** wurde 1928 gegründet, um den Wisent vor dem Aussterben zu retten. Bis 2007 kamen 310 Wisente in Springe zur Welt. Heute bietet das Gehege auf einer Fläche von 90 Hektar etwa 100 Wildarten einen artgerechten Lebensraum. Auf einem Rundweg lässt sich das Areal erkunden. @ www.wisentgehege-springe.de

AS 35 Bad Eilsen

Weserbergland

Das **Weserbergland** ist im wahrsten Sinne des Wortes eine märchenhafte Landschaft. Hier sind zum Beispiel der Rattenfänger von Hameln und der Lügenbaron von Münchhausen zu Hause. @ www.weserbergland.de

AS 35 Bad Eilsen, > B83

Schloss Bückeburg – Hubschraubermuseum Historische Residenzstadt Bückeburg. Bückeburg befindet sich im Landkreis Schaumburg. Wahrzeichen der Stadt ist das Renaissanceschloss Bückeburg des Fürsten zu Schaumburg-Lippe. Das Hubschraubermuseum zeigt auf 600 Quadratmetern Hubschrauber in Originalgröße und zahlreiche Miniaturausführungen. @ www.bueckeburg.de

AS 35 Bad Eilsen, > B83

Historische Altstadt Rinteln.

Die historische Altstadt von Rinteln ist ein Ort mit einer Ansammlung von wunderschönen Erkern, Gesimsen, Welschen Giebeln, Muschelornamenten, Fächerrosetten, Voluten und jeder Menge Fachwerk. Das Ensemble gilt als Kleinod der Weserrenaissance. Auf dem Marktplatz locken Cafés und Bistros zum Verweilen.

@ www.rinteln.de

AS 33 Porta Westfalica, > B482

Historische Altstadt Minden.

798 wurde Minden erstmals erwähnt. Die Altstadt bietet viele Sehenswürdigkeiten, darunter den Dom mit der Domschatzkammer, das historische Rathaus und das Puppenmuseum. Besonders schön ist das Figurenspiel am Haus Schmieding am Marktplatz. Alle Sehenswürdigkeiten kann man über die „Altstadt-Route" erreichen.

@ www.minden.de

AS 33 Porta Westfalica, > B482

Kaiser-Wilhelm-Denkmal Porta Westfalica.

Das Kaiser-Wilhelm-Denkmal ist das Wahrzeichen der Stadt Porta Westfalica. Hoch oben thront es über der Stadt auf einer Höhe von 268 Metern auf dem Wittekindsberg. Es gehört zu den bedeutendsten Nationaldenkmälern in Deutschland. Erbauer war die damalige Provinz Westfalen in den Jahren 1892 bis 1896.

@ www.portawestfalica.de

AS 29 Herford/ Bad Salzuflen, > B239

MARTa Herford.

Das Museum in Herford präsentiert zeitgenössische Kunst des 21. Jahrhunderts, wobei der Schwerpunkt auf dem Möbeldesign liegt. Es existiert eine Zusammenarbeit mit der Möbelindustrie, die traditionell in Herford ansässig ist. Der Klinkersteinbau wurde vom Star-Architekten Frank Gehry entworfen und mutet wie eine übergroße Skulptur an. Es werden verschiedene Führungen angeboten. Das Erlebte kann man im Marta Café Revue passieren lassen. @ www.marta-herford.de

AS 29 Herford/ Bad Salzuflen, > B239

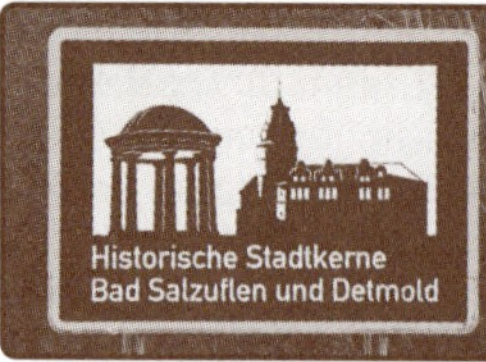

Historische Stadtkerne Bad Salzuflen und Detmold. Am Fuße des Teutoburger Waldes gelegen, verfügen sie über hervorragend erhaltene Stadtkerne. Bad Salzuflen ist geprägt von Bürgerhäusern der Weserrenaissance, den Soleheilquellen und dem Erlebnisgradierwerk. Detmolds Innenstadt verfügt über zahlreiche Baudenkmäler. Sehenswert sind unter anderem der Marktplatz und die Erlöserkirche.
@ www.stadt-bad-salzuflen.de, @ www.stadtdetmold.de

AS 27 Kreuz Bielefeld-Ost, > B66

Historischer Stadtkern Lemgo. Die alte Hansestadt Lemgo wurde um 1190 gegründet. Ihre Lage an wichtigen Handelswegen brachte ihr im Mittelalter wirtschaftlichen Aufschwung. Die typischen Verzierungen an den Steingiebel- und Fachwerkbauten sind noch heute in der Stadtmitte vor allem am Marktplatz und in der Mittelstraße zu finden. Besonders schön ist das Hexenbürgermeisterhaus, das heute ein Museum beherbergt.
@ www.lemgo.de

AS 27 Kreuz Bielefeld-Ost

Industrieland NRW
Produktionstechnologie
aus Ostwestfalen-Lippe

Industrieland NRW Produktionstechnologie aus Ostwestfalen-Lippe. Dieses Schild weist auf einen industriellen Schwerpunkt in NRW hin.
@ www.nrw.de

AS 27 Kreuz Bielefeld-Ost

Teutoburger Wald

Teutoburger Wald. Viele Wanderwege dieser Urlaubsregion sind prämiert worden. So wie der „Hermannsweg“ und der „Eggeweg“, die zu den zwölf schönsten Wanderwegen des Landes gehören. Beliebt sind auch Paddeltouren auf der Weser.
@ www.teutoburgerwald.de

AS 26 Bielefeld-Süd

Industrieland NRW
Lebensmittelindustrie
aus Ostwestfalen-Lippe

Industrieland NRW Lebensmittelindustrie aus Ostwestfalen-Lippe. Dieses Schild weist auf einen industriellen Schwerpunkt in NRW hin.
@ www.nrw.de

AS 27 Kreuz Bielefeld-Ost, > B66

Die **Kunsthalle Bielefeld** präsentiert als ein Museum für moderne und zeitgenössische Kunst unter anderem Werke von Picasso und Max Beckmann. Sonderausstellungen ergänzen die Dauerausstellung. Auf dem Außengelände lädt ein Skulpturenpark zum Spazieren ein. Die Kunsthalle beherbergt ebenfalls eine frei zugängliche kunstwissenschaftliche Spezialbibliothek. @ www.kunsthalle-bielefeld.de

AS 23 Kreuz Rheda-Wiedenbrück

Historische Stadtkerne Rheda-Wiedenbrück Rietberg.
In Rheda-Wiedenbrück gibt es zwei historische Stadtkerne. In Rheda lässt sich die Geschichte bis 1230 und in Wiedenbrück bis 950 zurückverfolgen. Der historische Stadtkern von Rietberg besteht aus gut erhaltenen Häusern aus dem 16. und 17. Jahrhundert. @ www.rheda-wiedenbrueck.de
@ www.rietberg.de

AS 21 Oelde

Münsterland

Münsterland.
Siehe Seite 12, A1.
@ www.muensterland.de

AS 19 Hamm - Uentrop

Industrie · Kultur · Landschaft Metropole Ruhr

Industrie · Kultur · Landschaft Metropole Ruhr. Das Schild weist auf die „Route der Industriekultur“ hin, die an das industriekulturelle Erbe des Ruhrgebiets erinnert.
@ www.route-industriekultur.de

AS 18 Hamm, > B63

Industriekultur Maximilianpark. 1984 entstand der Park auf dem Gelände einer ehemaligen Zeche im westfälischen Hamm als Teil der Landesgartenschau. Mit dem „Kinderspielland“ und dem Wahrzeichen der Stadt Hamm, dem „Glaselefanten“, ist er heute ein beliebtes Ausflugsziel. Im tropischen Schmetterlingshaus sind über 80 verschiedene Arten zu bestaunen. Auch kulturelle Veranstaltungen finden hier statt. @ www.maximilianpark.de

AS 18 Hamm

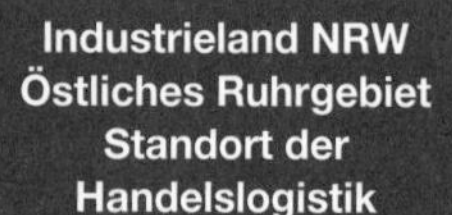

Industrieland NRW Östliches Ruhrgebiet Standort der Handelslogistik. Dieses Schild weist auf einen industriellen Schwerpunkt in NRW hin.

@ www.nrw.de

AS 10 Recklinghausen-Ost

Industriekultur Umspannwerk Recklinghausen. Einen technischen Wandel vollzog das Umspannwerk, das 1927/28 erbaut wurde, von 1991 bis 1994 durch die denkmalgerechte Rekonstruierung. Im Jahr 2000 wurden die modernisierten Betriebsstätten durch das „Museum Strom und Leben" bereichert.

@ www.umspannwerk-recklinghausen.de

AS 11 Henrichenburg, > B235, L511

Industriekultur Schiffshebewerk. Das alte Schiffshebewerk Henrichenburg, heute ein LWL-Industriemuseum, und das neue Schiffshebewerk sind Bestandteile des Schleusenparks Waltrop. Auch Schleusen, weitere Betriebseinrichtungen und Siedlungen können besichtigt werden.

@ www.hebewerk-henrichenburg.de

AS 6 Gelsenkirchen-Buer, > L608

Industriekultur Nordsternpark. Der Nordsternpark besteht aus dem Gewerbepark und dem Landschaftspark. Der Landschaftspark bietet Möglichkeiten der Freizeitgestaltung und Gastronomie, im Amphitheater finden Konzerte und andere kulturelle Veranstaltungen statt. Eine gelungene Verbindung von Industriegeschichte, Kultur und Natur.

@ www.nordsternpark.de

Industriekultur
Maschinenhalle
Gladbeck-Zweckel

In der Maschinenhalle der ehemaligen Zeche Zweckel aus dem Jahr 1909 in Gladbeck finden heute Kunst- und Kulturveranstaltungen statt. Seit 1988 steht die Anlage als Industriedenkmal unter Denkmalschutz.

@ www.maschinenhalle-gladbeck.de

UNESCO Weltkulturerbe
Hansestadt Lübeck

UNESCO-Weltkulturerbe Hansestadt Lübeck.
Siehe Seite 9, A1.

@ www.luebeck.de

AS 2a Lübeck - Genin

Naturpark Lauenburgische Seen. Tiefe Wälder, Seen und Feuchtgebiete prägen die Landschaft des Naturparks Lauenburgische Seen im Herzogtum Lauenstein, dem ältesten Naturpark Schleswig-Holsteins. Mit dem digitalen Wanderführer „Cruso" kann der Besucher per GPS auf ausgesuchte Touren gehen. Eine Ausstellung informiert über den Naturpark und die Region.

@ www.naturpark-lauenburgische-seen.de

AS 3 Groß Sarau, > B207

Ehemalige
innerdeutsche Grenze
1945-1990

Ehemalige innerdeutsche Grenze 1945-1990. Das Schild erinnert an den Verlauf der ehemaligen innerdeutschen Grenze.

@ www.innerdeutsche-grenze.de

Das **UNESCO Biosphärenreservat Schaalsee** ist eines von 15 in Deutschland und 550 weltweit. Zentrum des Schutzgebiets ist der 24 Quadratkilometer große Schaalsee. Hier wird gezeigt, dass es möglich ist, Natur zu nutzen, ohne sie zu zerstören. Des Weiteren ist die Region als europäisches Vogelschutzgebiet ausgewiesen, zu dem ein großer Schilfbereich gehört.

@ www.schaalsee.de

AS 5 Schönberg, > B104, L041

Klosterstadt Rhena. Die Gründung der Stadt Rhena geht auf das Jahr 1160 zurück. Das Benediktinerinnenkloster wurde zwischen 1230 und 1236 errichtet und zählte im 14. und 15. Jahrhundert zu den bedeutendsten mecklenburgischen Klöstern. Nach dem Zweiten Weltkrieg dienten die Gebäude als Schule. Sehenswert ist auch die Altstadt mit ihren Fachwerkhäusern.

@ www.rhena.de

AS 5 Schönberg, > B104

AS 6 Grevesmühlen, > L03

Klützer Winkel

Klützer Winkel. Die Region an der mecklenburgischen Ostseeküste besticht durch die Kombination von Natur, Kultur und Geschichte. Der Besucher kann die wunderschönen Naturstrände genießen, kleine Dorfkirchen oder das Schloss Bothmer besuchen. @ www.kluetzer-winkel.de

AS 8 Wismar-Mitte, > B208, B106, B105, L01

Weiße Wiek Boltenhagen

Weiße Wiek Boltenhagen. Auf der Halbinsel Tarnwitz, östlich des Ostseebades Boltenhagen, befindet sich das Ferienresort Weiße Wiek, zu dem mehrere Hotels und ein Yachthafen gehören. @ www.weisse-wiek.de

AS 8 Wismar-Mitte, > B208, B106

Dorf Mecklenburg
Wiege des Landes

Dorf Mecklenburg – Wiege des Landes. Zwischen Wismar und dem Schweriner See gelegen, wurde das Dorf in der Mitte des 14. Jahrhunderts gegründet. Die Burg Mecklenburg war Namensgeberin für den Ort und die Region. Von der 1322 zerstörten Burg sind noch Teile des Ringwalls erhalten. Sehenswert sind unter anderem die alte Dorfkirche und das Kreisagrarmuseum. @ www.dorf-mecklenburg.de

AS 8 Wismar-Mitte

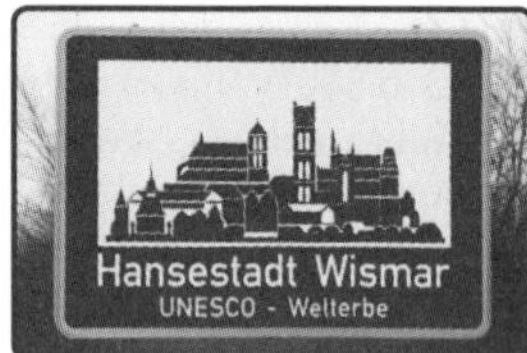

Hansestadt Wismar – UNESCO-Welterbe. Seit 2001 ist die Hansestadt Wismar UNESCO-Weltkulturerbe. Wunderschöne Bauten und der Alte Hafen sind einen Besuch wert. Der „Alte Schwede" am Markt darf nicht verpasst werden. In das 1380 erbaute Haus zog eine Gastwirtschaft ein und gab dem Haus in Erinnerung an die Schwedenzeit seinen Namen. @ www.wismar.de

AS 9 Kreuz Wismar

Insel Poel. Die Insel zeigt sich familienfreundlich. Seit fast 100 Jahren genießen Urlauber die Ruhe auf der Insel. Heute gibt es ein breites Spektrum an Unterhaltungsmöglichkeiten und auch spezielle Angebote für die kleinen Besucher. Besonders beliebt: der flach abfallende Badestrand am Nordkap. @ www.insel-poel.de

AS 10 Zurow

Sternberger Seenlandschaft

Sternberger Seenlandschaft. Das Archäologische Freilichtmuseum in Groß Raden, Großsteingräber sowie das Naturparkzentrum Sternberger Seenland laden zu Besuchen ein. @ www.np-sternberger-seenland.de

AS 11 Neukloster

Neukloster Sonnenkamp. Neukloster Sonnenkamp ist eine der ältesten Ordensgründungen in Mecklenburg. Das Kloster selbst wurde im 13. Jahrhundert von Benediktinern gegründet. Aus dieser Zeit stammt auch die frühgotische Klosterkirche mit reich verzierten Backsteingiebeln und kostbaren Glasmalereien. @ www.stadt-neukloster.de

AS 12 Kröpelin, > L11, > Norden

Kühlung/Salzhaff

Kühlung/Salzhaff. Der Landstrich Kühlung gab der Region ihren Namen. Das Gebiet zeichnet sich durch Steilküsten an der Ostsee, das Naturschutzgebiet Wustrow und das FFH- und Vogelschutzgebiet Salzhaff aus. @ www.touren-kuehlung-salzhaff.de

AS 12 Kröpelin, > L11, > Süden

Stiftskirche Bützow & Kloster Rühn. Die Stiftskirche zu Bützow wurde im 13. Jahrhundert erbaut und ist Kulturdenkmal nationaler Bedeutung. Das Zisterzienserinnenkloster wurde 1232 gegründet und wurde im Laufe der Jahrhunderte vielfältig genutzt. Heute werden hier Kunsthandwerk und Bio-zertifizierte Lebensmittel angeboten, es finden auch Veranstaltungen statt. @ www.stiftskirche-buetzow.de
@ www.klosterverein-ruehn.de

AS 12 Kröpelin, > L11, > Norden

Das **Ostseebad Kühlungsborn** ist Deutschlands größtes Ostseebad und besticht durch den feinen Sandstrand und die vielen historischen Gebäude im Stil der Bäderarchitektur, die nostalgisches Flair verströmen. Empfehlenswert sind ein Bummel über die Promenade, auf die Seebrücke oder zum Bootshafen. @ www.kuehlungsborn.de

AS 13
Bad Doberan,
> L13, > Süden

Künstlerkolonie Schwaan

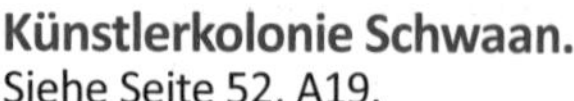

Künstlerkolonie Schwaan. Siehe Seite 52, A19.
@ www.kunstmuseum-schwaan.de

AS 13
Bad Doberan,
> L13, >Norden

Heiligendamm – Erstes deutsches Seebad. Seit 1793 ist Heiligendamm, auch die Weiße Stadt am Meer genannt, Seeheilbad. Von der Seebrücke aus bietet sich dem Besucher ein wunderbarer Blick auf die klassizistischen Gebäude. Auch eine Fahrt mit der denkmalgeschützten Schmalspurbahn „Molli" sollte auf dem Besuchsplan stehen. @ www.heiligendamm.info

AS 13
Bad Doberan,
> L13, >Norden

Doberaner Münster. Das im 13. Jahrhundert erbaute Münster hat eine hochgotische Ausstattung, die europaweit in keiner anderen Zisterzienserklosterkirche zu sehen ist. Zu den historisch wertvollen Stücken gehört der älteste Flügelaltar der Kunstgeschichte. Es finden auch kulturelle Veranstaltungen, wie Konzerte, statt. @ www.muenster-doberan.de

AS 14 Rostock-
West, > B103

Hansestadt Rostock

Hansestadt Rostock. Siehe Seite 52, A19.
@ www.rostock.de

AS 14 Rostock-
West, > B103

DARWINEUM im ZOO Rostock. Das Darwineum beherbergt von der Galapagos-Riesenschildkröte bis hin zum Schnabeltier mehr als 80 Tierarten. Der Frage nach der Entstehung des Lebens wird in der Evolutionsausstellung nachgegangen. In der Tropenhalle können unter anderem Gorillas und Orang-Utans besucht werden. @ www.zoo-rostock.de

AS 19 Tessin,
> B110,
> Tessin > L18

Vogelpark Marlow

Der **Vogelpark Marlow** im Recknitztal zeigt auf einer Fläche von 22 Hektar Vögel und andere Tiere aller Kontinente. Gehege und Volieren sind für Besucher begehbar. Beliebt sind die Tier- und Flugshows. Man kann sogar in einem Baumbett übernachten. @ www.vogelpark-marlow.de

Fischland-Darß-Zingst

Fischland-Darß-Zingst

Siehe Seite 52, A19.

@ www.fischland-darss-zingst.de

AS 23 Grimmen-Ost, > B194

Bernsteinstadt Ribnitz-Damgarten. Ribnitz-Damgarten trägt zu Recht den Beinamen Bernsteinstadt. Hier wird nicht nur die Bernsteinkönigin gekrönt, auch besteht hier seit 1954 das Deutsche Bernsteinmuseum, das in einem ehemaligen Kloster eingerichtet wurde. Viele historische Gebäude in der Stadt runden das Besuchsprogramm ab.

@ www.ribnitz-damgarten.de

AS 18 Sanitz, > B110

Recknitztal

Recknitztal. Wer diese Landschaft erleben möchte, sollte sich ein Fahrrad mieten. Man fährt durch verträumte Dörfer und kann Künstlern in ihren Ateliers bei der Arbeit zusehen. @ www.vogelparkregion-recknitztal.tv-fdz.de

AS 21 Tribsees

Die **Kloster- und Schlossanlage DARGUN** wurde von Zisterziensermönchen 1172 erbaut. Nach der Reformation erfolgte der Umbau des Klosters zu einem Schloss, das im Zweiten Weltkrieg durch ein Feuer vernichtet wurde. Die Ruinen dienen in den Sommermonaten als Kulisse für Konzerte. Es werden auch Führungen angeboten. @ www.dargun.de

AS 19 Tessin, > B110, > Südosten

Bibelzentrum Barth. Besucher erwartet eine moderne Darstellung biblischer und kunsthistorischer Themen. In restaurierten ehemaligen Wohnkammern wird die Entstehung und Verbreitung der Bibel thematisiert. Wer möchte, kann sich hier einen Text auf einer Gutenberg-Buchdruckpresse drucken lassen. @ www.bibelzentrum-barth.de

AS 23 Grimmen-Ost, > B194, B105, L23

Mecklenburgische Schweiz

Mecklenburgische Schweiz.

Siehe Seite 53, A19. @ www.mecklenburgische-schweiz.com

AS 20 Bad Sülze, > Süden

AS 21 Tribsees

Trebeltal

Trebeltal. Die Trebel gab dem Tal seinen Namen. Inmitten des idyllischen Tals haben die Besucher die Möglichkeit, Großsteingräber, ein Kartoffelmuseum und die Wasserburg Turow zu besichtigen. @ www.stadt-tribsees.de

Insel Rügen. Auf Deutschlands größter Insel laden schöne Strände, die Kreidefelsen, Häfen und das Jagdschloss Granitz zu einem Ausflug ein. Die traditionsreiche Bäderarchitektur ist in den Ostseebädern Binz und Sellin mit seiner historischen Seebrücke zu bewundern. Den Wanderer führen Wege durch Rotbuchen- und Kiefernwälder. @ www.insel-ruegen.de

AS 24 Stralsund

Hansestadt Stralsund UNESCO-Welterbe. Die Hansestadt Stralsund wird auch als Stadt der Museen bezeichnet. Besucht werden können das Kulturhistorische Museum, die Welterbe-Ausstellung und das Deutsche Meeresmuseum in der frühgotischen Katharinenkirche. @ www.stralsund.de

AS 24 Stralsund

Das **OZEANEUM Stralsund** ist ein Naturkundemuseum, das sich auf einer Fläche von 8700 Quadratmetern dem Schwerpunkt Meer widmet. Das größte Aquarium hat ein Fassungsvermögen von 2,6 Millionen Liter Wasser. Es werden fünf Dauerausstellungen präsentiert, die durch Sonderausstellungen ergänzt werden. @ www.ozeaneum.de

AS 25 Greifswald

Universitäts- und Hansestadt Greifswald. Sehenswert ist unter anderem der Marktplatz mit dem gotisch-barocken Rathaus aus dem 13. Jahrhundert und den hanseatischen Bürgerhäusern. Der Dom St. Nikolai ist das Wahrzeichen der Stadt. Die Ernst-Moritz-Arndt-Universität befindet sich in einem 1747 erbauten barocken Gebäude. @ www.greifswald.de

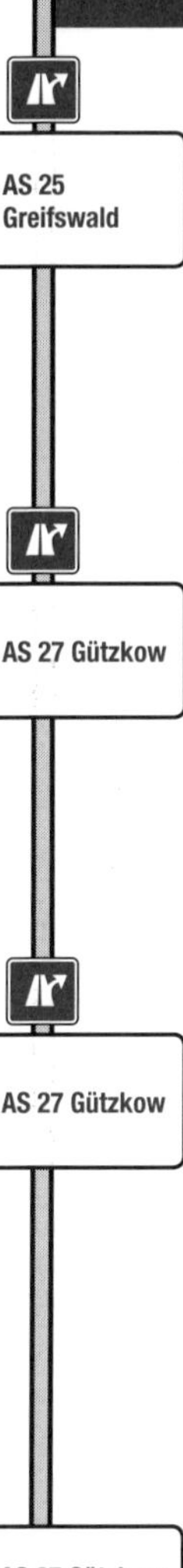

Pommersches Landesmuseum Greifswald. Dem Zusammenwirken der Greifswalder Universität und des Senats der Hansestadt Greifswald ist die Schaffung des Pommerschen Landesmuseums Greifswald zu verdanken. Hier wird nicht nur die pommersche Landes- und Kulturgeschichte gezeigt. Das Haus ist auch eine Begegnungsstätte, ein Forum Ostseeraum.

@ www.pommersches-landesmuseum.de

Wolgast – Historische Altstadt. Erstmals erwähnt wurde die Stadt am Peenestrom im Jahr 1123. Lange war sie Sitz der pommerschen Herzöge. Auf dem Marktplatz am Rathaus befindet sich das Heimatmuseum, in dem interessante Stücke aus der Geschichte der Stadt zu sehen sind. Wolgast ist Teil der Europäischen Route der Backsteingotik.

@ www.stadt-wolgast.de

Naturpark Insel Usedom. Die Ursprünge des Naturparks Usedom liegen im Jahr 1990. Neun Jahre später wurde er als solcher ausgewiesen. Der Park zählt zu den vogelreichsten Gebieten Ostdeutschlands. Hier wurden 280 verschiedene Arten gesichtet, von denen 150 auch hier brüten. 11 Greifvogelarten sorgen für Nachwuchs. Auch Fischotter, die Glattnatter und die Rotbauchunke sind hier zu Hause.

@ www.naturpark-usedom.de

Barockschloss
Griebenow

Barockschloss Griebenow. Nach umfangreichen Arbeiten am Barockschloss Griebenow präsentieren sich Schloss und Gutsanlage wieder in neuem Glanz und sind ein Ort des kulturellen Schaffens geworden. Das Schloss zählt zu den bedeutendsten baulichen Geschichtszeugnissen der schwedischen Zeit im Norden Deutschlands.

@ www.schloss-griebenow.de

AS 28 Jarmen,
> B110

Peenetal

Peenetal. Im Peenetal befindet sich fast die gesamte Palette an Feuchtlebensräumen des Binnenlandes. Dies lässt sich an den Vorkommen von Kammmolchen und der Rotbauchunke ausmachen. Dazu werden in diesem Gebiet etwa 40 Säugetierarten gezählt, unter anderem Fischotter und Biber. @ www.naturpark-flusslandschaft-peenetal.de

AS 29 Anklam,
> B199

Die **Hanse- und Lilienthalstadt Anklam** hat einiges für ihre Besucher im Angebot. Wer die Geschichte von Otto Lilienthal erkunden möchte, ist im Otto Lilienthal Museum richtig. Wer mit der Familie die besondere Art der Unterhaltung sucht, sollte sich im Lehr- und Erlebnispark „Aeronauticon" einfinden. @ www.anklam.de

AS 29 Anklam,
> B199, B110

Insel Usedom – Promenade der Bäderarchitektur. Die drei sogenannten Kaiserbäder auf Usedom, das Seebad Ahlbeck, das Seebad Heringsdorf und das Seebad Bansin, sind stark von der Bäderarchitektur geprägt. Die prachtvollen Villen strahlen eine außergewöhnliche Eleganz aus und begeistern mit ihrer zeitlosen Schönheit. @ www.usedom.de

AS 29 Anklam,
900 m > B199,
L35

Burg Klempenow. In das 13. Jahrhundert wird der Bau der Burg Klempenow datiert. Seit 1991 sind Sanierungsmaßnahmen im Gange, um die Burg und das Anwesen zu retten. Teile der Wehrmauer und der Gebäude sind erhalten und werden für kulturelle Veranstaltungen wie Konzerte, Märkte, Feste und Ausstellungen genutzt. @ www.burg-klempenow.de

AS 29 Anklam,
> B199, L35,
> Süden

Naturerlebnispark Mühlenhagen

Der **Naturerlebnispark Mühlenhagen** begeistert durch die Vielfalt an heimischen Tierarten. So können Rot- und Damwild, Schafe, Pferde, Esel und andere Haustierarten gesichtet werden. Auch Biber, Eulen, Fisch- und Seeadler leben hier. @ www.nep-muehlenhagen.de

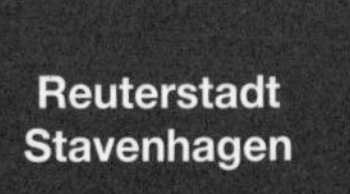

Die **Reuterstadt Stavenhagen** hat ihrem berühmten Sohn Fritz Reuter in seinem Geburtshaus ein Literaturmuseum eingerichtet. Hier sind zahlreiche Dokumente, Handschriften, Zeichnungen und eine Fachbibliothek aus der Zeit Reuters zu finden. Jährlich finden die Reuter-Festspiele statt. Auch das im Jahr 1740 erbaute Schloss ist einen Besuch wert.

@ www.stavenhagen.de

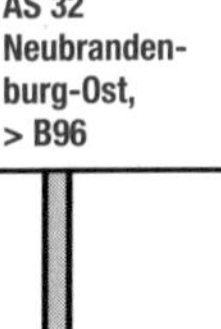

Neubrandenburg – Stadt der vier Tore. Neubrandenburg wird die „Stadt der vier Tore“ genannt. Diese Tore sind Bestandteil einer ehemaligen Wall- und Wehranlage aus dem Mittelalter. Noch heute erhalten sind das Friedländer Tor, das Neue Tor, das Stargarder Tor und das Treptower Tor, das gleichzeitig das höchste und repräsentativste ist.

@ www.neubrandenburg.de

AS 31
Neubranden-
burg-Nord

Burg Stargard. Recht abwechslungsreich ist die Geschichte von Burg Stargard, die als Hofburg im Jahr 1270 erbaut wurde. Danach wurde sie als Amtssitz, für Hexenprozesse, für die Herstellung von Münzen und als Jugendherberge genutzt. Heute ist hier ein Museum untergebracht. Der angeschlossene Wurz- und Krautgarten sorgt für weitere Besucher.

@ www.burg-stargard.de

AS 32
Neubranden-
burg-Ost,
> B96, L33

Müritz-Nationalpark: UNESCO-Welterbe Buchenwälder. 100 Seen gibt es im Müritz-Nationalpark. Die Buchenwälder Serrahns im Osten des Nationalparks gehören zu den fünf deutschen Buchenwäldern, die in die Liste des Welterbes aufgenommen wurden. Außerdem sind hier große Moore zu finden. Dem Besucher werden Führungen angeboten, darunter auch eine Nationalpark-Radtour und eine Adlersafari. @ www.mueritz-nationalpark.de

AS 32
Neubranden-
burg-Ost,
> B96, B192

AS 35 Pasewalk-Nord, > B104, L341

Im **Naturpark Feldberger Seenlandschaft** fühlen sich zahlreiche Vogelarten wohl. Grund ist die Ausweisung einiger Seen zum Schutzgebiet. So sind am „Schmalen Luzin“ die Schell-, Reiher- und Tafelenten zu finden. Auch der Eisvogel wurde hier schon gesehen und der seltene Mittelspecht brütet hier. @ www.naturpark-feldberger-seenlandschaft.de

AS 35 Pasewalk-Nord, > B104

Woldegk – Stadt der Windmühlen. Fünf Mühlen haben Woldegk das Prädikat „Stadt der Windmühlen“ eingebracht. Hier ist die Fröhlke Mühle die größte, und die Ehlertsche Mühle wird als Schauanlage betrieben. Der historische Stadtkern wird von einer vollständig sanierten Stadtmauer umschlossen. @ www.windmuehlenstadt-woldegk.de

AS 34 Strasburg (Uckermark)

Brohmer Berge

Brohmer Berge. Der nördlichste aller deutschen Stauseen liegt inmitten der Brohmer Berge. Im Ort Brohm steht eine Kirche aus dem Jahr 1250, die mit romanischen und frühgotischen Stilelementen ausgestattet ist. Seit 1997 steht sie unter Denkmalschutz. @ www.brohmerberge.com

AS 34 Friedland, > L281

Das **Weingut Schloss Rattey** ist im nördlichsten Weinanbaugebiet Deutschlands zu finden. Angebaut werden für Rot- und Weißweine die Sorten Phönix, Ortega, Müller-Thurgau und Huxelrebe. Inmitten des Parks mit 700 Jahre alten Eichen und historischen Teichanlagen steht das klassizistische Schloss, das heute als Hotel genutzt wird. @ www.schlossrattey.de

AS 34 Strasburg (Uckermark), > L32

Wildtierland Klepelshagen

Das **Wildtierland Klepelshagen** ist ein Naturerlebnisprojekt. Völlig frei bewegen sich hier auf einer Fläche von 1000 Hektar Rehe, Wildschweine, Rothirsche, Füchse, Dachse, Adler und weitere Wildtierarten. Mittelpunkt ist das etwa 100 Hektar große Tal der Hirsche, das allein den Hirschen vorbehalten ist. @ www.deutschewildtierstiftung.de

Kürassierstadt Pasewalk. Die Geschichte Pasewalks ist eng mit der des Militärs verbunden. Im Prenzlauer Tor befindet sich ein Museum, in dessen Räumen die 270-jährige Garnisonsgeschichte vom Einzug des preußischen Dragonerregiments 1721 bis zum Auszug der Bundeswehr 1992 dargestellt wird. @ www.pasewalk.de

AS 35
Pasewalk-Nord

Das **UKRANENLAND TORGELOW** ist ein Eldorado für Historiker. Im UKRANENLAND werden Einblicke in die verschiedenen alten Handwerke, wie Weben und Töpfern, vermittelt. Höhepunkt ist eine Fahrt mit der „Svarog", einem rekonstruierten Slawenschiff. @ www.ukranenland.de

AS 35
Pasewalk-Nord

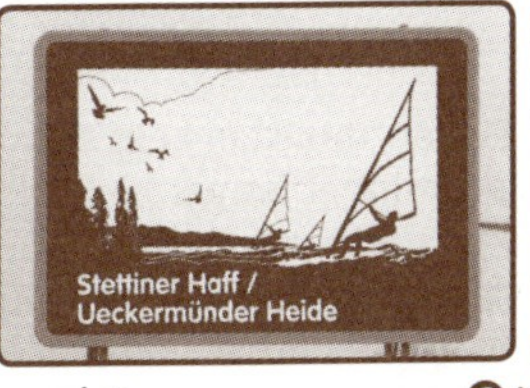

Stettiner Haff / Ueckermünder Heide. Die durch Wiesen, Wälder, Seen und Moore geprägte Küstenregion Stettiner Haff und die Ueckermünder Heide mit ihren Wald- und Heidegebieten werden durch ein Landschaftsschutzgebiet vereint. @ www.naturpark-am-stettiner-haff.de

AS 35
Pasewalk-Nord,
> B104, B109

Prenzlauer Dominikanerkloster

Prenzlauer Dominikanerkloster. Das Kloster wurde 1235 von Dominikanern als geistliches Zentrum gegründet und gehört zu den besterhaltenen Klosteranlagen aus dem 13. und 14. Jahrhundert in Norddeutschland. Heute beheimatet es das Kulturhistorische Museum, das Historische Stadtarchiv und die Stadtbibliothek. @ www.dominikanerkloster-prenzlau.de

AS 37
Prenzlau-Ost

Nationalpark Unteres Odertal

Der **Nationalpark Unteres Odertal** ist Deutschlands einziger Auen-Nationalpark. In der noch zum größten Teil intakten Flussmündung brüten 161 Vogelarten. Mit seinen Flussaltarmen und überfluteten Auen ist er ein Paradies für Wasservögel und gehört zu den artenreichsten Lebensräumen. @ www.nationalpark-unteres-odertal.de

AS 39 Kreuz
Uckermark

AS 9
Trappenkamp

Der **Erlebniswald Trappenkamp in Daldorf** ist ein Paradies für kleine und große Entdecker. Auf einem Gelände von knapp 300 Hektar wird dem Besucher das Erlebnis Wald näher gebracht. Veranstaltungen wie Waldpädagogik-Angebote und Waldfeste werden ebenfalls organisiert. Auch die Teilnahme an Flugvorführungen der Falknerei ist möglich.

@ www.erlebniswald-trappenkamp.de

AS 12
Bad Segeberg-Nord

Kalkberg Bad Segeberg. Wer schon immer einmal inmitten eines Indianerüberfalls sitzen wollte, galoppierende Rothäute aus sicherer Distanz beobachten oder aber spannenden Revolverkämpfen beiwohnen möchte, der kommt am Kalkberg Bad Segeberg auf seine Kosten. Dort finden seit 1952 die beliebten Karl-May-Spiele statt.

@ www.bad-segeberg.de

AS 16
Bad Oldesloe-Nord, > K64

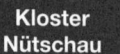

Kloster Nütschau

Kloster Nütschau ist ein Ort der Gottesbegegnung. Dies wird im traditionsreichen Nütschauer Herrenhaus in die Tat umgesetzt. Junge Menschen, die auf der Suche sind und Menschen, die Mönche bei der Gebets- und Lebensgemeinschaft begleiten möchten, sind im Haus St. Ansgar herzlich willkommen.

@ www.kloster-nuetschau.de

A215

Bordesholm – Kiel < > Kiel – Bordesholm

AS 4
Blumenthal, > L318

Freilichtmuseum Molfsee

Im **Freilichtmuseum Molfsee** kann der Besucher die Kulturgeschichte des ländlichen Raums in Schleswig-Holstein anhand von historischen Gebäuden und Arbeitsgeräten kennenlernen.

@ www.freilichtmuseum-sh.de

AS 1
Kiel-Westring

Marine-Ehrenmal Laboe

Marine-Ehrenmal Laboe. Eine Gedenkstätte für die auf See Gebliebenen aller Nationen und gleichzeitig zum Ehrenmal wurde das Marine-Ehrenmal Laboe an der Kieler Außenförde.

@ www.laboe.de

Büsum Sturmflutenwelt Blanker Hans. Eine Zeitreise in das Jahr 1962 kann machen, wer die Büsum Sturmflutenwelt besucht. Eindrucksvoll wird den Besuchern gezeigt, welche Gefahren bei einem Deichbruch drohen, oder man erfährt im „Archiv des Wissens“ einiges über das Wetter, die Gezeiten und das Klima. @ www.blanker-hans.de

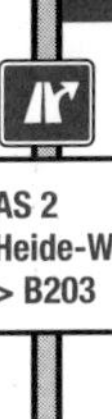

Der **Meldorfer Dom** ist eigentlich die St. Johanneskirche, die im Volksmund „Dom der Dithmarscher“ genannt wird. Erbaut wurde die Kirche als dreischiffige Basilika zwischen 1250 und 1300. Die mittelalterliche Gestalt blieb auch nach einem Brand 1866 erhalten. Die Marcussen-Orgel lockt jährlich Tausende Besucher zu Konzerten. @ www.kirche-meldorf.de

AS 3
Heide-Süd,
> B5

Steinzeitpark ALBERSDORF. Eine Zeitreise in das Jahr um 3000 v.Ch. erlebt der Besucher des Steinzeitparks Albersdorf. In dem Dorf, das in einer urgeschichtlichen Kulturlandschaft liegt, werden steinzeitliche Arbeiten wie Flintschlagen, Bogenschießen oder Feuermachen dokumentiert. Jeden Sonntag wird das Steinzeitdorf lebendig. @ http://neues.aoeza.de

AS 4
Albersdorf,
> L146

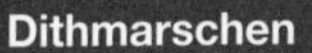

Dithmarschen. In dieser Region findet man die lange Nordseeküste, die Deiche und auch die meistbefahrene künstliche Wasserstraße der Welt – den Nord-Ostsee-Kanal. @ www.dithmarschen.de

Wenzel Hablik Museum Itzehoe. Freunde der Malerei, der Innenarchitektur, von Grafiken und des Kunsthandwerks sollten das Museum besuchen. Vieles aus der Arbeit des Visionärs, darunter auch Zeichnungen und Landschaftsbilder, sind hier zu bewundern. @ http://wenzel-hablik.de

AS 10
Itzehoe-Süd

AS 12 Hohenfelde

Elbmarschen

Elbmarschen. Große Flächen der Marschlandschaft zwischen Brunsbüttel und Wedel sind als Naturschutzgebiet ausgewiesen. Seltene Tier- und Pflanzenarten sind hier beheimatet. Eine Attraktion ist eine Fahrt mit der kleinsten Fähre über die Krückau. @ www.sh-tourismus.de

AS 12 Hohenfelde, > L112, L119

Stadtdenkmal Glückstadt. 12.000 Einwohner zählt das Stadtdenkmal Glückstadt, das sich durch sein Alter, das malerische Ambiente, die verträumten Gassen und den historischen Stadtkern zu Recht als Denkmal bezeichnen kann. Die Elbe verleiht der Stadt ihren ganz eigenen Charme. Kunst wird hier großgeschrieben. @ www.glueckstadt.de

AS 15 Tornesch

Arboretum Ellerhoop Rosarium Uetersen. Das Arboretum Ellerhoop ist ein Garten- und Landschaftspark mit über 4000 verschiedenen Baumarten und Pflanzensorten. Das Rosarium Uetersen zeigt im Rosenpark 900 Rosenarten auf sieben Hektar Fläche. Zum Park gehören der Duftgarten und der Rosenlehrpfad. @ www.arboretum-ellerhoop-thiensen.de
@ www.rosarium-uetersen.de

AS 16 Pinneberg-Nord

Baumschulgebiet Kreis Pinneberg

Baumschulgebiet Kreis Pinneberg. Die zahlreichen Baumschulen, die hier zu finden sind, haben den Kreis weit über die Grenzen in der ganzen Welt bekannt gemacht. Der hohe Baumbestand ist ein großer Verdienst der Baumschulen. @ www.kreis-pinneberg.de

Hamburg – Berlin < > Berlin – Hamburg

AS 4 Reinbek, > K80, L314

Garten der Schmetterlinge Friedrichsruh-Sachsenwald. Seit über 25 Jahren können im größten deutschen Schmetterlingspark die bunten Falter aus Afrika, Südamerika und Asien beobachtet werden. @ www.garten-der-schmetterlinge.de

Schloss Reinbek kann auf eine bewegte Geschichte zurückblicken. Erbaut um 1570, wurde es unter anderem als Sitz der herzoglichen und königlichen Amtmänner genutzt. Zwischen 1977 und 1987 wurde es renoviert und seither wird das Schloss als Kultur- und Kommunikationszentrum für die Menschen der Region genutzt. @ www.schloss-reinbek.org

AS 4 Reinbek,
> K80, L223

Naturpark Lauenburgische Seen

Naturpark Lauenburgische Seen. Siehe Seite 69, A20.
@ www.naturpark-lauenburgische-seen.de

AS 7 Talkau,
> B207

Ehemalige innerdeutsche Grenze 1945-1990

Ehemalige innerdeutsche Grenze 1945-1990. Das Schild erinnert an den Verlauf der ehemaligen innerdeutsche Grenze.
@ www.innerdeutsche-grenze.de

Erlebnispark Zukunftszentrum Nieklitz. Die Natur steht im Mittelpunkt des Erlebnisparks. Auf dem Gelände werden biologische Zusammenhänge erklärt. In einem 40 Meter langen unterirdischen Schacht kann man die Waldboden-Biologie erkunden. Ausstellungen zeigen über 400 Modelle der Ökotechnik und Bionetik. @ www.zmtw.de

AS 9a
Zarrentin,
> B195

UNESCO-Biosphären-reservat Schaalsee

UNESCO-Biosphärenreservat Schaalsee. Siehe Seite 69, A20.
@ www.schaalsee.de

AS 9a
Zarrentin,
> B195

ALPINCENTER Wittenburg. Im Alpincenter Hamburg-Wittenburg ist das ganze Jahr über Saison. Die Skihalle bietet einen Übungshang und Pisten mit verschiedenen Schwierigkeitsgraden. Auch Snowboarder kommen im Freestyle-Park auf ihre Kosten. Es besteht die Möglichkeit, sich die Ausrüstung auszuleihen. @ www.alpincenter.com

AS 10
Wittenburg,
> L04

AS 11
Hagenow,
> B321

Landgestüt Redefin. Herzog Friedrich Franz I. gründete das Landgestüt 1812. Im Jahr 1993 wurde das Gestüt renoviert und eine neue Reithalle errichtet. Hengstparaden, Kunstausstellungen und Konzerte machen die Reithalle auch zum Kulturtempel. Die Pferdezucht verfügt über berühmte Warm- und Kaltbluthengste. @ www.landgestuet-redefin.de

AS 11
Hagenow,
> B321

Das **Kulturzentrum Alte Synagoge Hagenow** besteht aus dem Hauptgebäude der Synagoge, einer offenen Scheune und dem Alten Schulhaus, das heute Hanna-Meinungen-Haus heißt. Hiermit wird an die in Hagenow geborene Hanna Meinungen erinnert, die in Auschwitz ermordert wurde, bevor sie das zweite Lebensjahr erreichte. @ www.hagenow.de

AS 11
Hagenow,
> B321, L06, L04

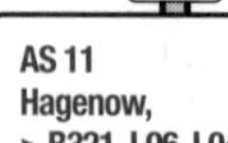

UNESCO-Biosphärenreservat Flusslandschaft Elbe. Das rund 3400 Quadratkilometer große Reservat wurde 1997 von der UNESCO anerkannt. Das größte Biosphärenreservat Deutschands im Binnenland erstreckt sich über Sachsen-Anhalt, Brandenburg, Niedersachsen Mecklenburg-Vorpommern und Schleswig-Holstein. @ www.flusslandschaft-elbe.de

AS 11
Hagenow,
> B321,
> Nordosten

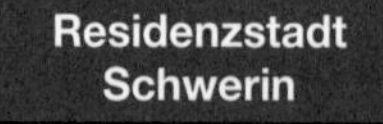

Residenzstadt Schwerin. Siehe Seite 40, A14. @ www.schwerin.de

AS 12
Ludwigslust,
> B106

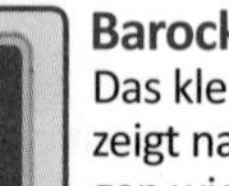

Barock-Schloss Ludwigslust. Das kleine Versailles des Nordens zeigt nach zahlreichen Restaurierungen wieder das Bild aus der Zeit seiner Errichtung im Jahr 1776. Zu sehen sind unter anderem kunstvoll gestaltete Kamine, Spiegel, Parkettfußböden und Kronleuchter. Kurios sind die aus Pappmaché hergestellten Skulpturen und andere Dekorationsgegenstände, bekannt als Ludwigsluster Carton. @ www.ludwigslust.m-vp.de

AS 14 Neustadt-Glewe, > L081

Die Lewitz

Die Lewitz im Dreieck Schwerin, Parchim und Neustadt-Glewe ist ein Naturschutzgebiet, das durch die spezielle Pferderasse, die Lewitzer, Bekanntheit errang. Teile der Region sind Vogelschutzgebiet. @ www.lewitz.eu

AS 16 Suckow, > B321, L08

Ruhner Berge

Die **Ruhner Berge**, zweithöchste Erhebung in Mecklenburg-Vorpommern, sind seit 1994 Landschaftsschutzgebiet. Am Rande der Ruhner Berge befindet sich das Schloss Neuhausen. @ www.ruhnerberge.de

AS 17 Putlitz, > L13

Prignitz

Prignitz.
Siehe Seite 56, A19. @ www.prignitz.de

Historischer Stadtkern Perleberg. Die Stadt Perleberg wird geprägt vom unzerstörten Stadtkern, der historische Bauten aus acht Jahrhunderten aufweist. Der Reichtum der Stadt aus der Zeit der Hanse lässt sich an den Fachwerkhäusern der Altstadt erkennen. Sehenswert sind auch das Rathaus und die Roland-Statue. @ www.stadt-perleberg.de

AS 17 Putlitz, > L13, L102

Modemuseum Schloss Meyenburg. Die Meyenburg wurde 1285 durch Otto V. von Mecklenburg erbaut und 1364 zum Sitz der Familie von Rohr umgebaut. Heute zeigt hier das Modemuseum die weltweit größte Privatsammlung historischer Kleidungsstücke und Accessoires aus der Zeit von 1900 bis in die 1970er-Jahre. @ www.modemuseum-schloss-meyenburg.de

AS 18 Meyenburg, > B103, > Norden

Der **Naturpark Stechlin-Ruppiner Land** verfügt über weite Buchenwälder und Seen, von denen der Große Stechlin-See der tiefste ist. Auch die Vielfalt der Tierwelt im Naturpark ist bemerkenswert; Biber und die europäische Sumpfschildkröte leben hier. @ www.naturpark.de

AS 20 Wittstock, > L15

AS 18 Meyenburg, > B103, B189, L103

Schloss Wolfshagen. Das Schlossmuseum zeigt eine große Porzellansammlung, die Räumlichkeiten des früheren Landadels und andere historische Zeugnisse der Ausstattung des Schlosses um das Jahr 1930. Zur Erinnerung an die Nutzung als Schule wurde ein Klassenzimmer mit originalem Inventar eingerichtet. @ www.schlossmuseum-wolfshagen.com

AS 18 Meyenburg, > B103, > L14

Freyenstein Archäologischer Park. Die Siedlung Freyenstein wurde mehrmals zerstört, um 1287 verlassen und an anderer Stelle wieder aufgebaut. Die Reste der alten Stadtmauern sind noch erhalten. Seit einigen Jahren finden hier archäologische Forschungen statt und 2007 öffnete der Archäologische Park Freyenstein. @ www.freyenstein.de

AS 20 Wittstock, > B189

Kloster Stift zum Heiligengrabe. Das Zisterzienserinnenkloster wurde 1287 gegründet. Heute lässt sich hier das Leben in einem Kloster aktiv miterleben. Es bietet die Teilnahme an Einkehrzeiten, Meditationen, Yogakursen und Pilgerreisen. Ein Museum informiert über die Historie des Klosters. @ www.klosterstift-heiligengrabe.de

AS 20 Wittstock, > Zentrum Wiitstock

Museum
Dreißigjähriger Krieg
Wittstock/Dosse

Museum Dreißigjähriger Krieg Wittstock/Dosse. Siehe Seite 56, A19. @ www.mdk-wittstock.de

AS 22 Neuruppin, > B167

Neustädter Gestüte. Auf eine 225 Jahre lange Geschichte können die Neustädter Gestüte verweisen. Die Aufzucht von prachtvollen Pferden steht hier im Mittelpunkt des Geschehens. Gezüchtet und zur Weiterzucht verkauft werden Hengste, Stuten und Fohlen diverser Rassen von Reit- und Fahrpferden. @ www.neustaedter-gestuete.de

Historischer Stadtkern Kyritz. Unter dem Namen „Kyritz an der Knatter" ist die Stadt bekannt. Die Altstadt von Kyritz wird geprägt vom historischen Rathaus und dem umgestalteten Marktplatz, der zu einem Treffpunkt für Jung und Alt geworden ist. Er ist der Ort für Feste und Märkte und ein kulturelles Zentrum. @ www.kyritz.de

AS 21 Herzsprung, > L18, L14

Ruppiner Land

Ruppiner Land. Das 2000 Quadratkilometer große Ruppiner Land bietet eine große Auswahl an Sport- und Freizeitangeboten, Kur- und Wellnessmöglichkeiten und historischen Sehenswürdigkeiten. @ www.ruppin.de

AS 22 Neuruppin, > B167, > Nordosten

Historischer Stadtkern Neuruppin. Wenig ist vom Feuer 1787 in Theodor Fontanes Geburtsstadt verschont worden. Lediglich die Siechenstraße, die die Klosterkirche, das Siechenhospital und den Neuen Markt verbindet, ist eine der wenigen Gassen, die erhalten blieben. Das älteste Haus ist das „Up Hus" aus dem 17. Jahrhundert. @ www.neuruppin.de

AS 22 Neuruppin, > B167, > Zentrum

Brandenburg-Preußen Museum Wustrau

Brandenburg-Preußen Museum Wustrau. Die innovative kulturelle und politische Bedeutung Preußens wird in dieser privaten Einrichtung in Wustrau bei Neuruppin auf 350 Quadratmetern durch viele Exponate präsentiert. So auch die Vorreiterstellung bei der Freiheit der Religionswahl, Abschaffung der Hexenverbrennung und Einführung der Schulpflicht. @ www.brandenburg-preussen-museum.de

AS 23 Neuruppin-Süd, > Wustrau Zentrum

Historischer Stadtkern Wusterhausen/Dosse. Der historische Stadtkern wird noch von Resten der alten Stadtmauer umgeben. Dazu findet man zahlreiche sehr gut erhaltene und restaurierte Fachwerkhäuser, die zumeist aus dem 18. und 19. Jahrhundert stammen. Die gesamte Altstadt wurde aufwendig saniert. @ www.wusterhausen.de

AS 22 Neuruppin, > B167, > Westen

AS 22
Neuruppin,
> B167, B102

Naturpark Westhavelland

Naturpark Westhavelland.
Siehe Seite 58, A2.
@ www.nationale-naturlandschaft.de

AS 25 Kremmen, > B273
> Norden

Historischer Stadtkern Kremmen

Historischer Stadtkern Kremmen.
Siehe Seite 27, A10.
@ www.kremmen.de

AS 25 Kremmen, > B273
> Süden

Havelland

Havelland.
Siehe Seite 58, A2.
@ www.havelland.de

A27

Cuxhaven – Walsrode < > Walsrode – Cuxhaven

AS Cuxhaven,
> B73
> Otterndorf

Nordseebad Otterndorf. Otterndorf ist seit 1985 staatlich anerkannter Erholungsort. Sehenswert ist die Kirche St. Severus, die auf das Jahr 1300 zurückzuführen ist. Ebenso das Kranichhaus, in dem sich heute ein Museum für regionale Kulturgeschichte und Volkskunde befindet. Auch der beschauliche Seglerhafen ist einen Ausflug wert. @ www.otterndorf.de

AS 3 Nordholz,
> K14, L135

Das **Aeronauticum** ist ein Luftschiff- und Marinefliegermuseum in Nordholz bei Cuxhaven. Auf einem Außengelände von 35.000 Quadratmetern zeigt es eine große Sammlung an Original-Luftfahrzeugen. In einer Halle sind eine Dauerausstellung rund um das Thema Fliegen und See- und Marineflieger zu sehen. @ www.aeronauticum.de

AS 3 Nordholz,
> K14,
> Westen

Die **Wurster Seeküste** ist eine Region zwischen Bremerhaven und Cuxhaven, die vom Wattenmeer mit den Salzwiesen, grünen Weiden und Wäldern entlang der Nordsee geprägt ist. Auch kleine Fischerhäfen, Freilichtmuseen und Leuchttürme sind zu bewundern. Zur Wurster Seeküste gehört auch das UNESCO-Weltnaturerbe Wattenmeer. @ www.wursterland.de

Burg Bederkesa. Die Errichtung der Burg geht auf das 12. Jahrhundert zurück, um 1600 wurde sie von einem breiten Wassergraben umgeben. Heute ist in der Burg ein umfangreiches Museum für Archäologie untergebracht. Mit ihren zahlreichen Veranstaltungen ist sie ein kultureller Mittelpunkt des Landkreises Cuxhaven. @ www.burg-bederkesa.de

Deutsches Schiffahrtsmuseum. Das Nationalmuseum befindet sich inmitten von Bremerhaven. Im Museumshafen können Schiffe in Originalgröße besichtigt werden, so zum Beispiel die einzige erhaltene Hansekogge. Außerdem sind über 500 Modelle zu bestaunen und auch die Themen Meeresforschung und Fischfang werden beleuchtet. @ www.dsm.museum

Cuxland an der Nordsee. Das Cuxland befindet sich zwischen Bremen und Cuxhaven sowie der Weser und der Elbe. In Prospekten wird die ländliche Region auch als „Land der Seeräuber, Leuchtturmwärter, Moorbauern, Heimatdichter und Landschaftsmaler“ bezeichnet. Es ist ein Land des Wassers und der Deiche. @ www.cuxland.de

UNESCO-Welterbe Bremer Rathaus und Roland

UNESCO-Welterbe Bremer Rathaus und Roland.
Siehe Seite 10, A1.
@ www.unesco.de

SCHULSCHIFF DEUTSCHLAND. Viele Jahre diente das Schiff der Ausbildung von jungen Seemännern. Seit 1996 liegt der Dreimaster am Kai der Bremer Vorstadt Vegesack als Sehenswürdigkeit und Zeitzeugnis. Doch auch bei Feierlichkeiten, wie Hochzeiten oder Firmenfesten, tut der Segler noch heute gute Dienste. @ www.schulschiff-deutschland.de

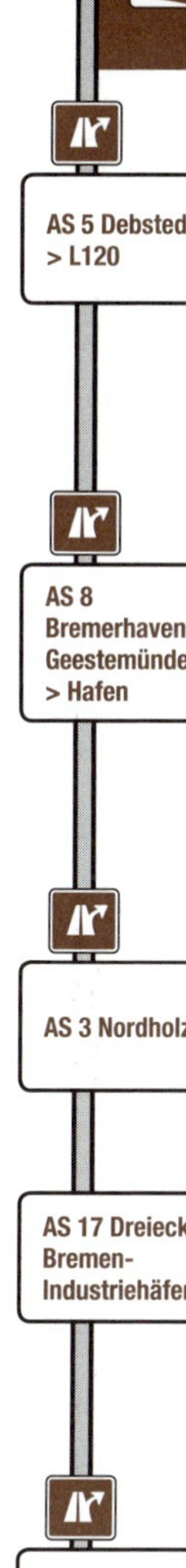

AS 19 Bremen-Horn/Lehe, > L133, L153

Künstlerdorf Worpswede. Aus einem ärmlichen Moordorf wurde das international bekannte Künstlerdorf Worpswede. Drei junge Maler aus Düsseldorf waren die ersten, die von der Landschaft begeistert waren und sich hier niederließen. Seit 125 Jahren pilgern nun Künstler hierher zur Künstlerkolonie. @ www.worpswede.de

AS 19 Bremen-Horn/Lehe, > 500 m südlich Uni-Gelände

Universum Bremen. Das Universum Bremen nennt sich selbst „Entdeckerpark“. Hier wird Wissenschaft zum Abenteuer durch Erlebnis-Aktionen an über 300 Stationen, wie zum Beispiel der „Expedition Mensch“, der „Expedition Erde“ und der „Expedition Kosmos“. Ein lehrreiches Vergnügen für Jung und Alt. @ www.universum-bremen.de

AS 25 Verden-Nord

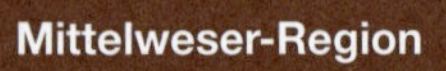

Die **Mittelweser-Region** bietet vielseitige Freizeitmöglichkeiten. Dazu zählen das Spargelmuseum in Nienburg, das Wolfcenter Dörverden, der Weser-Radweg oder Schiffsfahrten. @ www.mittelweser-tourismus.de

AS 25 Verden-Nord, > B25 Zentrum

Dom zu Verden

Der **Dom zu Verden** wurde im Jahr 1490 als erste gotische Kirche Niedersachsens fertiggestellt und ist das Wahrzeichen der Stadt Verden. Einstmals standen hier zwei Holzkirchen, die aber um die Jahre 850 und 950 abbrannten. Besonders sehenswert sind der Taufstein und der aufwendig geschnitzte Levitenstuhl des Doms. @ www.dom-verden.de

AS 26 Verden-Ost, > L171 300 m südwestlich, Kreisverkehr

Magic Park Verden. Der Magic Park Verden bietet ein Programm für die ganze Familie. Neben Zauberei und Magie ist auch der Streichelzoo eine Attraktion für Kinder. Im Märchenwald entführen bewegte Szenen ins Reich der Zwerge, Feen und Zauberer. @ www.magicpark-verden.de

Lüneburger Heide

Die **Lüneburger Heide** befindet sich nahe der Stadt Lüneburg und ist ein früheres Waldgebiet, das über die Jahrhunderte durch Überweidung auf unfruchtbarem Sandboden entstand. Von April bis Mai kann man die Wollgrasblüte in der Heide bewundern. @ www.lueneburger-heide.de

AS 27 Walsrode-West

Der **Vogelpark Walsrode** trägt zu Recht das Prädikat Weltvogelpark. Auf einem Areal von 24 Hektar sind über 4000 Vögel aus 650 verschiedenen Arten zu bestaunen. Dieser weltweit größte Vogelpark zählt zu den artenreichsten Tiergehegen der Welt. Von November bis März ist der Park für Besucher geschlossen. @ www.weltvogelpark.de

AS 27 Walsrode-West, > B209

Serengeti Park Hodenhagen

Im **Serengeti Park Hodenhagen**, dem einzigen Safari-Park Deutschlands, kann der Besucher zu Fuß, mit dem eigenen PKW oder im Safaribus eine Reise um die Welt unternehmen und dabei Tieren aller Kontinente begegnen. Es besteht die Möglichkeit, in authentischen Massai-Hütten und Logdes zu übernachten. @ www.serengeti-park.de

AS 28 Walsrode-Süd, > L190

Leer – Bremen < > Bremen – Leer

A28

Leer – Historische Altstadt. Für einen Besuch in der ostfriesischen Stadt Leer spricht die Vielfalt des kulturellen wie historischen Angebots. Dieses reicht von mehreren Burgen bis hin zu einer möglichen Besichtigung des am Stadtrand gelegenen Leda-Sperrwerks. Wer dagegen die Ruhe sucht, kann entspannen und Natur pur erleben. @ www.leer.de

AS 2 Leer-Ost, > B436 Zentrum

Ostfriesland Friesische Freiheit

Ostfriesland – Friesische Freiheit. Das Recht der Friesischen Freiheit geht bis ins 9. Jahrhundert zurück, als Friesen gegen die Wikinger kämpften und diese auch besiegten. Angeblich wurde den Friesen das Recht verliehen, außer dem Kaiser keinen anderen Herren über sich zu haben. @ www.ostfriesischelandschaft.de

AS 3 Filsum

Das **Fehngebiet Ostfriesland** liegt im Nordwesten Niedersachsens und wird geprägt durch seinen Wasserreichtum. Besonders bekannt sind die Klappbrücken, die vielerorts die Möglichkeit bieten, über die Kanäle zu gelangen. In den Ortschaften sind die typischen Häuser mit Klinkerverkleidung zu finden. @ www.fehngebiet.de

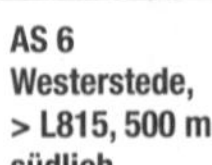

Parklandschaft Ammerland. Gartenfreunde sind in der Parklandschaft Ammerland in Rostrup sehr gut aufgehoben. Allein über 40 dieser Parks sind auf dem ehemaligen Gelände der Landesgartenschau Niedersachsens 2002 zu finden. Neben den unendlich vielen heimischen Pflanzen sind auch viele Exoten zu bestaunen. Ein Highlight ist die Rhododendronblüte, die Ende April beginnt. @ www.ammerland.de

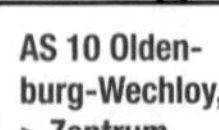

Museen in Oldenburg. Die Stadt Oldenburg ist gespickt mit Museen der unterschiedlichsten Art. Angefangen bei den drei städtischen Museen, über das Landesmuseum für Kunst und Kulturgeschichte, der Artothek, dem Computermuseum und dem Landesmuseum für Natur und Mensch. Dazu kommen noch weitere Museen und Sammlungen. @ www.oldenburg.de

AS 18 Hude

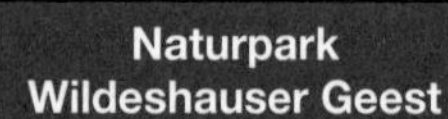

Naturpark Wildeshauser Geest. Siehe Seite 10, A1. @ www.wildegeest.de

Klosterruine Hude. Nur noch eine Ruine steht heute vom ehemaligen Zisterzienserkloster Hude, dessen Anfänge auf das 13. Jahrhundert zurückgehen. Unweit der Ruine wurde ein kleines Museum eingerichtet, in dem archäologische Funde die Geschichte des Klosters auf anschauliche Weise dokumentieren. @ www.klosterhude.de

INDUSTRIEKULTUR-Delmenhorst. Die ehemalige Norddeutsche Wollkämmerei & Kammgarnspinnerei mit Unternehmer-Villa und Arbeiterhäusern in Delmenhorst ist heute ein Industriedenkmal und Teil der Europäischen Route der Industriekultur. Auf dem Gelände befindet sich auch das Nordwestdeutsche Museum für IndustrieKultur. @ www.delmenhorst.de

AS 21 Delmenhorst-Deichhorst

Marine- und Hafenstadt Wilhelmshaven. In Wilhelmshaven entstand der erste deutsche Kriegshafen. Die Geschichte der Stadt ist eng mit der der Marine verbunden, noch heute befindet sich hier der größte Marine-Standort Deutschlands. Das Deutsche Marinemuseum zeigt Exponate, die bis in das Jahr 1848 zurückgehen. @ www.wilhelmshaven.de

AS 3 Wilhelmshaven

Friesland erstreckt sich über die Nordseeküste der Niederlande und Deutschlands. Die Landschaft wird geprägt durch das Wattenmeer, weite Graslandschaften, Moore und kleine Sielhäfen. @ www.friesland.de

AS 9 Varel-Obenstrohe

UNESCO-Weltnaturerbe Wattenmeer Seit 2009 gehört die Wattenmeerregion zum Weltkulturerbe. Das Wattenmeer bietet unzähligen Pflanzen und Tieren einen Lebensraum. Mehr als 10.000 verschiedene Arten leben hier im Wasser und an Land, auch Zugvögel nutzen das Wattenmeer als Rastplatz. @ www.waddensea-worldheritage.org

AS 10 Jaderberg oder AS 2 Fedderwardergroden

Tier- und Frezeitpark Jaderberg

Im **Tier- und Freizeitpark Jaderberg** zwischen Oldenburg und Wilhelmshaven leben Tiere aus aller Welt. Der Freizeitpark bietet zahlreiche Fahrgeschäfte und Karussells. Bei schlechtem Wetter finden die kleinen Gäste Spiel und Spaß in der Indoorhalle. @ www.jaderpark.de

AS 10 Jaderberg, > L862

AS 11 Hahn-Lehmden

Parklandschaft Ammerland

Parklandschaft Ammerland.
Siehe Seite 92, A28.
@ www.ammerland.de

AS 14 Oldenburg-Ohmstede

Klassizismus in Oldenburg.
Oldenburgs Bausubstanz fiel einem Stadtbrand im Jahr 1676 fast vollständig zum Opfer. Anschließend wurden viele Bauwerke im klassizistischen Stil errichtet. Noch heute zeugen unter anderem das Mausoleum auf dem Gertrudenfriedhof und das Peter Friedrich Ludwigs Hospital von dieser Epoche. @ www.oldenburg.de

AS 20 Ahlhorn, > B213 > Wildeshausen

Naturpark Wildeshauser Geest

Naturpark Wildeshauser Geest.
Siehe Seite 10, A1.
@ www.wildegeest.de

AS 20 Ahlhorn, > B213 > Cloppenburg

Freilichtmuseum Cloppenburg

Freilichtmuseum Cloppenburg.
Siehe Seite 10, A1.
@ www.museumsdorf.de

AS 21 Dreieck Ahlhorner Heide

Oldenburger Münsterland

Oldenburger Münsterland.
Siehe Seite 10, A1.
@ www.oldenburger-muensterland.de

A261

Hamburg – Nenndorf < > Nenndorf – Hamburg

AS Hamburg-Marmsdorf, > B75, K20

Wildpark Schwarze Berge Freilichtmuseum am Kiekeberg.
Im Gebiet der Harburger Berge sind zwei Attraktionen angesiedelt. Zum einen ist dies das Freilichtmuseum am Kiekeberg und zum anderen der Wildpark Schwarze Berge. Während im Wildpark Tiere die Hauptattraktionen sind, können im Freilichtmuseum historische Gebäude und altes Handwerk bewundert werden. @ www.wildpark-schwarze-berge.de

Industriekultur Textilmuseum Bocholt. Das Museum führt in die Geschichte der Textilien ein. In dem Backsteingebäude einer ehemaligen Spinnerei wird anhand verschiedener Exponate und Sonderausstellungen die historische Entwicklung der Textilien gezeigt, in der Museumsfabrik in der ehemaligen Weberei mit mehr als 30 historischen Maschinen die Arbeit der Weberinnen und Weber. @ www.lwl.org

AS 4 Rees oder AS 5 Hamminkeln > Bocholt

Wasserburg Anholt Schloss Moyland. In der Wasserburg Anholt sind Werke von Rembrandt und Holbein, Porzellan aus dem 17. und 18. Jahrhundert sowie Renaissance- und Barockmobiliar zu besichtigen. Schloss Moyland in Bedburg-Hau ist der Sitz des Joseph Beuys Archivs und beheimatet eine umfangreiche Sammlung zeitgenössischer und moderner Kunst mit Schwerpunkt auf Beuys.

@ www.wasserburg-anholt.de, @ www.moyland.de

AS 4 Rees, L468, bzw. > B67 > Kleve

Preußen-Museum NRW Wesel. Das Museum widmet sich auf 1500 Quadratmetern im ehemaligen Getreidedepot der Weseler Festungszitadelle der traditionsreichen Verbindung des heutigen Bundeslandes Nordrhein-Westfalen mit Brandenburg-Preußen. Eine Dauerausstellung zeigt die Entwicklung von Land, Militär und Gesellschaft vom 16. bis zum 20. Jahrhundert. @ www.preussenmuseum.de

AS 5 Hamminkeln, > B473, B8

Industriekultur Rheinisches Industriemuseum

Industriekultur Rheinisches Industriemuseum. Das LVR-Industriemuseum lässt an den Standorten Oberhausen, Ratingen, Solingen, Bergisch Gladbach, Engelskirchen und Euskirchen in Fabrikhallen die industrielle Entwicklung der von der Eisen- und Stahlproduktion geprägten Region und den Alltag der hier lebenden und arbeitenden Menschen lebendig werden. @ www.industriemuseum.lvr.de

AS 14 Kreuz Kaiserberg

AS 14 Kreuz Kaiserberg, > 200 m an L78

Zoo Duisburg

Im **Zoo Duisburg** leben über 4600 Tiere aus mehr als 340 Arten, darunter, einzigartig in Deutschland, auch Koalas. Zum Angebot gehören zahlreiche Veranstaltungen wie Seminare und geführte Rundgänge. In der Tropenhalle Rio Negro wird die Tier- und Pflanzenwelt Südamerikas lebendig, der Chinesische Garten entführt nach Asien. @ www.zoo-duisburg.de

AS 15 Duisburg-Wedau

Industrie · Kultur · Landschaft Metropole Ruhr

Industrie · Kultur · Landschaft Metropole Ruhr. Siehe Seite 13, A1. @ www.route-industriekultur.de

AS 18 Mettmann, > B7, L403

Neanderthal – Fundstelle und Museum. In die Frühzeit der Menschheitsgeschichte entführt das Neanderthal-Museum in Mettmann. Verschiedene Ausstellungsbereiche beschäftigen sich mit der Entwicklung des Menschen vor etwa 4 Millionen Jahren bis heute. Die 1856 im Neanderthal entdeckten Überreste sind ebenso zu sehen wie andere Ausgrabungsfunde. @ www.neanderthal.de

AS 32 Kreuz Bonn/Siegburg, > Sieburg Zentrum L333

Abtei Michaelsberg. Hoch oben über Siegburg thront die Abtei Michaelsberg auf der gleichnamigen Erhebung. Gegründet 1064 von Erzbischof Anno II. gehörte sie bis zum Jahr 2011 zum Benediktinerorden. Die Abtei soll in Zukunft von der Ordensgemeinschaft der Unbeschuhten Karmeliten und dem Katholisch-Sozialen Institut der Erzdiözese Köln genutzt werden. @ www.abtei-michaelsberg.de

AS 33 Siebengebirge, > L331, B42

Drachenfels

Drachenfels. Zwischen Bad Honnef und Königswinter erhebt sich der Drachenfels am Ufer des Rheins. Die Ruine der Burg Drachenfels sowie das Schloss Drachenburg prägen sein Gesicht. Das Schloss und die 1913 zu Ehren von Richard Wagner errichtete Nibelungenhalle sind mit der Drachenfelsbahn, Deutschlands ältester Zahnradbahn, zu erreichen. @ www.drachenfelsbahn-koenigswinter.de

Westerwald

AS 35 Neustadt/Wied

Westerwald. Die Mittelgebirgslandschaft des Westerwalds erstreckt sich im Dreieck der Länder Nordrhein-Westfalen, Rheinland-Pfalz und Hessen zwischen der Sieg im Norden, der Lahn im Süden, dem Rhein im Westen und der Dill im Osten. @ www.westerwald.de

Wiedtal

AS 35 Neustadt/Wied

Wiedtal. Die Wied entspringt im Westerwald und mündet nach ihrem 102 Kilometer langen Weg in den Rhein. Das Wiedtal liegt im Naturpark Rhein-Westerwald und bietet auf verschiedenen ausgeschilderten Wanderwegen zahlreiche Wandermöglichkeiten. @ www.wiedtal.de

AS 36 Neuwied, direkt bei Ausfahrt

Förderturm Grube Georg Industriedenkmal Willroth. Unmittelbar an der A3 und der parallel verlaufenden ICE-Trasse steht der 56 Meter hohe Förderturm der ehemaligen Grube Georg in Willroth. Bis 1965 wurde hier Eisenerz abgebaut. Zwischen April und Oktober kann der Turm an jedem dritten Samstag im Monat besichtigt werden; dabei bietet er spektakuläre Ausblicke in das Umland. @ www.vgflammersfeld.de

Westerwälder Seenplatte

AS 37 Dierdorf

Westerwälder Seenplatte. Die vom Grafen Friedrich III. zu Wied im 17. Jahrhundert angelegten sieben Seen der Westerwälder Seenplatte sind heute ein Naturschutzgebiet und erstrecken sich im Westerwald bei Dreifelden, Steinen und Wölferlingen. @ www.westerwaelder-seenplatte.de

AS 37 Dierdorf, > Zentrum

Dierdorf – Ehemalige Wiedische Residenz. Nur noch Reste erinnern heute in Dierdorf in der Nähe von Neuwied im Westerwald an die ehemalige Residenz der Fürsten von Wied-Runkel. Im Jahr 1702 ließ der Graf von Wied in Dierdorf eine Residenz erbauen; 200 Jahre später, 1902, wurde sie gesprengt. Heute ist vor allem der Schlosspark mit dem Schlossweiher eine Reminiszenz an die fürstlichen Zeiten. @ www.dierdorf.de

Schloss Montabaur. Von Weitem sichtbar ist das Barockschloss von Montabaur oberhalb der Stadt mit seinen gelben Mauern und den geschwungenen Hauben. In der heutigen Form zwischen 1687 und 1709 erbaut, geht das Schloss auf eine frühere Burganlage zurück. Heute dienen die Gebäude des Schlosses als Akademie und Eventhotel. @ www.montabaur.de

AS 41 Diez,
> L318, B417

Schloss Oranienstein Diez. Die Geschichte des heutigen Schlosses, das auf einem steilen Felsen thront und das Gesicht der Stadt prägt, reicht bis in das 11. Jahrhundert zurück. In seiner wechselvollen Geschichte diente es als Adelssitz, Amtshaus und Strafanstalt. Heute beheimatet es eine Jugendherberge und ein Heimatmuseum. @ www.stadt-diez.de

AS 42
Limburg-Nord,
> Zentrum

Limburger Dom. Schon von Weitem grüßen die sieben markanten weiß-roten Türme – der höchste ist 66 Meter hoch – des Doms zu Limburg. Der heutige Kirchenbau, eine dreischiffige Basilika, entstand gegen Ende des 12. Jahrhunderts und wurde 1235 eingeweiht. Prägende Stilelemente stammen aus Spätromanik und Gotik. @ www.dom.bistumlimburg.de

AS 44
Bad Camberg,
L3031, B8

Mineralbrunnen
Niederselters
Selterswassermuseum

Mineralbrunnen Niederselters Selterswassermuseum. Aus dem mittelhessischen Taunus stammt das Wasser, das sich einen Namen gemacht hat: Selters. Das Museum in Niederselters ist dem hier aus der Quelle sprudelndem Mineralwasser gewidmet und zeigt die weltweit größte Wasserflaschensammlung. @ www.selterswassermuseum.de

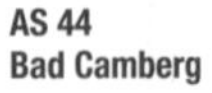

Taunus

Taunus. Der Taunus ist Mittelgebirge zwischen Main, Rhein, Lahn und Wetterau. Höchste Erhebung ist der Große Feldberg mit 880 Metern. @ www.taunus-info.de

Idstein – Nassauische Residenz. Die Stadt Idstein wurde 1102 erstmals urkundlich erwähnt und erhielt 1287 die Stadtrechte. Zwischen 1102 und 1712 war Idstein immer wieder Residenzstadt nassauischer Geschlechter. Das Residenzschloss aus dem 17. Jahrhundert wird heute als Schulgebäude genutzt. Das Wahrzeichen, der Hexenturm, ist weithin sichtbar. @ www.idstein.de

AS 45 Idstein,
> Zenrum,
500 m

Wiesbaden. Die hessische Landeshauptstadt gehört zu den ältesten Kurbädern Europas mit 15 Mineral- und Thermalquellen. Die Innenstadt, die im Zweiten Weltkrieg weniger zerstört wurde als andere Städte, ist vorwiegend von Gebäuden im Stil des Klassizismus, des Jugendstils und des Historismus geprägt. Sehenswert ist unter anderem der Schlossplatz als Zentrum der historischen Altstadt. @ www.wiesbaden.de

AS 46
Wiesbaden/
Niedernhausen,
> B455

Heusenstamm liegt südlich von Offenbach in Hessen. Sehenswert sind die Barockkirche St. Cäcilia und das Mitte des 17. Jahrhunderts erbaute Schloss Schönborn, das aus hinterem und vorderem Schloss besteht und um einen neu angelegten Barockgarten ergänzt wird. Heute dient das Schloss als Rathaus der Stadt. Zu Ehren des Kaisers Franz I. wurde 1764 der Torbau errichtet. @ www.stadt-heusenstamm.de

AS 53
Obertshausen,
> 3117

Historische Altstadt Seligenstadt. Seligenstadt liegt am Main im Landkreis Offenbach und wurde 815 erstmals urkundlich erwähnt. Die Stadt erhielt in der Zeit Kaiser Barbarossas die Stadtrechte; ihre Altstadt ist geprägt durch zahlreiche Fachwerkbauten. Noch aus der Zeit Barbarossas stammt das Rote Haus; von der Kaiserpfalz, die aus der Zeit Friedrichs II. stammt, ist die dem Main zugewandte Front des Palas erhalten geblieben. @ www.seligenstadt.de

AS 55
Seligenstadt,
> L3121

AS 59 Aschaffenburg-Ost, > B26 Zentrum

Die **Stiftsbasilika** in Aschaffenburg geht auf die Stiftsgründung Ende des 10. Jahrhunderts zurück. Sie beherbergt in ihrem Inneren zahlreiche sakrale Kunstschätze, darunter das Altarbild „Die Beweinung Christi“ von Matthias Grünewald sowie den Stiftsschatz mit Goldschmiedearbeiten und reich illustrierten Handschriften. @ www.stiftsbasilika.de

AS 59 Aschaffenburg-Ost, > B26 Zentrum

Schloss Johannisburg wurde im 17. Jahrhundert erbaut. Die vierflügelige Anlage diente bis zum Beginn des 19. Jahrhunderts den Mainzer Erzbischöfen und Kurfürsten als zweite Residenz. Heute sind hier verschiedene Museen, darunter die Staatsgalerie Aschaffenburg mit Werken von Cranach und Rubens, beheimatet. @ www.museen-aschaffenburg.de

AS 62 Bessenbach/ Waldaschaff, > Schmerlenbach

Wallfahrtskirche Schmerlenbach. Östlich von Aschaffenburg liegt die Wallfahrtskirche Schmerlenbach auf dem Gelände des ehemaligen Benediktinerinnenklosters Schmerlenbach, heute ein Tagungszentrum. Die Kirche wurde im 18. Jahrhundert erbaut; ihr Schatz ist das Gnadenbild der „Muttergottes von Schmerlenbach“. @ www.schmerlenbach.de

AS 62 Bessenbach/ Waldaschaff

Spessart – Mainland

Spessart und Odenwald, links und rechts des Mains gelegen, bilden das größte Laubmischwaldgebiet in Deutschland. @ http://spessart-main-odenwald.bayern-online.de

AS 63 Weibersbrunn, > Lohr über B25

Lohr am Main – Schneewittchenstadt. Lohr mit seiner sehenswerten Fachwerkaltstadt liegt am Rande des Spessarts. Das Lohrer Schloss, in dem der Sage nach Schneewittchen gelebt hat, beheimatet heute das Spessartmuseum. Weiterhin sehenswert: der historische Marktplatz und die Stadtpfarrkirche St. Michael. @ www.lohr.de

Wallfahrtskirche Hessenthal. Die Wallfahrtskirche entstand zwischen dem 15. und dem 17. Jahrhundert und gliedert sich auf in alte und neue Wallfahrtskirche sowie Gnadenkapelle. Der Altar der neuen Wallfahrtskirche wird Tilman Riemenschneider zugeschrieben, in der Gnadenkapelle findet sich ein Barockaltar. @ www.pfarrei-hessenthal-mespelbrunn.de

AS 63 Weibersbrunn, > Westen, ca. 2 km

Schloss Mespelbrunn

Schloss Mespelbrunn. Abgeschieden in einem Spessarttal liegt das Wasserschloss Mespelbrunn, das sich im Privatbesitz befindet. Der ursprüngliche Bau geht auf das frühe 15. Jahrhundert zurück. Teile des Schlosses sind für die Öffentlichkeit zugänglich. @ www.schloss-mespelbrunn.de

AS 63 Weibersbrunn, > Westen, ca. 5 km

Fränkisches Weinland. Das Fränkische Weinland erstreckt sich entlang des Mains zwischen Aschaffenburg und Würzburg. Die Region ist geprägt von steilen Weinlagen, Flusstälern und Wiesenlandschaften, die zum Wandern und Radfahren einladen. @ www.fraenkisches-weinland.de

AS 66 Wertheim/Lengfurt

Burg Wertheim – Liebliches Taubertal. Die Wertheimer Burg, oberhalb der Stadt Wertheim, datiert aus dem frühen 12. Jahrhundert und wurde bis ins 17. Jahrhundert hinein immer wieder erweitert. Südlich von Wertheim schlängelt sich die Tauber durch ihr Tal, eine traditionelle Weinbaulandschaft, die zum Wandern und Radfahren einlädt.
@ www.wertheimer-burg.de, @ www.liebliches-taubertal.de

AS 66 Wertheim/Lengfurt

Festung Marienberg Mainfränkisches Museum

Oberhalb Würzburgs thront die Festung Marienberg, die ihre Ursprünge im 8. Jahrhundert hat. Hier zu finden ist das Mainfränkische Museum mit Sammlungen zur Stadtgeschichte Würzburgs, zur Vor- und Frühgeschichte Frankens und zum Schaffen Tilman Riemenschneiders. @ www.mainfraenkisches-museum.de

AS 69 Kreuz Würzburg-Kist, > B27

AS 70 Kreuz Würzburg-Heidingsfeld, > B19

Residenz Würzburg – UNESCO-Weltkulturerbe. Die Residenz in Würzburg wurde zwischen 1720 und 1780 gebaut. Das von Balthasar Neumann konzipierte Schloss gilt als einzigartiges Beispiel des Barocks, weist aber auch Einflüsse aus der französischen Klassik und des Wiener Reichsstils auf. @ www.residenz-wuerzburg.de

Kitzingen – Weinhandel, Deutsches Fastnachtmuseum. Kitzingen blickt auf über 800 Jahre bewegte Geschichte zurück. Herzstück ist der Marktplatz mit fränkischem Fachwerk und Renaissancerathaus. Das Deutsche Fastnachtmuseum bietet einen umfassenden Einblick in die Geschichte der Fastnacht. @ www.kitzingen.info

AS 74 Kitzingen/ Schwarzach, > Schwarzach ca. 2 km

Die **Abtei Münsterschwarzach** liegt östlich von Würzburg an der Mündung der Schwarzach in den Main. Ihre Ursprünge reichen bis in das 8. Jahrhundert zurück. Im 19. Jahrhundert wurden Kirche und Teile des Klosters zerstört; im frühen 20. Jahrhundert wurde die Anlage wiedererrichtet und ausgebaut. @ www.abtei-muensterschwarzach.de

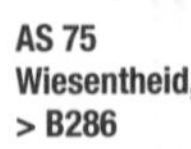

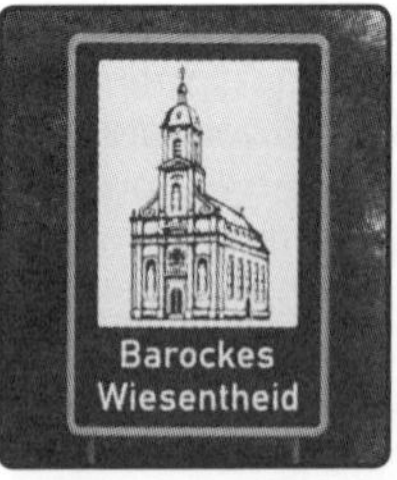

Barockes Wiesentheid. Wiesentheid liegt am Rand des Steigerwalds. Sehenswert sind das Rokokorathaus aus der Mitte des 18. Jahrhunderts, das Schloss mit Schlosspark sowie barocke Bürgerhäuser, darunter auch die Apotheke am Marienplatz aus dem Jahr 1750 und die Kanzleihäuser in der gleichnamigen Straße. @ www.wiesentheid.de

AS 75 Wiesentheid

Steigerwald

Das Mittelgebirge erstreckt sich auf 1300 Quadratmetern über Würzburg, Bamberg, Nürnberg und Rothenburg ob der Tauber. @ www.steigerwald-info.de

Zisterze Ebrach. Die ehemalige Zisterzienserabtei Ebrach befindet sich im Steigerwald. Das Kloster wurde im 12. Jahrhundert gegründet und erlebte bis zur Säkularisation 1803 eine wechselvolle Geschichte. Die Abteikirche ist Pfarrkirche, Teile des Klosterkomplexes dienen als Justizvollzugsanstalt.

@ www.ebrach.de

Romantisches Prichsenstadt. Prichsenstadt geht auf das frühe 13. Jahrhundert zurück. Das Stadtbild präsentiert sich mittelalterlich mit zahlreichen Fachwerkbauten, zwei erhaltenen Stadttoren und Stadttürmen. Der Weinbau spielt in der Region eine Rolle.

@ www.prichsenstadt.de

Pommersfelden. Die Gemeinde Pommersfelden liegt am Rand des Naturparks Steigerwald. Sehenswert ist das Barockschloss Weißenstein, das zwischen 1711 und 1718 erbaut wurde. Die Innenausstattung beeindruckt mit Bibliothek, Spiegelkabinett und Gemäldegalerie; umgeben ist das Schloss von einem großen Schlosspark.

@ www.pommersfelden.de

Karpfenland Aischgrund

Das **Karpfenland Aischgrund** erstreckt sich zwischen Bamberg, Nürnberg und Neustadt an der Aisch. In langer Tradition werden hier in mehr als 70 Naturteichen Karpfen gezüchtet.

@ www.karpfenland-aischgrund.eu

Erlangen – Medizin- und Universitätsstadt. Die Geschichte Erlangens reicht bis in das 11. Jahrhundert zurück. Heute ist es vor allem die Friedrich-Alexander-Universität, die mit knapp 38.000 Studenten das Leben in der Stadt prägt und mit der medizinischen Fakultät als bedeutender Medizinstandort gilt.

@ www.erlangen.de

AS 82
Erlangen-Frauenaurach,
> Zentrum
1 km

Herzogenaurach – Technologie und Sport. Herzogenaurach wurde erstmals im frühen 11. Jahrhundert erwähnt und gilt heute als Standort von Technologie und Sport. Namhafte Unternehmen der Sportartikelindustrie haben hier ebenso ihren Sitz wie ein Technologieunternehmen, das für die Automobilindustrie sowie für Luft- und Raumfahrt produziert. @ www.herzogenaurach.de

AS 84
Erlangen-Tennenlohe,
> B4 Zentrum

Das **Walderlebniszentrum Tennenlohe** in Erlangens Südosten informiert umfassend über die Bedeutung von Wald- und Forstwirtschaft. Zum Angebot gehören Führungen zu unterschiedlichen Themen, ein gut einen Kilometer langer Walderlebnispfad, ein forsthistorischer Pfad und ein Museum mit vier Themenhäusern.

@ www.walderlebniszentrum-tennenlohe.de

AS 85
Nürnberg-Nord,
> Zentrum,
Altstadt

Germanisches Nationalmuseum Nürnberg. Das Germanische Nationalmuseum in Nürnberg wurde im Jahr 1852 gegründet und ist das größte Museum zur Entwicklung des deutschsprachigen Raums von der Frühzeit bis in die Gegenwart. Über eine Million Ausstellungsstücke geben in Dauer- und Sonderausstellungen einen profunden Einblick in Kunst, Leben und Kultur sowie Geschichte.

@ www.gnm.de

nuernberg.de. Nürnberg wurde zu Beginn des 11. Jahrhunderts erstmals erwähnt. Prägend ist die Burg, die nach den Zerstörungen im Zweiten Weltkrieg wiederaufgebaut wurde. Auch die äußere Stadtmauer wurde nahezu vollständig wiedererrichtet, von der inneren sind Türme erhalten. Typisch für Nürnberg sind die zahlreichen Brücken, die die Pegnitz überspannen. @ www.nuernberg.de

Tiergarten Nürnberg. Der 1939 gegründete Tiergarten ist gekennzeichnet durch seine reizvolle Lage inmitten von Wald und Sandsteinbrüchen sowie Weihern, in die sich die Tiergehege harmonisch einfügen. Er beheimatet nicht nur heimische Säugetier- und Vogelarten, sondern auch Tierarten der Regenwälder weltweit. @ www.tiergarten.nuernberg.de

AS 87 Nünberg-Mögeldorf, > Westen, ca. 1 km

Festspielstadt Altdorf – Historische Universität. Die ehemalige Universität ist Veranstaltungsort der Wallenstein-Festspiele. Anlass war die Studentenzeit Albrechts von Wallenstein an der Altdorfer Universität. Das Volksstück „Wallenstein in Altdorf" nimmt hierauf Bezug. Das Universitätsmuseum gewährt Einblicke in das Studentenleben.

@ www.altdorf.de

AS 90 Altdorf/ Burgthann, > Zentrum

Frankenalb

Frankenalb. Das Mittelgebirge erstreckt sich zwischen Lichtenfels im Norden und der Schwäbischen Alb im Süden. In ihrer Nähe liegen die Städte Erlangen, Nürnberg, Regensburg und Ingolstadt. @ www.frankenalb.de

AS 90 Altdorf/ Burgthann

Deutsches Maybach-Automuseum Neumarkt i.d.OPf. Den Automobilen von Wilhelm und Karl Maybach ist dieses Museum gewidmet. Zwischen 1920 und 1941 entstanden 1800 Exemplare der Luxusfahrzeuge, von denen etwa 20 in den Gebäuden der ehemaligen Fabrik gezeigt werden; auch Zweiräder und Sonderausstellungen können besichtigt werden.

@ www.automuseum-maybach.de

AS 92a Neumarkt i.d.OPf., > B299 Zentrum

Bayerischer Jura

Bayerischer Jura. Als Teil des Fränkischen Juras erstreckt sich dieser in den Landkreisen Regensburg, Amberg-Sulzbach und Neumarkt in der Oberpfalz sowie teilweise in den Landkreisen Schwandorf, Kelheim und Nürnberger Land. @ www.bayerischerjura.de

AS 92b Neumarkt-Ost

AS 92b
Neumarkt-Ost,
> Westen
St2240

Naturerlebnis Habsberg-Hilzhofen. Die Region um den 621 Meter hohen Habsberg und der Ort Hilzhofen sind in die reizvolle Juralandschaft mit Seen, Burgen und Schlössern eingebettet. @ www.bayerischerjura.de

AS 93 Velburg,
> St2220, 2 km

Tropfsteinhöhle Velburg

Die **Tropfsteinhöhle Velburg** zwischen Nürnberg und Regensburg wurde nach dem bayerischen König Otto benannt und besticht durch Formenvielfalt und vor allem durch ihre Stalagnaten, das heißt zusammengewachsene Stalaktiten und Stalagmiten. @ www.tropfsteinhoehle-velburg.de

AS 94
Parsberg,
> Parsberg/
Luppburg,
2 km

Markt Lupburg – Historischer Ortskern. Der Markt Lupburg wurde bereits 960 erwähnt. Oberhalb des Ortes thront die Ruine der im 12. Jahrhundert erbauten Burg. Zu ihren Füßen liegen Bürger- und Bauernhäuser, die zwischen dem 17. und 19. Jahrhundert errichtet wurden und einen Einblick in die Architektur dieser Epochen gewähren. @ www.lupburg.de

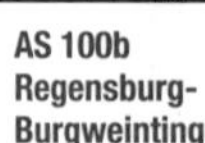

AS 100b
Regensburg-
Burgweinting

UNESCO-Welterbe Regensburg. Knapp 1000 der 1500 denkmalgeschützten Gebäude haben als „Altstadt mit Stadtamhof“ der Stadt an der Donau den Status eines UNESCO-Weltkulturerbes eingebracht. Höhepunkte sind die Steinerne Brücke aus dem 12. Jahrhundert, der Regensburger Dom und das Alte Rathaus. @ www.regensburg.de

AS 103
Rosenhof,
> B8, St2145

Die **Walhalla** bei Donaustauf entstand auf Betreiben des Bayernkönigs Ludwigs I. unter Leitung des Architekten Leo von Klenze. Konzipiert wurde die Walhalla als Ruhmeshalle bedeutender deutscher Persönlichkeiten; sie zeigt Büsten und Gedenktafeln für Persönlichkeiten von Friedrich II. bis zu Heinrich Heine. @ www.walhalla-regensburg.de

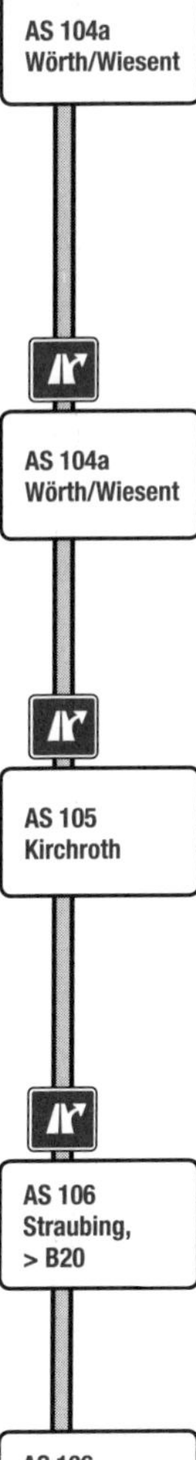

Baierwein Historisches Anbaugebiet

Vier Hektar misst Deutschlands kleinstes Weinanbaugebiet, das sich entlang der Donau zwischen Regensburg und Wörth erstreckt. Über Jahrhunderte wurde der „Baierwein“ hier angebaut, der seit den 1970er-Jahren eine Renaissance erlebt.

@ www.regensburgerlandwein.de

Naturpark Oberer Bayerischer Wald. Der Naturpark Oberer Bayerischer Wald erstreckt sich nördlich von Regensburg an der Grenze zu Tschechien auf einer Fläche von knapp 1800 Quadratkilometern im Landkreis Cham und Teilen des Landkreises Schwandorf.

@ www.naturpark-obw.de

Zoo Straubing. Der 1937 gegründete Tiergarten ist Heimat für circa 1700 Tiere aus 200 Arten. Das Feuchtbiotop Danubium und das Donauaquarium bieten Einblicke in die heimische Flusswelt, der Nachbau eines Bauernhauses aus der Jungsteinzeit zeigt zeitgenössische Handwerkstechniken und die Entstehung der Haustierrassen. @ www.tiergarten-straubing.de

Römerschatz Straubing. Sorviodurum lautet der römische Name der Stadt Straubing, die mit dem Gäubodenmuseum der römischen Vergangenheit Rechnung trägt. 1950 wurde ein Schatz römischer Paraderüstungsgegenstände entdeckt, der den Kern der Dauerausstellung bildet. Daneben bieten Sonderausstellungen und ein Römerpark Einblicke in die römische Vergangenheit der Stadt. @ www.gaeubodenmuseum.de

Bayerischer Wald

Bayerischer Wald. Das Mittelgebirge erstreckt sich zwischen Deutschland und Tschechien auf einer Länge von circa 100 Kilometern. Über 24.000 Hektar der Fläche sind als Nationalpark ausgewiesen.

@ www.nationalpark-bayerischer-wald.de

Bogenberg. In der Nähe der Stadt Bogen liegt die Wallfahrtskirche Sankt Maria Himmelfahrt auf dem Bogenberg, der hier am Rand des Bayerischen Waldes die Donau überragt. Die Kirche soll die älteste Wallfahrtskirche in Bayern sein. Der heutige Kirchenbau entstand Mitte des 15. Jahrhunderts, zu seinen Schätzen gehört eine Madonnenstatue aus dem 13. Jahrhundert.

@ www.bogen.de

Klosterdorf Windberg. Das Kloster Windberg, ein Prämonstratenserkloster im gleichnamigen Ort, wurde im 12. Jahrhundert gegründet und ist heute wieder im Besitz des Ordens. Die Pfarr- und Klosterkirche geht auf das 12. Jahrhundert zurück, das Konventgebäude wurde im 18. Jahrhundert neu errichtet. Sehenswert sind auch der Pfarrhof und die Friedhofskapelle.

@ www.windberg.de

Schwarzach Grandsberg/ Hirschenstein. Der Markt Schwarzach liegt zu Füßen des knapp 1100 Meter hohen Hirschensteins im Bayerischen Wald. Zu den Sehenswürdigkeiten des Ortes zählen die Pfarrkirche und die Gebäudeensembles rund um den Marktplatz, die aus dem 15. bis 17. Jahrhundert stammen. Im Kraftfahrzeugmuseum sind rund 30 Fahrzeuge aus den Baujahren 1928 bis 1984 zu sehen.

@ www.schwarzach-bayerischer-wald.de

Sankt Englmar Pröller/Predigtstuhl. Nördlich von Deggendorf liegt der Luftkurort St. Englmar, unterhalb der Gipfel des Hirschensteins, des Pröllers und des Predigstuhls, die allesamt über 1000 Meter hoch und ganzjährig beliebte Ausflugsziele sind. Sehenswert ist die Pfarrkirche, interessante Ausblicke aus luftigen Höhen bietet der Waldwipfelweg.

@ www.urlaubsregion-sankt-englmar.de

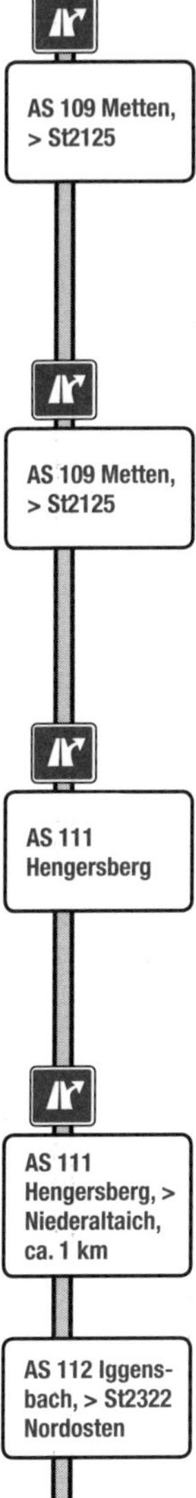

Abtei Metten – Bibliothek. In barocker Pracht präsentiert sich die Bibliothek des Benediktinerklosters. Nicht nur die künstlerische Ausstattung der Bibliothek ist beeindruckend, sondern auch die Anzahl der in ihr aufbewahrten Schätze, die auf über 200.000 Exemplare geschätzt wird, circa 20.000 aus der Zeit vor 1800. @ www.kloster-metten.de

Deggendorf liegt an der Donau zu Füßen des Bayerischen Waldes. Erstmals wurde es Anfang des 11. Jahrhunderts urkundlich erwähnt. Sehenswert ist das alte Rathaus mit gotischem Turm und Treppengiebel aus dem 16. Jahrhundert, ebenso die barocke Pfarrkirche Mariä Himmelfahrt und die gotische Grabkirche St. Peter und Paul. @ www.deggendorf.de

Donautal Archäologie – Asambarock. Das Donautal ist reich an archäologischen Funden, die bis in die römische Kaiserzeit zurückgehen. Ein Beispiel des Asam-Barocks ist die Gestaltung der Klosterkirche Weltenburg an der Donau. Die Gebrüder Asam zählen zu den wichtigsten deutschen spätbarocken Künstlern. @ www.vilshofen.de

Die **Abtei Niederaltaich** an der Donau soll Mitte des 8. Jahrhunderts gegründet worden sein. Nach der Säkularisation kehrten im 20. Jahrhundert die Benediktinermönche zurück. Architektonische Schätze sind die Barockbasilika und die byzantinische Kirche. @ www.abtei-niederaltaich.de

Brotjacklriegel Region Sonnenwald

Dominiert von dem gut 1010 Meter hohen Brotjacklriegel liegt die Region Sonnenwald im Bayerischen Wald. Die Vielfältigkeit des Naturparks lässt sich auf einem Rundwanderweg erkunden. @ www.region-sonnenwald.de

AS 112 Iggensbach, > St2322 Südwesten

Ziegel+Kalk Museum Flintsbach. Gezeigt wird die Entwicklung und Nutzung der Materialien Ziegel und Kalk; sehenswert ist der große Brennofen aus dem Jahr 1883. Daneben sind unter anderem eine Ziegelei, ein Steinbackofen und ein Kalksteinbruch zu besichtigen. Verschiedene Aktionen runden das Angebot ab. @ www.ziegel-kalkmuseum.de

AS 113 Garham/ Vilshofen

Klosterwinkel

Die Erlebnisregion in der Nähe von Passau bietet in herrlicher Natur Klöster und Kirchen zur Besichtigung, aber auch Tier- und Wildparks und das Pferdeland Klosterwinkel sind einen Ausflug wert. @ www.klosterwinkel.de

Vilshofen – Abtei Schweiklberg. Die Benediktinerabtei Schweiklberg in Vilshofen wurde 1904 gegründet, Klostergebäude und Kirche wurden zwischen 1905 und 1925 erbaut. Die Klosterkirche wurde ursprünglich im Jugendstil errichtet. Die Türme tragen acht Uhren; ein Ziffernblatt zeigt den Stand der Sonne, ein weiteres den des Mondes. @ www.schweiklberg.de

AS 114 Aicha vorm Wald, St2127 > Nordosten ca. 10 km

Museumsdorf Bayerischer Wald. Im Museumsdorf Bayerischer Wald in Tittling kann der Besucher in die Geschichte der Region eintauchen. Verschiedene Bauernhofgebäude unterschiedlicher Hoftypen, eine Wallfahrtskapelle, ein Schul- und Marktschreiberhaus sowie Getreidekasten und Stadel dokumentieren die ländliche Architektur des 17. bis 19. Jahrhunderts. @ www.museumsdorf.com

AS 114 Aicha vorm Wald

Dreiburgenland

Das **Dreiburgenland** ist eine Mittelgebirgslandschaft, die ihren Namen den drei markanten Höhenburgen Saldenburg, Englburg und Fürstenstein verdankt. Auf allen Burgen werden Führungen angeboten und auch Feste, Musikkonzerte und Märkte veranstaltet.

@ www.dreiburgenland.de

Donau – romantische Flusslandschaft. Der zweitlängste Fluss Europas, die Donau, entspringt bei Donaueschingen und durchquert Deutschland auf einer Länge von 618 Kilometern. Entlang ihres Verlaufs liegen alte Städte und romantische Landschaften, die sich zu Fuß, per Fahrrad oder auch mit Boot und Schiff erkunden lassen.

@ www.deutsche-donau.de

Passau – Die Dreiflüssestadt. Dreiflüssestadt wird Passau aufgrund ihrer Lage an den Flüssen Donau, Inn und Ilz genannt. Ihre Geschichte reicht zurück bis in die Zeiten der Kelten und Römer. Sehenswert sind unter anderem der Stephansdom mit der größten Orgel der Welt, die Neue Bischöfliche Residenz mit Domschatz und das barocke Rathaus.

@ www.passau.de

Thermen- und Golfregion Rottal. Im Südosten Bayerns liegt die Ferienregion Rottal-Inn. Neben dem Golfsport kann der Besucher auch der Erholung und Entspannung in den heißen Thermalquellen frönen, die im Kreisgebiet sprudeln. Auch Kulturfreunde finden hier beste Bedingungen vor, zum Beispiel führt die Rottaler Gotik-Tour zu den gotischen Sehenswürdigkeiten. @ cms.rottal-inn.de

BAYERISCHES THERMENLAND Bad Griesbach – Bad Füssing – Bad Birnbach. Die Region ist reich an sprudelnden Thermalquellen, von deren Vorzügen und Heilwirkung zahlreiche Kurgäste profitieren. Die Rottal-Therme in Bad Birnbach ist die modernste Thermal-Badelandschaft in Europa. Bad Füssing bietet gleich drei Thermalbäder und die Wohlfühltherme Bad Griesbach verwöhnt mit Thermalmineralwasser und Wellnessangeboten. @ www.bayerisches-thermenland.de

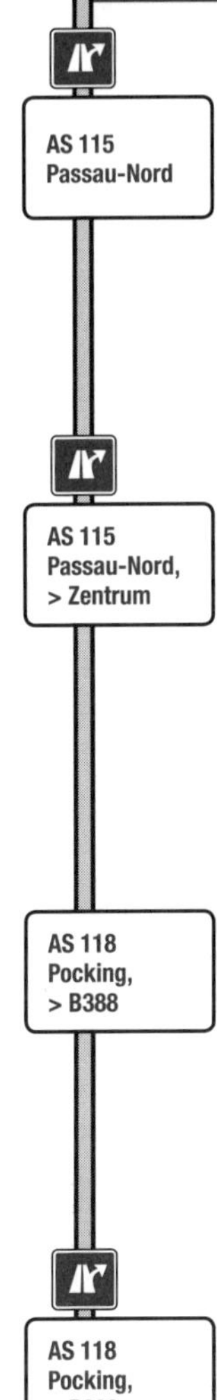

Emmerich – Passau < > Passau – Emmerich

AS 117
Passau-Süd,
> St 2616,
St2110

Schloss Neuburg/Inn. Im Jahr 1050 hoch über dem Inntal als Burg erbaut, erfolgte 1529 die Umgestaltung zu einem Renaissanceschloss. In den 1990er-Jahren begann die denkmalgerechte Restaurierung. Heute finden hier kulturelle Veranstaltungen und Tagungen statt; die Vorburg beherbergt ein Restaurant und ein Hotel. @ www.neuburg-am-inn.de

AS 118
Pocking,
> B512

Die **Barockstadt Schärding am Inn** liegt in Oberösterreich südlich von Passau und wurde im Jahr 806 erstmals urkundlich erwähnt. Die Stadt besticht durch ihre zahlreichen Barockbauten, darunter die spätbarocke Silberzeile am Oberen Stadtplatz und die Stadtpfarrkirche St. Georg. Das Stadtmuseum gibt Einblicke in die Geschichte. @ www.schaerding.at

A30 Bad Bentheim – Bad Oeynhausen < > Bad Oeynhausen – Bad Benth

AS 3 Nordhorn/
Bad Bentheim,
> B403

Burg Bentheim

Die **Burg Bentheim**, die auf das 11. Jahrhundert zurückgeht und die größte Höhenburg im Nordwesten Deutschlands ist, liegt in Bentheim. Die Burg ist noch immer Sitz der Grafen und Fürsten zu Steinfurt, der größte Teil der Anlage mit gotischer Katharinenkirche, Pulver- und Batterieturm sowie Kronenburg ist zu besichtigen. @ www.burg-bentheim.de

AS 6
Salzbergen

Emsland

Emsland. Der größte Landkreis Niedersachsens erstreckt sich über 2800 Quadratkilometer von der Grenze Nordrhein-Westfalens bei Rheine bis zur Grenze Ostfrieslands bei Papenburg. @ www.emsland.de

AS 7
Rheine-Nord,
>B70

Kloster Bentlage. Das ehemalige Kreuzherrenkloster wurde im 15. Jahrhundert gegründet, dessen Ortsgeschichte reicht aber bis in das 9. Jahrhundert zurück. Heute fungiert das Kloster als Zentrum für bildende Kunst und Kultur mit Museen und Workshops. @ www.kloster-bentlage.de

Teutoburger Wald

Teutoburger Wald. Siehe Seite 66, A2.
@ www.teutoburgerwald.de

AS 10 Hörstel, > Südwesten

Tecklenburger Land

Tecklenburger Land. Siehe Seite 12, A1.
@ www.tecklenburger-land-tourismus.de

AS 13 Lotte, > L597

Osnabrück Rathaus des Westfälischen Friedens

Osnabrück – Rathaus des Westfälischen Friedens Siehe Seite 12, A1.
@ www.osnabrueck.de

AS 16 Osnabrück-Hellern, > K51 Zentrum

Osnabrücker Land

Osnabrücker Land. Rund um die Kreisstadt Osnabrück liegt im Südwesten Niedersachsens das Osnabrücker Land mit den Anhöhen von Teutoburger Wald und Wiehengebirge einerseits, Flüssen, Mooren und Park- und Kulturlandschaften andererseits. Einen Besuch wert ist auch der Naturpark TERRA.vita. @ www.osnabruecker-land.de

AS 22 Gesmold

Wiehengebirge

Das **Wiehengebirge** liegt an der Grenze zwischen Nordrhein-Westfalen und Niedersachsen und wird auch Deutschlands nördlichstes Mittelgebirge genannt. Seine höchste Erhebung, der Heidbrink, ist über 300 Meter hoch. Die Region ist waldreich und durch Moore, Heide und Kulturlandschaften geprägt. Die seltene Süntelbuche ist hier anzutreffen.
@ www.wiehengebirge.com

AS 27 Bünde

UNESCO-Weltnaturerbe Wattenmeer. Das Wattenmeer, das sich länderübergreifend entlang der niederländischen und deutschen Nordseeküste erstreckt, bietet etwa 10.000 Tier- und Pflanzenarten einen Lebensraum im und am Wasser. Mehrere Millionen Zugvögel nutzen das Revier jährlich zum Brüten oder Rasten. Die Besucherzentren in Cuxhaven und Wilhelmshafen informieren über das Weltnaturerbe Wattenmeer. @ www.waddensea-worldheritage.org

AS 1 Emden-West, > Nordwesten

AS 3 Emden-Mitte, > Süden, Seehafen

Seehafenstadt Emden. An der Mündung der Ems in die Nordsee liegt Emden. Seine Gründung geht zurück auf das Jahr 800; seine Lage machte es zu einem bedeutenden Hafenort, und noch heute prägt der Seehafen die Stadt. Zeugen der maritimen Tradition sind die drei Museumsschiffe Amrumbank, Stadt Emden und Georg Breusing. Das Ostfriesische Landesmuseum zeigt Emden als Hafenstadt. @ www.emden.de

AS 6 Riepe, > L1 > Süden

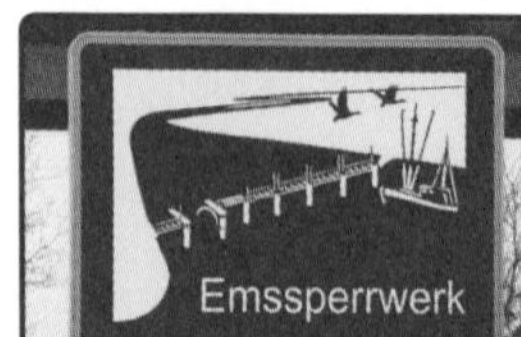

Emssperrwerk. Das Emssperrwerk an der Unterems bei Gandersum wurde zwischen 1998 und 2002 errichtet. Das Bauwerk mit einer Länge von 476 Metern dient zum einen dem Schutz vor Sturmfluten über 3,70 Meter über Normalnull, zum anderen wird durch das Aufstauen der Ems die Überführung der riesigen Schiffe von Papenburg zur Nordsee ermöglicht. @ www.nlwkn.niedersachsen.de

AS 8 Veenhusen

Ostfriesland Friesische Freiheit

Ostfriesland Friesische Freiheit.
Siehe Seite 91, A28.
@ www.osfriesischelandschaft.de

AS 10 Leer-Nord, > B70

Leer Historische Altstadt

Leer – Historische Altstadt.
Siehe Seite 91, A28.
@ www.leer.de

AS 12 Jemgum

Naturerlebnis Rheiderland. Das Rheiderland ist größtenteils eine Marschlandschaft und befindet sich im Norden des Emslandes. Zwischen Ems und Dollart erstreckt sich eine flache Landschaft, die zahlreichen, zum Teil seltenen Vögeln als Brut- oder Rastplatz dient. Seit 2000 ist Rheiderland ausgewiesenes Vogelschutzgebiet. @ www.rheiderland.com

Fehngebiet Ostfriesland

Fehngebiet Ostfriesland.
Siehe Seite 92, A28.
@ www.fehngebiet.de

Die **Meyer Werft** in Papenburg wurde Ende des 18. Jahrhunderts gegründet und baut heute unter anderem große Kreuzfahrtschiffe. Die Werft gilt als eine der modernsten weltweit und ist ein bedeutender Arbeitgeber in der Region. Für das Auslaufen der Schiffe in Richtung Meer muss meist die Ems gestaut werden. @ www.meyerwerft.com

Emsland

Emsland.
Siehe Seite 112, A30. @ www.emsland.de

Gut Altenkamp Papenburg-Aschendorf
Der Herrensitz entstand im 18. Jahrhundert. Die Anlage ist im Stil des norddeutsch-niederländischen Barocks errichtet und verfügt über ausgedehnte Parkanlagen. Heute dient der ehemalige Drostensitz als Veranstaltungsort für Ausstellungen und Konzerte. @ www.kulturkreis-papenburg.de

Vesting Bourtange Niederlande. Die Vesting Bourtange liegt in unmittelbarer Nähe der Grenze zu Deutschland im niederländischen Westerwolde. Die fünfeckige Anlage wurde Ende des 16. Jahrhunderts erbaut und diente bis zur Mitte des 19. Jahrhunderts als Festung. Im 20. Jahrhundert wurde der Stand von 1742 rekonstruiert, nachdem sie dem Verfall preisgegeben war. @ www.bourtange.nl

Die **Gedächtniskirche Rhede** in Rhede an der Ems ist Gedächtniskirche und Mahnmal. Sie erinnert an die Opfer beider Weltkriege und an die Zeit des Nationalsozialismus, im Speziellen in der Region Emsland. Da die Kirche über eine ausgezeichnete Akustik verfügt, ist sie ein beliebter Veranstaltungsort für Konzerte. @ www.emsland.de

AS 17 Dörpen, > B401

Die **Gedenkstätte Esterwegen** im gleichnamigen Ort erinnert an die insgesamt 15 Konzentrationslager im Emsland. Das Lager in Esterwegen wurde bereits 1933 gegründet und gilt damit als eines der frühen Konzentrationslager der Nationalsozialisten. Die Ausstellung informiert über das Leiden der Lagerhäftlinge und die Geschichte des Lagers.

@ www.gedenkstaette-esterwegen.de

AS 18 Lathen

Das **Schloss Clemenswerth Sögel** liegt in der Nähe von Sögel und wurde im 18. Jahrhundert als Jagdschloss für Clemens August I. von Bayern errichtet. Die für die Öffentlichkeit zugängliche Anlage zeigt sich im Stil des westfälischen Barock und besteht aus dem Hauptschloss, diversen Nebengebäuden und einem großen Parkareal. @ www.clemenswerth.de

AS 19 Haren (Ems)

Das **Ferienzentrum Schloss Dankern** liegt in Haren. Das Areal des barocken Wasserschlosses fungiert heute als Urlaubsstätte insbesondere für Familien mit Kindern. Um das Hauptgebäude entstand in den 1970er-Jahren ein Freizeitpark mit einem großen Sport- und Spielangebot, darunter ein Spaßbad. @ www.schloss-dankern.de

AS 23 Geeste

Internationaler Naturpark Moor. Der Internationale Naturpark Bourtanger Moor erstreckt sich im Grenzgebiet zwischen Deutschland und den Niederlanden auf dem Gebiet beider Staaten. Hochmoore wechseln sich ab mit Kulturlandschaften, die der Besucher beim Wandern oder Radfahren erleben kann. @ www.naturpark-moor.eu

AS 23 Geeste

Emsland

Emsland.
Siehe Seite 112, A30.

@ www.emsland.de

Die **Grafschaft Bentheim** liegt im südwestlichen Niedersachsen an der Grenze zu den Niederlanden. Ihre Geschichte reicht bis in das frühe 11. Jahrhundert zurück, und noch heute zeugt die Burg Bentheim in Bad Bentheim von der Historie. Der Landkreis ist geprägt von Mooren, Heide, den Ausläufern des Teutoburger Waldes sowie dem Flusstal der Vechte und bietet abwechslungsreiche Kultur- und Freizeitangebote. @ www.grafschaft-bentheim.de

Emsland Moormuseum Geeste. Das Emsland Moormuseum befindet sich bei Groß Hespe in Niedersachsen und zeigt, wie das Moor wirtschaftlich genutzt wurde. Der Besucher erhält in Ausstellungen Informationen zum Torfabbau und zur Torfverarbeitung und kann sich im Freigelände ein Bild von den in der Torfgewinnung eingesetzten Maschinen und Geräten machen. @ www.moormuseum.de

Kloster Frenswegen Nordhorn. Das Kloster, heute Sankt Marienwolde genannt, wurde 1394 gegründet und liegt am Stadtrand von Nordhorn in der Grafschaft Bentheim. Nach einer bewegten Geschichte und langjährigen Restaurierungsarbeiten ist das Kloster heute eine ökumenische Begegnungsstätte. Die neu erbaute, moderne Kapelle wurde 1996 eingeweiht. @ www.kloster-frenswegen.de

rock'n'popmuseum Gronau. Das rock'n'popmuseum in Gronau an der niederländischen Grenze hat sich der populären Musik des 20. und 21. Jahrhunderts verschrieben. Die Dauerausstellung umfasst Ton-, Bild- und Videomaterial sowie zahlreiche Ausstellungsstücke; ein Tonstudio dokumentiert die Arbeit an Musikträgern. Das Angebot wird ergänzt um wechselnde Sonderausstellungen. @ www.rock-popmuseum.com

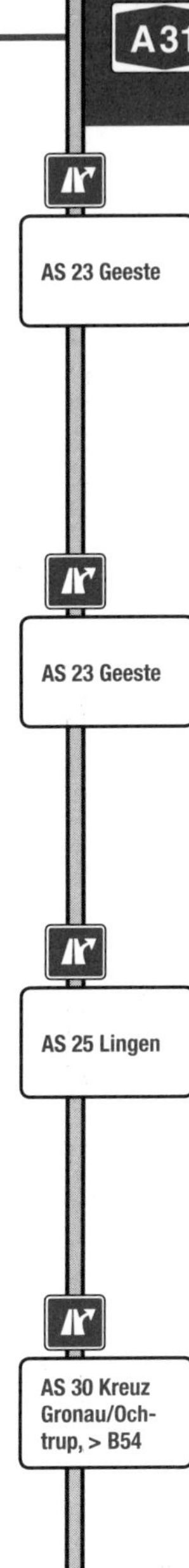

Das **Barockschloss Ahaus** wurde in seiner heutigen Form Ende des 17. Jahrhunderts errichtet und Mitte des 18. Jahrhunderts modifiziert. Das Schloss wurde im Zweiten Weltkrieg zerstört, aber wieder aufgebaut und ist heute Sitz der Technischen Akademie Ahaus sowie des Torhaus- und des Schulmuseums. @ www.ahaus.de

AS 33 Gescher/
Coesfeld

Der **Glockenguss in Gescher** hat mit der Glockengießerei Petit & Gebr. Edelbrock seit dem Ende des 18. Jahrhunderts Tradition in Gescher. Im Westfälischen Glockenmuseum kann sich der Besucher einen Einblick verschaffen in die Vielfalt der Glocken aus verschiedenen Jahrhunderten und in die Arbeitsweise eines Glockengießers. @ www.gescher.de

AS 36
Lembeck,
> K13

Naturpark Hohe Mark Westmünsterland. Auf über 1000 Quadratkilometern hat der Besucher im Dreieck zwischen Münsterland, Rheinland und Ruhrgebiet die Möglichkeit, vier verschiedene Landschaften zu erleben. Park-, Wald-, Wasser- und Folgelandschaften. Letztere beschreibt die Entwicklung nach Beendigung des Bergbaus.
@ www.hohemark-westmuensterland.de

AS 36
Lembeck,
> K13, B224

Das **Wasserschloss Raesfeld** geht auf das 12. Jahrhundert zurück und wurde im 17. Jahrhundert zu einem Renaissanceschloss ausgebaut. Nachdem die Anlage zu verfallen drohte, wurde sie nach dem Zweiten Weltkrieg restauriert und dient heute als Fortbildungsstätte. Sehenswert ist der Tiergarten genannte Schlosspark. @ www.muensterland-tourismus.de

AS 36
Lembeck,
> K13, K48

Münsterland

Münsterland.
Siehe Seite 12, A1.
@ www.muensterland.de

Schloss Lembeck erhielt sein heutiges barockes Aussehen Ende des 17. Jahrhunderts. Sehenswert ist zur Blütezeit der Rhododendrongarten mit etwa 150 Sträuchern; darüber hinaus dokumentiert das Museum den feudalen Lebensstil des 17. und 18. Jahrhunderts. Weiterhin gibt es ein Heimatmuseum und die Merveldt Galerie. @ www.schlosslembeck.de

AS 36 Lembeck

Industrie · Kultur · Landschaft Metropole Ruhr

Industrie · Kultur · Landschaft Metropole Ruhr.
Siehe Seite 13, A1.
@ www.route-industriekultur.de

AS 37 Schermbeck

Industriekultur Maschinenhalle Gladbeck-Zweckel

Industriekultur Maschinenhalle Gladbeck-Zweckel. Siehe Seite 68, A2.
@ www.maschinenhalle-gladbeck.de

AS 41 Gladbeck, > L615, K3

Osnabrücker Land

Osnabrücker Land.
Siehe Seite 113, A30.
@ www.osnabrueckerland.de

AS 12 Hilter

Historischer Stadtkern Detmold

Freilichtmuseum Detmold

Historischer Stadtkern Detmold – Freilichtmuseum Detmold.
Der historische Stadtkern und Deutschlands größtes Freilichtmuseum seiner Art lassen den Besucher Geschichte hautnah erleben. In der Altstadt entführen Denkmäler in das Mittelalter, Biedermeier und die Gründerzeit; im Landesmuseum sind die ländlichen Siedlungen Westfalens zu sehen. @ www.detmold.de

AS 22 Holte-Stukenbrock, > L756, L758

Paderborn Weltgrößtes Computermuseum

Paderborn – Weltgrößtes Computermuseum. Die Austellung im Heinz Nixdorf MuseumsForum beginnt in der Geschichte weit vor der Erfindung des Computers bei der Entstehung von Schriftzeichen und Zahlen und reicht bis zur Computer-, Internet- und Robotertechnik des 21. Jahrhunderts. @ www.hnf.de

AS 26 Paderborn-Elsen, > B1

AS 25 Paderborn-Schloss Neuhaus, > Zentrum

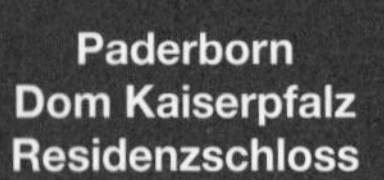

Paderborn – Dom Kaiserpfalz – Residenzschloss. Diese Gebäude zeugen von der langen Historie der Stadt. Der Dom aus dem 13. Jahrhundert zeigt romanische und gotische Stilelemente, Schloss Neuhaus ist ein Paradebeispiel der Weserrenaissance. Die im 20. Jahrhundert rekonstruierte Kaiserpfalz reicht bis zu Karl dem Großen und Heinrich II. zurück.

@ www.kaiserpfalz-paderborn.de
@ www.schlosspark-paderborn.de

Die **Wewelsburg – Deutschlands einzige Dreiecksburg**, die in dieser Bauform erhalten geblieben ist, thront über Büren. Die Anlage wurde im 17. Jahrhundert errichtet und ist damit der Weserrenaissance zuzurechnen. Sie beheimatet das Historische Museum und die Erinnerungs- und Gedenkstätte 1933-1945. @ www.wewelsburg.de

AS 3 Friedland

Friedland – Tor zur Freiheit. Friedland in Niedersachsen, als „Tor zur Freiheit“ bezeichnet, ist bekannt durch das hier beheimatete Grenzdurchgangslager, in dem nach dem Zweiten Weltkrieg vertriebene Flüchtlinge, insbesondere aus dem Sudetenland und deutschen Ostgebieten, erste Aufnahme fanden, später DDR-Bürger und Spätaussiedler. @ www.friedland.de

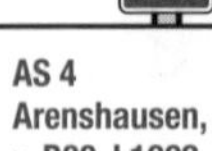

Zweiburgenblick im Werratal – Hanstein – Ludwigstein. Burg Hanstein im thüringischen Eichsfeld und Burg Ludwigstein im hessischen Werra-Meißner-Kreis waren durch die im Werratal verlaufende Grenze getrennt. Der Zweiburgenblick ist heute ein Symbol für das Zusammenwachsen Deutschlands und wurde 2011 auf einer Briefmarke veröffentlicht.

@ www.urlaub-werratal.nordhessen.de

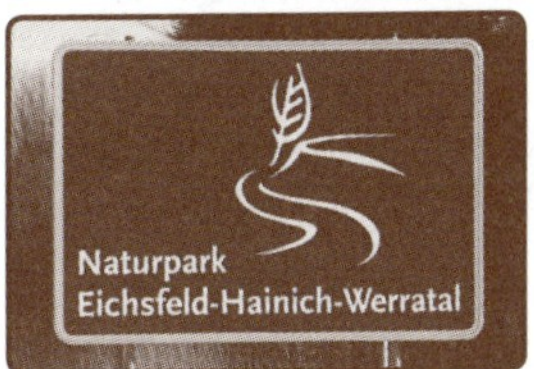

Das **Eichsfeld** ist eine Landschaft, die sich auf etwa 1500 Quadratkilometern über Teile von Niedersachsen, Thüringen und Hessen erstreckt. @ www.eichsfeld.de

Der **Naturpark Eichsfeld-Hainich-Werratal** erstreckt sich im westlichen Thüringen zwischen Eisenach im Süden und Heiligenstadt im Norden. Die abwechslungsreiche Landschaft ist geprägt von Hügeln, Muschelkalkplateaus sowie dem Verlauf der Werra, Buchenwäldern, Eibenbeständen und Auenflächen. @ www.naturpark-ehw.de

GRENZMUSEUM SCHIFFLERSGRUND. Die Gedenkstätte wurde am 3. Oktober 1991 an der ehemaligen innerdeutschen Grenze zwischen Hessen und Thüringen bei Bad Soden-Allendorf eröffnet und war damit die erste ihrer Art. Neben Führungen gibt es auch spezielle Bildungsangebote für Schüler. @ www.grenzmuseum.de

Heilbad Heiligenstadt – Historische Altstadt. Heiligenstadt liegt im Dreiländereck Hessen, Thüringen und Niedersachsen auf thüringischem Gebiet. Das Kneippbad wurde im Jahr 1929 gegründet. Zu den Sehenswürdigkeiten zählen das Mainzer Schloss, der Barockgarten oder das Literaturmuseum Theodor Storm. @ www.heilbad-heiligenstadt.de

Altstadt Mühlhausen. Die Altstadt Mühlhausens, im Nordwesten Thüringens gelegen, besticht durch ihre historische Bausubstanz. Hierzu zählen die mittelalterliche Stadtmauer mit Wehrgang, das im Ursprung gotische Rathaus, das um Renaissanceelemente ergänzt wurde, sowie Sakralbauten wie die Marienkirche. @ www.muehlhausen.de

Altstadt Mühlhausen

AS 6
Leinefelde-Worbis, > B247
> Norden

Grenzlandmuseum Eichsfeld. Das 1995 gegründete Museum in Teistungen erinnert an die innerdeutsche Grenze von 1945 bis 1989 und an den kleinen Grenzverkehr am Grenzübergang Duderstadt-Worbis, der es während der deutschen Teilung den Menschen ermöglichte, auf das Gebiet des jeweils anderen Staates zu reisen. @ www.grenzlandmuseum.de

AS 6
Leinefelde-Worbis, > B247
> Norden

Der **Bärenpark Worbis** nahe Leinefelde-Worbis hat sich der möglichst artgerechten Haltung von Bären, Wölfen und anderen Wildtieren verschrieben. Insbesondere die hier lebenden Bären stammen aus unwürdigen Haltungsbedingungen und finden auf dem vier Hektar großen Areal des Parks zu ihrer natürlichen Lebensweise zurück. @ www.baer.de

AS 6
Leinefelde-Worbis, > B247
> Süden

Welterberegion
Wartburg-Hainich

Zur **Welterberegion Wartburg-Hainich** gehören die zum UNESCO-Welterbe erklärte fast 1000-jährige Wartburg hoch über Eisenach sowie das UNESCO-Weltnaturerbe Naturpark Hainich bei Bad Langensalza.
@ www.kultur-liebt-natur.de

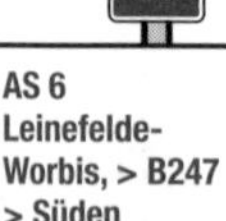

AS 6
Leinefelde-Worbis, > B247
> Süden

Der **Baumkronenpfad im Naturpark Hainich** ist eine Attraktion. Schwindelfrei muss sein, wer vom Wipfelpfad und von Hängebrücken aus einen besonderen Blick auf den Nationalpark haben möchte. Im Diorama kann man sich über den Park informieren. @ www.kultur-liebt-natur.de

AS 11
Nordhausen-Süd, > B4

Sondershausen
Erlebnisbergwerk
Schloss

Sondershausen – Erlebnisbergwerk Schloss. Im Bergwerk aus dem 19. Jahrhundert informiert ein Museum über die Arbeit über und unter Tage. Das Sondershausener Schloss ist imposante Kulisse für die Thüringer Schlossfestspiele.
@ www.erlebnisbergwerk.com
@ www.schlossfestspiele-sondershausen.de

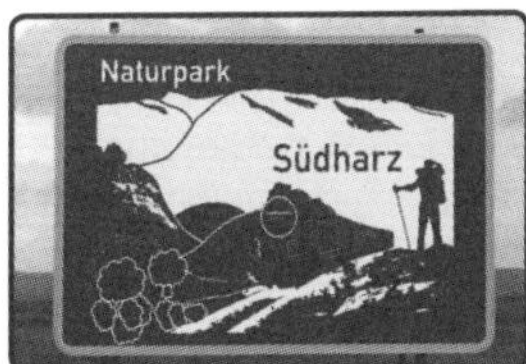

Der **Naturpark Südharz** liegt im nördlichen Thüringen bei Nordhausen an den Grenzen zu Niedersachsen und Sachsen-Anhalt. Der Park wurde im Jahr 2010 gegründet, erstreckt sich auf einer Fläche von knapp 270 Quadratkilometern und umfasst nicht nur eine Gipskarstlandschaft, sondern auch die schroffen Anhöhen des Südharzes.

@ www.naturpark-suedharz.de

AS 10
Nordhausen-West, > B4

Die **KZ-Gedenkstätte Mittelbau-Dora** nördlich von Nordhausen erinnert an mehr als 60.000 KZ-Häftlinge, die in diesem Außenlager des Konzentrationslagers Buchenwald zwischen 1943 und 1945 als Zwangsarbeiter lebten, litten und starben. Die ständige Ausstellung der Gedenkstätte wird um wechselnde Sonder- und Wanderausstellungen ergänzt.

@ www.dora.de

AS 10
Nordhausen-West, > B4
> Norden

Nordhausen am Harz liegt am Südausläufer des Mittelgebirges im Norden Thüringens. Erste Siedlungsspuren gehen auf das 8. Jahrhundert zurück, 1220 wurde Nordhausen Freie Reichstadt. Zu den Sehenswürdigkeiten zählen verschiedene Kirchen sowie das Rathaus und der Roland, eine Replik des Originals, das sich im Neuen Rathaus befindet.

@ www.nordhausen.de

AS 11
Nordhausen-Süd, > B4

Die **Harzer Schmalspurbahnen** befahren als Brockenbahn, Harzquerbahn und Selketalbahn ein Streckennetz von circa 140 Kilometern Länge. Ihre Gründung geht auf das späte 19. Jahrhundert zurück, und noch heute ziehen überwiegend Dampflokomotiven die Züge auf der Spurweite 1000 Millimeter durch den Harz. Von Drei Annen Hohne bei Wernigerode über Schierke erreicht die Brockenbahn nach 18,9 Kilometern den Gipfel des Brockens.

@ www.ig-hsb.de

AS 11
Nordhausen-Süd, > B4
> Zentrum Nordhausen

AS 13 Berga

Das **Biosphärenreservat Karstlandschaft Südharz** wurde im Jahr 2009 ins Leben gerufen und erstreckt sich in Sachsen-Anhalt im südlichen Harz auf einer Fläche von gut 30.000 Hektar bei den Städten Sangerhausen und Allstedt. Charakteristisch ist die Gipskarstlandschaft, ebenso die durch Menschenhand entstandenen Kulturlandschaften. Auch Hirschkäfer und Schwalbenschwanz sind hier heimisch.

@ www.bioreskarstsuedharz.de

AS 13 Berga

Der **Naturpark Kyffhäuser** liegt im nördlichen Thüringen und südlich des Harzes. Die Landschaft des über 300 Quadratkilometer großen Naturparks ist geprägt vom Gipskarst. Der Stausee Kelbra im Norden des Parks ist ein beliebtes Brut- und Rastgebiet zahlreicher Wasservögel, darunter der seltene Seeadler, Kraniche und Kormorane.

@ www.naturpark-kyffhaeuser.de

AS 13 Berga,
> L236, K2354

Die **Residenzstadt Stolberg** ist gleichzeitig Luftkurort und liegt in Sachsen-Anhalt im Unterharz. Bis zum Jahr 2010 besaß der Ort Stadtrechte und gehört heute zur Gemeinde Südharz. Gegründet wurde Stolberg zu Beginn des 11. Jahrhunderts; sehenswert sind zahlreiche Fachwerkhäuser aus der Renaissance und das Stolberger Schloss oberhalb der Stadt, das auf das 13. Jahrhundert zurückgeht. @ www.stolberg-im-harz.de

AS 13 Berga,
> B85 > Süden

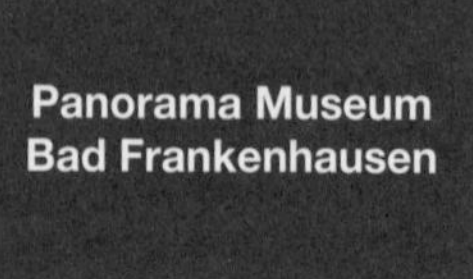

Das **Panorama Museum Bad Frankenhausen** im nördlichen Thüringen beherbergt in seinem Rundbau das Monumentalgemälde des Bauernkriegspanoramas von Werner Tübke. Das gewaltige Bild umfasst eine Fläche von über 1700 Quadratmetern, entstand zwischen 1976 und 1987 und soll an den Bauernkrieg sowie an den Revolutionär der Epoche, Thomas Müntzer, erinnern. @ www.panorama-museum.de

Schaubergwerk
Bergbaumuseum
Wettelrode

Das **Schaubergwerk Bergbaumuseum Wettelrode** in Sachsen-Anhalt dokumentiert din jahrhundertealte Kupferschieferbergbau der Region, der seit Beginn des 13. Jahrhunderts betrieben wurde. Das erhaltene Fördergerüst stammt aus dem Jahr 1888. Der Besucher kann mit der Grubenbahn in den Schacht einfahren und sich über die Arbeit der Bergleute informieren.

@ www.roehrigschacht.de

AS 15
Sangerhausen-West, über Sangerhausen, L230, L331

Das **Europa-Rosarium SANGERHAUSEN** in Sachsen-Anhalt besitzt die weltweit umfangreichste Rosensammlung. Über 8000 Rosenarten mit mehr als 60.000 Rosensträuchern verzaubern mit Farben und Düften den Besucher. Das Rosarium wurde zu Beginn des 20. Jahrhunderts gegründet und dokumentiert die Entwicklung der Rose von der ursprünglichen Wildrose bis hin zu neuen Züchtungen.

@ www.rosarium-sangerhausen.de

AS 16
Sangerhausen-Süd > B86
Zentrum

Burg & Schloss Allstedt gehen auf das Mittelalter zurück, eine erste Erwähnung ist für das 9. Jahrhundert belegt. Die Pfalz entwickelte sich zu einer der bedeutendsten Kaiserpfalzen und wurde später zu einem Renaissanceschloss ausgebaut. In Allstedt wirkten unter anderem der Reformator Thomas Müntzer und Goethe.

@ www.schloss-allstedt.de

AS 18 Allstedt,
> L222

Kultur mit Pfiff – Modellbahn Wiehe. Unter dem Motto „Kultur mit Pfiff“ ist die Modellbahn in Wiehe in Thüringen die weltweit größte Modellbahnschau, die im Jahr 1997 eröffnet wurde. Der Besucher kann hier unter anderem den Orientexpress, die Harzer Schmalspurbahnen und die Anlage „USA von Ost nach West“ erleben.

@ www.modellbahn-wiehe.de

AS 19 Eisleben,
> B180, B250
> Süden

AS 19 Eisleben,
> B180,
> Norden

Lutherstadt Eisleben – Unesco Welterbe. Mit der Aufnahme in das Welterbe 1996 honorierte die UNESCO, dass der Reformator Martin Luther in Eisleben geboren wurde und auch hier starb. Geburts- und Sterbehaus, die Taufkirche sowie das Lutherdenkmal erinnern an den berühmten Sohn der Stadt. @ www.eisleben.eu

AS 19 Eisleben,
> B180, B250
> Süden

Die **Arche Nebra Himmelswege** sind der Himmelscheibe von Nebra gewidmet, der ältesten gegenständlichen Darstellung des Himmels aus der Bronzezeit, die 1999 auf dem Mittelberg in der Nähe der heutigen Arche Nebra entdeckt wurde. Eine Dauerausstellung und ein Planetarium informieren über die Historie. @ www.himmelsscheibe-erleben.de

AS 19 Eisleben,
> B180,
> Süden

Die **Burg Querfurt** in Querfurt gilt als eine der größten mittelalterlichen Burgen in Deutschland. Ihre Geschichte reicht bis in das 10. Jahrhundert zurück. Markant sind die drei Bergfriede. Die erhaltenen Befestigungsanlagen zeugen von der dauerhaften Wehrhaftigkeit der Burg, die ein Museum beherbergt. @ www.burg-querfurt.de

AS 19 Eisleben,
> B180, B80
> Nordwesten

Seegebiet Süßer See

Das **Seegebiet Süßer See** liegt im Mansfelder Land zwischen Halle (Saale) und Eisleben. Der Süße See erstreckt sich auf einer Fläche von 250 Hektar. Sehenswert ist das Renaissanceschloss Seeburg, das am Ufer des Süßen Sees liegt. @ www.seeburgmansfelderland.de

AS 25
Merseburg-Süd, > L178

Marina Mücheln

Die **Marina Mücheln** liegt bei Mücheln an Deutschlands größtem künstlich angelegten See, dem Geiseltalsee, der als Renaturierungsmaßnahme eines Braunkohletagebaugebiets in Sachsen-Anhalt entstand. Die Marina Mücheln entstand im Jahr 2006 und verfügt über eine Hafenanlage und touristische Angebote. @ www.muecheln.de

Goethe-Theater Bad Lauchstädt. Siehe Seite 57, A143.

@ www.goethe-theater-bad-lauchstaedt.de

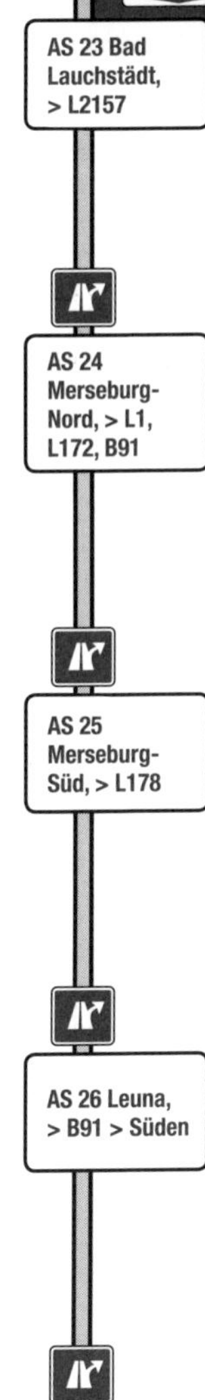

Dom + Schloss Merseburg blicken auf eine lange Tradition zurück. Der Dom geht bis auf das frühe 11. Jahrhundert zurück und zeigt neben romanischen auch spätgotische Stilelemente. Das Schloss in seiner heutigen Form ist von der Renaissance geprägt, geht aber auf einen früheren Bau aus dem 13. Jahrhundert zurück. @ www.merseburger-dom.de

Braunsbedra am Geiseltalsee liegt südlich von Halle (Saale) und war mehrere Jahrhunderte vom Braunkohletagebau geprägt. Heute bietet die Stadt durch ihre Lage am größten künstlichen See Deutschlands, dem Geiseltalsee, sowie an den drei anderen Seen Runstedter, Großkaynaer und Hasse-See vielfältige Freizeitmöglichkeiten. @ www.braunsbedra.de

Das **Heinrich-Schütz-Haus Weißenfels** erinnert an den Komponisten, der von 1657 bis 1672 in dem Renaissancebau lebte. Das Museum informiert mit Exponaten wie verschiedenen Musikinstrumenten und multimedialen Elementen über dessen Leben und zeigt im Dachgeschoss die wiederhergestellte Komponierstube. @ www.schuetzhaus-weissenfels.de

Das **Sonnenobservatorium Goseck Himmelswege** liegt auf der Route „Himmelswege", die archäologische Funde erschließt, und ist eine Kreisgrabenanlage aus der Jungsteinzeit, die der Himmelsbeobachtung diente. Das Zentrum liefert Wissenswertes über die Menschen und ihr Leben vor circa 7000 Jahren. @ www.sonnenobservatorium-goseck.info

AS 31 Leipzig-Süd, > B2> Süden

Wiprecht von Groitzsch war ein Adliger, der im späten 11. und zu Beginn des 12. Jahrhunderts lebte und als Markgraf von Meißen und der Lausitz Bedeutung erlangte. In der Stadt Groitzsch im westlichen Sachsen erinnert noch die Ruine der Groitzschburg, einer Höhenburg oberhalb der Stadt, an den mittelalterlichen Adligen. @ www.groitzsch-sachsen.de

AS 30 Leipzig-Neue Harth

Leipziger Neuseenland

Das **Leipziger Neuseenland** ist eine Seenlandschaft, die im Zuge der Renaturierung der ehemaligen Braunkohleförderung entstand. Rad- und Wanderwege sowie Wasserstraßen laden zu Entdeckungen ein, auch Führungen werden angeboten. @ www.leipzigerneuseenland.de

AS 32 Leipzig-Südost, > S242, K7923

Der **Kanupark am Markkleeberger See** liegt bei Markkleeberg südlich von Leipzig. In einem ehemaligen Braunkohletagebau entstand im Zuge der Olympiabewerbung Leipzigs eine moderne Wildwasseranlage, die 2007 eröffnet wurde und Wildwasserkajak und -rafting für Leistungs- und Freizeitsportler ermöglicht. @ www.kanupark-markkleeberg.com

AS 32 Leipzig-Südost, > S43

Der **Bergbau-Technik-Park** im Leipziger Neuseenland dokumentiert die jahrhundertelange Tradition des Braunkohletagebaus in der Region. Auf knapp 5,5 Hektar kann sich der Besucher über den Produktionsablauf informieren. Die beiden imposantesten Exponate sind der Schaufelradbagger und das Bandabwurfgerät. @ www.bergbau-technik-park.de

AS 33 Dreieck Parthenaue, > Beucha, ca. 800 m

Wehrkirche Beucha

Wehrkirche Beucha. Die Kirche geht auf das späte 13. Jahrhundert zurück. Nach verschiedenen Zerstörungen über die Jahrhunderte hinweg wurde sie Ende des 20. Jahrhunderts umfassend restauriert. Heute ist sie auch unter dem Namen Bergkirche bekannt, da sie in 53 Metern Höhe auf einer Granitkuppe thront. @ www.stadtkirche-brandis.de

Göttingen – Leipzig < > Leipzig – Göttingen

Der **Seepark Auenhain** ist ein Ferienpark am Markkleeberger See mit Ferienhäusern, Appartments und Caravanstellplätzen. Ein Restaurant, Wellnessangebote, ein Indoorpool und eine Sauna sorgen für einen entspannten Urlaub. Für Kinder ab drei Jahren wird eine Betreuung angeboten. Abwechslung bietet ein Besuch der Stadt Leipzig, die man von hier aus in 30 Minuten erreicht. @ www.seepark-auenhain.de

AS 32 Leipzig-Südost, > S242, K7923

Hamburg – Lüneburg / Wolfsburg – Salzgitter

A39

Historische Altstadt Lüneburg. Die Altstadt Lüneburgs bietet denkmalgeschützte Häuser mit den charakteristischen Giebeln, darunter prächtige Bürgerhäuser. Der Besucher kann die Altstadt bei Mottoführungen oder auf eigene Faust erkunden. Sehenswert sind auch der Stintmarkt, das ehemalige Hafenviertel, das Alte Rathaus und das Wahrzeichen der Stadt, die St. Johannis-Kirche. @ www.lueneburg.de

AS 6 Lüneburg-Nord, > L216 > Zentrum

Dom zu Bardowick. Die Geschichte des Doms St. Peter und Paul lässt sich bis in das 12. Jahrhundert zurückverfolgen, im Jahr 1485 wurde die gotische Hallenkirche fertiggestellt. Das Bauwerk zählt zu den bedeutendsten Kirchen in Norddeutschland. Der Schnitzaltar und das Chorgestühl beeindrucken die Besucher, aber auch die Akustik wird von Musikliebhabern gelobt. @ www.kirche-bardowick.de

AS 6 Lüneburg-Nord, > K46

Salzgitter
Renaissanceschloss
Salder

Salzgitter Renaissanceschloss Salder. Der Bau des Schlosses Salder begann im Jahr 1608; das Schloss erfuhr im darauffolgenden Jahrhundert Umbauten und Erweiterungen, heute beherbergt es das Museum der Stadt Salzgitter sowie eine Gastronomie und dient als Kulisse für Open-Air-Veranstaltungen. @ www.schlosshof-salder.de

AS 19 Salzgitter-Lebenstedt-Süd, > L472, > OT Salder, ca. 800 m

AS 94 Görlitz

Oberlausitz Niederschlesien

Oberlausitz-Niederschlesien. Die Region erstreckt sich im Osten Deutschlands, überwiegend im Bundesland Sachsen, an der Grenze zu Polen. Die Landschaft ist vielfältig und reicht von Heiden über Hügel bis hin zu höheren Erhebungen. @ www.kulturraum-oberlausitz.de

AS 94 Görlitz

Das **UNESCO-Biosphärenreservat Heide und Teiche** wurde 1996 gegründet und erstreckt sich auf einer Fläche von circa 30.100 Hektar. Geschützt wird eine einzigartige, eiszeitlich geprägte Teichlandschaft im Osten Sachsens, nahe Bautzen, in der mehr als 5000 Tier- und Pflanzenarten heimisch sind. @ www.biosphaerenreservat-oberlausitz.de

AS 94 Görlitz,
> B6

Europastadt Görlitz Zgorzelec. Die Europastadt Görlitz mit ihrer polnischen Schwesterstadt Zgorzelec liegt in Sachsen an der Grenze zu Polen an der Neiße. Erste Besiedlungen fanden schon in der Steinzeit statt; im Mittelalter entwickelte sich Görlitz zur Handelsstadt. Sehenswert ist insbesondere die gut erhaltene Altstadt von Görlitz. @ www.goerlitz.de

AS 93
Kodersdorf

Königshainer Berge

Die **Königshainer Berge** erstrecken sich westlich der Stadt Görlitz in Sachsen. In dem Granitgebiet wurde früher Granitabbau betrieben; heute ist die Landschaft, die überwiegend bewaldet ist, von einer Vielzahl von Wander- und Radwegen erschlossen. @ www.koenigshain.de

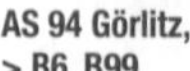

Kloster Marienthal wurde Mitte des 13. Jahrhunderts als Zisterzienserinnenkloster gegründet und besteht seit seiner Gründung ununterbrochen – damit ist es das älteste Zisterzienserinnenkloster in Deutschland. Es liegt südlich von Görlitz; heute ist die Barockanlage zu sehen, die nach einem Brand Ende des 17./Anfang des 18. Jahrhunderts entstand. @ www.kloster-marienthal.de

Die **Kulturinsel Einsiedel** ist ein 1992 gegründeter Abenteuerfreizeitpark in der Zentrallausitz nahe Görlitz. Zu den Attraktionen gehören das Baumhaushotel, das eine ungewöhnliche Art der Übernachtung verspricht, daneben gibt es Veranstaltungen zu unterschiedlichen Themen und die künstlerische Holzgestaltung des Parkgründers. @ www.kulturinsel.com

AS 93
Kodersdorf,
> B115, S127
> Nordosten

Der **Naturpark Zittauer Gebirge** erstreckt sich im Osten Deutschlands an den Grenzen zur Tschechischen Republik und Polen auf einer Fläche von gut 13.300 Hektar. Die Landschaft ist abwechslungsreich, besonders schön ist der alte Buchenwaldbestand der Lausche, der ebenso wie andere Teile des Naturparks Heimat vieler Tiere und Pflanzen ist.

@ www.naturpark-zittauer-gebirge.de

AS 91
Weißenberg,
> B178,
> Zittau,
> S136

Niederschlesien

Niederschlesien erstreckt sich zum größten Teil auf polnischem Gebiet an der Grenze zu Deutschland und der Tschechischen Republik. Sehenswert sind unter anderem die historische Stadt Breslau, verschiedene Burganlagen wie die Glatzer Festung, Burg Trachenberg oder die Bolkoburg. @ www.reisennachpolen.de/niederschlesien.html

AS 91
Weißenberg

Zittau – Stadt der Fastentücher. Zittau liegt im Südosten Sachsens. Erstmalige Erwähnung fand die Stadt Mitte des 13. Jahrhunderts. Ihr Beiname leitet sich ab von den Tüchern, mit denen in der Fastenzeit bildliche Darstellungen und Altäre in Kirchen verhüllt werden. Zittau besitzt zwei historische Fastentücher, eines von 1472 und eines von 1573, als besondere Kunstschätze. @ www.zittau.eu

AS 91
Weißenberg,
> B178,
> Zittau

Lausitzer Seenland
Luzika jezorina

Lausitzer Seenland Luzika jezorina. Siehe Seite 37, A13.
@ www.lausitzerseenland.de

AS 90 Bautzen-Ost, > B96,
> Norden

AS 90 Bautzen-Ost, > Bautzen Zentrum

Die **Gedenkstätte Bautzen** im ehemaligen Gefängnis Bautzen II erinnert an die Zeiten, als hier und im Gefängnis Bautzen I vor allem politische Gefangene einsaßen. Die unrühmliche Vergangenheit reicht bis in die Zeit des Nationalsozialismus und über die sowjetische Besatzungszeit bis hin zur DDR, als hier insbesondere Gegner des SED-Regimes inhaftiert waren.

@ www.stsg.de

AS 90 Bautzen-Ost, > Bautzen

Bautzen Budyšin. Die Stadt Bautzen, auf Obersorbisch Budyšin, liegt im Osten Sachsens an der Spree; sie geht zurück auf das frühe 11. Jahrhundert. Die Region war aber bereits deutlich früher besiedelt. Sehenswert sind heute die Altstadt, der Petridom und die Ortenburg, in der auch das Sorbische Museum beheimatet ist. Bautzen gilt als wichtiges Zentrum der Sorben.

@ www.bautzen.de

AS 90 Bautzen-Ost, > B96, > Norden

Hoyerswerda Wojerecy. Hoyerswerda, obersorbisch Wojerecy, geht auf eine Siedlung aus dem 12. Jahrhundert zurück und erhielt Mitte des 15. Jahrhunderts Stadtrechte. Es liegt im Nordosten Sachsens; trotz Zerstörungen im Zweiten Weltkrieg und der Errichtung zahlreicher Plattenbauten ab den 1950er-Jahren ist heute die Altstadt noch sehenswert.

@ www.hoyerswerda.de

AS 90 Bautzen-Ost, > B96, > Norden

Zoo & Schloss Hoyerswerda gehören zu den Sehenswürdigkeiten in der sächsischen Stadt und bilden ein gemeinsames Ensemble. Der Zoo wurde im Jahr 1956 gegründet und beheimatet neben Tieren und Pflanzen als spezielles Konzept auch Werke der bildenden Kunst. Im Schloss Hoyerswerda, das ursprünglich als Wasserburg erbaut wurde, befindet sich heute das Stadtmuseum.

@ www.kulturzoo-hy.de, @ www.museum-hy.de

AS 93
Kodersdorf,
> B115,
> Norden

Das **UNESCO-Weltkulturerbe Fürst Pückler Park – Muskau** ist eine Parklandschaft im Stile eines englischen Landschaftsgartens, der ab 1815 auf Betreiben von Hermann Fürst von Pückler-Muskau angelegt wurde. 2004 wurde der Park als UNESCO-Welterbe anerkannt, das den Besucher mit imposanten Bäumen, malerischen Gebäuden, Gewässern und weiten Rasenflächen beeindruckt. @ www.muskauer-park.de

AS 88a
Uhyst a. T.,
> S101, S100

Kloster Marienstern Klóšter Marijina hwězda. Das Kloster wurde Mitte des 13. Jahrhunderts als Zisterzienserinnenkloster errichtet und wird seitdem von dem Orden bewohnt und bewirtschaftet. Es liegt in der Oberlausitz in der Nähe von Panschwitz-Kuckau nordöstlich von Dresden. Im 18. Jahrhundert wurde das Kloster im Stile des Barocks umgebaut. @ www.marienstern.de

AS 87 Burkau,
> B98 > Süden

Das **Barockschloss Rammenau** liegt in Rammenau in Sachsen in der Nähe von Bischofswerda. Es entstand im 18. Jahrhundert im Barockstil aus einem Vorgängerbau und weist auch Elemente des Klassizismus auf. Heute beherbergt das Schloss ein Museum, das Einblicke in das feudale Leben im Sachsen des 18. und 19. Jahrhunderts bietet, des Weiteren finden hier verschiedene Veranstaltungen statt.
@ www.barockschloss-rammenau.com

AS 87 Burkau,
> S94, S 100
> Norden

Die **Lessingstadt Kamenz** in Sachsen, nordöstlich von Bautzen gelegen, geht auf eine Burganlage des 12. Jahrhunderts zurück. Ihren Beinamen führt sie auf den Dichter Gotthold Ephraim Lessing zurück, der am 22. Januar 1729 in Kamenz geboren wurde. Seit Beginn der 1930er-Jahre widmet sich das Lessingmuseum anhand zahlreicher Exponate dem Leben und Wirken des Dichters. @ www.kamenz.de

AS 85 Pulsnitz, > S95 > Nordosten

Oberlausitz Hornja Łužica

Oberlausitz Hornja Łužica.
Siehe Seite 130, A4.

@ www.kulturraum-oberlausitz.de

AS 85 Pulsnitz, > S95, S195 > Süden

Die **Burg Stolpen** in der Nähe der gleichnamigen sächsischen Stadt wurde im 13. Jahrhundert errichtet. Sie wurde im Laufe der Jahrhunderte mehrfach belagert; Kurfürst August von Sachsen ließ die ursprüngliche Anlage zu einem Renaissanceschloss ausbauen. Bereits zum Ende des 19. Jahrhunderts wurde die Anlage touristisch erschlossen, auch heute ist sie zu besichtigen und beherbergt ein Museum.

@ www.burg-stolpen.org

AS 85 Pulsnitz, > S95 > Nordosten

Die **Pfefferkuchenstadt Pulsnitz** liegt in der Lausitz in Sachsen nordöstlich von Dresden und geht auf das 13. Jahrhundert zurück. Ab Mitte des 16. Jahrhunderts war es den ansässigen Bäckern erlaubt, Pfefferkuchen zu backen; aus dieser Tradition leitet die Stadt ihren Beinamen ab, und ihr ist auch das Stadt- und Pfefferkuchenmuseum mit Pfefferkuchenschauwerkstatt gewidmet.

@ www.pulsnitz.de

AS 87 Burkau, > S94, S156, 154 > Süden, ca. 25 km

Die **Seidenblumenstadt Sebnitz** liegt im südöstlichen Sachsen nahe der tschechischen Grenze. Sie wurde im 13. Jahrhundert gegründet; ab dem 19. Jahrhundert siedelten sich hier zunehmend Kunstblumenhersteller an, von denen sich der heutige Namenszusatz ableitet. Auch zu DDR-Zeiten wurden in Sebnitz Kunstblumen produziert; heute dokumentieren vor allem Schaubetriebe die alte Handwerkskunst.

@ www.sebnitz.de

AS 82 Dreieck Dresden-Nord, > Zentrum

Dresden

Dresden.
Siehe Seite 50, A17.

@ www.dresden.de

Die Stadt **Radebeul** liegt in Sachsen nordwestlich von Dresden und fand erstmals im 14. Jahrhundert Erwähnung, geht aber auf frühere Siedlungen zurück, deren Dorfkerne sich heute noch teilweise im Stadtbild zeigen. Sie liegt an der Sächsischen Weinstraße und besitzt die Historische Weinberglandschaft Radebeul.

@ www.radebeul.de

AS 78 Dresden-Altstadt, > B6, S84, S 82

Tharandther Wald

Der **Tharandter Wald** ist eine Region in Sachsen südlich von Dresden auf Höhen zwischen gut 200 Metern und knapp 430 Metern. Das Waldgebiet, vorrangig Fichten, befindet sich auf vulkanischem Grund, der geologisch interessant ist.

@ www.tharandt.de

AS 77a Wilsdruff, > S177, S36, S192, B173 > Herzogswalde

Die Stadt **Wilsdruff** liegt in Sachsen westlich von Dresden. Sie geht auf die Mitte des 13. Jahrhunderts zurück, Ende des 19. Jahrhunderts begannen sich zunehmend Möbelhersteller hier anzusiedeln, und es entwickelte sich eine entsprechende Industrie. Sehenswert sind unter anderem das Rokokorathaus und die Nikolaikirche.

@ www.wilsdruff.de

AS 77a Wilsdruff, > S177, S36

Die **Bergstadt Freiberg** liegt im Erzgebirge südwestlich von Dresden. Traditionell wurde in der im 12. Jahrhundert gegründeten Stadt Silber- und Erzbergbau betrieben, der der Stadt im Laufe der Jahrhunderte wirtschaftlichen Auftrieb verlieh. Sehenswert ist insbesondere der Dom St. Marien, ein spätgotischer Bau.

@ www.freiberg.de

AS 75 Seibenlehn, > B101 > Süden

terra mineralia Freiberg

terra mineralia Freiberg.
Siehe Seite 48, A14.

@ www.terra-mineralia.de

AS 75 Seibenlehn, > B101 > Süden

Erzgebirge

Erzgebirge.
Siehe Seite 51, A17.

@ www.erzgebirge.de

AS 73 Hainichen, > B169, B180

AS 71
Chemnitz-Ost,
> S200
> Norden
500 m

Der **Sonnenlandpark Lichtenau** ist ein Freizeit- und Erlebnispark in der gleichnamigen sächsischen Gemeinde nordöstlich von Chemnitz. Neben Fahrgeschäften wie Kettenkarussell, Wellenflieger oder Riesenrad gibt es Strand- und Naturlandschaften, einen Streichelzoo sowie einen Indoorspielplatz, der auch bei schlechtem Wetter Spielmöglichkeiten für Kinder bietet.

@ www.sonnen-land-park.de

Die **Burg Kriebstein** thront oberhalb der Zschopau nahe der Stadt Waldheim westlich von Dresden auf einem Felsen. Die Ritterburg geht auf das 14. Jahrhundert zurück und wurde zum Ende des 15. Jahrhunderts ausgebaut und erweitert und zeigt heute noch immer gotische Stilelemente. Die Anlage ist größtenteils zu besichtigen und dient auch für Veranstaltungen.

@ www.burg-kriebstein.eu

AS 73
Hainichen,
> S201
> Süden

Oederan, Stadt des Klein-Erzgebirge. Oederan liegt östlich von Chemnitz in Mittelsachsen. Zu den Sehenswürdigkeiten zählt neben dem Renaissancerathaus und der gotischen Hallenkirche das Klein-Erzgebirge, ein Miniaturpark, in dem anhand von mehr als 200 Modellen Bauwerke und Landschaften aus dem Erzgebirge originalgetreu nachgebildet wurden.

@ www.oederan.de

AS 73
Hainichen,
> S201
> Süden 500 m

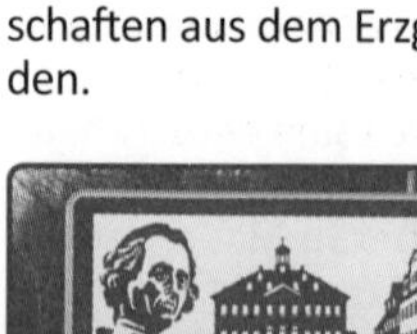

Die **Gellert-Stadt Hainichen** liegt nordöstlich von Chemnitz in Sachsen und geht auf das 13. Jahrhundert zurück. Sehenswert sind unter anderem das Tuchmacher-Haus, das an die lange Tuchmachertradition der Stadt erinnert, oder das Parkschlösschen, in dem sich das Gellert-Museum befindet. Christian Fürchtegott Gellert, der Dichter und Philosoph der Aufklärung, wurde 1715 in Hainichen geboren.

@ www.hainichen.de

Das **Schloss Augustusburg** entstand Mitte des 16. Jahrhunderts als Jagdschloss des Kurfürsten August nahe der gleichnamigen Stadt östlich von Chemnitz. Heute sind im Schloss ein Motorrad-, ein Kutschen- und ein Jagdtier- und Vogelkundemuseum beheimatet, ebenso eine Jugendherberge und Gastronomiebetriebe.

@ www.die-sehenswerten-drei.de

AS 72 Frankenberg, > B169, B180 > Süden

AS 73 Hainichen > B169 > Norden

Döbeln

Döbeln.

Siehe Seite 47, A14.

@ www.doebeln.de

Schloss Lichtenwalde

Schloss Lichtenwalde ist ein eindrucksvolles Beispiel für barocke Baukunst. Gelegen in der sächsischen Gemeinde Niederwiesa nordöstlich von Chemnitz, ist die Dreiflügelanlage des Schlosses umgeben von einer barocken Parkanlage. Im Schloss befindet sich das Schatzkammer-Museum mit einer Vielzahl an Exponaten, die fremde Kulturen repräsentieren.

@ www.die-sehenswerten-drei.de

AS 72 Frankenberg, > B169, > Süden

Schloss Lichtenstein

Schloss Lichtenstein thront oberhalb der gleichnamigen sächsischen Stadt südwestlich von Chemnitz. Nach der Zerstörung der Vorgängerburganlage im Dreißigjährigen Krieg wurde das heutige Renaissanceschloss Mitte des 17. Jahrhunderts erbaut. Teile der Anlage sind im Rahmen von Führungen zu besichtigen.

@ www.sachsentip.de

AS 65 Hohenstein-Ernstthal, > B180, B173

Chemnitz, Stadt der Moderne. Chemnitz in Sachsen geht auf eine Klostergründung im 12. Jahrhundert zurück. Nach den Zerstörungen im Zweiten Weltkrieg entstand zu DDR-Zeiten ein von Plattenbauten geprägtes Zentrum, das nach der Wende durch bekannte Architekten neu gestaltet wurde und der Stadt ihren Beinamen verliehen hat.

@ www.chemnitz.de

AS 69 Chemnitz-Mitte, > Zentrum

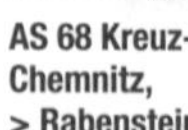

AS 68 Kreuz-Chemnitz,
> Rabenstein,
1 km

Die **Rabensteiner Felsendome** liegen auf dem Gebiet der sächsischen Stadt Chemnitz. Das Besucherbergwerk wurde bereits Mitte der 1930er-Jahre in einem ehemaligen Kalkbergwerk eröffnet und dokumentiert die Geschichte des Kalkabbaus. Heute finden hier auch Veranstaltungen statt und es besteht die Möglichkeit zum Höhlentauchen.

@ www.felsendome.de

AS 66
Wüstenbrand,
> B180, S252

Karl-May-Geburtsstadt Hohenstein-Ernstthal. Hohenstein-Ernstthal liegt südwestlich von Chemnitz in Sachsen. Hier wurde der bekannte Schriftsteller, der seinen Lesern nicht nur den Wilden Westen nahebrachte, im Jahr 1842 geboren. Ihm ist heute das Karl-May-Haus gewidmet, ein Museum, das sich in seinem Geburtshaus befindet.

@ www.hohenstein-ernstthal.de

AS 67
Limbach-Oberfrohna, S244

Textilindustrie Limbach-Oberfrohna. Die Textilindustrie in Limbach-Oberfrohna nordwestlich von Chemnitz in Sachsen besitzt Tradition in der Stadt, die erst im Jahr 1950 durch die Zusammenlegung der vormals unabhängigen Städte Limbach und Oberfrohna entstand. Hier entwickelte in den 1940er-Jahren der Ingenieur Heinrich Mauersberger das Nähwirkverfahren Malimo.

@ www.limbach-oberfrohna.de

AS 65 Hohenstein-Ernstthal,
> B180, B173

daetz-centrum Lichtenstein. Das daetz-centrum im sächsischen Lichtenstein südwestlich von Chemnitz hat sich der Holzbildhauerkunst verschrieben. Es befindet sich im Schlosspalais Lichtenstein und ist nicht nur seit seiner Gründung 2001 ein Kompetenzzentrum für die Holzbildhauerei, sondern zeigt in der Dauerausstellung „Meisterwerke in Holz", wie der Werkstoff weltweit künstlerisch be- und verarbeitet wird.

@ www.daetz-centrum.de

AS 65 Hohenstein-Ernstthal, > B180, B173

Miniwelt & Minikosmos Lichtenstein. Die Miniwelt umfasst mehr als 100 Bauwerke im Maßstab 1 : 25, darunter die Dresdner Frauenkirche oder der Speyerer Dom. Der Minikosmos ist ein 2007 eröffnetes hochmodernes Planetarium, das nicht nur den Sternenhimmel darstellt, sondern auch verschiedene Showprogramme bietet. @ www.miniwelt.de @ www.planetarium-lichtenstein.de

AS 65 Hohenstein-Ernstthal, > B180 > Norden

Die **Töpferstadt Waldenburg** liegt nordwestlich von Chemnitz und entstand um eine Burganlage aus dem 12. Jahrhundert. Bereits 1388 erhielten die ortsansässigen Töpfer als Erste in Deutschland den Innungsbrief. Auch heute wird das Handwerk in Waldenburg noch betrieben, und jährlich findet ein Töpfermarkt statt. @ www.waldenburg.de

AS 64 Glauchau-Ost, > Zentrum, 1 km

Schlösser Glauchau. Die Schlösser im sächsischen Glauchau sind eine Doppelschlossanlage, die aus Schloss Forderglauchau und Schloss Hinterglauchau besteht. Hinterglauchau entstand als Burg im 12. Jahrhundert und wurde im 16. Jahrhundert zu einem Renaissanceschloss ausgebaut, Forderglauchau entstand zur gleichen Zeit. @ www.glauchau.de

AS 54 Jena-Zentrum, > B88 > Norden

Sächsisches Burgenland

Sächsisches Burgenland. Siehe Seite 46, A14. @ www.tourismus-saechsisches-burgenland.de

AS 62 Meerane, > B93 > Norden

Die **Skatstadt Altenburg** im östlichen Thüringen verdankt ihren Beinamen dem Skatspiel, das im frühen 19. Jahrhundert hier erfunden wurde. Dem Kartenspiel sind das Schloss- und Spielkartenmuseum im sehenswerten, im 18. Jahrhundert ausgebauten Altenburger Schloss sowie der Altenburger Spielkartenladen gewidmet. @ www.altenburg.eu

Das **August Horch Museum Zwickau** im Südwesten Sachsens ist an historischer Stätte der Geschichte des Automobilbaus in Zwickau gewidmet. In dem ehemaligen Audi-Produktionswerk, das August Horch 1904 hier gründete, werden 100 Jahre Automobilproduktion in Sachsen anhand historischer Exponate dokumentiert; das älteste Horch-Fahrzeug stammt aus dem Jahr 1911. @ www.horch-museum.de

AS 60
Ronneburg,
> L1081, L1294

Das **Schloss Blankenhain** liegt in der gleichnamigen sächsischen Gemeinde bei Crimmitschau und wurde Mitte des 15. Jahrhunderts erwähnt. Nach einem Brand wurde es Ende des 17. Jahrhunderts wieder aufgebaut. Heute beheimatet es das Deutsche Landwirtschaftsmuseum, ein Freilandmuseum unter anderem zur Landwirtschafts- und Handwerksgeschichte, Naturkunde und Alltagskultur.

@ www.deutsches-landwirtschaftsmuseum.de

AS 60
Ronneburg,
> Ronneburg

Neue Landschaft Ronneburg. In der gleichnamigen Stadt in Ostthüringen ist ein Landschaftspark auf einem ehemaligen Uranerzbergbaugebiet entstanden. Das circa 800 Hektar umfassende Gelände war im Jahr 2007 Bestandteil der Bundesgartenschau. Heute dient es der Erholung, bietet aber auch Veranstaltungen und Möglichkeiten für Aktivitäten wie Klettern. @ www.ronneburg.de

AS 62 Meerane,
> B93
> Norden

Residenzschloss
Skatstadt Altenburg

Residenzschloss Skatstadt Altenburg. Das Schloss im thüringischen Altenburg geht auf eine Burganlage aus dem 10. Jahrhundert zurück und wurde Anfang des 18. Jahrhunderts schlossartig ausgebaut. Heute beheimatet es das Schloss- und Spielkartenmuseum und die Thüringische Orgelakademie, außerdem finden verschiedene Kulturveranstaltungen statt. @ www.residenzschloss-altenburg.de

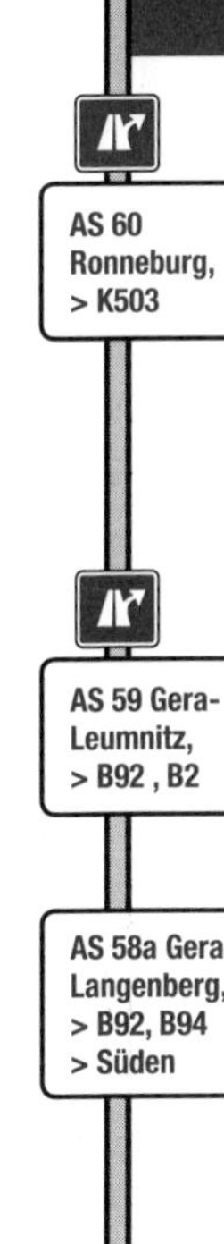

Die **Burg Posterstein** liegt östlich von Gera in Thüringen und geht vermutlich auf das späte 12. Jahrhundert zurück. Im 16. Jahrhundert wurde die ursprüngliche Burganlage aus dem Mittelalter zu einem Renaissanceschloss erweitert und später barock ausgestaltet. Die Burg beheimatet heute ein Museum zur regionalen Geschichte. @ www.burg-posterstein.de

Tierpark Gera. Der Tierpark liegt im Stadtwald von Gera und entstand in den 1960er-Jahren. Seitdem ist ein Waldzoo entstanden, der neben einheimischen Tieren wie Hirsch und Reh auch Tiere nördlicher Regionen wie Elch oder Schnee-Eule sowie Raubkatzen wie Löwen und China-Leopard sowie Berberaffen beheimatet. @ www.unser-waldzoo-gera.de

Vogtland in Thüringen

Das **Vogtland in Thüringen** liegt im Südosten des Freistaats und ist Teil des Vogtlands, das sich auch in Sachsen und Bayern und nach Böhmen in der Tschechischen Republik erstreckt. Eine malerische Landschaft lädt zu Erkundungen ein, Erholungssuchende finden ein entsprechendes touristisches Angebot. @ www.vogtlandtourist.de

AS 58a Gera-
Langenberg,
> B92, B94
> Süden

Reußische Residenzen

Reußische Residenzen. Die Residenzen liegen an der Reußischen Fürstenstraße zwischen Bad Köstritz und Bad Lobenstein. Das Haus Reuß war ein Herrschergeschlecht in Thüringen, dem die Osterburg in Weida, Schloss Osterstein in Gera oder das Obere und das Untere Schloss in Greiz zu verdanken sind. @ www.reussischefuerstenstrasse.de

AS 57
Rüdersdorf

Thüringer Holzland

Das **Thüringer Holzland** verdankt seinen Namen seinem großen Holzbestand. Es erstreckt sich zwischen der Kreisstadt Eisenberg sowie Hermsdorf und Stadtroda und wird durch die Flüsse Saale und Weiße Elster geprägt. Die Region bietet viele Möglichkeiten für aktive Ausflügler; sehenswert sind unter anderem die Christiansburg in Eisenberg und das Barockschloss in Stadtroda. @ www.saaleholzlandkreis.de

AS 53 Jena-Göschwitz,
> B88, > Kahla
> L1062

Die **Leuchtenburg** thront schon von Weitem sichtbar oberhalb des thüringischen Seitenroda südöstlich von Weimar. Ihre Ursprünge reichen bis ins 13. Jahrhundert zurück, nach einer wechselvollen Geschichte beheimatet sie ein Museum, das bereits zu Beginn des 20. Jahrhunderts eröffnet wurde und das heute über die Geschichte der Burg informiert.

@ www.museum-leuchtenburg.de

AS 54 Jena
> Zentrum

Das **Zeiss-Planetarium Jena** in Thüringen wurde bereits 1926 auf Betreiben von Oskar von Miller, dem Begründer des Münchner Deutschen Museums, eröffnet. Damit ist es das älteste Planetarium der Welt. Neben der Projektion des Sternenhimmels bietet das Planetarium eine Vielzahl von Veranstaltungen an, darunter Bildungs- und Unterhaltungsprogramme.

@ www.planetarium-jena.de

AS 49 Weimar,
> B85
> Norden

Die **Thüringer Kloßwelt Heichelheim** nördlich von Weimar ist ganz einer kulinarischen Spezialität gewidmet – dem Thüringer Kartoffelkloß. Der Besucher erfährt alles über die Geschichte der Kloßherstellung, die bereits Mitte des 18. Jahrhunderts begann, kann sich in einem begehbaren Kloß in einem Film über die Kloßproduktion informieren und sich beim Werksverkauf mit Köstlichkeiten eindecken.

@ www.heichelheimer.de

AS 50 Apolda,
> B87
> Norden

Die **Glockenstadt Apolda** liegt nordöstlich von Weimar in Thüringen. Die Geschichte der Stadt reicht bis in das 12. Jahrhundert zurück; 1722 wurde die Glockengießerei in Apolda begründet, die in den nachfolgenden Jahrhunderten florierte. Dieser Tradition widmet sich auch das Glockenmuseum, das Wissenswertes unter anderem zur Geschichte der Glocke und ihrer Herstellung vermittelt.

@ www.apolda.de

Goethehaus Weimar. Das Goethehaus im thüringischen Weimar ist das im Jahr 1709 erbaute Haus am Frauenplan, das der Dichter von 1782 bis zu seinem Todesjahr 1832 bewohnte. Heute ist es Teil des namhaften Goethe-Nationalmuseums, das die Bibliothek sowie Teile der Sammlungen Goethes beherbergt und umfassend über das Leben und Wirken des Dichters informiert. @ www.klassik-stiftung.de

AS 49 Weimar,
> B85
> Norden

Weimar, UNESCO-Weltkulturerbe. Diesen Titel trägt das „klassische Weimar" seit 1998. Es ist eng verbunden mit den Dichtern Schiller, Goethe, Christoph Wieland und Herder, die Ende des 18./Anfang des 19. Jahrhunderts in der thüringischen Stadt wirkten. Bauwerke des klassischen Weimar sind unter anderem Goethes Wohn- und sein Gartenhaus, Schillers Wohnhaus und die Herzogin Anna Amalia Bibliothek. @ www.klassik-stiftung.de

AS 49 Weimar,
> B85
> Norden

Die **Autobahnkirche Gelmeroda** liegt im gleichnamigen Ortsteil von Weimar in Thüringen und geht auf das frühe 13. Jahrhundert zurück. Bekannt wurde sie insbesondere durch die Bilder des Künstlers Lyonel Feininger, einem namhaften Vertreter der klassischen Moderne, der mit seinen Interpretationen der Kirche dafür sorgte, dass diese internationale Bekanntheit erlangte. @ www.autobahnkirchen.de

AS 49 Weimar,
> B85
> Norden

Die **Gedenkstätte Buchenwald** auf dem Gelände des gleichnamigen Konzentrationslagers der Nationalsozialisten bei Weimar erinnert daran, die Gräueltaten im Dritten Reich nicht zu vergessen. Etwa 56.000 der insgesamt 250.000 hier inhaftierten Menschen fanden den Tod. Auch der Opfer des von 1945 bis 1950 bestehenden sowjetischen Speziallagers Nr. 2 Buchenwald wird hier gedacht. @ www.buchenwald.de

AS 48 Nohra,
> 85 über Weimar > L1054

AS 47a Erfurt-Ost, > Zentrum Erfurt

Der **Erfurter Dom** ist das Wahrzeichen Erfurts und reicht in seinen Ursprüngen bis in das 9. Jahrhundert zurück, der heutige Bau entstand im 12. Jahrhundert. Ende des 13. Jahrhunderts wurde die ursprünglich romanische Kirche um gotische Anbauten erweitert, eine weitere Ergänzung folgte im 14. Jahrhundert, im 15. Jahrhundert wurde das Langhaus durch eine Hallenkirche ersetzt. @ www.dom-erfurt.de

AS 47a Erfurt-Ost, > Zentrum Erfurt

Erfurter Schatz, Alte Synagoge. Beide dokumentieren auf besondere Weise jüdisches Leben in der thüringischen Landeshauptstadt. Der Erfurter Schatz wurde 1998 entdeckt und besteht aus zahlreichen wertvollen Gold- und Silberstücken, unter anderem auch Münzen. Die Alte Synagoge geht auf das 11. Jahrhundert zurück und ist die älteste ihrer Art in Mitteleuropa. @ www.juedisches-leben-erfurt.de

AS 46 Erfurt-West, > Zentrum Erfurt

Krämerbrücke Erfurt. Die Krämerbrücke in Erfurt ist ein sehenswertes Dokument mittelalterlicher Baukunst. Die Steinbrücke überspannt seit dem Jahr 1329 die Gera; knapp 150 Jahre später ersetzten Häuser die bis zu einem Brand vorhandenen Holzverkaufsstände. 32 Häuser stehen heute noch auf der Krämerbrücke; in ihnen finden sich vor allem kleine Geschäfte. @ www.kraemerbruecke.erfurt.de

AS 47a Erfurt-Ost, > L1052 > Süden

Freilichtmuseum Hohenfelden

Das **Freilichtmuseum Hohenfelden** liegt in der gleichnamigen Gemeinde südöstlich von Erfurt; es wurde im Jahr 1979 eröffnet und dokumentiert anhand von circa 30 Gebäuden das Leben in den Dörfern Mittelthüringens aus der Zeit vom 17. bis ins 20. Jahrhundert. Hierzu zählen eine Dorfschule, eine Schmiede und eine Blumentopf-Töpferei. Es finden zahlreiche Veranstaltungen wie Märkte statt.

@ www.freilichtmuseum-hohenfelden.de

Der **Stausee Hohenfelden** liegt nahe der gleichnamigen Gemeinde in Thüringen südöstlich von Erfurt. Er entstand zwischen 1966 und 1975 und bietet heute eine Vielzahl von Möglichkeiten, sportlich aktiv zu werden. Daneben gibt es ein Strandbad, und für längere Aufenthalte stehen ein Campingplatz und Ferienhäuser zur Verfügung; für Wellness sorgt die Avenida-Therme. @ www.stausee-hohenfelden.de

AS 47a Erfurt-Ost, > L1052 > Süden

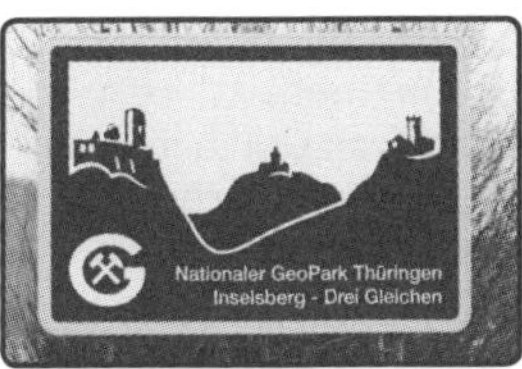

Nationaler GeoPark Thüringen Inselsberg – Drei Gleichen. Der GeoPark liegt südlich von Eisenach und Gotha. Seinen Namen verdankt er zum einen dem Inselsberg sowie den drei Burgen, die unter der Bezeichnung die Drei Gleichen bekannt sind. Der GeoPark erstreckt sich auf einer Fläche von circa 600 Quadratkilometern und bietet unter anderem Ausstellungen und Schauhöhlen. @ www.thueringer-geopark.de

AS 43 Wandersleben

Die **Bachstadt Arnstadt** liegt südlich von Erfurt in Thüringen und geht auf das 8. Jahrhundert zurück. Die Musikerfamilie Bach besaß eine lange Tradition in Arnstadt; hier hatte Johann Sebastian Bach seine erste Anstellung als Organist, aber auch verschiedene seiner Vorfahren wirkten hier. Sehenswert sind unter anderem der historische Stadtkern, die Bachkirche oder die Schlossruine Neideck. @ www.arnstadt.de

AS 44 Neudietendorf, > L1044 > Arnstadt

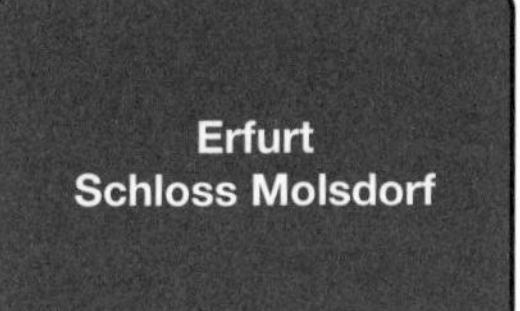

Erfurt – Schloss Molsdorf. Im gleichnamigen Stadtteil von Erfurt liegt das Schloss Molsdorf, ein sehenswertes Beispiel barocker Baukunst. Hervorgegangen ist das Schloss im 18. Jahrhundert aus einer älteren Wasserburganlage. Umgeben von einem sehenswerten Schlosspark beherbergt es unter anderem heute ein Restaurant und ein Museum; darüber hinaus finden hier Konzerte statt. @ www.molsdorf.de

AS 45 Kreuz Erfurt, > K20, 500 m

AS 42 Gotha, > B247, B88, > Süden

TECHNIK-MUSEUM TOBIASHAMMER OHRDRUF. Das Museum in Ohrdruf südwestlich von Erfurt befindet sich bei der gleichnamigen Schmiedehammeranlage, die vom Wasser der Ohra angetrieben wird. Sie geht auf das 15. Jahrhundert zurück; das heutige Museum entstand in den 1980er-Jahren und dokumentiert unter anderem die Funktionsweise einer Wasserschmiede. @ www.tobiashammer.de

AS 42 Gotha, > B247, L2147

Der **Bach-Stammort Wechmar**, ein Ortsteil von Günthersleben, liegt südöstlich von Gotha in Thüringen; hier steht das Bach-Stammhaus, in dem ab dem Jahr 1994 eine Bach-Gedenkstätte entstanden ist, die sich der Historie der Musikerfamilie Bach widmet, daneben aber auch das Museum der Thüringer Spielleute beheimatet. Im Bach-Stammhaus finden auch kulturelle Veranstaltungen wie Lesungen statt.

@ www.bach-stammhaus-wechmar.de

AS 42 Gotha, > B247 > Gotha

Schloss Friedenstein Gotha – Barockes Ekhof-Theater. Das Schloss im thüringischen Gotha aus dem 17. Jahrhunderts beheimatet unter anderem das barocke Ekhof-Theater, ebenfalls aus dem 17. Jahrhundert. Alljährlich findet mit der historischen Bühnentechnik das Ekhof-Festival statt, das Stücke des Barocks präsentiert. @ www.stiftungfriedenstein.de

@ www.ekhof-festival.de

AS 42 Gotha, > B247 > Gotha

Gotha Residenzstadt. Das thüringische Gotha war von 1640 bis zum Ende des Ersten Weltkriegs Residenzstadt des Herzogtums Sachsen-Gotha, seine Geschichte reicht aber viel weiter zurück, nämlich bis ins 8. Jahrhundert. Sehenswert sind unter anderem das Barockschloss Friedenstein mit seinen Parkanlagen und den Kasematten sowie die Altstadt.

@ www.gotha.de

AS 41b Gotha-Boxberg, > L1926

Die **Marienglashöhle Friedrichroda** liegt in der Nähe von Friedrichroda südwestlich von Gotha. Das Schaubergwerk bietet den Zugang zu einer beeindruckenden Gipskristallgrotte. Über das Jahr verteilt finden in der romantischen, kerzenbeleuchteten Kulisse der Höhle, in der auch geheiratet werden kann, Konzerte statt. @ www.tropfsteinhoehlen.de

AS 41a Waltershausen

Rennsteig – Naturpark Thüringer Wald. Der Rennsteig mit seinen gut 168 Kilometern ist einer der bekanntesten Fernwanderwege, der auf eine lange Tradition bis in das Mittelalter zurückblicken kann. Heute erschließt er auch den Naturpark Thüringer Wald mit seiner abwechslungsreichen Mittelgebirgslandschaft. @ www.naturpark-thueringer-wald.eu

AS 40a Eisenach-Ost, > B84

WELTERBEREGION WARTBURG-HAINICH Baumkronenpfad im Nationalpark Hainich.

Siehe Seite 112, A38.
@ www.kultur-liebt-natur.de
@ www.baumkronenpfad.de

AS 40a Eisenach-Ost, > B84, B19

Keltenbad und Gradierwerk Bad Salzungen in der gleichnamigen Stadt bieten vielfältige Erholungsmöglichkeiten. Verschiedene Solebäder laden zum Baden, aber auch zum Entspannen und Erholen ein. Das Gradierwerk greift die mehr als 1000-jährige Tradition der Salzgewinnung in der Region auf und bietet heute wie schon im 19. Jahrhundert angenehme Inhalationsmöglichkeiten. @ www.bad-salzungen.de

AS 40b Sättelstädt, > L3007, B88, L2119

Freizeitpart mini-a-thür Ruhla

Der **Freizeitpark mini-a-thür Ruhla** präsentiert auf einer Fläche von 18.000 Quadratmetern knapp 120 Modelle im Maßstab 1 : 25 von Bauwerken in Thüringen, darunter die Wartburg bei Eisenach und Goethes Gartenhaus in Weimar. @ www.mini-a-thuer.de

AS 40a
Eisenach-Ost,
> B84, B247
> Norden

Die **Altstadt Mühlhausen** zeugt auch heute noch von der Geschichtsträchtigkeit der Stadt, die auf das 10. Jahrhundert zurückgeht. Das Rathaus stammt aus dem frühen 14. Jahrhundert und erhielt in späteren Jahrhunderten Ergänzungen im Stile von Renaissance und Barock. Auch die noch größtenteils erhaltene Stadtmauer stammt aus dem Mittelalter. Es werden verschiedene Themenführungen angeboten.

@ www.muehlhausen.de

AS 40a
Eisenach-Ost,
> B84

Japanischer Garten & Rosengarten Bad Langensalza gehören zu den Sehenswürdigkeiten der thüringischen Stadt. Eine üppige Pracht von circa 10.000 Rosen, darunter zahlreiche historische Sorten, beeindruckt die Sinne mit Farben und Formen, während der Japanische Garten mit seiner besonderen Gestaltung Ruhe und Entspannung schenkt.

@ www.bad-langensalza.de

AS 40a
Eisenach-Ost,
> B84

Das **UNESCO-Welterbe Buchenwälder Nationalpark Hainich** im Westen Thüringens zeichnet sich durch den historischen Baumbestand aus, der zu den naturbelassenen Relikten der ursprünglichen Waldbestände Europas zählt, die nicht der Land- und Forstwirtschaft weichen mussten. Der Nationalpark bietet zahlreiche Veranstaltungen und ist für Besucher gut erschlossen.

@ www.nationalpark-hainich.de

AS 39
Eisenach-West,
> B7 > Norden

Die **historische Werrabrücke mit Liboriuskapelle Creuzburg** in Westthüringen nordwestlich von Eisenach zeugt von den Handwerkskünsten, die schon die Baumeister des Mittelalters besaßen. Die im 13. Jahrhundert errichtete Steinbrücke überspannt die Werra mit sieben Bögen; Ende des 15. Jahrhunderts wurde in ihrer unmittelbaren Nähe die Liboriuskapelle gebaut.

@ www.creuzburg-online.de

AS 39
Eisenach-West,
> Zentrum
Eisenach

Das **Bachhaus Eisenach** im thüringischen Eisenach gilt als Geburtsstätte von Johann Sebastian Bach und wurde bereits zu Beginn des 20. Jahrhunderts als Museum etabliert. Das Museum dokumentiert anhand von Musikinstrumenten, zeitgenössischen Einrichtungsgegenständen und weiteren Exponaten Leben und Wirken des bekannten Komponisten, ergänzt um Sonderausstellungen. @ www.bachhaus.de

AS 39
Eisenach-West,
> Eisenach,
> B84 > Süden

Weltkulturerbe Wartburg. Weithin sichtbar thront die Wartburg oberhalb der Stadt Eisenach. Wohl im 11. Jahrhundert errichtet, war sie Wohnsitz historischer Persönlichkeiten. Die heilige Elisabeth von Thüringen lebte im 13. Jahrhundert auf der Burg, 1521 weilte Martin Luther hier. Die Anlage zeigt verschiedene historische Elemente von Gotik bis Historismus. @ www.wartburg-eisenach.de

Ehemalige innerdeutsche Grenze 1945-1990

Ehemalige innerdeutsche Grenze 1945-1990. Siehe Seite 69, A20. @ www.innerdeutsche-grenze.de

AS 37
Wommen

Werratal

Das **Werratal** erstreckt sich im Norden Hessens an der Grenze zu Thüringen. Von waldigen Mittelgebirgslandschaften geprägt, erschließt es auch kleine Städte mit historischen Fachwerkbauten, die an die Märchen der Brüder Grimm erinnern. @ www.nordhessen.de

AS 37 Wommen, > B400, B27 > Norden, ca. 25 km

Grenzmuseum Schifflersgrund

Grenzmuseum Schifflersgrund. Siehe Seite 121, A38. @ www.grenzmuseum.de

Waldhessen

Waldhessen bezeichnet eine Region im nordöstlichen Hessen und erstreckt sich zwischen den Städten Rothenburg an der Fulda und Bad Hersfeld. Ein waldreiches Mittelgebirge, das mit seinem dominierenden Fluss, der Fulda, Naturliebhaber anzieht. @ www.waldhessen.de

AS 32
Bad Hersfeld

AS 33
Friedewald,
> B62, B84
> Süden

Gedenkstätte Point Alpha Rasdorf/Geisa. Die Gedenkstätte Point Alpha liegt zwischen Rasdorf in Hessen und Geisa in Thüringen und erinnert an die Zeit des Kalten Krieges und die deutsche Teilung. Der ehemalige Beobachtungsstützpunkt der US-Amerikaner wurde im Jahr 1995 zum Denkmal erklärt; heute gehören auch Teile der früheren DDR-Grenzsicherungsanlage zur Gedenkstätte. Für Schüler gibt es spezielle Bildungsangebote. @ www.pointalpha.com

AS 33
Friedewald,
> Friedewald
500 m

Schloss und Wasserburg Friedewald. Schloss und Wasserburg Friedewald liegen in der gleichnamigen Gemeinde in Hessen östlich von Bad Hersfeld. Die Burganlage geht auf das 13. Jahrhundert zurück und entstand an der Stelle eines früheren Baus. Heute beheimatet sie ein Heimatmuseum; des Weiteren kann das Wasserschloss für diverse Veranstaltungen gemietet werden. @ www.museum-friedewald.de

AS 33
Friedewald,
> B62,
> Südosten

Erlebnisbergwerk Merkers

Erlebnisbergwerk Merkers. Das Erlebnisbergwerk Merkers liegt in der Krayenberggemeinde in Westthüringen und bietet einen Einblick in den Kalisalzabbau, der in der Region betrieben wurde und wird. Zu den Sehenswürdigkeiten zählen nicht nur die Dokumente des Bergbaus, wie der gigantische Untertage-Schaufelradbagger, sondern auch die Salzkristallhöhle, die im Jahr 1980 entdeckt wurde. @ www.erlebnisbergwerk.de

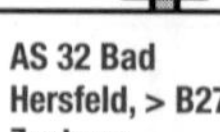

Stiftsruine Bad Hersfeld. Die Stiftsruine in Bad Hersfeld im Nordosten Hessens ist der imposante Überrest der Stiftskirche des Klosters, das im 8. Jahrhundert gegründet wurde. Die Kirche wurde zu Beginn des 11. Jahrhunderts im Stil der Romanik erbaut; Kloster und Kirche wurden im 18. Jahrhundert im Siebenjährigen Krieg zerstört. Heute finden in der Stiftsruine die bekannten Bad Hersfelder Festspiele statt. @ www.schloesser.hessen.de

AS 30
Krombach

Sauerland

Sauerland. Das Sauerland ist eine Mittelgebirgslandschaft, die sich im südlichen Westfalen an der Grenze zum Ruhrgebiet im Westen erstreckt. Die Landschaft ist geprägt von bewaldeten Hängen, Talsperren und Flüssen, unter anderem der Ruhr. @ www.sauerland.com

AS 27
Eckenhagen

Bergisches Land

Bergisches Land. Siehe Seite 14, A1. @ www.bergischesland.de

AS 27
Eckenhagen,
> L96, L324

Der **Affen- und Vogelpark Eckenhagen** liegt zwischen Olpe und Gummersbach im gleichnamigen Ortsteil des Luftkurortes Reichshof. Der Park wurde im Jahr 1981 als Vogelpark gegründet, beheimatet aber heute auf 80.000 Quadratmetern neben Eulen und Sittichen auch Berber- und Totenkopfaffen sowie Erdmännchen. Zusätzlich finden über das Jahr verteilt verschiedene Veranstaltungen statt. @ www.affen-und-vogelpark.de

AS 26 Kreuz
Reichshof/
Bergneustadt,
> B256, B55
> Norden

Historische Altstadt Bergneustadt. Die historische Altstadt Bergneustadt im Bergischen Land östlich von Gummersbach ist geprägt durch ihre schwarzweißen Fachwerkgebäude und die charakteristische Schieferverkleidung. Bergneustadt geht auf das frühe 14. Jahrhundert zurück; sehenswert ist neben den Fachwerkbauten auch die evangelische Kirche. @ www.stadt-bergneustadt.de

AS 23 Engelskirchen,
> L302, B55

Industriekultur Industriemuseum Engelskirchen

Industriekultur Industriemuseum Engelskirchen. Die Industriekultur im Industriemuseum Engelskirchen zwischen Köln und Olpe ist zum einen der ehemaligen Baumwollspinnerei Ermen & Engels, zum anderen der Hammerschmiede Oelchsenhammer bei Bickenbach gewidmet. Der Oelchsenhammer, der auf das späte 18. Jahrhundert zurückgeht, ist heute im Rahmen des Museumsbetriebes im Einsatz. @ www.industriemuseum.lvr.de

AS 23 Engelskirchen, > L320, K19, L299

Freilichtmuseum Lindlar

Das **Freilichtmuseum Lindlar** östlich von Köln zeigt, wie die Landbevölkerung im Bergischen Land im 19. und frühen 20. Jahrhundert lebte. Zu den hier zu besichtigenden Gebäuden zählen eine Kapelle, eine Schmiede, Wohnhäuser und ein Backhaus. Auch zum Teil seltene Nutztierrassen werden hier gehalten. @ www.freilichtmuseum-lindlar-lvr.de

AS 11a Köln-Klettenberg, > B265 > Zentrum

Weltkulturerbe Kölner Dom

Weltkulturerbe Kölner Dom. Siehe Seite 15, A1.
@ www.koelner-dom.de

AS 9 Frechen-Nord, > L183 > Norden

Die **Abtei Brauweiler** befindet sich im gleichnamigen Stadtteil von Pulheim im Nordwesten von Köln und geht auf das 11. Jahrhundert zurück, als sie als Benediktinerkloster gegründet wurde. Heute sind die historischen Mauern Schauplatz vielfältiger kultureller Veranstaltungen wie von Konzerten, Lesungen oder Theateraufführungen. @ www.abtei-brauweiler.de

AS 7 Düren, > B56, B399, B256

Nationalpark Eifel

Nationalpark Eifel. Siehe Seite 16, A1.
@ www.nationalpark-eifel.de

AS 6 Weisweiler

Rheinisches Braunkohlenrevier. Das Revier liegt zwischen Mönchengladbach, Köln und Aachen. Im Tagebau, der bis in das 18. Jahrhundert zurückreicht, werden in den noch aktiven Gebieten gewaltige Braunkohleflöze abgebaut; viele Tagebaue sind bereits stillgelegt. @ www.mineralienatlas.de

AS 5a Eschweiler-West, > B264, L238

Stolberg – Historischer Stadtkern. In Stolberg lädt die Altstadt mit Häusern aus grauem Bruchstein und der Stolberger Burg zu einer Reise in die Vergangenheit ein. Insbesondere durch die Verarbeitung von Kupfer und anderen Metallen sowie die Messingherstellung kam die Stadt in späteren Jahrhunderten zu Wohlstand. @ www.stolberg.de

Das **UNESCO-Welterbe Kaiserdom zu Aachen** ist ein bedeutendes Zeugnis karolingischer Baukunst, das auf Betreiben Karls des Großen Ende des 8. Jahrhunderts entstand. Der Dom ist auch die Grablege seines Erbauers; besonders sehenswert ist der Aachener Domschatz mit über 100 wertvollen Exponaten von der Spätantike bis zur Gotik.

@ www.aachendom.de

Grefrath Freilichtmuseum. In Grefrath bietet das Niederrheinische Freilichtmuseum Einblicke in das Leben und Arbeiten der Menschen dieser Region. Zentrum ist die Dorenburg, eine Wasserburg aus dem 14. Jahrhundert. Historische Gebäude wie eine Kornbrennerei, eine Lohgerberei oder Bauernhöfe fanden auf dem Gelände ein neues Heim.

@ www.niederrheinisches-freilichtmuseum.de

Historischer Ortskern Wachtendonk. Der historische Ortskern der Gemeinde Wachtendonk in Nordrhein-Westfalen steht komplett unter Denkmalschutz und zeigt eine seit 300 Jahren nicht veränderte Anlage der Straßen mit zahlreichen historischen Gebäuden. Von wehrhaften und kriegerischen Zeiten zeugt die Burgruine.

@ www.wachtendonk.de

Historischer Stadtkern Kempen. Der historische Stadtkern von Kempen am Niederrhein besitzt eine Vielzahl historischer Gebäude, darunter Stadttore und ein ehemaliges Franziskanerkloster, die auf einem nummerierten Rundgang erkundet werden können. Sehenswert ist auch die Ende des 14. Jahrhunderts erbaute Landesburg.

@ www.kempen.de

Bochum – Venlo < > Venlo – Bochum

AS 29 Bochum-Wattenscheid-West, > K9, L651, K23

Im **Eisenbahnmuseum Bochum-Dahlhausen** werden auf dem Gelände des Bahnbetriebswerks Bochum-Dahlhausen auf etwa 46.000 Quadratmetern historische Bahnfahrzeuge präsentiert, darunter 15 Dampflokomotiven, die älteste aus dem Jahr 1888, Das Museum bietet Sonderfahrten in historischen Zügen an sowie verschiedene Veranstaltungen.

@ www.eisenbahnmuseum-bochum.de

AS 40 Lütgen dortmund, > B235 > Bövinghausen

Die **Zeche Zollern** liegt im Nordwesten von Dortmund. Ende des 19. Jahrhunderts gebaut und Anfang des 20. in Betrieb genommen, wurde hier bis in die 1950er-Jahre Steinkohle gefördert. Heute gehört die Zeche Zollern zur Route der Industriekultur, die wichtige Baudenkmäler des Ruhrgebiets verbindet.

@ www.ruhrgebiet-industriekultur.de

Oberhausen – Castrop-Rauxel < > Castrop-Rauxel – Oberhause

AS 11 Oberhausen-Neue Mitte, > L450, B231, 223,

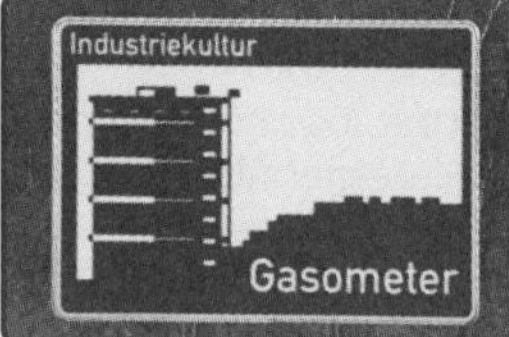

Der **Gasometer Oberhausen** entstand Ende der 1920er-Jahre und diente der Speicherung von Gichtgas aus nahe gelegenen Hochöfen. Nach Beschädigungen im Zweiten Weltkrieg und fast vollständiger Zerstörung durch ein Feuer sowie Wiederaufbau wurde er bis Ende der 1980er-Jahre betrieben. Heute gehört er zu den Industriedenkmälern des Ruhrgebiets und ist Schauplatz kultureller Veranstaltungen.

@ www.gasometer.de

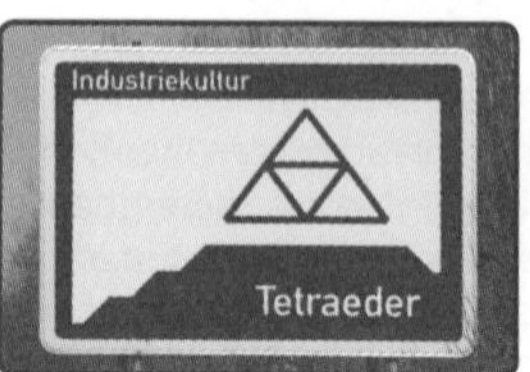

Industriekultur Tetraeder. Die Industriekultur im Ruhrgebiet findet mit dem Tetraeder in Bottrop auf der Halde Beckstraße eine weitere Landmarke. Die Halde entstand in einem Zeitraum von 17 Jahren bis 1980 und besitzt die Form eines Tafelbergs. Der Tetraeder, ein Aussichtsturm als Stahlkonstruktion in Form einer dreiseitigen Pyramide, wurde 1995 errichtet.

@ www.ruhrgebiet-industriekultur.de

berhausen – Castrop-Rauxel < > Castrop-Rauxel – Oberhausen

A42

AS 17 Gelsenkirchen-Schalke, > B227, L452

Industriekultur Weltkulturerbe Zeche Zollverein. Bis 1986 für den Steinkohlebergbau genutzt, wurde sie 2001 zum Weltkulturerbe. Heute dient die historische Industriekulisse Veranstaltungen und ist Sitz des Ruhr Museums, des Design Zentrums Nordrhein-Westfalens und des Besucherzentrums der Route der Industriekultur. @ www.zollverein.de

Münster – Wuppertal < > Wuppertal – Münster

A43

AS 22 Sprockhövel

Industrie · Kultur · Landschaft Metropole Ruhr

Industrie · Kultur · Landschaft Metropole Ruhr. Siehe Seite 13, A1. @ www.route-industriekultur.de

Historischer Stadtkern Hattingen

Historischer Stadtkern Hattingen. Die Altstadt Hattingens ist geprägt von gut erhaltenen schwarz-weißen Fachwerkhäusern, darunter das „Bügeleisenhaus“ aus dem 17. Jahrhundert, welches in seiner Form tatsächlich an ein Bügeleisen erinnert. Ebenso sehenswert ist unter anderem das Alte Rathaus. @ www.hattingen.de

AS 21 Witten-Herbede, > L924

Industriekultur Henrichshütte. Ein Denkmal der Industriekultur ist auch die Henrichshütte in Hattingen. Das Werk wurde Mitte des 19. Jahrhunderts gegründet; 1987 wurde es endgültig stillgelegt und teilweise verkauft oder abgerissen. Heute dokumentiert auf dem Gelände eine Ausstellung die Eisen- und Stahlproduktion. @ www.henrichshuette.de

AS 21 Witten-Herbede, > L924

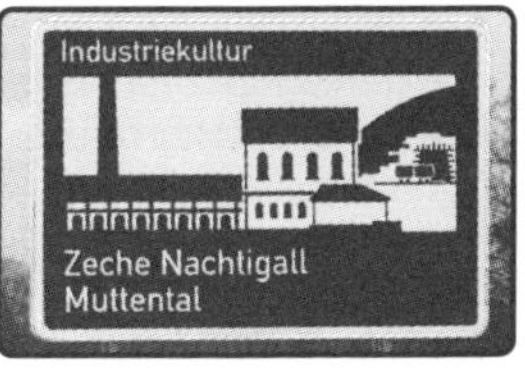

Industriekultur Zeche Nachtigall Muttental. Schon im 17. Jahrhundert wurde hier in Witten-Bommern Bergbau betrieben; zu dieser Zeit entstanden noch waagerechte Stollen zur Kohleförderung. Im 19. Jahrhundert wurde auch hier der Tiefbau aufgenommen. Heute befindet sich auf dem ehemaligen Werksgelände das LWL-Industriemuseum Zeche Nachtigall. @ www.lwl.org

AS 20 Witten-Heven, > K12, L924, B226

AS 15 Herne-Eickel, > L657

Archäologiemuseum Herne

Das **Archäologiemuseum Herne** dokumentiert die menschliche Entwicklungsgeschichte in Westfalen anhand von mehr als 10.000 archäologischen Fundstücken aus der Region. Diese reichen von einem 250.000 Jahre alten Faustkeil bis hin zu Fundstücken aus dem Zweiten Weltkrieg. Ergänzt wird die Dauerausstellung um verschiedene Sonderausstellungen. @ www.lwl-landesmuseum-herne.de

AS 16 Bochum-Riemke, > B51 > Süden

Industriekultur Deutsches Bergbau-Museum. Die Ausstellungsfläche des Museums in Bochum, auf der nicht nur Geschichte und Geräte des Bergbaus von vorgeschichtlicher Zeit bis in die Gegenwart, sondern auch Rohstoffe sowie Kunst und Kultur präsentiert werden, umfasst circa 12.000 Quadratmeter. Zusätzlich können Besucher die Arbeit unter Tage im Anschauungsbergwerk erleben.

@ www.bergbaumuseum.de

AS 13 Recklinghausen-Hochlarmark, > K29, L551

Industriekultur Umspannwerk Recklinghausen

Industriekultur Umspannwerk Recklinghausen. Siehe Seite 68, A2.

@ www.umspannwerk-recklinghausen.de

AS 8 Haltern, > B58

Römerlager Haltern Fundstätte und Museum. Das Römerlager in Haltern am See ist Fundstätte und Museum römischen Lebens in Nordrhein-Westfalen. Im 19. Jahrhundert wurde das Lager entdeckt, in dem vor circa 2000 Jahren die römische Legion stationiert war, die in der Varusschlacht eine bittere Niederlage gegen die Germanen erlitt. Mehr als 1200 Exponate veranschaulichen im LWL-Römermuseum Haltern römisches Leben.

@ www.lwl-roemermuseum-haltern.de

AS 2 Kreuz Münster-Süd, > Münster Zentrum

Münster Rathaus des Westfälischen Friedens

Münster, Rathaus des Westfälischen Friedens. Siehe Seite 13, A1.

@ www.muenster.de

Der **Bergpark Wilhelmshöhe** im hessischen Kassel erstreckt sich auf mehr als 2 Hektar und entstand ab dem Ende des 17. Jahrhunderts in einer Bauzeit von insgesamt etwa 150 Jahren. Die ursprünglich barocke Anlage zeigt sich heute eher als englischer Landschaftsgarten. Besondere Wahrzeichen sind der Herkules und die beeindruckenden Wasserspiele sowie das Schloss Wilhelmshöhe. @ www.wilhelmshoehe.de

AS 68
Kassel-Bad Wilhelmshöhe, > L3218

Märchenland der Dorothea Viehmann Baunatal Schauenburg. Das Märchenland der Dorothea Viehmann liegt um Baunatal-Schauenburg südwestlich von Kassel. Dorothea Viehmann war eine Märchenerzählerin, die Mitte des 18. Jahrhunderts hier geboren wurde. Ihre Geschichten wurden durch die Gebrüder Grimm bekannt, die sie in ihren Sammlungen publizierten.

@ www.baunatal.de

AS 68
Kassel-Bad Wilhelmshöhe, > L3215

Wolfhager Land Märchenland Gebrüder Grimm

Wolfhager Land, Märchenland der Gebrüder Grimm. Das Wolfhager Land nennt sich auch das Märchenland der Gebrüder Grimm. Die Kleinstadt Wolfhagen liegt westlich von Kassel. Die Altstadt ist geprägt durch historische Fachwerkhäuser, die die Märchen der Grimms förmlich lebendig werden lassen. Ihnen sind auch der Märchenbrunnen und Grimms Märchenkeller im Alten Rathaus gewidmet. @ www.kasseler-osten.de

AS 67
Zierenberg

Der **Nationalpark Kellerwald-Edersee** liegt im Norden Hessens auf einer Fläche von mehr als 57 Quadratkilometern und schützt einen urtümlichen Buchenwald. Der wertvolle Baumbestand im Nationalparkgebiet wurde im Jahr 2011 in das UNESCO-Welterbe aufgenommen. Der Besucher kann die ursprüngliche Natur des Mittelgebirges auf eigene Faust oder bei geführten Rangertouren erleben.

@ www.nationalpark-kellerwald-edersee.de

AS 67
Zierenberg, > B251, B485

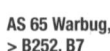

AS 67
Zierenberg,
> B251, L3211

Der **Naturpark Habichtswald** liegt im Norden Hessens in der Nähe von Kassel. Er erstreckt sich auf über 470 Quadratkilometern und wurde bereits im Jahr 1962 ins Leben gerufen. Am Silbersee, einem kleinen Waldsee, befindet sich der Naturpark-Zeltplatz. Neben der Mittelgebirgslandschaft, die durch Wälder und Kulturlandschaften geprägt ist, gibt es hier eine Vielzahl an Burgen und Burgruinen.

@ www.naturpark-habichtswald.de

AS 65 Warbug,
> B252, B7

Hansestadt Warburg – Historischer Stadtkern. Warburg liegt im Osten Nordrhein-Westfalens und geht auf das 11. Jahrhundert zurück. Mitte des 17. Jahrhunderts wurde Warburg Mitglied der Hanse, was zu wirtschaftlichem Wohlstand führte. Die Altstadt ist geprägt von Fachwerkhäusern und Teilen der mittelalterlichen Wehranlagen.

@ www.warburg.de

AS 64
Diemelstadt

Das **Waldecker Land** liegt im Norden Hessens und wird vor allem geprägt durch den Edersee sowie den Nationalpark Kellerwald-Edersee. Sehenswert sind die Staumauer der Edertalsperre und Schloss Waldeck, welches 200 m oberhalb des Edertals gelegen ist. Die Sommerrodelbahn in Nieder-Werbe, der Aqua-Park, der Erlebnispfad Goldspur Eisenberg sowie eine Rundfahrt auf dem Edesee bieten eine interessante Alternative.

@ www.nordehessen.de

AS 63
Marsberg,
> B7

Der **Naturpark Diemelsee** erstreckt sich zwischen Nordrhein-Westfalen und Hessen auf einer Fläche von mehr als 330 Quadratkilometern. Die Mittelgebirgslandschaft ist geprägt von Wäldern, Kulturlandschaften und Gewässern, darunter der im frühen 20. Jahrhundert angelegte namensgebende Stausee Diemelsee.

@ www.naturpark-diemelsee.de

AS 62 Lichtenau (Westf.), > L817 > Norden

Das **Kloster Dalheim** liegt in der Nähe der Stadt Lichtenau südlich von Paderborn. Als Chorherrenstift der Augustiner als Nachfolger eines früheren Frauenklosters im 15. Jahrhundert gegründet, wurde die Anlage vor allem im Barock stilistisch geprägt. Heute dokumentiert ein Museum klösterliches Leben und klösterliche Kultur. @ www.lwl.org

AS 61 Kreuz Wünnenberg-Haaren

Paderborner Land

Als **Paderborner Land** wird der Kreis Paderborn in Ostwestfalen rund um die namensgebende Stadt auch bezeichnet. Die abwechslungsreiche, von Gewässern geprägte Landschaft bietet vielfältige Möglichkeiten für Wanderer und Radfahrer, daneben bieten historische Stätten ebenso Sehenswertes wie Museen oder Technik. @ www.paderborner-land.de

AS 60 Büren, > L776, L751

Wewelsburg – Deutschlands einzige Dreiecksburg

Wewelsburg – Deutschlands einzige Dreiecksburg. Siehe Seite 120, A33. @ www.wewelsburg.de

AS 58 Erwitte/Anröchte, > B55

Historischer Stadtkern Lippstadt. Der historische Stadtkern von Lippstadt westlich von Paderborn zeugt von der Geschichte der Stadt, die im 12. Jahrhundert gegründet wurde. Noch erhaltene Fachwerkgebäude und die auf das 13. Jahrhundert zurückgehende Marienkirche am Markt prägen auch heute noch das Antlitz der Stadt. @ www.lippstadt.de

AS 58 Erwitte/Anröchte

Als **Industrieland NRW Lippstadt – Zentrum der Fahrzeug-, Elektronik- und Lichttechnik** präsentiert sich das nordrhein-westfälische Lippstadt. Die Stadt ist nicht nur charakterisiert durch ihre Altstadt, sondern ist auch der Standort des Kompetenzzentrums Fahrzeug-Elektronik, des Kompetenzzentrums Licht sowie der Hochschule Hamm-Lippstadt. @ www.lippstadt.de

AS 56 Soest,
> B229

Historischer Stadtkern Soest. Der historische Stadtkern von Soest, auf halbem Weg zwischen Dortmund und Paderborn in Nordrhein-Westfalen gelegen, ist geprägt von engen Gassen, Fachwerkhäusern und der Stadtmauer, die noch zu einem großen Teil erhalten ist. Mehr als 600 historische Gebäude in der Stadt, die auf das 9. Jahrhundert zurückgeht, sind als Denkmal unter Schutz gestellt. Sehenswert ist unter anderem der St.-Patrokli-Dom. @ www.soest.de

AS 56 Soest,
> B229
> Süden

Möhnesee bezeichnet einen ungefähr zehn Quadratmeter großen Stausee in Nordrhein-Westfalen und die angrenzende Gemeinde östlich von Dortmund. Die Talsperre wurde als Wasserreservoir für das Ruhrgebiet zwischen 1908 und 1913 angelegt. Heute ist der See neben seiner Funktion als Trinkwasserspeicher ein beliebtes Naherholungsgebiet sowie Lebensraum für Wasservögel. Es werden verschiedene Führungen angeboten. @ www.moehnesee.de

AS 54 Werl,
> B516

Historischer Stadtkern Werl. Der historische Stadtkern von Werl in Nordrhein-Westfalen, zwischen Dortmund und Soest gelegen, zeigt sich malerisch mit kleinen Gassen, schön sanierten Fachwerkhäusern, der Ruine des Schlosses aus dem 16. Jahrhundert und der am Markt gelegenen alten Wallfahrtskirche aus dem 17. Jahrhundert. Werl geht auf das frühe Mittelalter zurück; die Region war aber schon weitaus früher besiedelt. @ www.werl.de

Industrie-Kultur-Landschaft Metropole Ruhr

Industrie-Kultur-Landschaft Metropole Ruhr. Siehe Seite 13, A1. @ www.route-industriekultur.de

AS 6 Aldenhoven

Rheinisches Braunkohlenrevier

Rheinisches Braunkohlenrevier. Siehe Seite 152, A4. @ www.mineralienatlas.de

Zitadelle Jülich. Die Zitadelle in Jülich nordöstlich von Aachen in Nordrhein-Westfalen entstand Mitte des 16. Jahrhunderts zum Schutz gegen Pulvergeschütze, die nach dem Mittelalter als Kriegsgerät Einzug hielten. Sie erstreckt sich auf etwa 9 Hektar und ist ein besonders gut erhaltenes Zeugnis dieser Art von Festungsbautechnik. @ www.juelich.de

AS 8 Kreuz Jülich-Ost, > B55, L241 > Süden

UNESCO-Welterbe Kaiserdom zu Aachen

UNESCO-Welterbe Kaiserdom zu Aachen. Siehe Seite 153, A4.
@ www.aachendom.de

AS 3 Aachen-Brand

Stolberg Historischer Stadtkern

Stolberg – Historischer Stadtkern. Siehe Seite 152, A4.
@ www.stolberg.de

AS 5b Broichweiden, > A264, L238

A45

Industriekultur Zeche Zollern

Industriekultur Zeche Zollern. Siehe Seite 154, A40.
@ www.ruhrgebiet-industriekultur.de

AS 4 Dortmund-Hafen, > L663, L750

Industriekultur Hohenhof. Hinter diesem Begriff verbirgt sich ein bedeutendes Gebäude, das im nordrhein-westfälischen Hagen zwischen 1906 und 1908 im Jugendstil für den Kunstsammler Karl Ernst Osthaus errichtet wurde. Heute beheimatet das Gebäude das Museum des „Hagener Impulses" und ist Außenstelle des Hagener Osthaus Museums.
@ www.route-industriekultur.de

AS 11 Kreuz Hagen, > L703, L704

Sauerland

Sauerland. Siehe Seite 151, A4.
@ www.sauerland.com

AS 13 Lüdenscheid-Nord

Industrie-Kultur-Landschaft Ruhrgebiet

Industrie-Kultur-Landschaft Ruhrgebiet. Siehe Seite 13, A1.
@ www.route-industriekultur.de

AS 12 Hagen-Süd

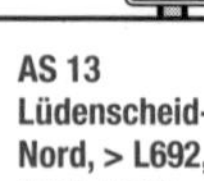

AS 13 Lüdenscheid-Nord, > L692, L561, L530

Die **Burg Altena** in Altena südöstlich von Hagen wurde vermutlich im 12. Jahrhundert errichtet. Nach wechselvoller Geschichte und zunehmendem Verfall wurde die Burg im 20. Jahrhundert weitgehend wieder aufgebaut. In ihr entstand die weltweit erste Jugendherberge und sie beheimatet die Museen Burg Altena. @ www.burg-altena.de

AS 16 Meinerzhagen, > L539, L709

Die **Atta-Höhle Attendorn** im südlichen Sauerland ist eine Tropfsteinhöhle, die zu Beginn des 20. Jahrhunderts entdeckt wurde, als hier Kalk abgebaut werden sollte. 1800 Meter der insgesamt über 6600 Meter langen Gänge sind zugänglich und bieten dem Besucher ein Schauspiel von Stalagtiten und Stalagmiten. @ www.atta-hoehle.de

AS 18 Olpe, > B54

Der **Biggesee**, ein Stausee, liegt im südlichen Sauerland nördlich von Olpe in Nordrhein-Westfalen. Die Staumauer entstand in 9 Jahren Bauzeit ab Mitte der 1950er-Jahre; der See sollte vor allem die Wasserversorgung des Ruhrgebiets gewährleisten. Der See ist ein beliebtes Ausflugsziel und bietet vielfältige Freizeitmöglichkeiten. @ www.biggesee.de

AS 18 Olpe, > B55, L715, B517, L553

Der **PanoramaPark Wildpark** liegt östlich von Olpe im Rothaargebirge auf einer Fläche von circa 800.000 Quadratmetern. Im Jahr 1963 gegründet, bietet er heute verschiedene Spiel- und Spaßattraktionen, während sich im Wildgehege unter anderem Rot-, Dam- und Sikawild, Wölfe, Luchse und Bisons tummeln. @ www.panopark.de

AS 20 Freudenberg

Siegerland-Wittgenstein

Die waldreiche Mittelgebirgsregion befindet sich im Südosten von Nordrhein-Westfalen und bietet viele Freizeitmöglichkeiten. @ www.siegen-wittgenstein.de

Historischer Stadtkern Freudenberg. Der historische Stadtkern von Freudenberg im Siegerland ist geprägt durch seine Vielzahl an gut erhaltenen schwarzweißen Fachwerkhäusern, deren Giebel teilweise mit dem für die Region typischen Schiefer verkleidet sind, auch als „Alter Flecken“ bezeichnet. @ www.freudenberg-stadt.de

Historischer Stadtkern Siegen. Der historische Stadtkern wird dominiert durch die beiden Schlösser, das Obere und das Untere Schloss in der sogenannten Oberstadt. Trotz schwerer Zerstörungen im Zweiten Weltkrieg blieben einige historische Fachwerkgebäude unversehrt. Sehenswert sind auch die Martin-, die Marien- und die Nikolaikirche sowie das Rathaus. @ www.siegen.de

Siegerland

Das **Siegerland** im Süden Nordrhein-Westfalens gehört zum Rheinischen Schiefergebirge und war durch den Abbau von Eisenerz sowie später die Stahl- und Eisenproduktion geprägt. @ www.siegen-wittgenstein.de

Rothaarsteig

Der **Rothaarsteig** ist ein Premiumfernwanderweg, der sich auf einer Länge von mehr als 150 Kilometern durch das Rothaargebirge zwischen dem nordrhein-westfälischen Brilon und dem hessischen Dillenburg erstreckt. @ www.rothaarsteig.de

Der **Naturpark Lahn-Dill-Bergland** liegt im westlichen Hessen an den Grenzen zu Nordrhein-Westfalen und Rheinland-Pfalz. Mehr als die Hälfte der Region ist mit Laub- und Nadelwäldern bedeckt; der 2007 gegründete Naturpark soll zum einen die abwechslungsreiche Natur schützen, zum anderen auch einen naturverträglichen Tourismus fördern. @ www.lahn-dill-bergland.de

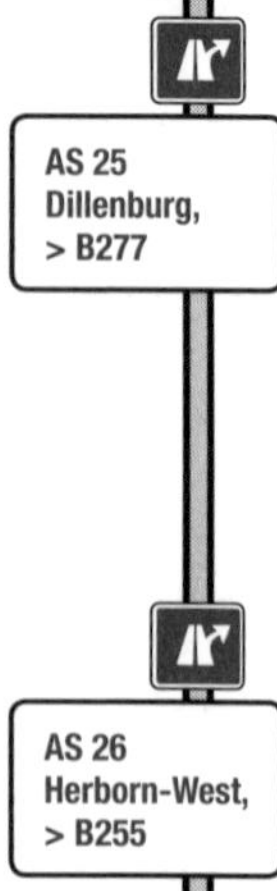

Die **Oranienstadt Dillenburg** liegt im Westen Hessens nahe der Grenzen zu Nordrhein-Westfalen und Rheinland-Pfalz. Sie geht auf das 13. Jahrhundert zurück und führt ihren Beinamen, da sie Sitz des Hauses Oranien-Nassau war. Sehenswert sind die von Fachwerk geprägte Altstadt und die Schlosskasematten. Dillenburg ist außerdem Sitz des Hessischen Landgestüts.

@ www.dillenburg.de

Historische Altstadt Herborn. Die historische Altstadt Herborn präsentiert sich mit einer Vielzahl bunter Fachwerkhäuser, die aus dem 15. bis 18. Jahrhundert stammen. Die Stadt an der Dill im westlichen Hessen geht auf das 11. Jahrhundert zurück. Sehenswert sind unter anderem das Rathaus, der Dillturm oder die drei Marktplätze sowie das Schloss Herborn oberhalb der Stadt.

@ www.herborn.de

AS 27 Herborn-Süd, > B277, > Süden

Die **Burg Greifenstein**, oberhalb der Gemeinde Greifenstein in Westhessen gelegen, stammt aus dem 12. Jahrhundert. Mitte des 17. Jahrhunderts barock ausgebaut, verfiel die Anlage ab Ende des 17. Jahrhunderts. Heute wird die Burgruine von einem Verein gepflegt, sie beheimatet mit der „Glockenwelt" ein Glockenmuseum mit knapp 100 Glocken.

@ www.burg-greifenstein.net

Wetzlar – Historische Altstadt. In Wetzlar im Westen Hessens ist die historische Altstadt besonders sehenswert. Eine Vielzahl der für die Region charakteristischen bunten Fachwerkhäuser prägt ihr Gesicht, enge Gassen lassen die Vergangenheit lebendig werden. Sehenswert sind unter anderem der Dom, der ab dem 13. Jahrhundert erbaut wurde, oder die Alte Lahnbrücke, die ebenfalls aus dem 13. Jahrhundert stammt.

@ www.wetzlar.de

AS 36
Münzenberg,
> B488, L3136

Die **Burg Münzenberg** liegt in der Nähe von Münzenberg östlich von Butzbach. Auch heute noch zeugen die beiden weithin sichtbaren Bergfriede von der einstigen Wehrhaftigkeit der Anlage. Die Burg wurde im 12. Jahrhundert erbaut und im Dreißigjährigen Krieg schwer beschädigt. Seit Mitte des 19. Jahrhunderts wurden Erhaltungsmaßnahmen betrieben; die Anlage ist heute zu besichtigen.

@ www.muenzenberg.de

AS 36
Münzenberg,
> B488,
> Norden

Lich – Historische Altstadt. Im hessischen Lich südöstlich von Gießen lädt die historische Altstadt, die den Zweiten Weltkrieg weitgehend unbeschadet überstanden hat, zu einer Zeitreise in die Vergangenheit ein. Erstmals erwähnt im 8. Jahrhundert, erhielt es Anfang des 14. Jahrhunderts die Stadtrechte. Ein besonders schönes Beispiel für die Fachwerkkunst des 16. Jahrhunderts ist das sogenannte Textorhaus.

@ www.lich.de

AS 37
Wölfersheim,
> B455

Bad Salzhausen ist ein zur Stadt Nidda gehörender Kurort südöstlich von Butzbach im mittleren Hessen. Schon im 12. Jahrhundert stellte der Name einen Bezug zur Salzförderung her; im 18. Jahrhundert bescherte die Salzgewinnung dem Ort einen wirtschaftlichen Aufschwung, der in der Aufnahme des Kurbetriebs im 19. Jahrhundert mündete.

@ www.bad-salzhausen.de

AS 37
Wölfersheim

Die **Wetterauer Seenplatte** liegt in der Region Wetterau in Hessen östlich von Butzbach. Nach Ende des Abbaus von Braunkohle in der Gegend entstanden die Seen als Rekultivierungsmaßnahme und dienen heute vor allem dem Naturschutz, aber auch Freizeitaktivitäten wie Wandern oder Radfahren. Verschiedene der Seen sind Teil von Naturschutzgebieten.

@ www.wetterauer-seenplatte.de

AS 37
Wölfersheim,
> B455

Der **Naturpark Hoher Vogelsberg** liegt im mittleren Hessen; 1957 gegründet, erstreckt er sich heute auf einer Fläche von gut 880 Quadratkilometern. Namensgeber ist der Vogelberg, ein vulkanisches Basaltmassiv. Die Landschaft ist geprägt von Mischwäldern, Kulturlandschaften und von dem Hochmoor Breungeshainer Heide.

@ www.naturpark-hoher-vogelsberg.de

AS 38 Florstadt

Der **Auenverbund Wetterau**, ein Landschaftsschutzgebiet, schützt die wertvolle Auenlandschaft in der Wetterau. Zahlreiche Gewässer, bedeutendster Fluss ist die Nidda, und Auen prägen die Region und bieten einer Vielzahl typischer Tier- und Pflanzenarten, von denen viele auf der Roten Liste der gefährdeten Arten verzeichnet sind, einen Lebensraum.

@ www.naturschutzfonds-wetterau.de

AS 39
Altenstadt,
> B521, L3191

Die **Keltenwelt am Glauberg** in Hessen nordöstlich von Frankfurt dokumentiert keltisches Leben in der Region in der Jungsteinzeit. 2500 Jahre alte Originalfundstücke aus Fürstengräbern und eine lebensgroße Sandsteinstatue eines Keltenfürsten gehören zu den wertvollen Exponaten; der Lehrpfad im archäologischen Park bietet eine Reise in die Geschichte.

@ www.keltenwelt-glauberg.de

AS 39
Altenstadt,
> B521, B457

Büdingen – Festung und Schloss. Das hessische Büdingen nordöstlich von Frankfurt ist geprägt durch Festung und Schloss. Das Büdinger Schloss entstand ursprünglich als Wasserburg zur Zeit der Staufer, später wurde es zur heutigen Anlage ausgebaut. Neben einem Hotel beheimatet Schloss Büdingen ein Schlossmuseum, in dem unter anderem der romanische Palas und die Schlosskapelle zu besichtigen sind.

@ www.schloss-buedingen.de

Dortmund – Aschaffenburg < > Aschaffenburg – Dortmund

A45

Die **Archäologie-Landschaft Wetterau** fasst die Kernmerkmale der Region zusammen. Die Wetterau in Hessen besitzt eine lange Siedlungsgeschichte. Die Kelten lebten hier, wie die Fürstengräber am Glauberg belegen. Aber auch Römer hinterließen mit dem Limes und dem Kastell Saalburg ihre Spuren, hinzu kommen mittelalterliche Bauwerke wie Ronneburg und Burg Münzenberg.

@ www.keltenwelt-glauberg.de

AS 40
Hammersbach

Die Burg **Ronneburg** wurde im 12. Jahrhundert erbaut. Sie thront oberhalb der gleichnamigen Gemeinde nordöstlich von Frankfurt in Hessen. Im Laufe der Jahrhunderte wurde die Anlage ausgebaut und erweitert, ihr heutiges Gesicht erhielt sie im 16. Jahrhundert. Die gesamte Burg ist heute ein Museum, außerdem finden hier zahlreiche historische Märkte und Ritterturniere statt. Sehenswert sind auch die Falkner-Vorführungen

@ www.burg-ronneburg.de

AS 41
Langenselbold-West

Iserlohn – Wuppertal < > Wuppertal – Iserlohn

A46

Sorpesee

Der **Sorpesee** liegt im Hochsauerland bei der Stadt Sundern. Der Stausee entstand zwischen 1928 und 1935; eines der Ziele war die Sicherstellung der Wasserversorgung im Ruhrgebiet. Angriffe im Zweiten Weltkrieg überstand der See nahezu unbeschadet; heute ist er neben der Wasserversorgung und -regulierung sowie der Energiegewinnung ein beliebtes Naherholungsgebiet.

@ www.sundern.de

AS 64 Hüsten,
> B229

Historischer Stadtkern Arnsberg

Historischer Stadtkern Arnsberg.

Die Altstadt von Arnsberg im Sauerland prägen regionaltypische Fachwerkhäuser. Die Stadt entwickelte sich um eine Burganlage aus dem 12. Jahrhundert, die später schlossartig ausgebaut wurde. Zu den sehenswerten Gebäuden der Stadt zählen erhalten gebliebene Stadttürme und Sakralbauten.

@ www.arnsberg.de

AS 65
Arnsberg-Altstadt,
> B229

AS 49 Hemer,
> B7, L683

Felsenmeer Hemer

Das **Felsenmeer Hemer** liegt in Nordrhein-Westfalen östlich von Hagen. Ein urtümlicher Buchenwald, Lebensraum für viele Tiere und Pflanzen, wächst auf bizarren Felsen und in Schluchten. Die Gesteinsformationen gehen zum Teil auf Höhlen zurück, in denen seit dem Mittelalter Erz abgebaut wurde. @ www.hiz-hemer.de

AS 48 Iserlohn-Seilersee,
> B233

Industriekultur – Historische Fabrikanlage Maste-Barendorf. Das aus dem 19. Jahrhundert stammende Gebäudeensemble wurde um das Messingwalzwerk herum erbaut, hinzu kamen weitere Metall verarbeitende Betriebe. Die insgesamt zehn Gebäude fungieren heute als Museum und als Künstlerateliers. @ www.iserlohn.de

AS 46 Iserlohn-Oestrich,
> B236, L743

Die **Dechenhöhle** liegt im Sauerland bei Iserlohn. Entdeckt im Jahr 1868, wurde sie kurze Zeit später bereits als Schauhöhle erschlossen. Die verschiedenen Abschnitte des Höhlensystems tragen Namen wie Königs-, Kristall-, Kanzel- oder Nixengrotte – letztere mit dem verwunschenen Nixenteich. Angeschlossen ist das Deutsche Höhlenmuseum.

@ www.dechenhoehle.de

AS 35 Wuppertal-Barmen

Bergisches Land

Bergisches Land. Siehe Seite 14, A1.
@ www.bergischesland.de

AS 31 Wuppertal-Cronenberg,
> B228

Wuppertaler Schwebebahn – Zoo. Beides sind Wahrzeichen der Stadt an der Wupper. Die heute denkmalgeschützte Schwebebahn ging im Jahr 1901 in Betrieb. Noch älter ist der Zoo, der 1881 mit einem anfänglichen Bestand von 34 Tieren eröffnet wurde. Mittlerweile leben knapp 5000 Tiere auf dem Zooareal, darunter Raubkatzen und Affen.

@ www.schwebebahn.de
@ www.zoo-wuppertal.de

AS 30
Haan-Ost,
> B224

Industriekultur
Industriemuseum
Solingen

Industriekultur Industriemuseum Solingen. Die Stadt ist bekannt für ihre Scheren- und Messerproduktion; in der ehemaligen Gesenkschmiede Hendrichs, die 100 Jahre lang bis 1986 Scherenrohlinge be- und verarbeitete, lässt heute das Industriemuseum das vollständige Inventar des Unternehmens im Rahmen des Museumsbetriebs noch immer zum Einsatz kommen.

@ www.rim.lvr.de

AS 23
Düsseldorf-
Bilk, > B8,
> Zentrum

Altstadt Düsseldorf

Altstadt Düsseldorf. Die Altstadt der nordrhein-westfälischen Landeshauptstadt gilt nicht nur als „längste Theke der Welt“ mit ihrer hohen Dichte an Kneipen und Gastronomiebetrieben, sondern bietet mit ihren Gassen und historischen Gebäuden, dem Burgplatz oder der Basilika St. Lambertus aus dem 12. Jahrhundert sowie verschiedenen Museen und dem Rheinufer viel Sehenswertes.

@ www.duesseldorf.de

AS 14 Kapellen,
> L361, L32

Museum Insel Hombroich – Schloss Dyck. Das Museum Insel Hombroich im nordrhein-westfälischen Neuss umfasst verschiedene Ausstellungspavillons in einer idyllischen Parklandschaft. Schloss Dyck liegt in Jüchen südöstlich von Neuss; die Wasserburg geht auf das 11. Jahrhundert zurück. Heute beheimatet sie zwei Dauerausstellungen – Historie und Landschaft.

@ www.inselhombroich.de
@ www.stiftung-schloss-dyck.de

AS 15 Neuss-
Holzheim,
> K8n,
ca. 500 m

Skihalle Neuss. Die Skihalle in Neuss wurde im Jahr 2001 eröffnet. Damit ist sie die älteste Anlage ihrer Art in Deutschland. Sie besitzt eine Haupt- und eine Nebenpiste, dazu zwei Rodelbahnen für Nicht-Skifahrer sowie Lifte. Ganzjährig können hier sportlich Ambitionierte auf bestem Pulverschnee ihrem Hobby frönen, Anfänger können bei einem der zahlreichen Lehrer der Skischule das Skifahren oder Snowboarden erlernen. Verschiedene Veranstaltungen erweitern das Angebot.

@ www.neuss.de

AS 12 Höhr-Grenzhausen, > L310

Limesturm Hillscheid am Welterbe Limes. Hillscheid, eine rheinland-pfälzische Gemeinde im Westerwald, liegt nordöstlich von Koblenz; hier wurde der römische Limesturm rekonstruiert, der im Sommerhalbjahr und an den Wochenenden zu besichtigen ist. In unmittelbarer Nähe liegt auch das Kleinkastell Hillscheid.

@ www.welterbe-limes-rlp.de

AS 12 Höhr-Grenzhausen, Höhr-Grenzhausen Zentrum

Das **Keramik-Museum Westerwald** im rheinland-pfälzischen Höhr-Grenzhausen nordöstlich von Koblenz dokumentiert die Geschichte der Keramikherstellung in der Region, die auch den Namen Kannenbäckerland trägt. Die Sammlung umfasst historische bis hin zu zeitgenössischen Exponaten. Ergänzt wird die Dauerausstellung um Sonderausstellungen.

@ www.keramikmuseum.de

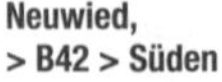

AS 11 Bendorf/ Neuwied, > B42 > Süden

Gnadenkapelle Vallendar-Schönstatt. Die Gnadenkapelle nahe Koblenz ist ein bekannter Wallfahrtsort. Von hier aus nahm ab 1914 die Schönstattbewegung, eine katholische Erneuerungsbewegung, ihren Anfang. Schon im Mittelalter existierte hier ein Augustinerinnenkloster. Die heutige Gnadenkapelle war einst Friedhofskapelle, deren Ursprünge ins 14. Jahrhundert zurückreichen.

@ www.schoenstatt-info.com

AS 11 Bendorf/ Neuwied, > B413 > Norden

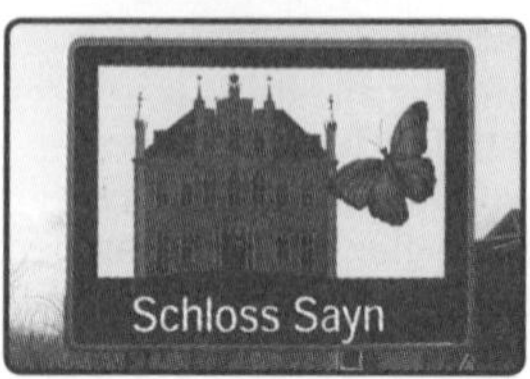

Das **Schloss Sayn** liegt im rheinland-pfälzischen Bendorf-Sayn in der Nähe von Koblenz und ist im Besitz der Familie Sayn-Wittgenstein-Sayn, deren Stammburg oberhalb des Schlosses liegt. Im 19. Jahrhundert neugotisch umgestaltet, beherbergt es heute das Rheinische Eisenkunst-Guss-museum, das Fürstenzimmer sowie ein Restaurant. Im Schlosspark befindet sich der Garten der Schmetterlinge.

@ www.sayn.de

Das **Maifeld** ist eine Hügellandschaft zwischen Koblenz und der Eifel. Typisch sind die weiten, offenen Landschaften, auf deren fruchtbaren Böden vor allem Getreide und Kartoffeln angebaut werden, ebenso Raps, der im Frühjahr mit seinem leuchtenden Gelb die Landschaft prägt.

@ www.region-maifeld-pellenz.de

Der **Vulkanpark** im Osten der Vulkaneifel in Rheinland-Pfalz dokumentiert seit seiner Eröffnung im Jahr 1996 die vulkanische Entstehungsgeschichte der Eifel, die sich noch heute in den charakteristischen Kraterseen, den Maaren, zeigt. 24 Projekte wie der Lava-Dome, ein Vulkanmuseum, oder das Infozentrum Rauschermühle informieren auf verschiedenen Routen über Vulkane und Steinabbau.

@ www.eifel.info

Burg Eltz

Burg Eltz.
Siehe Seite 20, A1.

@ www.burg-eltz.de

Genovevaburg Mayen. Die Genovevaburg im rheinland-pfälzischen Mayen in der Eifel stammt aus dem späten 13. Jahrhundert und wurde im Pfälzischen Erbfolgekrieg im 17. Jahrhundert zerstört, kurz darauf jedoch wieder aufgebaut. Heute befindet sich in der Burg das Eifelmuseum; in ihrem Hof finden jedes Jahr im Sommer die Mayener Burgfestspiele statt.

@ www.mayen.de

Tempelanlage Martberg/ Pommern. Die Tempelanlage, westlich von Koblenz gelegen, befindet sich an gleicher Stelle, an der vor den Römern Treverer, Angehörige eines Keltenstamms, siedelten. Die gallo-römische Tempelanlage aus dem 3. Jahrhundert war der Verehrung des Gottes Lenus Mars gewidmet. Sie wurde rekonstruiert und ist im archäologischen Park zu besichtigen.

@ www.martberg.de

AS 8
Ochtendung

AS 8
Ochtendung,
> L117, > Plaidt

AS 5
Kaifenheim,
> L109, L110

AS 6 Mayen
> Zentrum
Mayen

AS 5
Kaifenheim,
> L109, L110,
L108, > Süden,
ca. 12 km

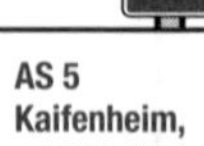

Die **Burg Pyrmont** in der südlichen Eifel geht auf das 12. Jahrhundert zurück. Im 18. Jahrhundert als mittelalterlicher Wehrbau nicht mehr zeitgemäß, erfuhr Burg Pyrmont barocke Aus- und Umbauten. Nach beginnendem Verfall im 19. Jahrhundert wurde im 20. Jahrhundert mit dem Wiederaufbau begonnen. Die Burg kann heute besichtigt werden. @ www.burg-pyrmont.de

Die **Burg Cochem** thront oberhalb der Stadt Cochem an der Mosel und prägt markant deren Gesicht. Die ursprünglich aus dem 12. Jahrhundert stammende Anlage wurde im 17. Jahrhundert zerstört; der Wiederaufbau erfolgte im Stile des neugotischen Historismus im 19. Jahrhundert. Die Burg ist im Rahmen von Führungen zu besichtigen. @ www.reichsburg-cochem.de

AS 3 Laubach

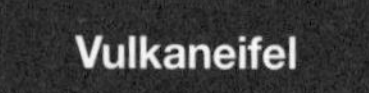

Vulkaneifel.
Siehe Seite 18, A1.
@ www.geopark-vulkaneifel.de

AS 2 Ulmen, direkt an Ausfahrt Ulmen

Das **Ulmener Maar** liegt nahe der Stadt Ulmen in der Vulkaneifel. Maare sind die Folge vulkanischer Tätigkeiten; füllt sich der bei der Explosion entstandene Trichter mit Wasser, bildet sich ein typischer runder oder ovaler Maarsee. Entstanden ist das Ulmener Maar vor etwa 10.000 Jahren und soll das jüngste Maar der Eifel sein. @ www.verkehrsverein-ulmen.de

AS 2 Ulmen,
> B257
> Norden

Der **Nürburgring** in der Nähe des rheinland-pfälzischen Adenau in der Eifel wurde im Jahr 1927 als Rennstrecke eröffnet. Hier fanden zahlreiche Formel-1-Rennen statt, die als Folge schwerer bis tödlicher Unfälle aus Sicherheitsgründen 1977 nach Hockenheim verlagert wurden. Nach Umbaumaßnahmen wurde die neue Grand-Prix-Strecke 1984 in Betrieb genommen. @ www.nuerburgring.de

Dernbach – Daun < > Daun – Dernbach

A48

Die **Wallfahrtskirche Maria Martental** gehört zum gleichnamigen Kloster nahe des rheinland-pfälzischen Leienkaul zwischen Koblenz und Trier. Im 11. Jahrhundert gegründet, folgte nach Verfall der Neubau von Kloster und Kirche im 17. Jahrhundert, nach der Säkularisierung setzte wieder Verfall ein, dem erst mit dem Wiederaufbau auf den Grundmauern der Ruine in den 1930er-Jahren Einhalt geboten wurde.

@ www.kloster-maria-martental.de

AS 3 Laubach,
> L2, L100
> Süden

Maare

Maare.
Siehe Seite 17, A1.

@ www.maarmuseum.de

AS 1 Dreieck Vulkaneifel,
> B421
> Norden und
> Süden

Kassel – Borken < > Borken – Kassel

A49

Nationalpark Kellerwald-Edersee

Nationalpark Kellerwald-Edersee.
Siehe Seite 157, A44.

@ www.nationalpark-kellerwald-edersee.de

AS 15 Wabern,
> BV253, B485

Historische Altstadt Gudensberg. Die historische Altstadt in Gudensberg südwestlich von Kassel dokumentiert noch heute die Geschichte der Stadt, die auf das 11. Jahrhundert zurückgeht. Oberhalb von Gudensberg thront die Ruine der Obernburg, während sich hübsche, gut erhaltene Fachwerkbauten um den Alten Markt gruppieren und schmale Gassen säumen.

@ www.gudensberg.de

AS 13 Gundensberg, Direkt an der Ausfahrt

Mittelalterliches Fritzlar. Das mittelalterliche Fritzlar in Nordhessen zeigt sich noch heute im Stadtbild mit der nahezu vollständig erhaltenen Stadtmauer. Schön restaurierte Fachwerkhäuser umgeben den Marktplatz, ein besonders sehenswertes Beispiel für Fachwerkkunst ist das Hochzeitshaus vom Ende des 16. Jahrhunderts. Sehenswert ist unter anderem auch der romanische Dom St. Peter.

@ www.fritzlar.de

AS 14 Fritzlar,
> Zentrum
Fritzlar 500 m

Kassel – Borken < > Borken – Kassel

AS 15 Wabern

Kurhessisches Bergland

Kurhessisches Bergland. Das Kurhessische Bergland bezeichnet eine touristische Mittelgebirgsregion in Nordhessen, die sich zwischen Habichtswald, Knüllgebirge und Kellerwald erstreckt und von der Fulda und dem Edersee geprägt ist. @ www.kurhessisches-bergland.nordhessen.de

AS 15 Wabern,
> B253

Bad Wildungen liegt im Nordwesten Hessens und geht auf das 9. Jahrhundert zurück. Der Kurbetrieb begann in der Mitte des 19. Jahrhunderts mit der Entdeckung von Mineralquellen zu florieren. Sehenswert sind heute unter anderem das barocke Schloss Friedrichstein und die schönen Fachwerkhäuser in der Altstadt. @ www.badwildungen.de

A445

Werl – Wickede < > Wickede – Werl

AS 61 Wickede

Sauerland

Sauerland.
Siehe Seite 151, A4.
@ www.sauerland.com

AS 61 Wickede,
> B63, B7
> Süden

Wildwald Voßwinkel

Der **Wildwald Voßwinkel** liegt in der Nähe von Arnsberg im Sauerland. Der Besucher soll einheimisches Wild in naturnahen, weitläufigen Gehegen möglichst ohne trennende Zäune erleben. Ein Wegenetz erschließt den Wald, in dem unter anderem Wildschweine, Rot-, Dam- und Muffelwild, Waschbären und Marderhunde leben. @ www.wildwald.de

Reiskirchen – Wettenberg < > Wettenberg – Reiskirchen

AS 4 Gießener Nordkreuz,
> B3 > Norden,
2 km

Die **Burg Staufenberg** liegt nördlich von Gießen. Die Anlage hat ihre Ursprünge im 13. Jahrhundert; im gleichen Jahrhundert wurde sie erstmals zerstört, ein zweites Mal nach dem Wiederaufbau im Dreißigjährigen Krieg. Die Unterburg wurde im 19. Jahrhundert als Schloss wieder aufgebaut, die Oberburg blieb als Ruine erhalten. @ www.staufenberg.de

Reiskirchen – Wettenberg < > Wettenberg – Reiskirchen

AS 3
Wettenberg

Gleiberger Land

Das **Gleiberger Land** ist ein Landstrich in Hessen, der im südlichen Teil von der Lahn durchflossen wird. Die Landschaft ist geprägt von Wald, Gewässern sowie von einigen Erhebungen, die zwischen gut 300 und knapp 500 Meter hoch sind, darunter der Gleiberg. @ www.gleiberger-land.de

Gießen – Butzbach < > Butzbach – Gießen

A485

AS 8 Gießen-Schiffenberger Tal, > Zentrum Gießen

Die **Universitätsstadt Gießen** liegt in Mittelhessen und geht auf die Erbauung einer Wasserburg Mitte des 12. Jahrhunderts zurück. Auch die Gießener Universität kann auf eine lange Geschichte zurückblicken; sie wurde im Jahr 1607 gegründet. Gießen erlitt im Zweiten Weltkrieg schwere Zerstörungen; sehenswert sind aber noch heute Altes und Neues Schloss sowie der Alte Friedhof. @ www.giessen.de

AS 1 Hattenbacher Dreieck

Waldhessen

Waldhessen.
Siehe Seite 149, A4.

@ www.waldhessen.de

AS 2 Alsfeld-Ost, > Alsfeld Zentrum

Rathaus Alsfeld. Der berühmte spätgotische Fachwerkbau mit seinen charakteristischen Erkern und Türmchen sowie seiner Steinarkadenhalle im Erdgeschoss ist Sehenswürdigkeit und Wahrzeichen für die ganze Region. Eine Besichtigung der Altstadt mit ihren über 250 Fachwerkhäusern lohnt immer. @ www.alsfeld.de

AS 3 Alsfeld-West, > B49 > Süden

Schloss Romrod. Die ehemalige Wasserburg der Staufer entstand Ende des 12. Jahrhunderts. Ende des 19. Jahrhunderts wurde die Burg saniert und zum Schloss ausgebaut. Heute wird das noble Schloss als Event- und Tagungshotel geführt. Heiratswilligen bietet sich hier auch ein eigenes Standesamt. @ www.romrod.de

AS 2 Alsfeld-Ost, > B62 > Osten

Burg Herzberg

Burg Herzberg ist eine recht gut erhaltene Ruine in der Gemeinde Breitenbach auf dem früheren „Herzisberg", in der südwestlichsten Ecke des Vogelsbergkreises am Rande des Knüllgebirges. @ www.burg-herzberg.de

AS 6 Homberg (Ohm), > L3072, B49, B276 > Süden

Schloss Laubach, dessen Ursprünge auf das Jahr 1278 zurückgehen, bietet mit seiner großen Parkanlage und historischen Gebäuden den idealen Rahmen für zahlreiche kulturelle Veranstaltungen. Es wird von der früheren Grafenfamilie zu Solms-Laubach bewohnt und auch als Event-, Tagungs- und Hochzeitshotel geführt. @ www.schloss-laubach.de

AS 6 Homberg (Ohm), > L3072, B49, B276 > Süden

Naturpark Hoher Vogelsberg

Naturpark Hoher Vogelsberg.
Siehe Seite 166, A45.
@ www.naturpark-hoher-vogelsberg.de

AS 7 Grünberg,
> Grünberg
Zentrum

Die **Fachwerkstadt Grünberg** in Mittelhessen ist eine Gründung aus dem 11. Jahrhundert, und noch heute erfreut sich die frühere Kreisstadt einer sehr schönen historischen Altstadt mit vielen aufwendig restaurierten Fachwerkgebäuden, die sich vor allem auf dem Marktplatz und in der Marktstraße präsentieren.

@ www.gruenberg.de

AS 10
Fernwald,
> B457
> Südosten

Lich – Historische Altstadt.
Siehe Seite 165, A45.

@ www.lich.de

AS 12
Butzbach,
> B488

Butzbach – Historische Fachwerkstadt.
Ganz ähnlich wie die Stadt Lich geht auch Butzbach in der Wetterau auf eine frühe Römersiedlung zurück und erfreut sich ebenfalls einer wunderbaren historischen Altstadt. Auch hier führte direkt der Limes entlang, und auch hier gab es ein römisches Kohortenkastell.

@ www.stadt-butzbach.de

AS 13 Bad
Nauheim, > B3
> Südosten

Jugendstilbad Bad Nauheim.
Der Sprudelhof ist das Wahrzeichen des Kurortes Bad Nauheim im hessischen Wetteraukreis und gleichzeitig Teil der größten geschlossenen Anlage des europäischen Jugendstils. Charakteristisch für den Jugendstil des Heilbades ist die Trinkkuranlage, die auf das Wasser als Lebenskraft verweist.

@ www.sprudelhof.de

AS 14 Ober-
Mörlen, > B275
> Südwesten

Naturpark Hochtaunus. Das dicht mit Nadelwald bedeckte Gebiet im Mittelgebirge Taunus umfasst eine Fläche von rund 155.000 Hektar und liegt zwischen den Städten Weilburg an der Lahn im Westen, Wetzlar im Norden, Bad Homburg im Osten und Hochheim am Main im Süden. Die höchste Erhebung ist der Große Feldberg mit 879 Metern.

@ www.naturpark-hochtaunus.de

AS 13 Bad Nauheim, > B3 > L3134

Das **Rosendorf Steinfurth**, ein Ortsteil von Bad Nauheim, ist Deutschlands ältestes Rosendorf. Alle zwei Jahre findet das große Rosenfest mit Rosenkorso und Rosenmarkt statt, bei dem über 3000 Sorten der Königin der Blumen angeboten werden. Ein Rosenmuseum kann jederzeit besichtigt werden. @ www.die-steinfurther.de

AS 16 Friedberg, > L3057, L3041, > Westen

Das **Freilichtmuseum Hessenpark** präsentiert auf einer Fläche von rund 60 Hektar über 100 historische Gebäude und Gerätschaften und fasziniert durch viele kulturhistorische und handwerkliche Vorführungen. Eine Zucht bedrohter Haustierrassen begeistert besonders die kleinen Besucher.

@ www.hessenpark.de

AS 18 Nordwestkreuz Frankfurt, > Frankfurt Zentrum

Die **Europastadt Frankfurt am Main** ist Zentrum der Rhein-Main-Region und berühmt durch die Europäische Zentralbank, die Börse, die Einkaufsmeile Zeil, den Rhein-Main-Flughafen, die größte Buchmesse der Welt, das Museumsufer und Johann Wolfgang von Goethe, dessen Geburtsstadt Frankfurt am Main ist. @ www.frankfurt.de

nur über A 3, Ausfahrt Fluhafen über Flughafengelände

Luftbrückendenkmal

Das **Luftbrückendenkmal** in Frankfurt wurde durch den Verein „Luftbrücke Chapter of the Airlift Tanker Association e. V." auf dem Gelände der Rhein-Main Air Base im Gedenken an die Opfer der Berlin-Blockade von 1948-1949 aufgestellt. @ www.gg-online.de

AS 25 Weiterstadt, > B42 > Darmstadt > L3094

Welt-
naturerbe
Grube Messel

Weltnaturerbe Grube Messel. Das Weltnaturerbe Grube Messel ist eine der wenigen bekannten Fossil-Lagerstätten, die Fossilien aus der Zeit der Entstehung der Säugetiere vor rund 47 Millionen Jahren birgt, die wichtige Informationen zur Entschlüsselung der Evolution beitragen. Berühmt ist das Fossil eines Urpferdchens (Hyrachyus). @ www.grube-messel.de

Mathildenhöhe Darmstadt – Zentrum des Jugendstils. Die Kunstsammlung der Stadt Darmstadt besteht aus rund 15.000 Werken von der Romantik bis heute. Sie legt einen Schwerpunkt auf die Zeit des Jugendstils im frühen 20. Jahrhundert. Ein besonderes Erlebnis: ein Wellnesstag im Jugendstilbad. @ www.mathildenhoehe.de

AS 26 Darmstädter Kreuz,
> B26 Zentrum

UNESCO-Geopark Bergstraße-Odenwald. Aufgrund der geologischen Bedeutung zwischen Rhein, Main und Neckar wurde 2002 der 3500 Quadratkilometer große Naturpark zum UNESCO-Geopark, mit der Aufgabe der Information und Wissensvermittlung über die geologische Erdgeschichte und die Natur. @ www.geo-naturpark.net

AS 27
Darmstadt-Eberstadt

Weinland
Hessische Bergstraße

Das **Weinland Hessische Bergstraße** ist mit rund 440 Hektar das kleinste in Deutschland. Aufgrund unterschiedlicher Bodenbeschaffenheiten kultiviert man verschiedenste Rebsorten. @ www.bergstraesser-wein.de

AS 28
Seeheim-Jugenheim

Die **Burg Frankenstein** wurde 1252 erstmals urkundlich erwähnt und seinerzeit vom Adelsgeschlecht derer von Frankenstein bewohnt. Heute beherbergt die Burg ein schönes Restaurant mit herrlicher Aussichtsterrasse. Bekannt ist das Lokal auch für seine extravaganten Gruseldinner und Familienfeiern im festlichen Rahmen. @ www.frankenstein-restaurant.de

AS 27
Darmstadt-Eberstadt,
> B426

Schloss Auerbach liegt bei der Stadt Bensheim an der Bergstraße und ist bekannt für seine Festspiele und Ritterturniere. Das Restaurant bietet Rittermahle mit verschiedener thematischer Ausrichtung, Firmen- und Familienfeiern und gruselige Halloween-Partys. @ www.schloss-auerbach.de

AS 29
Zwingenberg,
> K67, B3,
L3103

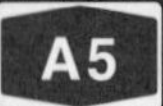

AS 30
Bensheim,
> B47, B460

Weltkulturerbe Kloster Lorsch. Das Kloster ist eine Gründung aus dem Jahr 764 und rühmt sich einer bedeutsamen Historie. Ein Museum und der Förderverein vermitteln diese allen Besuchern. Der zwischen 1170 und 1195 erstellte Lorscher Codex ist eines der wichtigsten historischen Zeitdokumente. @ www.schloesser-hessen.de

AS 32
Hemsbach

Weinland
Badische Bergstraße

Das **Weinland Badische Bergstraße** liegt zwischen Heppenheim und Wiesloch und profitiert vom sehr milden Klima. @ www.badischer-weinbauverband.de

AS 33 Kreuz
Weinheim,
> B38
> Weinheim

Weinheim – Zweiburgenstadt. Zwei Burgen bilden die weithin sichtbaren Wahrzeichen von Weinheim an der Bergstraße. Die Bevölkerungszahlen sind in Weinheim noch immer steigend. Man vermutet, dass das angenehme Klima und die günstigen Lebensbedingungen für Zuwanderung und Nachwuchs sorgen. @ www.weinheim.de

AS 34
Hirschberg,
> L536, B3

Die **Strahlenburg Schriesheim** wurde 1240 von Conrad I. von Strahlenberg errichtet und vermutlich um das Jahr 1500 zerstört. Heute werden Teile der Burg wieder als Burg-Gasthof mit Burgsaal, Kaminzimmer und Aussichtsterrasse bewirtschaftet. Von der Terrasse hat man einen schönen Blick über das Rheintal. @ www.strahlenburg-schriesheim.de

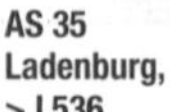

AS 35
Ladenburg,
> L536
> Ladenburg

Römerstadt Ladenburg. Die Ursprünge der Siedlung datieren aus keltischer Zeit. Im Jahr 98 n. Chr. wurde die römische Stadt namens Lopodunum durch Kaiser Trajan begründet. Das Lobdengau-Freilichtmuseum zeigt archäologische Funde und Mauerreste aus über 2000 Jahren Stadtgeschichte. @ www.ladenburg.de

Schloss Heidelberg ist das Wahrzeichen von Heidelberg und weltbekannt als ein Sinnbild deutscher Romantik. Die Teilruine des Schlosses lockt viele Touristen aus der ganzen Welt hierher. Die bewohnbaren Räume nutzt man für Ausstellungen und Veranstaltungen. Auch das Deutsche Apothekenmuseum hat hier seinen Sitz. @ www.schloss-heidelberg.de

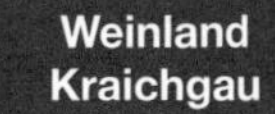

Das **Weinland Kraichgau** zählt mit knapp 1600 Hektar Anbaufläche zu den kleineren Weinbaugebieten im badischen Weinbau. @ www.badischerwein.com

Eremitage Waghäusel. Das französische Wort „Eremitage" bedeutet „Haus des Eremiten". So wurde der Bau 1724 vom Fürstbischof von Speyer auch als privater Rückzugsort in Auftrag gegeben. Von 1837 bis 1995 gehörte das Schloss der Zuckerfabrik Waghäusel. Heute nutzt es das hiesige Standesamt für Hochzeiten. @ www.eremitage-waghaeusel.de

Die **Thermen Bad Schönborn** basieren auf natürlichen Schwefel-Thermalquellen und gehören zu den beliebtesten Kurbädern Baden-Württembergs. Hier kann man Geist und Körper durch erholsame Bäder in wärmender Thermalsole regenerieren oder auch durch viele andere Wellnessangebote verwöhnen lassen. @ www.bad-schoenborn.de

Das **Barockschloss Bruchsal** ist berühmt und bekannt für seine herrliche Architektur, vor allem der des Treppenhauses vom Barockbaumeister Balthasar Neumann. Außer den prachtvollen Gemächern ist hier das Deutsche Musikautomatenmuseum mit einer fantastischen Sammlung von „Musikmaschinen" zu bewundern. @ www.schloss-bruchsal.de

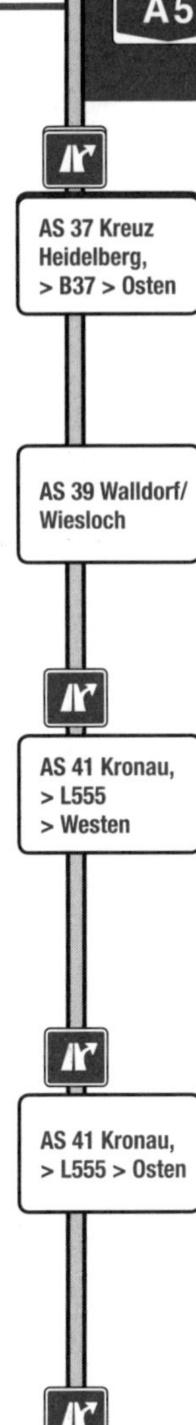

AS 43
Karlsruhe-Nord, > B10
Zentrum

Fächerstadt Karlsruhe nennt man die Stadt, weil ihr Straßenverlauf fächerförmig vom Schloss ausgehend angelegt wurde. Ab 1715 legte Markgraf Karl Wilhelm den Grundstein für sein neues Schloss. Der Grundriss der Schlossanlage zeigt einen „Sonnenfächer" von 32 Strahlen, und so wurden auch alle Straßen fortgeführt. @ www.karlsruhe.de

AS 47
Ettlingen,
> L561
> Ettlingen

Schloss Ettlingen wurde im 13. Jahrhundert als mittelalterliche Burg gegründet. Im 16. Jahrhundert zum Renaissanceschloss umgebaut und 1689 im Pfälzischen Erbfolgekrieg zerstört, ließ Markgräfin Augusta Sibylla die Ruine 1727 zum Barockschloss umbauen. Kulturelles Highlight sind die Schlossfestspiele. @ www.ettlingen.de

AS 49 Rastatt-Nord, > B462
> Südosten

Naturpark Schwarzwald
Mitte/Nord

Naturpark Schwarzwald Mitte/Nord. Trotz vieler Eingriffe in Natur und Wälder ist der Schwarzwald noch immer ein großes Waldgebiet, Teile wurden zum Nationalpark erklärt. @ www.naturparkschwarzwald.de

AS 49 Rastatt-Nord, > B462
> Rastatt

Schlösser Rastatt – Badische Revolution 1849. Die Verwaltung in Rastatt betreut neben dem großen Residenzschloss als Wahrzeichen der Stadt noch acht weitere Schlösser und Burgen. Die Badische Revolution von 1849 wurde von Max Werner, einem der bedeutendsten Aktivisten von Rastatt, angeführt. @ www.rastatt.de

AS 49 Rastatt-Nord, > B462
> B36

Die **Wallfahrtskirche Durmersheim** ist die Wallfahrtskirche des Klosters Maria Bickesheim. Etwa zwischen den Jahren 1250 und 1260 wurde die Kirche, die später zu einer der bedeutendsten Wallfahrtskirchen der badischen Region wurde, erbaut. @ www.kath-durmersheim-auamrhein.de

Museum Frieder Burda – Thermen Baden-Baden.

Der Architekt Richard Meier konstruierte den modernen Bau des Frieder Burda Museums, das seit 2004 Werke der Moderne und zeitgenössischen Kunst zeigt. Die Kur- und Kulturstadt Baden-Baden präsentiert drei große Thermalbäder und die Salina-Meersalzgrotte.

@ www.museum-frieder-burda.de

Romanisches Münster Schwarzach. Der Ortsteil Schwarzach der Gemeinde Rheinmünster wird seit Jahrhunderten durch die Benediktinerabtei geprägt. Das Münster ist eines der bedeutendsten Kirchenbauwerke im badischen Raum. Oft zerstört und wieder neu errichtet, zeigt der Bau heute auch gotische Stilelemente. @ www.kloester-bw.de

Weinland Ortenau

Weinland Ortenau. Die Ortenau ist von alters her ein Wein- und Obstanbaugebiet an den westlichen Ausläufern des Schwarzwalds mit einem sehr milden, fast mediterranen Klima in der Rheinebene zwischen Baden-Baden und dem Breisgau. @ www.badischer-weinbauverband.de

Nördlicher Schwarzwald

Nördlicher Schwarzwald. Der Nordschwarzwald wird geprägt durch zahlreiche Seen. Bekannt sind der Mummelsee an der Hornisgrinde und der Wildsee am Ruhestein. Große Teile des Nordschwarzwalds zählen zum Nationalpark Schwarzwald. @ www.nationalparknordschwarzwald.de

Renchen Simplicissimus-Haus. Das Simplicissimus-Haus in Renchen versteht sich als das „erste konsequent rezeptionsgeschichtliche Literaturmuseum Deutschlands, da es Text-Illustrationen zu den Werken bedeutender Künstler des 20. Jahrhunderts zeigt". Es ist dem berühmten Dichter Johann Jakob Christoffel von Grimmelhausen gewidmet. @ www.renchen.de

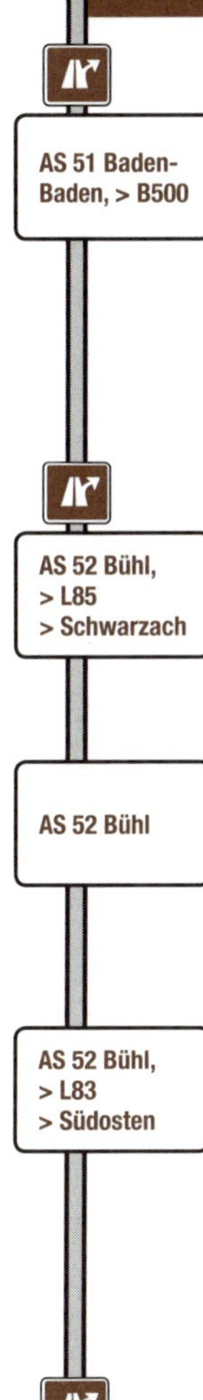

AS 53 Achern,
> L87
> Südosten

Karlsruher Grat Ottenhöfen. Der Karlsruher Grat ist ein Felsengebiet im Hochschwarzwald nahe des Ruhesteingebiets und der Schwarzwaldhochstraße südlich der Hornisgrinde. Der Grat ist bereits seit über 100 Jahren ein beliebter Klettersteig nur für geübte Wanderer und Bergsteiger. Am besten beginnt man den etwa fünfstündigen Aufstieg in Ottenhöfen.

@ www.schwarzwald-tourismus.info

AS 53 Achern,
> L86 > Sasbachwalden

Sasbachwalden liegt in einer romantischen Landschaft zwischen Rebhängen und Wäldern in den westlichen Ausläufern des Schwarzwalds im Ortenaukreis. Das berühmte Blumen- und Weindorf bietet neben kulturellen Veranstaltungen auch Sehenswürdigkeiten, wie die Gaishöll-Wasserfälle und Burgruine Hohenrode. Wegen seiner Fachwerkhäuser wurde es mehrfach zum schönsten Dorf Deutschlands gewählt.

@ www.sasbachwalden.de

AS 52 Bühl,
> L85, L83,
K3765
> Schwarzwaldhochstraße

Hornisgrinde – Mummelsee – Achertal. Die Hornisgrinde ist der höchste Berg im Nordschwarzwald mit mit 1164 Metern über N.N. Große Teile des Waldgebiets um die Hornisgrinde gehören seit 2013 zum Nationalpark Schwarzwald. Rund um den an der Schwarzwaldhochstraße gelegenen Mummelsee bieten Wanderwege traumhafte Aus- und Einblicke in das Achertal.

@ www.mummelsee.de

AS 54 Kreuz Appenweier,
> B28,
> Durbach
> 5369 > Süden

Durbach – Schloss Staufenberg. Schon aus dem Jahr 1399 gibt es einen Hinweis auf den Weinbau. Durbach wurde, ähnlich wie Sasbachwalden, wegen seiner gut erhaltenen und restaurierten Fachwerkhäuser mehrfach zum schönsten Dorf Deutschlands gewählt und verwöhnt seine Besucher darüber hinaus mit erlesenen Weinen und Köstlichkeiten aus der heimischen Küche.

@ www.schloss-staufenberg.de

AS 54 Kreuz Appenweier, > B28, > Kehl Hafenstraße > Rhein

Passerelle des deux Rives Kehl-Strasbourg heißt die Brücke über den Rhein für Radler und Fußgänger. Sie war Teil der Landesgartenschau 2004 und verbindet die deutsche und die französische Seite, damit man unbehelligt vom Autoverkehr den Rhein überqueren kann, und ist Symbol deutsch-französischer Freundschaft. @ www.kehl.de

AS 53 Achern, > L87, B3 > Renchen > L89 > Oberkirch

Ruine Schauenburg Oberkirch. Seit dem 11. Jahrhundert ist die Schauenburg Wahrzeichen von Oberkirch. Geschützt durch einen Burggraben und einen Schutzwall bestand die Burg bis ins 17. Jahrhundert. Heute findet man bei der Ruine die „Schlosswirtschaft“ mit tollem Ausblick auf die Rheinebene. @ www.schauenburg.de

AS 55 Offenburg, > B33, B28, B500

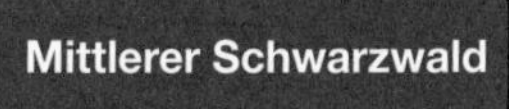

Mittlerer Schwarzwald. Ein ländlicher Großraum, der sich östlich des Rheintals über die Weinberge der Ortenau hinweg bis zum Quellgebiet von Donau und Kinzig erstreckt. @ www.badische-seiten.de

AS 55 Offenburg, > B33, > Südosten

Historische Altstadt Gengenbach. Die Altstadt wird geprägt von einer Stadtmauer, historischen Türmen und Fachwerkhäusern, die in eine längst vergangene romantische Zeit entführen. Stolz steht der „Steinerne Ritter“ auf dem Marktbrunnen und kündet von der glanzvollen Historie der ehemaligen Freien Reichsstadt. @ www.stadt-gengenbach.de

AS 55 Offenburg, > Offenburg Zentrum

Offenburg – Platz der Verfassungsfreunde. Der Name des Platzes geht auf das Jahr 1847 zurück, als hier ein erstes Freiheitsprogramm als Vorläufer unserer Verfassung entworfen wurde. Sehenswert ist die alte Kaserne, die unter Denkmalschutz steht. @ www.offenburg.de

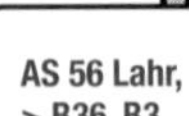

AS 56 Lahr, > B36, B3

Klosterkirche Schuttern – Friesenheim. Das Kloster im Ortsteil Schuttern in Friesenheim ist eine frühchristliche Siedlung aus dem Jahr 603. Im 8. Jahrhundert wurde das Kloster dem Hl. Benedikt geweiht. Von der ehemaligen Abtei stehen heute noch die Kirche und das Pfarrhaus. Ausgrabungen zeugen von der Historie der Siedlung. @ www.friesenheim.de

AS 55 Offenburg, > Offenburg Zentrum > L99

Schloss Ortenberg liegt unweit von Offenburg in den Weinbergen oberhalb des gleichnamigen Ortes. Die Gründung der Burg geht auf das 11. Jahrhundert zurück. Heute befindet sich hier eine Jugendherberge. Im Sommer ist der Turm der Burg geöffnet und bietet eine einmalige Aussicht auf die Stadt Offenburg, das Rhein- und das Kinzigtal.

@ www.ortenberg.jugendherberge-bw.de

AS 56 Lahr, > B415

Burgruine Hohengeroldseck Seelbach. Die Burg in der baden-württembergischen Gemeinde Seelbach wurde um 1260 gegründet und war Schutz- und Kontrollburg der früheren Passstraße zwischen dem Elsass und Schwaben sowie Stammsitz der Grafen von Hohengeroldseck. Von hier aus hat man einen sehr schönen Panoramablick auf das Schutter- und das Kinzigtal. @ www.burg-hohengeroldseck.de

AS 57a Ettenheim, > L103

Barockstadt Ettenheim

Die **Barockstadt Ettenheim** besticht durch ihre reizvolle Barockarchitektur. In der Stadt zwischen Rheinebene und Schwarzwald genießt man ein sehr mildes Klima und die vielgerühmte badische Sonne beschert den Weinreben viele warme Sonnenstunden und den Winzern die besten Weine. @ www.ettenheim.de

AS 55 Offenburg, > B33, B28, B500

Naturpark Schwarzwald Mitte/Nord

Naturpark Schwarzwald Mitte/Nord
Siehe Seite 182, A5.
@ www.naturparkschwarzwald.de

Europa Park. Der Europa Park in Rust bietet eine Fülle von Fahrgeschäften, Themenbereichen und Parkanlagen. Die Attraktionen finden großen Anklang und werden ständig erweitert. Deutschlands größter Freizeit- und Märchenpark auf 940.000 Quadratmetern ist ein Garant für abwechslungsreiche Erlebniswelten mit beeindruckenden Shows.
@ www.europapark.de

Naturpark Südschwarzwald

Der **Naturpark Südschwarzwald** ist ein ländliches Gebiet, das durch die Vielfalt seiner Natur geprägt wird. Er bietet einen einmaligen Naturraum zur Freizeitgestaltung und Erholung. @ www.naturpark-suedschwarzwald.de

Weinland Kaiserstuhl und Tuniberg. Das Weinland ist ein ländlicher Großraum zwischen der Rheinebene und dem südlichen Schwarzwald. Das sehr milde Klima lässt Weinreben, Obstpflanzen und sogar viele Orchideenarten prächtig gedeihen. Der Tuniberg ist eine Erhebung im Breisgau mit einer Höhe von 312 Metern. @ www.kaiserstuehler-wein.de

Historisches Endingen am Kaiserstuhl

Historisches Endingen am Kaiserstuhl. Endingen ist ein staatlich anerkannter Erholungsort am Fuße des Kaiserstuhls. Die wunderschöne und gut erhaltene historische Altstadt lädt alle Besucher zu einer romantischen Zeitreise ein. Spezialitäten aus Küche und Keller garantieren lukullische Erlebnisse. @ www.endingen.de

Kenzingen – Historische Altstadt. Kenzingen im Breisgau erhielt 1249 die Stadtrechte und besitzt eine sehr gut erhaltene mittelalterliche Altstadt, die in ihrer Gesamtheit unter Denkmalschutz steht. Das älteste erhaltene Gebäude ist die St. Laurentius-Kirche, die in der Mitte des 13. Jahrhunderts erbaut wurde. @ www.kenzingen.de

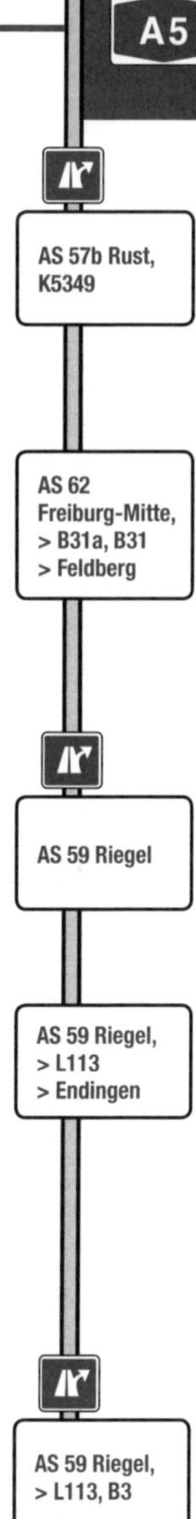

AS 60 Teningen

Weinland Breisgau

Das **Weinland Breisgau** ist ein ländlicher Großraum zwischen der Rheinebene und dem südlichen Schwarzwald. Das milde Klima und die Nähe zum Dreiländereck Frankreich-Schweiz-Deutschland sorgen für ein internationales multikulturelles Flair. @ www.weinlandbreisgau.de

AS 60
Teningen,
> L113, B3

Ruine Hochburg Emmendingen. Die Burg wurde vermutlich im 11. Jahrhundert gegründet und nach bewegter Geschichte im 17. Jahrhundert zerstört und nicht wieder aufgebaut. Der Verein zur Erhaltung der Hochburg bietet kulturelle Veranstaltungen und Führungen durch die Ruine und das Museum an. @ www.emmendingen.de

AS 64a
Bad Krozingen,
> L120, L123
> Münstertal
> Todtnau

Hochschwarzwald

Der **Hochschwarzwald** erstreckt sich östlich von Breisgau und Kaiserstuhl. Das Gebiet ist ein sehr beliebter Urlaubs- und Erholungsraum. Die höchste Erhebung ist der Feldberg mit 1277 Metern. @ www.hochschwarzwald.de

AS 61
Freiburg-Nord,
> B294 > Osten

Die **Orgelstadt Waldkirch** wird auch „Mekka des Orgelbaus" genannt. Der Bau von Dreh- und Jahrmarktorgeln, Orchestrien und Kirchenorgeln wurde 1806 begründet und zum Inbegriff bester Orgelinstrumente. Heute führen vier Orgelbauwerkstätten die Tradition fort. Im Elztalmuseum kann man eine Orgelsammlung bewundern.
@ www.stadt-waldkirch.de

AS 62
Freiburg-Mitte,
> Freiburg
Zentrum

Das **Freiburger Münster** wurde nach dem Vorbild des Basler Münsters begonnen und um 1235 im gotischen Stil weitergeführt. Der Bau ist Bischofskirche der Erzdiözese Freiburg und berühmt für die offene Bauweise seiner Turmspitze und die Schönheit seiner Kunstschätze. Das Freiburger Münster verfügt mit 19 Glocken über eines der größten Domgeläute in Deutschland. @ www.freiburgermuenster.info

AS 64a
Bad Krozingen,
> B31

Europastadt
Breisach
am Rhein

Europastadt Breisach am Rhein. Weithin sichtbar ist das St. Stephansmünster als Wahrzeichen auf dem Münsterberg in Breisach, der „Mutterstadt des Breisgaus". Weitere Sehenswürdigkeiten sind neben der Altstadt das Schloss Rimsingen und die fast unversehrte große Festung Neuf Brisach, die 1699 zur Sicherung des Elsass von Vauban von Ludwig XIV. erbaut wurde.

@ www.breisach.de

AS 64a
Bad Krozingen,
> L120, L123
> Münstertal

Barockkirche St. Trudpert Münstertal. Der Mönch Trudpert missionierte Anfang des 7. Jahrhunderts das Münstertal und wurde nur wenige Jahre später ermordet. An seiner Todesstelle wurde das Kloster St. Trudpert errichtet. Durch Kriege und Brände wurde es mehrfach zerstört, die Klosterkirche wurde 1727 neu errichtet. Heute ist das Kloster offen für Gäste und hält Angebote wie Wanderungen und Meditationen bereit.

@ www.kloster-st-trudpert.de

AS 64a
Bad Krozingen,
> L120, L123

Die **Fauststadt Staufen** liegt im Landkreis Breisgau-Hochschwarzwald und wurde 770 erstmals urkundlich erwähnt. Die aus dem 11. Jahrhundert stammende Ruine der Burg Staufen ist das hoch über der Stadt liegende Wahrzeichen. Sie war Sitz der Freiherren von Staufen und Schutzburg für den mittelalterlichen Silberbergbau. Die Burgruine ist für jedermann frei zugänglich und jederzeit zu besichtigen.

@ www.stadt-staufen.de

AS 64b
Hartheim,
> Heitersheim

Römervilla Heitersheim. Archäologische Grabungen weisen eine frühe Siedlung der Römer aus dem 1. Jahrhundert in Heitersheim nach, wovon heute nur noch Restmauern, Fundamente und ein teilrestauriertes Badebecken im Museum „Villa Urbana" zu besichtigen sind. Die Gesamtanlage wird durch Computergrafiken und Modelle wieder zum Leben erweckt.

@ www.heitersheim.de

AS 65
Müllheim/
Neuenburg,
> B378, L131,
L132

Schloss Bürgeln – Schliengen.

Das herrliche Schloss im Landkreis Lörrach ist weithin sichtbar. Von seiner Terrasse bietet sich ein faszinierendes Panorama über das Rheintal, die Vogesen und die Schweizer Jura-Bergkämme. 1762 entstand hier die Propstei des Klosters St. Blasien, aus der inzwischen das frühklassizistische Schloss im Rokoko-Schmuck wurde.

@ www.schlossbuergeln.de

AS 65
Müllheim/
Neuenburg,
> B378, L131

Badenweiler Therme.

Die Cassiopeia Therme in Badenweiler gehört zu den beliebtesten Thermen im süddeutschen Raum. Thermalbäder, eine Saunalandschaft und ein römisch-irisches Bad bieten dem Besucher Entspannungsmöglichkeiten; in der Wellnessoase kann man sich mit verschiedenen Massagen oder kosmetischen Anwendungen verwöhnen lassen.

@ www.badenweiler.de

AS 65
Müllheim/
Neuenburg,
> B378, L131,

Römische Badruine Badenweiler.

Die Ruine des römischen Bades im heutigen Landkreis Breisgau-Hochschwarzwald wurde 1784 freigelegt. Das mehrmals umgebaute Badehaus war vom 1. bis zum 3. Jahrhundert n. Chr. Kern einer römischen Siedlung, deren Name nicht überliefert ist. Heute ist die Ruine für Besichtigungen geöffnet, eine Dauerausstellung informiert über die Historie.

@ www.badruine-badenweiler.de

AS 65
Müllheim/
Neuenburg,
> B378

Zähringerstadt Neuenburg am Rhein. Neuenburg am Rhein geht auf das Geschlecht der Zähringer zurück. Um 1175 gegründet, wurde Neuenburg Freie Reichsstadt und erlebte eine Blüte durch Handel und Handwerk. Noch heute ist die Zwei-Brücken-Stadt ein Wirtschaftszentrum für Deutsche und Franzosen. Im Rathaus am Franziskanerplatz befindet sich das Museum für Stadtgeschichte.

@ www.badische-seiten.de

AS 65
Müllheim/
Neuenburg,
> B378, L131

Blankenhorn Palais Müllheim. Müllheim wird 758 erstmals in einer Schenkungsurkunde erwähnt. Bei Ausgrabungen stieß man auf Reste einer römischen Villa. Vermutlich gab es hier bereits im 1. Jahrhundert n. Chr. eine Siedlung. Das 1780 entstandene Blankenhorn Palais dokumentiert den Lebensstil einer reichen Winzerfamilie. @ www.markgraefler-museum.de

AS 67 Efringen-
Kirchen,
> K6347

Thermen Bad Bellingen 34°C. Das Thermalwasser der Stadt im Landkreis Lörrach zählt angeblich zu den besten Deutschlands. Die modernen „Balinea Thermen" mit Thermalbädern, einem Sauna-Park und weiteren Wellnessangeboten versprechen den Kurgästen umfassende Erholung.

@ www.bad-bellingen.de

AS 67 Efringen-
Kirchen

Markgräflerland

Das **Markgräflerland** ist ein ländlicher Großraum zwischen Oberrhein und Schwarzwald. Aufgrund seines Klimas und landschaftlichen Reize ist es auch eine beliebte Urlaubsregion. @ www.markgraefler.de

AS 67 Efringen-
Kirchen,
> L137
> Süden 1 km

Geotop Isteiner Klotz – Historisches Istein. Istein liegt im Markgräflerland zwischen Rhein und dem sogenannten Isteiner Klotz, einer Felsformation. Durch die Korrektur des Rheinverlaufs 1876 konnte sich Istein erstmals erweitern. Nach weiteren Korrekturen wurde 1986 das Geotop am Isteiner Klotz unter Naturschutz gestellt. @ www.istein.de

AS 69 Weil/
Hünningen,
> B532, B3

Architektur und Design Weil am Rhein zeichnet sich durch eine außergewöhnliche Vielfalt aus. Die moderne Dreiländerbrücke verbindet die beiden Partnerstädte Weil am Rhein und Huningue auf französischer Seite. Weltberühmt ist auch das Vitra Design Museum. @ www.design-museum.de

AS 8 Mönchengladbach-Nord, > L116, B57

Museum Abteiberg

Das **Museum Abteiberg** besteht seit 1904 und ist eine Ausstellung und Sammlung moderner Kunst und Architektur aller Stilrichtungen. Neben wechselnden Themenausstellungen präsentiert das Museum Werke bedeutender zeitgenössischer Künstler. @ www.museum-abteiberg.de

AS 25 Breitscheid

Ruhrgebiet

Das **Ruhrgebiet** ist das größte Ballungsgebiet Deutschlands. Bis Ende der 1980er-Jahre dominierten hier Kohlebergbau und Stahlindustrie. Heute werden die geschlossenen Zechen für Veranstaltungen oder als Museen genutzt, Landschaften werden renaturiert.

@ www.ruhr-tourismus.de

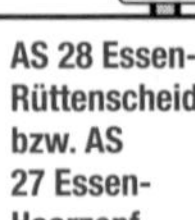

Industriekultur Villa Hügel. 1873 ließ der großindustrielle Stahlbauunternehmer Alfred Krupp im Essener Stadtteil Bredeney die Villa Hügel als Wohn- und Repräsentationshaus erbauen. Die Villa hat 269 Räume mit über 8000 Quadratmetern Wohn- und Nutzfläche. Sie liegt im Hügelpark über dem Ruhrtal. @ www.villa-huegel.de

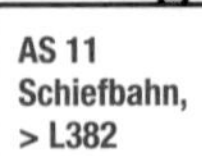

Schloss Rheydt ist der einzige komplett erhaltene Renaissancebau am Niederrhein und wird heute als Museum für verschiedene Sammlungen genutzt. Sehr beeindruckend ist vor allem die ständige Ausstellung mit den Exponaten aus der Renaissance und des Barock. Auch die wechselnden Sonderausstellungen sind sehr beliebt. @ www.schlossrheydt.de

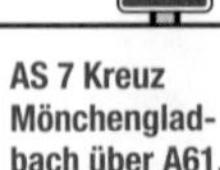

Der **Naturpark Schwalm-Nette** erstreckt sich mit über 430 Quadratkilometern auf diversen Teilgebieten im Raum Kleve, Viersen, Heinsberg und Mönchengladbach. Der Park zählt seit 1976 zum deutsch-niederländischen Naturpark Maas-Schwalm-Nette und ist ein biologisch sehr wertvolles Naturschutzgebiet. @ www.npsn.de

Historischer Stadtkern Kalkar. Die spätgotische St. Nicolai-Kirche mit ihren geschnitzten Altären, dem gotischen Rathaus, den zahlreichen Bürgerhäusern der Spätgotik, der Renaissance, dem Klassizismus und dem Historismus bilden den Kern der sehenswerten historischen Altstadt. @ www.kalkar.de

AS 3 Goch,
> B67
> Nordosten

Wallfahrtsort Kevelaer. Der Wallfahrtsort Kevelaer wurde 1641 begründet durch die Eingebungen des armen Handelsmannes Hendrik Busman und seiner Frau Mechel. Busman betete öfter an einem Flurkreuz und erhielt durch eine Stimme den Auftrag zum Bau einer Marienkappelle, zu der heute tausende Gläubige pilgern. @ www.wallfahrt-kevelaer.de

AS 3 Goch,
> B9 > Süden

Dom – Archäologischer Park Xanten. Xanten entstand aus einem römischen Heerlager. Heute dokumentiert der Archäologiepark die historische Bedeutung der Stadt. Der Bau des Doms dauerte von 1167 bis 1544. Besonders sehenswert sind heute der geschnitzte Marienaltar und die herrlichen gotischen Glasfenster. @ www.xanten.de

AS 5 Sonsbeck,
> L491, L480

Haus Lange und
Haus Esters

Haus Lange und Haus Esters heißt ein Krefelder Museum, das die enge Beziehung zwischen moderner Architektur und Fotografie dokumentiert. Das Museum ist voraussichtlich bis Ende August 2014 wegen Restaurierung geschlossen. @ www.kunstmusseenkrefeld.de

AS 12 Krefeld-Gartenstadt,
> B509
> Krefeld

Zollfeste Zons. Das mittelalterliche Städtchen Zons liegt am Niederrhein nahe der Stadt Dormagen. Früher nannte man das Städtchen „Zollfeste Zons", da es im Mittelalter auch eine Zollstation beheimatete. Zons verfügt über eine sehr gut erhaltene Altstadt. @ www.zons-am-rhein.info

AS 25
Dormagen,
> L280, B9

A57

Goch – Köln < > Köln – Goch

AS 28 Kreuz Köln-Nord, > Köln Zentrum

Weltkulturerbe Kölner Dom

Weltkulturerbe Kölner Dom. Siehe Seite 15, A1.

@ www.koelner.dom.de

A59

Bonn – Dinslaken < > Dinslaken – Bonn

AS 22 Düsseldorf-Benrath, > Südwesten, 1 km

Schloss Benrath. Stadt und Schloss Benrath liegen direkt am Niederrhein zwischen den Städten Leverkusen und Düsseldorf. Schloss und Schlosspark gehen auf den Kurfürsten Carl Theodor von Pfalz-Sulzbach zurück, der 1755 die Errichtung beauftragte. Das wunderschöne Schloss beherbergt heute verschiedene Museen.

@ www.schloss-benrath.de

A560

St. Augustin – Hennef/Sieg > < Hennef/Sieg – St. Augustin

AS 8 Dahlhausen/ Blankenberg, > L333

Historische Altstadt Stadt Blankenberg

Historische Altstadt Stadt Blankenberg. Blankenberg verweist auf eine bewegte achthundertjährige Geschichte, die die historischen Bauwerke und Fachwerkhäuser dokumentieren. Die Burgruine Blankenberg ist das Wahrzeichen. @ www.stadt-blankenberg.de

A565

Bonn – Meckenheim > < Meckenheim – Bonn

AS 6 Bonn-Endenich, > B56 Bonn Zentrum

Beethoven-Haus Bonn

Beethoven-Haus Bonn. Der Komponist Ludwig van Beethoven wurde 1770 in Bonn geboren. Sein Geburtshaus in der Bonngasse Nr. 20 ist heute als Museum, Kulturinstitut und Gedenkstätte dem Musiker gewidmet. Seine neun Sinfonien machten ihn weltberühmt. Viele seiner Werke schrieb er bei fast völliger Taubheit.

@ www.beethoven-haus-bonn.de

AS 7 Bonn-Poppelsdorf, > Bonn Zentrum

Museumsmeile Bonn

Museumsmeile Bonn ist ein Begriff, der in den 1990er-Jahren geboren wurde, als hier innerhalb kurzer Zeit auf einer Länge von rund drei Kilometern an der Bundestraße 9 ein Abschnitt mit fünf Museen entstand. Das Kunstmuseum Bonn gehört zu den bedeutendsten Museen der Gegenwartskunst. @ www.kunstmuseum-bonn.de

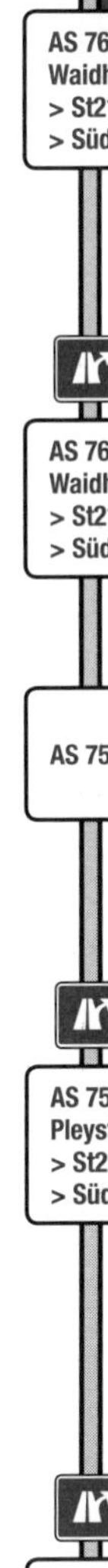

Oberpfälzer Wald

Der **Oberpfälzer Wald** erstreckt sich über circa 100 Kilometer entlang der Grenze zwischen Bayern und Tschechien. Die höchsten Gipfel befinden sich auf tschechischem Gebiet, charakteristisch sind tiefe Taleinschnitte und Granitfelsen. @ www.naturpark-oberpfaelzer-wald.de

Schönsee Centrum Bavaria Bohemia. Das Centrum Bavaria Bohemia nahe der Grenze zu Tschechien ist ein zweisprachiges Kulturzentrum. Ziel ist es, mit grenzüberschreitenden Kulturveranstaltungen und einem vielfältigen Angebot den Austausch zwischen den bayerischen und tschechischen Nachbarregionen zu fördern. @ www.schoenseer-land.de

Naturparkland

Naturparkland. Hinter der Bezeichnung verbirgt sich eine Tourismusgemeinschaft von elf Gemeinden im direkten Einzugsgebiet des Naturparks Nördlicher Oberpfälzer Wald. @ www.naturparkland.de

Wieskirche Moosbach – Schloss Burgtreswitz. Die Wieskirche entstand Mitte des 18. Jahrhunderts als barocke Saalkirche. Auffällig sind die roten Mauern und ihre romantische Lage an zwei kleinen Seen. Schloss Burgtreswitz geht auf das 12. Jahrhundert zurück. Nach der Zerstörung im Dreißigjährigen Krieg wurde das Schloss im 17. Jahrhundert wieder aufgebaut und im 18. Jahrhundert weiter umgestaltet.
@ www.oberpfalz-luftbild.de, @ www.schloss-burgtreswitz.de

Pleystein Rosenquarzstadt. Der Ort erhielt den Beinamen aufgrund des 38 Meter hohen Felsens aus Rosenquarz, des Kreuzberges. Pleystein ist seit Mitte des 18. Jahrhunderts auch Wallfahrtsort. Die heutige Wallfahrtskirche stammt allerdings vom Beginn des 20. Jahrhunderts, da der Vorgängerbau einem Feuer zum Opfer fiel. @ www.pleystein.de

Das **Schloss Friedrichsburg** liegt in der oberpfälzischen Stadt Vohenstrauß und wurde Ende des 16. Jahrhunderts erbaut. Ihren Namen hat die Anlage von ihrem Erbauer, dem Pfalzgrafen Friedrich, erhalten. Das Renaissanceschloss besitzt vier Türme an den Ecken und einen weiteren an der Front. Heute finden im Schloss kulturelle Veranstaltungen statt.

@ www.friedrichsburg.de

AS 74 Vohenstrauß-Ost, > St2166, St2181 > Norden

Die **Wallfahrtskirche Fahrenberg** befindet sich in der Nähe des oberpfälzischen Waldthurn. Bereits um das Jahr 1200 war der Fahrenberg ein Wallfahrtsort; neben der Anlage der Tempelritter entstand eine Kirche. Die heutige Kirche „Maria Heimsuchung" wurde Ende des 18. Jahrhunderts gebaut. Sehenswert sind der barocke Hochaltar und das Gnadenbild vom Ende des 15. Jahrhunderts.

@ www.oberpfalz-luftbild.de

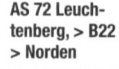

AS 72 Leuchtenberg, > B22 > Norden

Leuchtenberg – Burg und Festspiele. Das oberpfälzische Leuchtenberg ist für seine Burg und die Festspiele bekannt. Die Burg wurde vermutlich Ende des 12., Anfang des 13. Jahrhunderts erbaut. 1842 zerstörte ein Brand einen Teil der Anlage, mit deren Restaurierung Anfang des 20. Jahrhunderts begonnen wurde. Heute ist die Ruine Kulisse für die sommerlichen Festspiele mit Theateraufführungen.

@ www.burgruine-leuchtenberg.de

Tännesberg – Geologischer Lehrpfad. In einem Wald nahe dem oberpfälzischen Tännesberg informiert der Geologische Lehrpfad auf einer Strecke von etwa drei Kilometern in unterschiedlichen Etappen über die verschiedenen Erdzeitalter und ihre Gesteinsformationen. Der Pfad wurde bereits zu Beginn der 1970er-Jahre erstellt und 2011 zu einem Rundweg ausgebaut.

@ www.taennesberg.de

Die **Burg Wernberg** befindet sich in der Marktgemeinde Wernberg-Köblitz im Oberpfälzer Wald. Die imposante Burganlage geht auf das späte 13. Jahrhundert zurück und ist in einem sehr guten Erhaltungszustand. Heute wird die Burg als mit verschiedenen Auszeichnungen dekoriertes Hotel für Gäste mit gehobenen Ansprüchen genutzt.

@ www.burg-wernberg.de

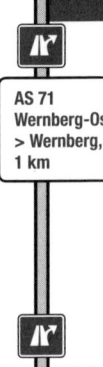

AS 71
Wernberg-Ost,
> Wernberg,
1 km

Das **Oberpfälzer Freilandmuseum** liegt in Neusath-Perschen im Landkreis Schwandorf und geht auf den früheren Pfarrhof Edelmannhof im Ortsteil Perschen zurück. Bereits Mitte der 1960er-Jahre wurde hier ein Museum errichtet, das in den 1970er-Jahren um das Freilandmuseum im Ortsteil Neusath erweitert wurde. Das Museum zeigt Baustil und Landwirtschaft der Oberpfalz, auch alte Haustierrassen sind zu sehen.

@ www.freilandmuseum.org

AS 69
Nabburg-West,
> über Nabburg, 5 km

Historisches Nabburg. Der Ort in der Oberpfalz geht auf eine Burg des frühen Mittelalters zurück. Sehenswert ist auch heute noch die Altstadt, die zwischen den Jahren 1993 und 2009 sorgsam saniert wurde. Die Stadtmauer ist fast vollständig erhalten, und mit ihren Türmen, dem Rathaus und den historischen Bauensembles lässt die Stadt den Besucher in die Vergangenheit eintauchen.

@ www.nabburg.de

AS 69
Nabburg-West,
> Nabburg,
3 km

Das **Karpfenland Mittlere Oberpfalz** verdankt seinen Namen den zahlreichen Gewässern in der Region und den darin beheimateten Karpfen. Die Fischzucht besitzt in den Gebieten des Landkreises Schwandorf sowie Teilen der Landkreise Cham und Amberg-Sulzbach eine jahrhundertealte Tradition, die heute noch von circa 3000 Betrieben aufrechterhalten wird.

@ www.karpfenland-oberpfalz.de

AS 69
Nabburg-West

AS 66 Amberg-Süd, > Amberg Zentrum, 2 km

Amberg – Historische Altstadt. Amberg in der Oberpfalz entführt mit seiner historischen Altstadt in vergangene Zeiten. Eine nahezu vollständig erhaltene Stadtmauer mit Stadttoren, die Alte Veste, das Kurfürstliche Schloss mit dem Zeughaus, die „Stadtbrille", ein Wassertorbau über der Vils, oder verschiedene Sakralbauten zeugen von der Baukunst vergangener Epochen.

@ www.amberg.de

AS 66 Amberg-Süd, > Amberg-Kümmersbrück, 2 km

Das **Kultur-Schloss Theuern,** auch unter dem Namen Hammerherrenschloss bekannt, liegt südlich von Amberg. Das Gebäude aus dem Spätbarock ist heute zentrales Element des Bergbau- und Industriemuseums Ostbayern. In seinen Räumen informieren Ausstellungen über die industrielle Entwicklung der Region, unter anderem über die Glas- und Keramikherstellung.

@ www.kultur-schloss-theuern.de

AS 65 Amberg-West, > B299 > Südwesten

Die **Klosterburg Kastl** liegt oberhalb des gleichnamigen Ortes in der Oberpfalz. Das Kloster wurde Ende des 11., Anfang des 12. Jahrhunderts von Benediktinermönchen gegründet und integrierte die bereits existierende Burg, deren Wurzeln bis in die Zeit der Karolinger zurückreichen sollen. In der Klosterkirche wird die Mumie von Anna, der Tochter Ludwigs des Bayern, aufbewahrt.

@ www.kastl.de

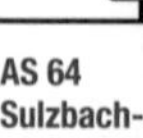

AS 64 Sulzbach-Rosenberg, > St2164 > Nordosten, 5 km

Sulzbach-Rosenberg liegt östlich von Nürnberg in der Oberpfalz. Bereits für das 8. Jahrhundert ist eine Siedlung belegt, ab dem frühen 9. Jahrhundert siedelte hier ein Adelsgeschlecht und gründete eine Burg. Noch heute ist sie eine sehenswerte Anlage mit Bauelementen, die bis ins Mittelalter zurückreichen. Dem Bergbau um Sulzbach sind der Bergbaupfad und der Bergbau-Schaustollen gewidmet.

@ www.sulzbach-rosenberg.de

Pfalzgrafenstadt Neumarkt. Bereits im 15. und 16. Jahrhundert war Neumarkt eine Residenzstadt der Wittelsbacher. Als Wahrzeichen der Stadt gelten die stolzen Kirchenbauten und die Burgruine Wolfstein. Im Jahr 1998 führte Neumarkt die Landesgartenschau durch und schuf sich damit eine herrliche Parklandschaft. @ www. neumarkt.de

AS 63 Alfeld,
> St2236, B299
> Süden

Bayerischer Jura

Bayerischer Jura. Der Bayerische Jura bezeichnet eine Tourismusregion in den Landkreisen Amberg-Sulzbach, Kelheim, Neumarkt sowie dem westlichen Teil des Landkreises Regensburg. Drei Naturparks erstrecken sich auf dem Gebiet, das durch Karstlandschaften geprägt ist. @ www.bayerischerjura.de

AS 66 Amberg-Süd, > St2165
> Süden

Hersbruck Gesundheitsregion – Therme. Die Gesundheitsregion Hersbruck liegt östlich von Nürnberg. Unter dem Motto „Gesundheitsregion" findet der Besucher eine Vielzahl von Angeboten rund um das Thema Gesundheit und Wellness mit der Fackelmann Therme als einem der zentralen Anlaufpunkte. @ www.gesundheitsregion-hersbruck.de

AS 63 Alfeld,
St2236
> Norden

Festspielstadt Altdorf
Historische Universität

Festspielstadt Altdorf Historische Universität. Siehe Seite 105, A3. @ www.altdorf.de

AS 62 Altdorf/
Leinburg,
> St2240
> Süden, 1 km

Tiergarten Nürnberg

Tiergarten Nürnberg. Siehe Seite 105, A3. @ www.tiergarten-nuernberg.de

AS 60 Kreuz
Nürnberg-Ost

nuernberg.de

nuernberg.de. Siehe Seite 104, A3. @ www.nuernberg.de

AS 60 Kreuz
Nürnberg-Ost,
> über A9 AS
Fischbach > B4

Frankenalb

Frankenalb. Siehe Seite 105, A3. @ www.frankenalb.de

AS 60 Kreuz
Nürnberg-Ost,
> Südost > Ost
> Nordost

AS 55 Schwabach-West, > B466 > Süden

Fränkisches Seenland. Eine Landschaft künstlich angelegter Seen erstreckt sich südwestlich von Nürnberg in Mittelfranken mit einer Gesamtwasserfläche von etwa 20 Quadratkilometern. Die Seen dienen dem Ausgleich der bayerischen Wasservorkommen, aber inzwischen auch touristischen Zwecken. @ www.fraenkisches-seenland.de

AS 57 Roth, > B2 > Süden

Schloss Ratibor Roth. Das Schloss Ratibor liegt in der mittelfränkischen Stadt Roth und wurde Mitte des 16. Jahrhunderts als Jagdschloss errichtet. Das Renaissancegebäude ging zu Beginn der 1940er-Jahre in den Besitz der Stadt Roth über. Heute befinden sich hier unter anderem das Stadtmuseum und das Stadtarchiv. @ www.stadt-roth.de

AS 57 Roth, > B2 > Süden

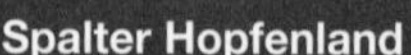

Das **Spalter Hopfenland** erstreckt sich um die Stadt Spalt in Mittelfranken und ist benannt nach den zahlreichen Hopfengärten, die in der Region eine jahrhundertelange Tradition besitzen. Das Hopfen- und Biermuseum im Kornhaus informiert über die Kunst des Bierbrauens. @ www.spalt.de

AS 55 Schwabach-West, > B466 > St2220

Abenberg – Historische Burgstadt. Abenberg, die historische Burgstadt, liegt in Mittelfranken südöstlich von Nürnberg. Sie geht zurück auf das frühe 11. Jahrhundert; Zeugnis von der langen Historie der Stadt gibt die gleichnamige Burg, deren Gründung ebenfalls auf das 11. Jahrhundert zurückgeht. @ www.abenberg.de

AS 55 Schwabach-West, > B466 > Norden, 1 km

Die **Goldschlägerstadt Schwabach** in Mittelfranken in der Nähe von Nürnberg trägt diesen Namen, da das Handwerk des Blattgoldschlagens hier seit mehr als 500 Jahren Tradition hat und auch heute noch aktiv ausgeübt wird. Zeugnis von dieser Kunst geben die Rathaustürme sowie der Rathaussaal. @ www.schwabach.de

AS 54
Neuendettelsau

Romantisches Franken

Romantisches Franken. Die Region erstreckt sich um die historischen Städte Rothenburg ob der Tauber, Ansbach, Dinkelsbühl und Feuchtwangen und bietet Burgen, Museen und zahlreiche Aktivitäten in der Natur.

@ www.romantisches-franken.de

Die **Münsterstadt Heilsbronn** zwischen Nürnberg und Ansbach geht in ihren Ursprüngen auf das 8. Jahrhundert zurück. Im 12. Jahrhundert wurde das Zisterzienserkloster Heilsbronn gegründet, dessen ehemalige Klosterkirche, das Münster, heute noch ein sehenswerter Sakralbau mit Baustilelementen aus unterschiedlichen Epochen ist. @ www.heilsbronn.de

Neuendettelsau – Diakonie und Mission. Die Diakonie und Mission in Neuendettelsau wurde im Jahr 1854 gegründet, und zwar als Diakonissenanstalt mit dem Ziel, Krankenschwestern und Sozialarbeiterinnen auszubilden. Auch heute noch ist die Diakonie dem Ziel der Hilfe am Menschen verschrieben. @ www.diakonieneuendettelsau.de

AS 54
Neuendettelsau
> Neuendettelsau, 1 km

Die **Minnesängerstadt Wolframs-Eschenbach** ist seit 1917 benannt nach ihrem berühmtesten Sohn, dem mittelalterlichen Sänger Wolfram von Eschenbach. Als Obereschenbach oder Eschenbach kann sie bis weit ins Mittelalter zurückblicken; für den Beginn des 13. Jahrhunderts ist das Wirken des Minnesängers hier belegt. @ www.wolframs-eschenbach.de

AS 54
Neuendettelsau
> St2410
> St2220

Schlosspark Dennenlohe

Der **Schlosspark Dennenlohe** liegt im gleichnamigen Ortsteil der Gemeinde Unterschwaningen in Mittelfranken. Das heutige Schloss wurde 1734 erbaut; das Schmuckstück der barocken Anlage, die im Privatbesitz ist, ist der für die Öffentlichkeit zugängliche Schlosspark mit Rhododendrongarten und Landschaftspark. @ www.dennenlohe.de

AS 52 Ansbach,
> B13, B466,
St2219

AS 52 Ansbach,
> St2221,
St2220

Deutsches Pinsel- und Bürstenmuseum Bechhofen a.d. Heide. Das Museum hat sich der Kunst der Pinsel- und Bürstenherstellung verschrieben. Es dokumentiert den Herstellungsprozess von Pinseln und Bürsten im Wandel der Jahrhunderte und zeigt neben den fertigen Produkten auch die erforderlichen Arbeitsgeräte und Materialien zur Herstellung. @ www.markt-bechhofen.de

AS 52 Ansbach,
> B13
> Ansbach,
2 km

Ansbach – Hohenzollernresidenz. Im mittelfränkischen Ansbach besticht insbesondere die Hohenzollernresidenz, auch Markgräfliche Residenz genannt. Die Residenz geht auf einen mittelalterlichen Bau zurück, wurde in ihrer heutigen Form aber im Stil der Renaissance, des Barocks und des Rokokos errichtet. Sehenswert ist auch der Hofgarten. @ www.ansbach.de

AS 51
Herrieden,
> Herrenrieden,
2 km

Herrieden – Stiftsbasilika. In Herrieden an der Altmühl in Mittelfranken wurde die Stiftsbasilika, die heute als St. Vitus und St. Deocar bekannt ist, in ihrer ursprünglichen Form zu Beginn des 11. Jahrhunderts errichtet. Später wurde sie gotisch und barock ausgebaut und erweitert; im Jahr 2010 erhob Papst Benedikt XVI. sie zur Basilica minor. Besonders schön ist die barocke Kanzel mit vergoldeten Ornamenten. @ www.herrieden.de

AS 50 Aurach

Leutershausen Deutsches Flugpionier-Museum. Das Deutsche Flugpionier-Museum Gustav Weißkopf im mittelfränkischen Leutershausen wurde im Jahr 1974 gegründet. Es würdigt die Pionierleistungen dieses Erfinders und beleuchtet die Anfänge der modernen Luftfahrt. Außerdem gibt es einen kompletten Überblick über das Schaffen von Gustav Weißkopf. @ www.weisskopf.de

Naturpark Frankenhöhe

Der **Naturpark Frankenhöhe** liegt nordöstlich von Rothenburg ob der Tauber und erstreckt sich auf einer Fläche von circa 1100 Quadratkilometern. Er gibt einen Einblick in verschiedene Naturräume wie Streuobstwiesen, Wälder und Fließgewässer. @ www.naturpark-frankenhoehe.de

Die **Festspielstadt Feuchtwangen** besitzt eine sehenswerte Altstadt. Zu den historischen Gebäuden zählen auch die Stiftskirche und der romanische Kreuzgang. Dieser bildet bereits seit 1949 die Kulisse für die in jedem Sommer stattfindenden Kreuzgangspiele, in deren Rahmen verschiedene Theaterstücke aufgeführt werden. @ www.feuchtwangen.de

Hohenloher Ebene

Die **Hohenloher Ebene** erstreckt sich in den baden-württembergischen Landkreisen Heilbronn und Schwäbisch Hall sowie dem bayerischen Landkreis Ansbach. Erhebungen von um die 500 Meter Höhe bieten gute Ausblicke über die Landschaft dieser Hochebene. @ www.hohenlohe.de

Crailsheim – Türme an der Jagst. Das Panorama Crailsheims ist geprägt von den Türmen an der Jagst, dem Fluss, der die Stadt durchfließt. Zu den Landmarken zählen der Rathausturm, der Turm der Liebfrauenkapelle, der Diebsturm sowie der Turm der Johanniskapelle und der Wasserturm, der als Speicher für Dampflokomotiven diente. @ www.crailsheim.de

Kunst und Natur Kirchheim/Jagst. Kunst und Natur spielen in Kirchberg an der Jagst gleichermaßen eine Rolle. Das malerische Jagsttal lädt zu Ausflügen in die Natur ein; in Kirchberg entführen historische Gebäude auf eine Reise in die Geschichte, und zahlreiche Veranstaltungen, darunter die Schlosskonzerte im Kirchberger Schloss, ziehen Kulturinteressierte an. @ www.kirchberg/jagst.de

AS 44 Ilshofen/ Wolpertshausen, > L1037, L1042

Schloss Langenburg oberhalb der Jagst geht auf das 13. Jahrhundert zurück; die ursprüngliche Burg wurde später im Stil der Renaissance ausgebaut und zeigt auch barocke Stilelemente. Schloss Langenburg ist im Privatbesitz der Familie Hohenlohe-Langenburg; Teile sind jedoch auch für die Öffentlichkeit zugänglich. @ www.schlosslangenburg.de

AS 43 Schwäbisch Hall, > B19 > Süden

Das **Hohenloher Freilandmuseum** im Ortsteil Wackershofen hat sich seit seiner Gründung 1983 der Präsentation typischer Gebäude aus der Region verschrieben. Neben historischen Gebäuden werden hier auch Landwirtschaft, Handwerk und Tierhaltung mit Schwerpunkt auf dem Erhalt alter Haustierrassen betrieben. @ www.wackershofen.de

AS 43 Schwäbisch Hall, > B19 > Süden

Schwäbisch Hall besitzt eine über 900-jährige Geschichte. Sehenswert sind der historische Marktplatz mit dem Rathaus aus dem Spätbarock, dem sogenannten Clausnitzerhaus, einem beeindruckenden Fachwerkbau, und der St.-Michael-Kirche. Modern zeigt sich die Kunsthalle Würth, die Exponate der Sammlung Würth zeigt. @ www.schwaebischhall.de

AS 42 Kupferzell

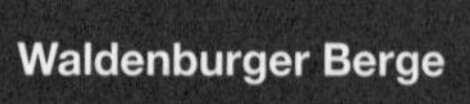

Die **Waldenburger Berge** erstrecken sich auf den Gebieten der baden-württembergischen Landkreise Hohenlohe und Schwäbisch Hall. Ihre höchsten Erhebungen sind gut 520 Meter hoch. @ www.hohenlohe.de

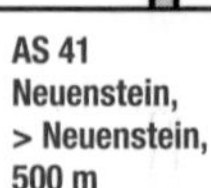

AS 41 Neuenstein, > Neuenstein, 500 m

Schloss Neuenstein. Aus einer Wasserburg ging in der Renaissance eine prachtvolle Residenz hervor, von der Burganlage ist der Bergfried erhalten. Das Schloss beherbergt ein Schlossmuseum, das eine Vielzahl historischer Exponate sowie ein Kunst- und Raritätenkabinett umfasst. @ www.neuenstein.de

Naturpark Schwäbisch-Fränkischer Wald – Welterbe Limes. Der 1979 gegründete Naturpark Schwäbisch-Fränkischer Wald erstreckt sich auf einer Fläche von knapp 1300 Quadratkilometern im Nordosten Baden-Württembergs. Ein Lehrpfad informiert über den Limes, eine Grenzbefestigung aus dem zweiten Jahrhundert. Vielfältige Veranstaltungen bieten Einblicke in den Naturpark.

@ www.naturpark-schwaebisch-fraenkischer-wald.de

AS 40
Öhringen,
> Süden

Forchtenberg – Geburtsstadt von Sophie Scholl. Forchtenberg, die Geburtsstadt von Sophie Scholl, der Widerstandskämpferin gegen das Regime der Nationalsozialisten, liegt im Norden Baden-Württembergs. Eine Gedenktafel am Rathaus erinnert an Sophie Scholl und ihren Bruder Hans. Sehenswert sind die Schlossruine oberhalb der Stadt und die historische Altstadt.

@ www.forchtenberg.de

AS 40
Öhringen,
> Norden über
L1050, L1948

Stiftskirche Öhringen. Die evangelische Stiftskirche St. Peter und Paul in Öhringen, im nordöstlichen Baden-Württemberg gelegen, stammt in ihrer heutigen Form aus der Spätgotik, sie entstand ab etwa dem Jahr 1451. Schon im 12. Jahrhundert gab es aber bereits eine Pfarrkirche in Öhringen. Spätgotisch sind in der heutigen Stiftskirche der Hochaltar und ein Seitenaltar.

@ www.oehringen.de

AS 40
Öhringen,
> Öhringen,
500 m

LIMES UNESCO-WELTERBE. Der obergermanisch-rätische Limes ist seit dem Jahr 2005 UNESCO-Weltkulturerbe. Das Bodendenkmal erstreckt sich über eine Gesamtlänge von 550 Kilometern und ist damit das längste seiner Art in ganz Europa. Der Limes markierte zu Zeiten der Römer die Grenze zwischen dem Römischen Reich und Germanien.

@ www.unesco.de

AS 40 Öhringen

AS 37
Heilbronn/
Neckarsulm,
> B27 > Süden

Die **experimenta Heilbronn** ist ein Wissenschaftszentrum, das Jung und Alt die Themen aus Technik und Naturwissenschaft auf anschauliche Weise begreifbar machen soll. In vier Themenwelten, Energie & Umwelt, Technik & Innovation, Mensch & Kommunikation sowie Mensch & Freizeit, kann der Besucher anhand von interaktiven Exponaten Wissenschaft und Technik erleben.

@ www.experimenta-heilbronn.de

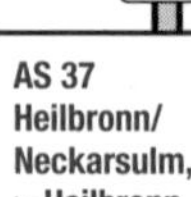

AS 37
Heilbronn/
Neckarsulm,
> Heilbronn
Zentrum

Kilianskirche Heilbronn am Neckar. Die Kilianskirche ist eine Hallenkirche, die ihren Ursprung in der Gotik hat und in der Renaissance ihren markanten Westturm erhielt. Die Kirche wurde aus dem für die Region Heilbronn charakteristischen Sandstein erbaut; im Zweiten Weltkrieg wurde sie nahezu vollständig zerstört, doch kurz nach Kriegsende wurde mit dem Wiederaufbau begonnen.

@ www.heilbronn.de

AS 38 Kreuz
Weinsberg,
> Weinsberg
Zentrum

Weinsberg – Burg Weibertreu. Oberhalb der Stadt Weinsberg liegt die Ruine der Burg Weibertreu. Von der Anlage, die vermutlich bis auf das 11. Jahrhundert zurückgeht, sind Teile des Bergfrieds und des Wehrgangs erhalten, ebenso die Ringmauer, die zum Teil wiederhergestellt wurde. Vom Burgberg bietet sich ein guter Ausblick über die Stadt und die umliegende Landschaft. @ www.weinsberg.de

AS 38 Kreuz
Weinsberg,
> Weinsberg

Schemelsberg

Der **Schemelsberg** liegt im Nordwesten der Stadt Weinsberg im nordöstlichen Baden-Württemberg. Der Berg dient ebenso wie der benachbarte Burgberg mit der Burgruine Weibertreu dem Weinanbau. Ein Weinbaulehrpfad, der sich in zwei Rundwegen um beide Berge zieht, informiert über den Weinanbau in der Region, der durch die Tallage und das ganzjährig milde Klima begünstigt wird.

@ www.weinsberg.de

Die **Stauferpfalz Bad Wimpfen** geht auf das 11. Jahrhundert zurück. Stauferkaiser wie Friedrich Barbarossa I., Heinrich VI. und Friedrich II. hielten hier Hof, wenn sie in Wimpfen weilten. Die Arkaden des staufischen Palas, Roter Turm und die Pfalzkirche zeugen heute noch von der Baukunst unter den mittelalterlichen Herrschern. @ www.badwimpfen.de

AS 35 Bad Rappenau, > L1107, > Bad Wimpfen, 6 km

Bad Rappenau – Soleheilbad. Bad Rappenau, im nordwestlichen Baden-Württemberg, wurde im 19. Jahrhundert als Solebad bekannt, als ein Salzlager entdeckt wurde und die Saline von Rappenau entstand. Heute besitzt die Stadt ein vielfältiges Angebot rund um die Sole und ihre heilsame Wirkung. @ www.badrappenau.de

AS 35 Bad Rappenau, > L549, 3km

Das **Museum Sinsheim** umfasst als großes Technikmuseum eine Vielzahl sehenswerter Exponate insbesondere aus den Bereichen Automobil und Luftfahrt. Zu sehen sind hier unter anderem die Überschallflugzeuge Tupolev Tu-144 und Concorde, aber auch Oldtimer der Marke Maybach, Rennwagen, mechanische Musikinstrumente und Lokomotiven.
@ www.sinsheim-technik-museum.de

AS 34 Sinsheim-Steinsfurt, B39

Die **Fachwerkstadt Eppingen** geht auf das späte 10. Jahrhundert zurück. Der gesamte historische Stadtkern von Eppingen steht unter Denkmalschutz, zahlreiche Fachwerkbauten zeugen von der Geschichte der Stadt. Zu den besonderen Sehenswürdigkeiten zählen die Alte Universität und der Pfeifferturm. @ www.eppingen.de

AS 34 Sinsheim-Steinsfurt, > L592 > Süden

Weinland Kraichgau

Weinland Kraichgau. Siehe Seite 181, A5.
@ www.badischerwein.com

AS 32 Wiesloch/ Rauenberg

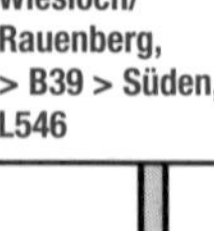

AS 32
Wiesloch/ Rauenberg, > B39 > Süden, L546

Malsch – Wallfahrtskapelle.

Der Weinort Malsch mit seiner Wallfahrtskapelle wurde erstmals Ende des 8. Jahrhunderts erwähnt. Die Wallfahrtskirche „Sieben Schmerzen Marias“ wurde im Jahr 1902 auf dem Letztenberg errichtet und ist alljährlich im Frühjahr und im Herbst das Ziel von Wendelinus-Wallfahrten. @ www.malsch-weinort.de

AS 29
Schwetzingen/ Hockenheim, > B291 > Schwetzingen

Der **Schlossgarten Schwetzingen** ist ein herausragendes Zeugnis der Gartenkunst des 18. Jahrhunderts. Klare, geometrische Linien im Kreisparterre treffen auf einen englischen Landschaftsgarten mit einer Natürlichkeit, die dennoch einem klaren Plan des Erschaffers folgt, dazu ein Baumlehrgarten und Skulpturen. @ www.schloss-schwetzingen.de

AS 27 Kreuz Mannheim, > Mannheim Zentrum

Das **Barockschloss Mannheim** wurde zwischen 1720 und 1760 erbaut. Die Fassade erstreckt sich über eine Breite von mehr als 440 Metern. Es wurde im Zweiten Weltkrieg weitgehend zerstört, ab 1947 aber wieder aufgebaut. Heute wird es zum Teil von der Universität genutzt, ist aber auch für Besucher geöffnet. @ www.schloss-mannheim.de

AS 19
Grünstadt, > B271 > Süden

Deutsche Weinstraße

Die **Deutsche Weinstraße** erstreckt sich auf etwa 85 Kilometern in der Weinbauregion der Pfalz, ausgehend von Schweigen-Rechtenbach mit dem Deutschen Weintor bis nach Bockenheim. @ www.deutsche-weinstrasse.de

AS 18
Wattenheim, > B47 > Norden > K78 > Westen

Kloster Rosenthal

Das **Kloster Rosenthal** in der Nordpfalz wurde Mitte des 13. Jahrhunderts als Zisterzienserinnenkloster gegründet. Ende des 16. Jahrhunderts wurde es aufgelöst und die Gebäude einer weltlichen Nutzung zugeführt. Von der Stiftskirche ist noch eine Ruine mit Seitenmauern und dem Westgiebel zu sehen, die Klostergebäude sind weitgehend erhalten. @ www.binningen.de

Leiningerland

Das **Leiningerland** bezeichnet eine Landschaft in der Pfalz im Norden des Landkreises Bad Dürkheim. Die Landschaft ist geprägt vom traditionellen Weinbau der Region und kleinen Orten. @ www.leiningerland.com

Naturpark Pfälzerwald Biosphärenreservat Pfälzerwald-Nordvogesen. Der Naturpark ist Teil des Biosphärenreservats, das sich zwischen der Pfalz, dem Elsass und Lothringen erstreckt. Das Reservat umfasst eine Fläche von über 300.000 Hektar und ist geprägt von Waldflächen. @ www.biosphere-vosges-pfaelzerwald.org

Japanischer Garten Kaiserslautern. Dieser Garten gilt als einer der größten seiner Art in Europa. Er wurde im Jahr 2000 eröffnet auf einem Areal, das schon ab Ende des 19. Jahrhunderts bis zum Zweiten Weltkrieg als Gartenanlage gedient hatte. Tee- und Gästehaus, Zen- und Berggarten lassen Japan hier lebendig werden. @ www.japanischergarten.de

Die **Burg Nanstein** wurde im 12. Jahrhundert von Kaiser Friedrich Barbarossa erbaut; Ende des 15. Jahrhunderts ging die Burg in den Besitz des Rittergeschlechts von Sickingen über. Nach der Zerstörung im Dreißigjährigen Krieg zeugt heute noch die Ruine von der Burg. @ www.landstuhl.de

Bexbach – Grubenmuseum. Das Museum im saarländischen Bexbach gibt einen Einblick in die Geschichte des Steinkohlebergbaus. Ausstellungen und Untertageanlage ermöglichen es den Besuchern auch, selbst Hand an verschiedene Geräte anzulegen. @ www.saarl-bergbaumuseum-bexbach.de

AS 9 Homburg,
> Homberg
Schlossberg

Homburg – Schlossberghöhlen. Im saarländischen Homburg sind mit den Schlossberghöhlen die größten Buntsandsteinhöhlen in Europa zu besichtigen. Die Höhlen sind nicht natürlichen Ursprungs, sondern entstanden durch den Abbau des Gesteins. Prächtig in Farbtönen von Gelb bis Rot dokumentieren die Höhlen die Entstehung des Sandsteins vor circa 250 Millionen Jahren.

@ www.homburg.de

AS 7 Rohrbach,
> L113
> Süden

Die **Barockstadt Blieskastel** im Saarland geht auf eine gleichnamige mittelalterliche Burganlage zurück. Das heutige Bild der historischen Altstadt ist geprägt von Bauwerken des Barocks, darunter das Rathaus, die Schlosskirche und die Hofratshäuser am Schlossberg. Sehenswert ist daneben auch die sogenannte Orangerie, die aus der Zeit der Renaissance stammt und Teil der Schlossanlage war.

@ www.blieskastel.de

AS 4
Fechingen,
> Saarbrücken
Zentrum

Saarbrücken
Ludwigskirche

Saarbrücken – Ludwigskirche. In Saarbrücken gibt die imposante Ludwigskirche Zeugnis von der Zeit ihrer Erbauung, dem Barock. Kirche und Ludwigsplatz wurden ab 1762 gebaut, die Fertigstellung erfolgte 13 Jahre später. Die Kirche wurde im Zweiten Weltkrieg zerstört, ab 1949 aber wieder aufgebaut und zeigt sich heute in alter Pracht.

@ www.ludwigskirche.de

Winterspelt – Wittlich < > Wittlich – Winterspelt

A60

AS 3 Bleialf

Schneifel

Die **Schneifel** ist ein bis zu knapp 700 Meter hoher Gebirgszug, der sich in der Vulkaneifel im Nordwesten von Prüm von Südwesten nach Nordosten erstreckt; die höchste Erhebung ist der „Schwarze Mann“, auf dem sich auch ein Wintersportgebiet befindet. Die Schneifel ist der Teil der Eifel, in der sich der Schnee am längsten hält.

@ www.touristik-bleialf.de

Ehemalige Abtei Prüm. Die ehemalige Abtei wurde im 8. Jahrhundert von der Urgroßmutter Karls des Großen gestiftet. Im 13. Jahrhundert wurde die Abtei zu einem eigenständigen Fürstentum und verlor diesen Status im 16. Jahrhundert. Die heutige Salvatorkirche zeigt Elemente verschiedener Stilepochen. @ www.basilika-pruem.de

Der **Naturpark Südeifel** ist mit dem Gründungsjahr 1958 der zweitälteste Naturpark in Deutschland. Heute gehört er zum grenzüberschreitenden Deutsch-Luxemburgischen Naturpark. @ www.naturpark-suedeifel.de

Stausee Bitburg. Der Stausee nordwestlich von Bitburg wurde als Hochwasserschutzmaßnahme ins Leben gerufen. Der See erstreckt sich auf einer Fläche von etwa 35 Hektar und bietet vielfältige Möglichkeiten für Wassersport- und Freizeitaktivitäten. @ www.eifel-direkt.de

Die **Abtei Himmerod** wurde im 12. Jahrhundert gegründet. Nach wechselvoller Geschichte verfiel die Klosteranlage und das Zisterzienserkloster wurde 1922 neu gegründet. Bekannt wurde der Name des Klosters mit der hier entstandenen Himmeroder Denkschrift zur deutschen Wiederbewaffnung nach dem Zweiten Weltkrieg. @ www.abteihimmerod.de

Die **Burg Dudeldorf** liegt östlich von Bitburg. Die Burg war im Mittelalter Teil der Stadtbefestigung und besteht heute aus dem noch aus der Ursprungszeit stammenden Wohnturm sowie dem im 18. Jahrhundert errichteten Herrenhaus. Teile der Anlage werden heute für kulturelle Veranstaltungen genutzt. @ www.burg-dudeldorf.de

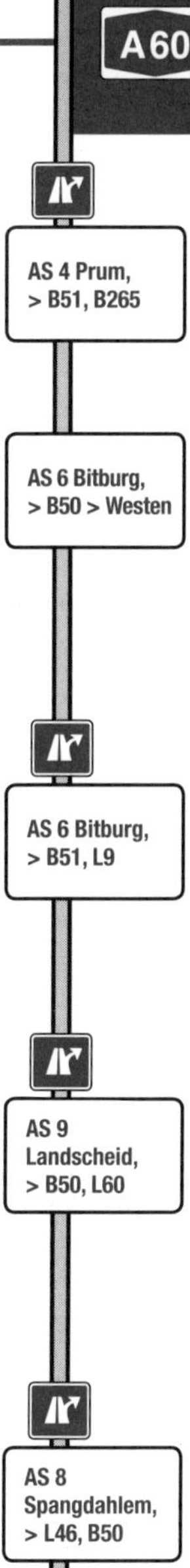

Ehemalige Synagoge Wittlich. Die ehemalige Synagoge in Wittlich in der Südeifel wurde in den Jahren 1909 und 1910 errichtet und diente bis zur Zeit des Nationalsozialismus der jüdischen Gemeinde als Gotteshaus. Das Gebäude befindet sich heute im Besitz der Stadt Wittlich und ist mit einer Dauerausstellung eine Gedenkstätte für das jüdische Leben in Wittlich.

@ www.alemannia-judaica.de

AS 13 Bingen-Ost, > B 9
> Nordwesten

Binger Mäuseturm im Welterbe Oberes Mittelrheintal. Der Binger Mäuseturm im Welterbe Oberes Mittelrheintal ist das Wahrzeichen des rheinland-pfälzischen Bingen. Mitten im Rhein thront der ehemalige Zollwachtturm auf der sogenannten Mäuseinsel. Erbaut wurde der Turm im 14. Jahrhundert; er wurde im Pfälzischen Erbfolgekrieg zerstört und Mitte des 19. Jahrhunderts wieder aufgebaut. @ www.bingen.de

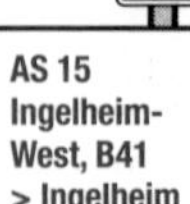

Kaiserpfalz Ingelheim. Die Ursprünge der Kaiserpfalz in Ingelheim reichen bis ins 8. Jahrhundert zurück, als Karl der Große sie erbauen ließ. Sie war Schauplatz der Geschichte unter Karolingern, Ottonen und Staufern; ab dem Spätmittelalter verfiel sie zusehends, seit Ende der 1990er-Jahre ist sie Gegenstand eines touristischen Erschließungskonzeptes.

@ www.kaiserpfalz-ingelheim.de

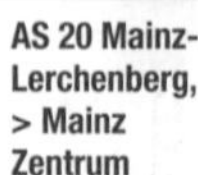

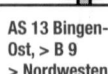

Der **Dom zu Mainz** im Zentrum der rheinland-pfälzischen Landeshauptstadt ist eine dreischiffige Pfeilerbasilika und zeigt Elemente der Romanik, der Gotik und des Barocks. Der Grundstein für den Dombau wurde Ende des 10. Jahrhunderts gelegt. In den folgenden Jahrhunderten erfolgten verschiedene Aus- und Umbauten. Der Dom beherbergt eine Sammlung von Grabdenkmälern. @ www.mainz-dom.de

Skulpturensammlung Viersen. Die Sammlung in Viersen ist eine renommierte Zusammenstellung von Gegenwartskunst im Skulpturenpark rund um die Städtische Galerie im Park. Zu sehen sind moderne, teils abstrakte und großformatige Werke zeitgenössischer Künstler wie Anthony Cragg, Wang Du oder Erwin Heerich. @ www.skulpturensammlung-viersen.de

AS 7 Viersen,
> Viersen
OT Raser

Rheinisches
Braunkohlenrevier

Rheinisches Braunkohlenrevier. Siehe Seite 152, A4. @ www.mineralienatlas.de

AS 16
Jackerath

Historischer Ortskern Bedburg-Altkaster. Das kleine historische Städtchen Alt-Kaster im nordrhein-westfälischen Rhein-Erft-Kreis präsentiert sich mit Häusern, die überwiegend aus der Zeit nach dem Stadtbrand von 1624 stammen. Darüber hinaus sind die Burgruine, Reste der Stadtmauer und gut erhaltene Stadttore zu bewundern. @ www.alt-kaster.de

AS 17 Bedburg,
> Bedburg

Naturpark Rheinland. Der 1959 gegründete Naturpark erstreckt sich auf eine Fläche von circa 1000 Quadratkilometern im südlichen Nordrhein-Westfalen zwischen Eifel und Rhein. Zu den Landschaften zählen unter anderem der Höhenzug Ville, die Wälder des Kottenforstes und das Drachenfelser Ländchen. @ www.naturpark-rheinland.de

AS 21 Türnich

UNESCO-
Weltkulturerbe
Schlösser Brühl

UNESCO-Weltkulturerbe Schlösser Brühl. Siehe Seite 16, A1. @ www.schlossbruehl.de

AS 24 Kreuz
Bliesheim,
> über A553
> Brühl

Ahrtal

Das **Ahrtal** erstreckt sich von der Quelle der Ahr bei Blankenheim auf einer Strecke von gut 85 Kilometern bis zur Ahrmündung in den Rhein bei Sinzig. Bekannt ist die Region vor allem für ihren Rotweinanbau. @ www.ahrtal.de

AS 30 Dreieck
Bad Neuenahr-
Ahrweiler

AS 30 Dreieck Bad Neuenahr-Ahrweiler, > B266, B9

Apollinariskirche Remagen am Rhein. Die Apollinariskirche in Remagen am Rhein thront auf dem Apollinarisberg oberhalb der Stadt. Die Ursprünge der Kirche reichen bis ins Mittelalter zurück; der heutige Kirchenbau wurde in der Mitte des 19. Jahrhunderts im Stile der Neugotik errichtet. Alljährlich findet hierher die Apollinariswallfahrt statt.

@ www.apollinariskirche-remagen.de

AS 32 Niederzissen, > 412, > L113

Vulkanpark

Vulkanpark.
Siehe Seite 171, A48.

@ www.eifel-info.de

AS 32 Niederzissen, > 412

Brohltal

Das **Brohltal** erstreckt sich links des Rheins in der Eifel in Rheinland-Pfalz entlang des Brohlbachs, der auf gut 500 Metern Höhe entspringt und nach einer Strecke von etwa zwanzig Kilometern bei Brohl-Lützing in den Rhein mündet.

@ www.brohltal-tourismus.de

AS 33 Wehr, > B412 > Westen

Nürburgring.
Siehe Seite 172, A48.

@ www.nuerburgring.de

AS 34 Mendig, > L113

Maria Laach ist eine Benediktinerabtei, unmittelbar am Laacher See in der Eifel gelegen. Gegründet wurde das Kloster im Jahr 1093 von Pfalzgraf Heinrich II.; die Klosterkirche mit ihren sechs Türmen zeugt von der romanischen Baukunst. Nach der Säkularisation im 19. Jahrhundert kehrten die Benediktiner zum Ende des gleichen Jahrhunderts zurück. Wissenswertes über das Kloster wird in der Informationshalle gezeigt.

@ www.maria-laach.de

AS 35 Kruft

Pellenz

Pellenz. Die Hügellandschaft der Pellenz erstreckt sich im nordwestlichen Rheinland-Pfalz in der Osteifel zwischen Andernach am Rhein und Mayen im Südwesten. Geprägt ist die Landschaft durch die vulkanischen Aktivitäten in der Eifel vor circa 13.000 Jahren.

@ www.ferienregion-pellenz.de

Der **Geysir Andernach** ist der höchste Kaltwassergeysir der Welt. Bis zu 60 Meter hoch spuckt er seine Wasserfontänen gen Himmel. Der Andernacher Geysir, linksrheinisch in der Vulkaneifel beheimatet, wurde Anfang des 19. Jahrhunderts durch Bohrungen erschlossen und ist heute eine touristische Attraktion in der Stadt am Rhein. @ www.geysir-andernach.de

AS 35 Kruft,
> B256
> Andernach

Der **Bassenheimer Reiter** stellt den heiligen Martin in Form eines Sandsteinreliefs dar. Das Kunstwerk geht auf die Frühgotik zurück und befindet sich in der Pfarrkirche Bassenheims. Als Schöpfer des Reliefs gilt der Naumburger Meister, der auch für Kunstwerke des Naumburger und des Mainzer Doms verantwortlich ist. @ www.martinus.hildinet.de

AS 36 Plaidt,
> L117, L123
> Bassenheim

Deutsches Eck-Koblenz im Welterbe Oberes Mittelrheintal. Weltbekannt ist das Deutsche Eck an der Mündung der Mosel in den Rhein. Gegenüber der Festung Ehrenbreitstein wacht seit 1993 wieder eine Rekonstruktion des Standbilds des Kaisers Wilhelm I., dessen Original im Zweiten Weltkrieg beschädigt wurde. Der Name des Deutschen Ecks geht zurück auf die Deutschordensritter. @ www.koblenz.de

AS 37 Kreuz
Koblenz, über
A48 und B9
> Koblenz

Terrassen-Mosel

Terrassen-Mosel bezeichnet den letzten Abschnitt der Mosel, bevor sie sich bei Koblenz mit dem Rhein vereinigt. Das Moseltal ist hier steil und eng, der Weinanbau profitiert von den sonnenbeschienenen Steillagen. @ www.die-mosel.de

AS 39 Koblenz/
Dieblich,
> B441

Hunsrück

Der **Hunsrück** ist eine Mittelgebirgslandschaft, die sich südlich der Mosel und rechts des Rheins erstreckt. Er gehört zum Rheinischen Schiefergebirge, mit höchsten Erhebungen um 820 Meter. @ www.hunsruecktouristik.de

AS 40 Koblenz/
Waldesch

AS 40 Koblenz/ Waldesch, > B327, L208

Der **Königsstuhl Rhens im Welterbe Oberes Mittelrheintal** südlich von Koblenz ist eine achteckige vergrößerte Darstellung eines Thrones, deren Ursprung im 12. Jahrhundert liegt. Das Original wurde Ende des 18. Jahrhunderts im Zuge der Napoleonischen Kriege zerstört, der heutige steinerne Bau entstand Mitte des 19. Jahrhunderts. @ www.rhens.de

AS 41 Boppard, > K119 > Westen, 5 km

Die **Ehrenburg** nahe Brodenbach im Ehrbachtal, einem Seitental der Mosel, geht auf das frühe Mittelalter zurück. Im Jahr 1689 fielen große Teile der Burg dem Pfälzischen Erbfolgekrieg zum Opfer; seit Beginn der 1990er-Jahre wird die Burg restauriert und wieder aufgebaut. @ www.ehrenburg.de

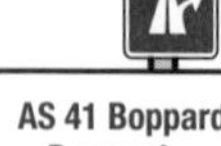

AS 41 Boppard, > Boppard Zentrum

Boppard Römer-Kastell im Welterbe Oberes Mittelrheintal. In Boppard liegt das Römer-Kastell im Welterbe Oberes Mittelrheintal. Boppard war eine wichtige römische Siedlung am Rhein, das Kastell, das eine Fläche von knapp 5 Hektar einnahm, geht auf die spätrömische Epoche zurück. Die gut erhaltenen Reste der Festungsanlagen sind noch heute im Ortskern von Boppard zu sehen. @ www.boppard.de

AS 42 Emmelshausen, > L213 > St. Goar

Burg Rheinfels St. Goar im Welterbe Oberes Mittelrheintal. Die Burg Rheinfels liegt oberhalb von St. Goar im Welterbe Oberes Mittelrheintal in Rheinland-Pfalz. Die Burg wurde Mitte des 13. Jahrhunderts erbaut und im 16. Jahrhundert zu einem Renaissanceschloss ausgebaut. Französische Revolutionstruppen zerstörten die Burg Ende des 18. Jahrhunderts, im 20. Jahrhundert wurde sie teilweise restauriert und beheimatet heute ein Hotel. @ www.st-goar.de

Das **Tal der Loreley im Welterbe Oberes Mittelrheintal** ist nicht nur durch den ungefähr 130 Meter hohen Loreleyfelsen bei St. Goarshausen, sondern auch durch eine mythologische Nixe zu Ruhm gelangt. Der Sage nach soll die Loreley mit ihren betörenden Gesängen die Rheinschiffer vom Kurs abgebracht und so ins Verderben gestürzt haben.

@ www.loreleyinfo.de

AS 42 Emmelshausen, > L213
> St. Goar

Die **Burg Kastellaun** liegt im Hunsrück in der gleichnamigen Stadt. Sie geht zurück auf das 13. Jahrhundert. 1689 fiel sie dem Pfälzischen Erbfolgekrieg zum Opfer. In den 1990er-Jahren wurden Ruine und Unterburg saniert und dienen heute als Kulisse für verschiedene Veranstaltungen.

@ www.unterburg-kastellaun.de

AS 43 Pfalzfeld,
> L215, B327

Die **Stadtmauer Oberwesel im Welterbe Oberes Mittelrheintal** entstand im 13. und 14. Jahrhundert und ist mit ihren insgesamt 16 Wehrtürmen noch gut erhalten. Weite Teile der Mauer sind heute begehbar und erlauben faszinierende Ausblicke auf die Stadt und die Schönburg oberhalb von Oberwesel.

@ www.oberwesel.de

AS 44 Laudert,
> L220
> Oberwesel

Bacharach Werner Kapelle im Welterbe Oberes Mittelrheintal. Der gotische Kirchenbau aus Sandstein entstand im späten 13. Jahrhundert; er wurde im Pfälzischen Erbfolgekrieg stark zerstört. Erst im Zuge der Rheinromantik wurde man sich der Bedeutung der Ruine wieder bewusst, es folgten Erhaltungsmaßnahmen, zuletzt in den 1990er-Jahren.

@ www.bacharach.de

AS 45
Rheinböllen,
> L214, L224
> Bacharach

AS 45 Rheinböllen, > B50 > Simmern

Schinderhannesturm Simmern. Der Schinderhannesturm, ein ehemaliger Pulverturm in Simmern im Hunsrück, erinnert an den Räuber Johannes Bückler, der unter dem Namen Schinderhannes bekannt war und der in diesem Turm eingekerkert war, aus dem er 1799 fliehen konnte. Heute finden hier Veranstaltungen statt und eine Ausstellung im ehemaligen Verlies informiert über den legendären Räuber.

@ www.simmern.de

AS 46 Stromberg, > L214 > Stromberg, 1 km

Die **Stromburg** thront als Höhenburg oberhalb der Stadt Stromberg im Hunsrück. Die ursprüngliche Anlage geht zurück auf das 11. Jahrhundert; nach Zerstörung und Wiederaufbau im 12. Jahrhundert fiel sie im 17. Jahrhundert dem Pfälzischen Erbfolgekrieg zum Opfer. Im 20. Jahrhundert wurde die Ruine saniert; heute residiert hier der Sternekoch Johann Lafer mit seinem Restaurant.

@ www.johannlafer.de

AS 47 Waldlaubersheim, > L236 > Windesheim, 1km

Das **Orgel ART Museum Rhein-Nahe** liegt in der Gemeinde Windesheim nördlich von Bad Kreuznach. In dem modernen Museumsgebäude werden mehr als 30 historische und moderne Musikinstrumente präsentiert, insbesondere Orgeln, aber auch Clavichorde, Spinette oder Harmoniums. Daneben finden Wechselausstellungen, Konzerte und weitere kulturelle Veranstaltungen statt.

@ www.orgel-art-museum.de

AS 48 Dorsheim, > B48 nach Norden oder Süden

Das **Nahetal** bettet den Fluss Nahe. Bekannt ist die Region nicht nur für ihre landschaftlichen Reize, sondern auch für den Wein, der hier angebaut wird und von dem milden Klima profitiert.

@ www.naheland.net

AS 49 Bingen-Mitte, > B9 > Bingen

Binger Mäuseturm im
Welterbe
Oberes Mittelheintal

Binger Mäuseturm im Welterbe Oberes Mittelrheintal. Siehe Seite 212, A60.

@ www.bingen.de

AS 51 Bad Kreuznach, > B41 > Bad Kreuznach

Die **Brückenhäuser Bad Kreuznach** sind das Wahrzeichen der Stadt an der Nahe. Auf der Brücke, die die Nahe überspannt und die zu Beginn des 14. Jahrhunderts gebaut wurde, stehen seit Ende des 15. Jahrhunderts die vier Brückenhäuser, die seinerzeit von Kaufleuten und Handwerkern bewohnt wurden. @ www.bad-kreuznach.de

AS 52 Gau-Bickelheim, > B50 > Norden

Ehemalige Klosterkirche Pfaffen-Schwabenheim. Die ehemalige Klosterkirche im Marienwallfahrtsort Pfaffen-Schwabenheim besticht durch ihre spätromanische Gestaltung, die ergänzt wird um gotische Stilelemente. Sie entstand im 13. Jahrhundert als Kirche des Augustiner-Chorherrenstifts. @ www.foerdergemeinschaft-pfaffen-schwabenheim.de

AS 52 Gau-Bickelheim, > B42, B271 > Süden

Rheinhessen

Rheinhessen. Die Region erstreckt sich zwischen Mainz, Bingen, Alzey und Worms. Der Landstrich ist ein bekanntes Weinanbaugebiet, sehenswert sind insbesondere der Mainzer und der Wormser Dom. @ www.rheinhessen.de

AS 53 Bornheim, > L408, L407 > Armsheim

Ehemalige Wallfahrtskirche Armsheim. Die Kirche wurde im 15. Jahrhundert errichtet. Besonders schön sind die Maßwerkfenster, die mit Buntglas gestaltet sind. Von den ursprünglichen Fenstern sind nur Reste erhalten; zu Beginn des 20. und des 21. Jahrhunderts erhielt die Kirche neue Buntglasfenster. @ www.kirche-armsheim.de

AS 55 Alzey, > Alzey Mitte

Schloss Alzey

Schloss Alzey entstand als Renaissancebau im 15. und 16. Jahrhundert, geht aber auf eine mittelalterliche Anlage zurück. Nach der Zerstörung im Jahr 1689 wurde es zu Beginn des 20. Jahrhunderts wieder aufgebaut und wird heute als Internat und als Amtsgericht genutzt. @ www.alzey.de

AS 56 Gundersheim, > Westhofen > Bechtheim

AS 56 Gundersheim, > L386 > B271

AS 58 Worms, > B47 > Worms-Mitte

AS 59 Kreuz Frankenthal

AS 63 Speyer, > B9 > Speyer Zentrum

Basilika Bechtheim. Die Basilika St. Lambert datiert aus dem 11. Jahrhundert und wurde bis zum Beginn des 13. Jahrhunderts ausgebaut. Unterhalb des Altarraums liegt die sogenannte Stollenkrypta. Hier sind noch Fragmente der gotischen Wandmalereien erhalten. @ www.bechtheim.de

Fleckenmauer Flörsheim-Dalsheim. Die Fleckenmauer umschließt noch heute den Ortskern der Gemeinde Dalsheim. Sie wurde im 15. Jahrhundert aus Bruchsteinen errichtet; von ursprünglich elf Türmen sind heute noch sieben erhalten. Die in den 1980er-Jahren sanierte Mauer ist zum Teil begehbar. @ www.floersheimdalsheim.de

Der **Dom zu Worms** ist ein sogenannter Kaiserdom. Der Baubeginn war Mitte des 11. Jahrhunderts, im Jahr 1181 wurde der Dom geweiht. Das Gebäude litt unter Dreißigjährigem Krieg und Pfälzischem Erbfolgekrieg sowie der Französischen Revolution, von Mitte des 19. Jahrhunderts bis in die 1990er-Jahre wurde er saniert. @ www.wormser-dom.de

Gemüsegarten RheinPfalz

Als **Gemüsegarten RheinPfalz** wird der Rhein-Pfalz-Kreis um die Stadt Ludwigshafen bezeichnet, weil die klimatischen Bedingungen im Rheingraben für den Gemüseanbau ausgezeichnet sind. @ www.rhein-pfalz-kreis.de

Dom zu Speyer – Weltkulturerbe. Der Dom ist seit 1981 Weltkulturerbe der UNESCO. Zu Beginn des 11. Jahrhunderts wurde das romanische Gotteshaus errichtet, das heute als das größte seiner Art in Europa gilt. Der Dom ist Grablege der Salier, wurde im Pfälzischen Erbfolgekrieg teilweise zerstört und im 18. Jahrhundert wieder aufgebaut. @ www.speyer.de

Der **Hockenheimring Baden-Württemberg** wurde als Rennstrecke im Jahr 1932 angelegt. Bei Panzerübungen wurde er im Zweiten Weltkrieg zerstört und 1947 wieder aufgebaut. Im gleichen Jahr fand das erste Rennen statt. Heute dient die Rennstrecke nicht nur Motorsportveranstaltungen, sondern auch Musikfestivals. @ www.hockenheimring.de

AS 64 Hockenheim, > über Nordring, ca. 800 m

Schlossgarten Schwetzingen

Schlossgarten Schwetzingen. Siehe Seite 208, A6. @ www.schloss-schwetzingen.de

AS 65 Dreieck Hockenheim, > B36, B291 > Schwetzingen, ca. 5 km

Nonnweiler – Pirmasens < > Pirmasens – Nonnweiler

A62

Der **Bostalsee** mit einer Fläche von 120 Hektar liegt nördlich von St. Wendel im Naturpark Saar-Hunsrück. Der Stausee, der in den 1970er-Jahren entstand, bietet vielfältige Möglichkeiten für Freizeit- und Sportaktivitäten am und auf dem Wasser, wie Wandern, Beachvolleyball, Tretbootfahren, Surfen oder Segeln. @ www.bostalsee.de

AS 3 Nohfelden-Türkismühle, > L325, 1 km

Die **Edelsteinregion Idar-Oberstein** verdankt ihren Namen dem Edelsteinabbau und der Edelsteinverarbeitung; die Stadt Idar-Oberstein an der Nahe entwickelte sich mit den Edelsteinschleifereien und den Goldschmieden zu einem wichtigen Zentrum der Schmuckherstellung. Das Deutsche Edelsteinmuseum zeigt zahlreiche Exponate zu Edelsteinen und ihrer Bearbeitung. @ www.idar-oberstein.de

AS 4 Birkenfeld, > B269, B41

Burg Lichtenberg

Burg Lichtenberg. Die Ruine der Burg Lichtenberg liegt in der Nähe des rheinland-pfälzischen Thallichtenberg. Sie geht auf das 13. Jahrhundert zurück; nach ihrem teilweisen Verfall wurde sie im 20. Jahrhundert teilweise wieder aufgebaut und beherbergt heute unter anderem das Urweltmuseum Geoskop. @ www.urweltmuseum-geoskop.de

AS 7 Kusel, > B420, L176

AS 8 Glanz-Münchweiler, > B423, L364

Der **Wildpark Potzberg** liegt im Nordpfälzer Bergland, nicht weit von Kaiserslautern entfernt. Besondere Attraktion der etwa 30 Hektar großen Anlage sind die Greifvogelflugschauen; insgesamt ungefähr 120 Greifvögel verschiedener Arten leben hier. Daneben beheimatet der Wildpark zahlreiche Säugetiere, unter anderem Przewalski-Pferde, Hängebauchschweine und Hochlandrinder. @ www.wildpark.potzberg.de

AS 12 Bann, > Südosten

Naturpark Pfälzerwald Biosphärenreservat Pfälzerwald-Nordvogesen

Naturpark Pfälzerwald Biosphärenreservat Pfälzerwald-Nordvogesen.

Siehe Seite 209, A6. @ www.biosphere-vosges-pfaelzerwald.org

A63

Mainz – Kaiserslautern < > Kaiserslautern – Mainz

AS 1 Kreuz Mainz-Süd, > Mainz

Dom zu Mainz

Dom zu Mainz.

Siehe Seite 212, A60.

@ www.mainz-dom.de

AS 6 Saulheim, > B420 > Oppenheim

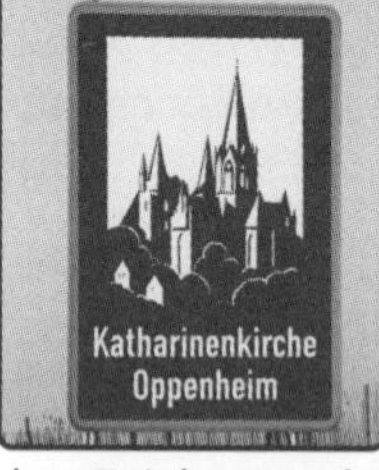

Katharinenkirche Oppenheim.

Die Kirche zu St. Katharinen in Oppenheim am Rhein zwischen Mainz und Worms ist ein beeindruckendes Zeugnis mittelalterlicher Baukunst. Fertiggestellt im 15. Jahrhundert, ist sie charakterisiert durch vorwiegend gotische, aber auch spätromanische Stilelemente. Besonders sehenswert sind die Michaeliskapelle mit dem Beinhaus und das Lilienfenster, auch Oppenheimer Rose genannt. @ www.stadt-oppenheim.de

AS 7 Biebelnheim, > L408, L407 > Flohnheim > Armsheim

ehem. Wallfahrtskirche Armsheim

Ehemalige Wallfahrtskirche Armsheim.

Siehe Seite 219, A61.

@ www.kirche-armsheim.de

AS 10 Freimersheim, > B271, B420

Rheinhessen

Rheinhessen.

Siehe Seite 219, A61.

@ www.rheinhessen.de

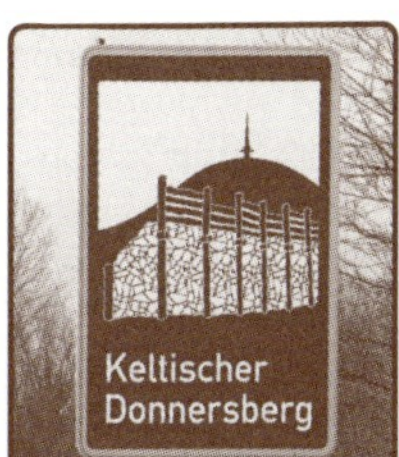

Keltischer Donnersberg. Der Donnersberg ist ein Massiv, dessen höchste Erhebung knapp 687 Meter erreicht. Die Region ist geprägt von Wäldern, Gewässern und Tälern und war bereits in der keltischen La-Tène-Zeit, etwa 150 Jahre vor unserer Zeitrechnung, besiedelt. An diese Epoche erinnert die Rekonstruktion von Teilen einer keltischen Ringwallanlage.

@ www.donnersberg.urlaub-in-rheinland-pfalz.de

Kirchheimbolanden – Kleine Residenz. Das pfälzische Kirchheimbolanden nennt sich auch Kleine Residenz. Diese Bezeichnung geht zurück auf den Nassau-Weilburger Grafen Carl August, der Kirchheimbolanden im 18. Jahrhundert zur Residenz ausbauen ließ. An die barocke Zeit erinnern die Mozartorgel in der Paulskirche sowie die Kirche selbst und verschiedene Bürgerhäuser.

@ www.kirchheimbolanden.de

Römerpark Vicus Eisenberg

Römerpark Vicus Eisenberg. Während der Bauarbeiten wurden hier Spuren römischer Besiedlung aus vorchristlicher Zeit entdeckt, unter anderem wurden Werkzeuge, Keramiken und Särge gefunden. Interessierte können an Führungen teilnehmen.

@ http://vg-eisenberg.ionas3.de

Abteikirche Otterberg. Die Abteikirche im pfälzischen Otterberg geht auf ein Zisterzienserkloster zurück, das Mitte des 12. Jahrhunderts gegründet wurde. Die Kirche ist der zweitgrößte Sakralbau in der Pfalz und wurde aus Sandstein errichtet. Während das Kloster im Laufe der Jahrhunderte weitgehend zerstört wurde, zeigt sich die Kirche noch in ihrer spätromanischen Pracht.

@ www.cms.abteikirche-otterberg.de

Japanischer Garten Kaiserslautern

Japanischer Garten Kaiserslautern.
Siehe Seite 209, A6.

@ www.japanischergarten.de

AS 3 Trier
> Trier Zentrum

Porta Nigra Weltkulturerbe

Porta Nigra Weltkulturerbe.
Siehe Seite 18, A1.
@ www.trier-info.de

AS 1 Sauertal-brücke Grenze

Sauertal

Sauertal. Das Sauertal bettet den Fluss Sauer (französisch Sûre), dessen Quelle in den Ardennen liegt und der sich auf einer Strecke von 173 Kilometern vorwiegend durch Belgien und Luxemburg schlängelt, bevor er bei Wasserbillig in Luxemburg und Wasserbilligerbrück in Deutschland in die Mosel mündet.
@ www.sauertal-urlaub-in-rheinland-pfalz.de

AS 6
Mutterstadt

Gemüsegarten RheinPfalz

Gemüsegarten RheinPfalz.
Siehe Seite 220, A61.
@ www.rhein-pfalz-kreis.de

AS 13
Neustadt-Süd,
B39 > Westen

Der **Holiday Park** ist ein großer Freizeitpark im rheinland-pfälzischen Haßloch. Hervorgegangen ist die heutige Anlage, die sich auf einer Fläche von mehr als 400.000 Quadratmetern erstreckt, aus einem Märchenpark. Zu den Attraktionen zählen Fahrgeschäfte wie der Freefall Tower und die Achterbahn bigFM Expedition GeForce. @ www.holidaypark.de

AS 12
Neustadt-Nord

Naturpark Pfälzerwald
Biosphärenreservat
Pfälzerwald-Nordvogesen

Naturpark Pfälzerwald Biosphärenreservat Pfälzerwald-Nordvogesen.
Siehe Seite 209, A6. @ www.biosphere-vosges-pfaelzerwald.org

AS 13
Neustadt-Süd,
> Hambach

Das **Hambacher Schloss**, in seinen Ursprüngen eine mittelalterliche Burg, die später aber als Schloss ausgebaut wurde, liegt im gleichnamigen Ortsteil der Stadt Neustadt an der Weinstraße und ist bekannt durch das Hambacher Fest von 1832, ein Symbol der Bestrebung nach bürgerlichen Rechten und Freiheit. @ www.hambacher-schloss.de

Die **Villa Ludwigshöhe Edenkoben** wurde Mitte des 19. Jahrhunderts im Auftrag König Ludwigs I. von Bayern im Stile des Klassizismus als dessen Sommerresidenz erbaut. Das Gebäude befindet sich heute im Besitz des Landes Rheinland-Pfalz; es dient für Konzertveranstaltungen und beherbergt die Max-Slevogt-Galerie. @ www.edenkoben.de

AS 14
Edenkoben,
> Edenkoben/
Rietburg

Die achteckige **Festung Landau** wurde Ende des 17. Jahrhunderts errichtet. Landau gehörte zu dieser Zeit zu Frankreich und besaß als Außenposten große Bedeutung, sodass die Stadt zur Festung ausgebaut wurde. Mitte des 19. Jahrhunderts verlor sie ihre Bedeutung; heute sind noch verschiedene Gebäude und Fortmauern zu sehen. @ www.landau.de

AS 15
Landau-Nord,
> Landau-Mitte

Die **Madenburg Eschbach** liegt oberhab des Ortes Eschbach und gilt als eine der ältesten und größten pfälzischen Burganlagen. Ihre Gründung als Reichsburg geht auf das 11. Jahrhundert zurück; im Dreißigjährigen Krieg und im Pfälzischen Erbfolgekrieg wurde sie zerstört, heute zeugt nur noch ihre Ruine von der einstigen Pracht. @ www.eschbach-pfalz.de

AS 19
Rohrbach,
> L493, B48

Römische Terra Sigillata Rheinzabern

Römische Terra Sigillata Rheinzabern. Das Museum Römische Terra Sigillata präsentiert bedeutende Funde aus der Römerzeit. Terra Sigillata beschreibt eine Art der Feinkeramik. @ www.terra-sigillata-museum.de

AS 21 Kandel-
Mitte, > L549
> Rheinzabern

Der **Fun Forest Kandel** nordöstlich von Karlsruhe ist der größte Kletterpark in Europa. Er erstreckt sich auf einer Fläche von 7 Hektar und ermöglicht auf 24 Parcours mit unterschiedlichen Schwierigkeitsgraden Anfängern und Fortgeschrittenen das Klettern. @ www.funforest.de

AS 22 Kandel-
Süd, > Kandel,
1 km

AS 2 Wiesbaden Frauenstein

Weinland Rheingau

Das **Weinland Rheingau** erstreckt sich rechtsrheinisch zwischen Walluf und Lorchhausen. Bekannt ist die Region insbesondere für ihren hochklassigen Wein, daneben gibt es Sehenswürdigkeiten wie das Kloster Eberbach oder das Schloss Johannisberg. @ www.rheingau.de

AS 6 Wiesbaden-Erbenheim > Wiesbaden Zentrum

Wiesbaden

Wiesbaden.
Siehe Seite 99, A3.
@ www.wiesbaden.de

AS 11 Hofheim, > Hofheim-Mitte

Historische Altstadt: Hofheim am Taunus. Die Vielfalt an Fachwerkhäusern zeugt von der langen Geschichte der Stadt zwischen Wiesbaden und Frankfurt. Sehenswert sind das Alte Rathaus aus dem 16. Jahrhundert, die sogenannte Burggrabenzeile, ein Ensemble von Fachwerkhäusern, oder die Pfarrkirche St. Peter und Paul.
@ www.hofheim.de

AS 16 Frankfurt-Höchst, > Höchst-Mitte

Höchst Historische Altstadt

Höchst – Historische Altstadt. Höchst, seit 1928 ein Stadtteil von Frankfurt, besitzt eine weitgehend erhaltene historische Altstadt. Zahlreiche Gebäude überstanden Kriege und Brände, sodass sich heute dem Besucher eine Vielfalt an historischer Bausubstanz präsentiert. Hierzu gehört unter anderem das Alte Rathaus.
@ www.frankfurtstadtfuehrungen.de

AS 40 Langenselbold, > L3009, L3193 > Norden

Ronneburg

Ronneburg.
Siehe Seite 167, A45.
@ www.burg-ronneburg.de

AS 44 Gelnhausen-Ost, > Gelnhausen-Mitte

Die **Kaiserpfalz Gelnhausen** wird oft auch als „Barbarossaburg" bezeichnet, da die Stadt Gelnhausen, 1170 gegründet, auf Kaiser Friedrich I., genannt „Barbarossa", zurückgeht. Die Schutzburg lag an der „Via Regia", der Königsstraße bzw. kaiserlichen Geleitstraße. Heute sind nur noch Ruinen der Anlage erhalten. @ www.gelnhausen.de

AS 45 Bad Orb/
Wächtersbach,
> Bad Orb

Heilbad Bad Orb. Seit 1909 ist Bad Orb ein staatliches Heilbad. Der bereits in dieser Zeit im englischen Stil angelegte Landschaftspark ist eine Augenweide und lädt Kurgäste wie Erholungssuchende zum Entspannen ein. Am Kurpark startet auch der längste Barfußpfad Deutschlands. @ www.badorb.de

AS 46
Bad Soden-
Salmünster

Solequellen Bad Soden-Salmünster. Die Kurstadt Bad Soden-Salmünster rühmt sich vielfältiger Kuranlagen, wie zum Beispiel der im Jahr 2005 fertiggestellten Spessart-Therme und zahlreichen Kur-Fachkliniken. Seit 1928 trägt die Stadt mit ihren starken Thermal-Sole-Quellen die Auszeichnung „Heilbad". @ www.badsoden-salmuenster.de

AS 47 Steinau,
> L3196
> Süden

Der **Erlebnispark Steinau** bietet eine Fülle von Fahrgeschäften wie Riesenrad, Kettenkarussell, Wasserbob, Autoscooter, Komet-Schaukeln und andere mehr. Auch die Spiel- und Spaßattraktionen bieten Mitmach-Aktivitäten, wie die Goldwaschanlage, das Piratenschiff und den Waldspielplatz. @ www.erlebnispark-steinau.de

AS 47 Steinau,
> Steinau-
Mitte

Schloss Steinau gehörte zum Besitz der Herren und Grafen von Steinau und geht auf eine ältere Burganlage zurück, wurde aber in der Renaissance als Schlosskomplex errichtet. Heute beheimatet das Schloss das Schlossmuseum und die Gebrüder-Grimm-Gedenkstätte. @ www.steinau.eu

AS 48
Schlüchtern-
Süd

Kinzigtal Spessart
Vogelsberg

Kinzigtal, Spessart und Vogelsberg bilden eine Region mit großer Naturvielfalt. Der Spessart zählt zu den größten zusammenhängenden Waldgebieten in Deutschland, der Vogelsberg ist das größte Vulkangebiet in Europa. Beide werden vom Kinzigtal getrennt. @ www.spessart-tourismus.de

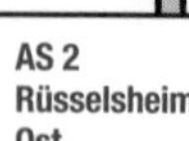

AS 2 Rüsselsheim-Ost, > Rüsselsheim-Mitte

Die **Rüsselsheimer Festung** datiert aus dem 14. Jahrhundert, wurde aber erst im darauffolgenden Jahrhundert tatsächlich zu einer Festung ausgebaut. Im 16. Jahrhundert wurde sie zerstört und wieder aufgebaut, nach erneuter Zerstörung blieb sie bis in die 1990er-Jahre Ruine. Heute beherbergt sie das Stadt- und Industriemuseum.

@ www.museum-ruesselsheim.de

AS 5 Büttelborn, > B42 > Darmstadt, > L3097

UNESCO-Weltnaturerbe Grube Messel

UNESCO-Weltnaturerbe Grube Messel. Siehe Seite 178, A5. @ www.grube-messel.de

AS 6 Dreieck Darmstadt/ Griesheim > B26 > Darmstadt

Mathildenhöhe Darmstadt Zentrum des Jugendstils

Mathildenhöhe Darmstadt: Zentrum des Jugendstils. Siehe Seite 179, A5.

@ www.mathildenhoehe.eu

AS 6 Dreieck Darmstadt/ Griesheim > B26 > Rietstadt

Geburtshaus Georg Büchner, Riedstadt. Das Haus ist heute als Museum dem Andenken an den Dichter, Revolutionär und Naturwissenschaftler Georg Büchner gewidmet. Er wurde 1813 in Goddelau, heute ein Stadtteil von Riedstadt, geboren und verbrachte seine frühe Kindheit in dem Fachwerkhaus aus dem 17. Jahrhundert. @ www.riedstadt.de

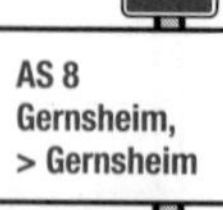

AS 8 Gernsheim, > Gernsheim

Das **Schöfferdenkmal Gernsheim am Rhein.** Das Denkmal von 1836 in Gernsheim erinnert an den Verleger und Buchhändler Peter Schöffer, der in den 1420er-Jahren in Gernsheim geboren wurde, mit Gutenberg zusammenarbeitete und damit zu den Ersten gehörte, die sich der schwarzen Buchdruckkunst verschrieben. @ www.gernsheim.de

AS 9 Lorsch, > Lorsch-Mitte

UNESCO-Weltkulturerbe Kloster Lorsch

UNESCO-Weltkulturerbe Kloster Lorsch. Siehe Seite 180, A5. @ www.schloesser-hessen.de

A620

Schloss Saarbrücken

Schloss Saarbrücken. Siehe Seite 20, A1.
@ www.saarbruecker-schloss.de

AS 17 Saarbrücken-Wilhelm-Heinrich-Brücke

Weltkulturerbe Völklinger Hütte

Weltkulturerbe Völklinger Hütte. Siehe Seite 20, A1.
@ www.voelklinger-huette.org

AS 8 Völklingen-Geislautern, > L165

Deutsches Zeitungsmuseum Wadgassen. Das Deutsche Zeitungsmuseum im saarländischen Wadgassen präsentiert auf einer Fläche von etwa 500 Quadratmetern Wissenswertes rund um die Zeitung. An historischen Druckerpressen und Druckmaschinen darf der Besucher selbst Hand anlegen. @ www.deutsches-zeitungsmuseum.de

AS 5 Wadgassen, > L271, 500 m

A623

Ludwigskirche Saarbrücken

Ludwigskirche Saarbrücken. Siehe Seite 210, A6.
@ www.ludwigskirche.de

AS 5 Saarbrücken-Herrensohr, > Saarbrücken

A643

Wiesbaden

Wiesbaden. Siehe Seite 99, A3.
@ www.wiesbaden.de

AS 3 Wiesbaden-Äppelallee, > Wiesbaden

A656

Barockschloss Mannheim

Barockschloss Mannheim. Siehe Seite 208, A6.
@ www.schloss-mannheim.de

AS 3 Kreuz Mannheim

Schloss Heidelberg

Schloss Heidelberg. Siehe Seite 181, A5.
@ www.schloss-heidelberg.de

AS 5 Kreuz Heidelberg

AS 2 Flensburg-Harrislee,
> Leck, B199

Museum Kunst der Westküste Insel Föhr. Das Museum auf der Insel Föhr widmet sich künstlerischen Ausdrucksformen, die sich den Themenkomplexen Meer und Küste verschrieben haben. Das Museum wurde im Jahr 2009 eröffnet, sein Herzstück ist die Sammlung mit circa 500 Exponaten, die in den 100 Jahren zwischen 1830 und 1930 entstanden sind. Ergänzend finden Wechselausstellungen statt. @ www.mkdw.de

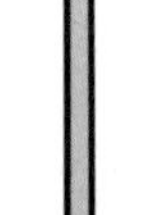

AS 2 Flensburg-Harrislee,
> B199, L192

Das **Nolde Museum Nordseeküste** oder auch Nolde Stiftung Seebüll im schleswig-holsteinischen Seebüll/Neukirchen ist ganz den Werken des expressionistischen Künstlers Emil Nolde gewidmet. Das Museum wurde im Jahr 1957 in Emil Noldes Wohnhaus gegründet, das er selbst entworfen hatte, und zeigt in wechselnden Ausstellungen Werke des Künstlers, der 1956 in Seebüll verstarb.

@ www.nolde-stiftung.de

AS 3 Flensburg,
> B200

Die **Fördestadt Flensburg** liegt nahe der dänischen Grenze an der Flensburger Förde. Ihre Wurzeln reichen bis ins 12. Jahrhundert zurück; im 16. Jahrhundert stieg sie zur bedeutenden Handelsstadt auf und erlebte nach kriegerischen Auseinandersetzungen ab dem 18. Jahrhundert einen neuen Aufschwung. Sehenswert sind unter anderem die Altstadt und der historische Hafen. @ www.flensburg.de

AS 3 Flensburg,
> B200, B199
> Glücksburg

Das **Schloss Glücksburg** ist eine Wasserschlossanlage in der gleichnamigen Stadt in Schleswig-Holstein. Es wurde im späten 16. Jahrhundert an der Stelle eines früheren Zisterzienserklosters errichtet und war Sitz der Herzöge von Glücksburg. Heute bietet das Schlossmuseum Einblicke in das herrschaftliche Leben, außerdem dient das Gebäude auch für Veranstaltungen. @ www.schloss-gluecksburg.de

AS 3 Flensburg, > B200 Richtung Husum

Nordfriesland
Nordfriislon

Nordfriesland/Nordfriislon. Die Region liegt im Norden Schleswig-Holsteins an der Nordseeküste. Hier siedelten sich im frühen Mittelalter die Friesen an, deren Sprache mit ihren Dialekten teilweise heute noch gesprochen wird. @ www.nordfrieslandtourismus.de

AS 3 Flensburg, > B200, B199

Landschaftsmuseum Angeln/ Unewatt. Keimzelle des Museums war das Marxenhaus, das Anfang der 1980er-Jahre nach seiner Demontage in Süderbrarup in Unewatt wieder aufgebaut wurde. Der Ort wurde zum Museum, indem an existierenden Gebäuden historisch Interessantes bewahrt und in das Konzept integriert wurde. @ www.museum-unewatt.de

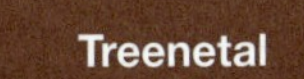

Das **Treenetal** gehört zur Flusslandschaft von Eider, Treene und Sorge und erstreckt sich südlich von Flensburg. Charakteristisch ist eine weite Niederungslandschaft, die Raum für rare Pflanzen- und Tierarten bietet.

@ www.eider-treene-sorge.de

AS 5 Schleswig/Schuby, > B201 Richtung Schleswig

Der **Tolk-Schau Freizeitpark** liegt in der schleswig-holsteinischen Gemeinde Tolk. Er entstand aus einem Märchenwald und bietet neben Fahrgeschäften wie Achterbahn und Autoscooter unter anderem das Tal der Dinosaurier, das anhand von über 100 lebensgroßen Exponaten diese Epoche lebendig werden lässt. @ www.tolk-schau.de

AS 5 Schleswig/Schuby, > B201, B76

Schloss Gottorf Landesmuseen Schleswig. Schloss Gottorf mit den Landesmuseen Schleswig liegt in der Stadt Schleswig. Heute fungiert das aus einer Burganlage hervorgegangene Renaissanceschloss mit barocken Erweiterungen als Heimat für das Landesmuseum für Kunst und Kulturgeschichte und das Archäologische Landesmuseum.

@ www.schloss-gottorf.de

AS 6 Schleswig/Jagel, > B77, K39

Danewerk/Danevirke. Das Danewerk, auf Dänisch Danevirke, ist eine bis auf das 8. Jahrhundert zurückreichende Befestigungsanlage der Dänen im Norden des heutigen Schleswig-Holsteins. Das Danewerk Museum informiert über die Ausgrabungen an diesem Bodendenkmal und integriert Funde in den archäologischen Park. Zusätzlich informieren Ausstellungen über seine historische Bedeutung.

@ www.danevirkemuseum.de

AS 7 Owschlag, > Eckernförde

Der **Naturpark Hüttener Berge** umfasst das Gebiet einer Endmoränenlandschaft in Schleswig-Holstein in der Nähe der Städte Schleswig, Eckernförde und Rendsburg und erstreckt sich auf einer Fläche von knapp 220 Quadratkilometern. Seine höchste Erhebung ist der Scheelsberg mit einer Höhe von knapp 106 Metern. Im Naturpark befinden sich zahlreiche Seen.

@ www.naturpark-huettenerberge.de

AS 8 Rendsburg/ Büdelsdorf, > B203 Richtung Eckernförde

Die **Eckernförder Bucht**, auch Eckernförder Meerbusen genannt, erstreckt sich weit von der Ostsee hinein in das Innere des Landes Schleswig-Holstein bis zur Stadt Eckernförde. Die in der letzten Eiszeit entstandene Landschaft ist geprägt von Sandstränden und Steilküsten, teilweise ist die Brandung sehr stark und verändert auch heute noch das Antlitz der Küste.

@ www.ostseebad-eckernfoerde.de

AS 8 Rendsburg/ Büdelsdorf, > B203 Richtung Rendsburg

BÜDELSDORF/Nord Art KiC Kunst in der Carlshütte. Im schleswig-holsteinischen Büdelsdorf nördlich von Rendsburg findet die Nord Art in der KiC, Kunst in der Carlshütte, alljährlich in einer ehemaligen Eisengießerei statt, und das bereits seit 1999. In jedem Jahr erfolgt eine Neukonzeptionierung der Ausstellung, die Werke zeitgenössischer Künstler präsentiert.

@ www.kunstwerk-carlshuette.de

AS 8
Rendsburg/
Büdelsdorf,
> B203

Jüdisches Museum Rendsburg. Das Jüdische Museum Rendsburg wurde im Jahr 1988 eröffnet zur Erinnerung an das Leben der jüdischen Bevölkerung in Schleswig-Holstein. Es ist in dem vollständig erhaltenen jüdischen Gemeindezentrum Rendsburgs beheimatet und beschäftigt sich in seinen Ausstellungen unter anderem mit dem jüdischen Leben und jüdischen Künstlern.

@ www.schloss-gottorf.de/juedisches-museum

AS 8
Rendsburg/
Büdelsdorf,
> B203

Rendsburg, Eisenbahnhochbrücke. Im schleswig-holsteinischen Rendsburg ist die Eisenbahnhochbrücke seit den 1910er-Jahren ein industrielles Wahrzeichen der Stadt. Sie überspannt den Nord-Ostsee-Kanal und fungiert dabei nicht nur als Eisenbahnbrücke; die an ihr angebrachte Schwebefähre transportiert auch Passanten und Fahrzeuge.

@ www.rendsburger-hochbruecke.de

AS 8
Rendsburg/
Büdelsdorf,
> L42

Der **Tierpark Gettorf** im gleichnamigen Ort zwischen Eckernförde und Kiel erstreckt sich auf einer Fläche von etwa 8 Hektar. Der Park beheimatet über 800 Tiere; neben Vögeln und Reptilien leben hier zahlreiche Säugetiere, vor allem Affen, dazu gibt es unter anderem eine Tropenhalle und einen Waldlehrpfad. Unter Aufsicht können Besucher in den Gehegen einige Tiere direkt aus der Hand füttern.

@ www.tierparkgettorf.de

AS 10 Warder,
> Westensee

Der **Naturpark Westensee** erstreckt sich zwischen den Städten Kiel, Rendsburg und Neumünster auf einer Fläche von circa 25.000 Hektar. Die letzte Eiszeit formte vor circa 10.000 Jahren das Gesicht der Landschaft. Auch der Westensee mit einer Fläche von circa 7000 Hektar entstand in dieser Epoche.

@ www.tourismus-naturpark-westensee.de

AS 10 Warder

Der **Arche-Warder-Tierpark** in der Nähe des schleswig-holsteinischen Warder zwischen Rendsburg und Neumünster hat sich darauf spezialisiert, alte, vom Aussterben bedrohte Nutztierrassen zu erhalten. Ungefähr 1200 Tiere sind hier zu Hause, darunter verschiedene Pferde- und Eselarten, Rinder, Schafe und Ziegen, aber auch Geflügel. Es können auch Tierpatenschaften übernommen werden. @ www.arche-warder.de

AS 11 Bordesholm, > L49

Auf der **Klosterinsel Bordesholm**, die heute jedoch keine echte Insel mehr ist, entstand im frühen 12. Jahrhundert das Augustiner-Chorherrenstift Bordesholm, das bis zur Mitte des 16. Jahrhunderts existierte. Die noch erhaltene Klosterkirche, eine Hallenkirche in der Gemeinde Bordesholm in Schleswig-Holstein, ist ein schönes Beispiel für die norddeutsche Backsteingotik. @ www.bordesholmer-land.de

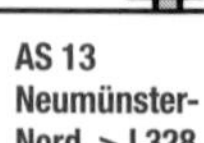

AS 13 Neumünster-Nord, > L328

Der **Tierpark Neumünster**, der im Jahr 1951 gegründet wurde, erstreckt sich auf einer Fläche von circa 24 Hektar, auf denen an die 650 Tiere leben. Hierzu zählen insbesondere Tiere aus nördlichen Regionen, wie Schnee-Eule, Eisfuchs, Elch oder Rentier, aber auch Affen und Bären, darunter Braun- und Eisbären, sowie Vögel und Reptilien.

@ www.tierparkneumuenster.de

AS 14 Neumünster-Mitte

Museum Tuch + Technik Neumünster. Das Museum Tuch + Technik im schleswig-holsteinischen Neumünster widmet sich seit dem Jahr 2007 der Geschichte der Textilherstellung in der Stadt. Der Besucher kann in den Ausstellungen die Entwicklung der Textilproduktion vom frühen Mittelalter bis zur Industrialisierung anhand zahlreicher Exponate erleben, es werden unter anderem Originalmaschinen, Spinnräder und Webstühle gezeigt. @ www.tuchundtechnik.de

Der **Naturpark Aukrug** erstreckt sich auf einer Fläche von circa 380 Quadratkilometern in der Nähe von Neumünster. Die Landschaft entstand vor etwa 130.000 Jahren und ist charakterisiert durch Wälder, Gewässer und Hügel. In dem Gebiet finden viele Tiere einen Lebensraum, darunter der seltene Schwarzstorch. @ www.naturpark-aukrug.de

AS 14
Neumünster-Mitte, > B430 Richtung Hohenwestedt

Der **Wildpark Eekholt** liegt im südlichen Schleswig-Holstein zwischen Bad Segeberg und Bad Bramstedt und umfasst eine Fläche von circa 67 Hektar, auf denen 700 Tiere aus über 100 mitteleuropäischen Arten leben. Hierzu gehören Wölfe, Wildkatzen und Auerhähne, aber auch Hauskaninchen und Honigbienen. @ www.wildpark-eekholt.de

AS 17
Bad Bramstedt, > B206 Richtung Lübeck

Lüneburger Heide

Lüneburger Heide.
Siehe Seite 91, A27.
@ www.lueneburger-heide.de

AS 43
Bispringen, > Behringen, L211

Wildpark Lüneburger Heide Nindorf. Der Wildpark in Nindorf in Niedersachsen erstreckt sich auf einer Fläche über 60 Hektar und beheimatet um die 1000 Tiere, darunter seltene und exotische wie die Sibirischen Tiger, aber auch Elche, Esel, verschiedene Hirscharten und Vögel, Ponys und Schafe. Das Besondere an dem Park ist die natürliche Umgebung, in der die Tiere leben. @ www.wild-park.de

AS 40 Garlstorf, > Nindorf, L216

Der **SNOW DOME Bispingen** zwischen Hamburg und Hannover ist eine Skihalle, in der ganzjährig dem Wintersport gefrönt werden kann. Neben der Skipiste gibt es einen Snowpark für Freestyler und eine Rodelbahn sowie insgesamt drei Skilifte. Außerdem bestehen Möglichkeiten für Outdoorsportarten wie Skating oder Slacklining. @ www.snow-dome.de

AS 43
Bispringen

**AS 43
Bispringen,
> Behringen,
L211**

Der **Wilseder Berg** liegt in der Nähe des niedersächsischen Ortes Wilsede inmitten des Naturparks Lüneburger Heide. Von der gut 169 Meter hohen Erhebung, die während der vorletzten Eiszeit entstanden ist, bieten sich schöne Ausblicke auf die Heidelandschaft, bei sehr gutem Wetter sogar bis zum gut 60 Kilometer entfernten Hamburg.

@ www.bispingen-touristik.de

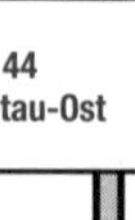

Das **Heide Park Resort** in der Nähe des niedersächsischen Soltau ist ein Freizeitpark, der sich auf einer Fläche von circa 850.000 Quadratmetern erstreckt. Gegründet Ende der 1970er-Jahre, bietet der Park heute eine Vielzahl an Fahrgeschäften, außerdem finden täglich verschiedene Shows statt, und für Besucher gibt es auch Übernachtungsmöglichkeiten.

@ www.heide-park.de

Deutsches Panzermuseum Munster. Im Deutschen Panzermuseum im niedersächsischen Munster kann der Besucher auf 10.000 Quadratmetern die Entwicklung der deutschen Militärgeschichte seit dem Ersten Weltkrieg nachvollziehen. Etwa 6000 Exponate, vor allem Panzer, aber auch Kraftfahrzeuge und Motorräder dokumentieren Technik und historisch-soziokulturellen Kontext.

@ www.deutsches-panzermuseum.de

Die **Residenzstadt Celle** in Niedersachsen geht auf das 10. Jahrhundert zurück und wurde im 14. Jahrhundert Residenz. Sehenswert ist vor allem die Altstadt mit ihrer Vielzahl an gut erhaltenen Fachwerkhäusern, die den Zweiten Weltkrieg unbeschadet überstanden haben, ebenso das Celler Schloss mit dem Residenzmuseum und das Alte Rathaus.

@ www.celle.de

Bad Fallingbostel, Kneipp-Heilbad. Bad Fallingbostel ist ein Kneipp-Heilbad nördlich von Hannover. Der Ort wurde erstmals im 10. Jahrhundert erwähnt; Mitte der 1970er-Jahre erhielt er den Status als Luftkurort und als Kneipp-Heilbad. Sehenswert sind unter anderem die nahegelegenen sogenannten Sieben Steinhäuser, Großsteingräber, die circa 5000 Jahre alt sind. @ www.badfallingbostel.de

Vogelpark Walsrode

Vogelpark Walsrode. Siehe Seite 91, A27. @ www.weltvogelpark.de

Aller-Leine-Tal. Die Region des Aller-Leine-Tals erstreckt sich nördlich von Hannover in der Lüneburger Heide. Die Urstromtäler der beiden Flüsse haben dem Gebiet sein Gesicht verliehen, die Landschaft wird dominiert von Gewässern, Wäldern und Mooren. Radlern stehen 100 Kilometer Radwanderwege zur Verfügung. @ www.aller-leine-tal.de

Serengeti-Park Hodenhagen

Serengeti-Park Hodenhagen. Siehe seite 91, A27. @ www.serengeti-park.de

Lüneburger Heide

Lüneburger Heide. Siehe Seite 91, A27. @ www.lueneburger-heide.de

Deutsches Erdölmuseum Wietze. Das Deutsches Erdölmuseum im niedersächsischen Wietze westlich von Celle bietet einen Einblick in die Erdölförderung, die in Wietze bis 1963 betrieben wurde. Die Ölgewinnung in diesem Gebiet reicht allerdings bis ins 16. Jahrhundert zurück. Heute sind auf dem Museumsgelände verschiedene Geräte und Maschinen zu sehen, eine Dauerausstellung dokumentiert die Förderung von Erdöl und Erdgas. @ www.erdoelmuseum.de

AS 47 Bad Fallingbostel

AS 47 Bad Fallingbostel, > B209 Richtung Walsrode

AS 48 Dreieck Walsrode

AS 49 Westenholz, > Hodenhagen

AS 43 Bispringen, > Behringen, L211

AS 50 Schwarmstedt, > Wietze, B214

AS 58
Hannover-
Anderten,
> B65, B3

Der **Erlebnis-Zoo Hannover** wurde bereits im Jahr 1865 gegründet. Aus der früheren normalen Zootierhaltung sind bis heute verschiedene Themenwelten entstanden, darunter zwei afrikanische, eine indische, eine australische und das Kinderland „Mullewapp" mit einem Streichelzoo. Im Zoo Hannover leben mehr als 2000 Tiere aus über 200 Arten auf einer Fläche von etwa 22 Hektar. @ www.zoo-hannover.de

AS 62
Hildesheim,
> Elze, B1

Schloss Marienburg – Sitz der Welfen. Das Schloss wurde Mitte des 19. Jahrhunderts auf dem sogenannten Marienberg errichtet. Bauherr war König Georg V. von Hannover, das Schloss im Stil der Neugotik ein Geschenk an seine Ehefrau. Das Schloss befindet sich noch immer im Besitz des Hauses Hannover, beherbergt ein Museum und dient als Kulisse für Veranstaltungen. @ www.schloss-marienburg.de

AS 62
Hildesheim

St. Michaelis und Dom UNESCO-Welterbe in Hildesheim. Die Kirche St. Michaelis und der Dom St. Mariä Himmelfahrt gehören zum UNESCO-Welterbe. St. Michaelis ist ein bedeutendes Zeugnis vorromanischer Baukunst; der Hildesheimer Dom geht ebenfalls auf das 9. Jahrhundert zurück und wurde in den folgenden Jahrhunderten erweitert und umgebaut. Bekannt ist auch der „Tausendjährige Rosenstock" im Innenhof des Kreuzgangs. @ www.michaeliskloster.de

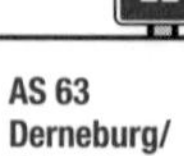

AS 63
Derneburg/
Salzgitter,
> B6, L499

Moor und Sole Bad Salzdetfurth. Moor und Salze prägen die Stadt Bad Salzdetfurth. Schon im 19. Jahrhundert reisten Kurgäste aufgrund des Solebades an, und auch heute noch können Erholungssuchende in der Kurstadt Sole- und Moorbäder genießen. Sehenswert sind die historische Altstadt mit ihren Fachwerkhäusern und der Kurpark mit zwei Gradierwerken. @ www.bad-salzdetfurth.de

Harz

AS 66 Rhüden/ Harz, > B82 Richtung Goslar

Der **Harz** ist ein Mittelgebirge auf den Gebieten der Bundesländer Niedersachsen, Sachsen-Anhalt und Thüringen. Die höchste Erhebung ist der Brocken mit einer Höhe von gut 1140 Metern. @ www.harzinfo.de

Kloster Lamspringe

AS 66 Rhüden/ Harz, > B82, L466

Das **Kloster Lamspringe** in der gleichnamigen Stadt in Niedersachsen südlich von Hildesheim geht auf das 9. Jahrhundert zurück, als als Benediktinerinnenkloster gegründet wurde. Das Kloster war auch Keimzelle für die Stadt Lamspringe. Sehenswert sind die barocke Kirchenausstattung sowie der Klosterpark. @ www.lamspringe.de

AS 67 Seesen, > Bad Gandersheim

Die **Roswithastadt Bad Gandersheim** geht auf das 9. Jahrhundert zurück und liegt im südlichen Niedersachsen. Der Namenszusatz verweist auf die Dichterin Roswitha von Gandersheim, die im 10. Jahrhundert hier wirkte und lebte. Sehenswert sind unter anderem die Stiftskirche und die Altstadt. @ www.gandersheim.de

Goslar und Rammelsberg Weltkulturerbe

AS 66 Rhüden/ Harz, > Goslar

Goslar und Rammelsberg Weltkulturerbe. Die Altstadt von Goslar und das Bergwerk Rammelsberg gehören zum Weltkulturerbe der UNESCO. Goslar geht auf das 9. Jahrhundert zurück; Erz wurde hier jedoch schon viel früher abgebaut. Sehenswert sind die Kaiserpfalz und das gotische Rathaus, im Bergwerk die historischen Stollen, Bauwerke und Halden. @ www.goslar.de, @ www.rammelsberg.de

AS 69 Northeim-Nord, > Einbeck

Die **Bier- und Fachwerkstadt Einbeck** im Süden Niedersachsens geht auf das 12. Jahrhundert zurück, ihre Tradition als Bierbrauerstadt lässt sich bis ins 14. Jahrhundert zurückverfolgen. Sehenswert ist die historische Altstadt mit ihrer Vielzahl an schönen Fachwerkhäusern und dem Marktplatz mit Rathaus und Marktkirche. @ www.einbeck.de

AS 69
Northeim-Nord

Die **Northeimer Seenplatte** im südlichen Niedersachsen ist nicht natürlichen Ursprungs. Vielmehr entstanden die Seen als Folge des seit Mitte des 19. Jahrhunderts praktizierten Kiesabbaus in der Region, der auch heute noch betrieben wird. Die renaturierten Seen nicht mehr genutzter Gruben bieten Sportmöglichkeiten für Menschen und Lebensraum für Wasservögel.

@ www.seeterrassen-northeim.de

AS 69
Northeim-Nord,
> B3, L580

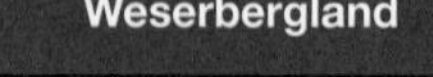

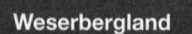

Weserbergland.
Siehe Seite 64, A2.

@ www.weserbergland.com

AS 73
Göttingen

Die **Universitätsstadt Göttingen** liegt im südlichen Niedersachsen und geht auf das 10. Jahrhundert zurück. Im 13. Jahrhundert erhielt sie die Stadtrechte, litt in der Folge unter dem Dreißigjährigen Krieg, konnte aber mit der 1734 eröffneten Georg-August-Universität zu neuer Blüte gelangen. Diese und mittlerweile zwei weitere Hochschulen prägen mit ihrer Studentenschaft heute maßgeblich das Leben in der Stadt.

@ www.goettingen.de

AS 74 Dreieck
Drammetal,
> B38, K29

Schloss Berlepsch – Tor zum Mittelalter. Das Schloss liegt im nördlichen Hessen an der Grenze zu Niedersachsen bei Witzenhausen. Wenn auch die Ursprünge im Mittelalter zu suchen sind, erhielt die heutige Anlage ihr neugotisches Gesicht Ende des 19. Jahrhunderts, nachdem das ursprüngliche Schloss unter den Kriegen vergangener Jahrhunderte stark gelitten hatte.

@ www.schlossberlepsch.de

Werra Fulda
Weser Leine

Werra, Fulda, Weser, Leine. Vier Flüsse, nämlich Leine, Weser, Werra und Fulda, prägen das Landschaftsgebiet des Eichsfelds, der Region, die sich naturräumlich im Grenzgebiet zwischen Hessen, Niedersachsen und Thüringen erstreckt.

@ www.eichsfeld.de

AS 75
Hannoversch Münden-Hedemünden

Historische Altstadt Hann. Münden. Die historische Altstadt Hann. Münden im südlichen Niedersachsen lässt mit ihren zahlreichen Fachwerkhäusern die Vergangenheit lebendig werden. Ebenso sehenswert sind die mittelalterlichen Sakralbauten, die Alte Werrabrücke aus dem 13. Jahrhundert und das Welfenschloss im Stil der Weserrenaissance, das Mitte des 16. Jahrhunderts entstand.

@ www.hann.muenden.de

Herkules

AS 77
Kassel-Nord

Herkules. Die Statue des Herkules thront oberhalb der Stadt Kassel weithin sichtbar auf einer steinernen Pyramide auf der Wilhelmshöhe, die ihrerseits auf einem Oktogon ruht. Das gesamte Bauwerk entstand im frühen 18. Jahrhundert; heute bieten die von hier bergab verlaufenden Wasserkaskaden dem Besucher in den Sommermonaten ein faszinierendes Schauspiel.

@ www.wilhelmshoehe.de

Naturpark Meißner Kaufunger Wald

AS 78
Kassel-Ost,
> Kaufungen,
B7

Der **Naturpark Meißner Kaufunger Wald** erstreckt sich im Nordosten Hessens auf einer Fläche von circa 93.000 Hektar. Zu seinem Gebiet zählen Teile des Kaufunger Waldes und der Hohe Meißner, ein Tafelberg mit einer Höhe von über 750 Metern. Mythisch ist der Hohe Meißner mit der Legende um Frau Holle verwoben, die hier in verschiedenen Gestalten leben soll.

@ www.naturpark-mkw.de

Kurhessisches Bergland

Kurhessisches Bergland. Siehe Seite 174, A49.

@ www.kurhessisches-bergland.de

AS 82
Melsungen

Die **Fachwerkstadt Melsungen** liegt in Nordhessen südlich von Kassel und geht auf das 9. Jahrhundert zurück. Noch heute zeugt die schön erhaltene Fachwerkaltstadt des Luftkurortes von der Historie, ebenso sehenswert sind das Rathaus, die Bartenwetzerbrücke über die Fulda und das Schloss, die allesamt im 16. Jahrhundert erbaut wurden. Eine kulinarische Spezialität ist die Ahle Wurscht.

@ www.melsungen.de

AS 84 Homberg

Homberg (Efze) – Knüll. Homberg (Efze) und der Knüll, kurz für Knüllgebirge, liegen südlich von Kassel. Die Geschichte Hombergs reicht bis in das 13. Jahrhundert zurück, der Name leitet sich von der Hohenburg oberhalb der Stadt ab. Sehenswert ist die historische Altstadt. Das Mittelgebirge des Knüll erreicht Höhen von gut 635 Metern und ist durch große Waldgebiete charakterisiert. @ www.homberg-efze.eu

AS 85
Bad Hersfeld-
West

Stiftsruine
Bad Hersfeld

Stiftsruine Bad Hersfeld.
Siehe Seite 150, A4.
@ www.bad-hersfelder-festspiele.de

AS 85
Bad Hersfeld-
West,
> Neuenstein

Burg Neuenstein

Burg Neuenstein.
Die Burg im gleichnamigen nordhessischen Ort Neuenstein wurde erstmals im 13. Jahrhundert errichtet, im 14. Jahrhundert zerstört und wieder aufgebaut und im 17. Jahrhundert schlossartig ausgebaut. Heute bietet das Schloss Möglichkeiten für Tagungen und Feierlichkeiten wie zum Beispiel Hochzeiten.
@ www.schlossneuenstein.de

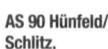

AS 90 Hünfeld/
Schlitz,
> Hünfeld/Tann

Erfinder des Computers Konrad-Zuse-Museum in Hünfeld im Hessischen Kegelspiel. Dem Erfinder des Computers ist das Konrad-Zuse-Museum gewidmet. Das Hessische Kegelspiel besteht aus neun Vulkanbergen. Konrad Zuse, der zu Beginn der 1940er-Jahre den weltweit ersten Computer konstruierte, lebte von 1957 bis zu seinem Tod im Jahr 1995 in Hünfeld.
@ www.zuse-museum-huenfeld.de

AS 85 Bad
Hersfeld-West,
> Bad Hersfeld

Waldhessen

Waldhessen.
Siehe Seite 149, A4.
@ www.waldhessen.de

AS 90 Hünfeld/
Schlitz, L3176,
> B27, B84

Gedenkstätte
Point Alpha
Rasdorf/Geisa

Gedenkstätte Point Alpha Rasdorf/Geisa.
Siehe Seite 150, A4.
@ www.pointalpha.com

AS 92
Fulda-Mitte,
> Petersberg

Grabeskirche der hl. Lioba – Petersberg. Die Grabeskirche der heiligen Lioba im osthessischen Petersberg trägt offiziell den Namen St. Peter, wird aber auch Liobakirche genannt, weil hier die heilige Lioba von Tauberbischofsheim bestattet ist, die als Benediktinerin im 8. Jahrhundert wirkte. Die Kirche wurde im 10. Jahrhundert errichtet und im 15. Jahrhundert ausgebaut. @ www.katholische-kirche-petersberg.de

AS 92
Fulda-Mitte,
> B458 Richtung Hilders

Wasserkuppe: Berg der Flieger. Die Wasserkuppe in der hessischen Rhön wird auch als Berg der Flieger bezeichnet. Mit 950 Meter Höhe ist sie der höchste Berg in Hessen, ihren Beinamen erhielt sie aufgrund der vielfältigen Flugaktivitäten, die hier seit den 1910er-Jahren praktiziert wurden. Ein Fliegerdenkmal erinnert an die Toten des Ersten Weltkriegs, heute können unter anderem mit Segelfliegern hohe Lüfte erkundet werden. @ www.fliegerschule-wasserkuppe.de

AS 92
Fulda-Mitte

Die **Barockstadt Fulda** liegt im östlichen Hessen am gleichnamigen Fluss und entwickelte sich aus einer Klostergründung des 8. Jahrhunderts. Im 18. Jahrhundert entstand das heute noch erhaltene Barockviertel mit seinen Baukunstwerken. Neben Bürgerhäusern zählen hierzu insbesondere der Fuldaer Dom und das Stadtschloss. @ www.fulda.de

AS 93 Dreieck Fulda,
> A66, AS 54 Eichenzell-Poppenhausen

Schloss Fasanerie Eichenzell. Das Schloss Fasanerie liegt im osthessischen Eichenzell in der Nähe von Fulda. Es entstand im Baustil des Barocks zu Beginn des 18. Jahrhunderts und wurde in den folgenden Jahrzehnten ausgebaut. Heute beherbergt das Schloss ein Museum, in dem unter anderem eine Porzellan- und eine Antikensammlung ausgestellt sind. Sehenswert ist auch der circa 100 Hektar große Schlosspark. @ www.schloss-fasanerie.de

Bayerisches Staatsbad Bad Brückenau. Das Bayerische Staatsbad Bad Brückenau, zwischen Fulda und Bad Kissingen gelegen, geht auf das 13. Jahrhundert zurück. 1876 fiel ein großer Teil der Stadt einem Feuer zum Opfer. Bei Bohrungen Ende des 19. Jahrhunderts stieß man wie im nahe gelegenen Staatsbad auf Heilquellen, den Namenszusatz „Bad" erhielt Brückenau im Jahr 1970. @ www.bad-brueckenau.de

Volkersberg – Wallfahrt und Bildung. Das Haus Volkersberg war früher als Kloster Ziel von Wallfahrten, heute ist es der Bildung verschrieben. Mitte des 17. Jahrhunderts wurde auf dem Volkersberg ein Franziskanerkloster errichtet, zu dem bis zum 19. Jahrhundert zahlreiche Wallfahrten zum heiligen Kreuz stattfanden. Heute dient das Haus als Bildungsstätte für Jugendliche und Erwachsene. @ www.volkersberg.de

Kreuzberg/Rhön – Kloster und Wallfahrt. Auf dem Kreuzberg in der Rhön nahe der Stadt Bischofsheim im nördlichen Bayern befinden sich das gleichnamige Kloster und das Ziel von Wallfahrten. Der Kreuzberg gilt als heiliger Berg der Franken, der schon seit dem frühen Mittelalter eine Pilgerstätte ist, ebenso wie das Franziskanerkloster, das Mitte des 17. Jahrhunderts gegründet wurde.

@ www.bischofsheim.de

AS 96 Bad
Kissingen/
Oberthula,
> Bad Bocklet

Schloss Aschach – Museen Bad Bocklet. Das Schloss Aschach beherbergt insgesamt drei Museen in der Marktgemeinde Bad Bocklet nördlich von Bad Kissingen. Graf-Luxemburg-, Volkskunde- und Schulmuseum bieten einen Einblick in die Geschichte Unterfrankens im historischen Ambiente des Schlosses, das in seinen Ursprüngen auf das 12. Jahrhundert zurückgeht. @ www.museen-schloss-aschach.de

Bad Kissingen – Bayerisches Staatsbad · Casino · Therme. Bad Kissingen wurde erstmals im 9. Jahrhundert erwähnt und entwickelte sich dank seiner Heilquellen im Laufe der Jahrhunderte zu einem bedeutenden Kurort. Im historischen Gebäude aus dem 19. Jahrhundert im Kurpark befindet sich das Casino der Stadt. @ www.badkissingen.de

AS 96 Bad Kissingen/ Oberthula, > Bad Kissingen

AS 97 Hammelburg, > B287

Frankens Saalestück

Als **Frankens Saalestück** bezeichnet sich die Region entlang der Fränkischen Saale, die in der Nähe von Bad Königshofen entspringt und bei Gemünden in den Main mündet. Am Rande der Rhön wird hier der bekannte Frankenwein angebaut. @ www.frankens-saalestueck.de

Die Rhön

Die Rhön ist ein Mittelgebirge und erstreckt sich in der Grenzregion zwischen den Bundesländern Hessen, Thüringen und Bayern; weite Teile sind als Biosphärenreservat ausgewiesen, der höchste Berg mit 950 Meter Höhe ist die Wasserkuppe. @ www.biosphaerenreservat-rhoen.de

Hammelburg – Älteste Weinstadt Frankens. Hammelburg südwestlich von Bad Kissingen bezeichnet sich als älteste Weinstadt Frankens, und auch heute noch hat der Weinbau hier Tradition. Erstmals wurde der Ort bereits im 8. Jahrhundert erwähnt; sehenswert sind unter anderem in unmittelbarer Nähe das Kloster Altstadt mit Kapellenkreuzweg und das Schloss Saaleck. @ www.hammelburg.de

AS 97 Hammelburg

Der **Passionsspielort Sömmersdorf** ist ein Dorf westlich von Schweinfurt; hier wurden im Jahr 1993 erstmals die Fränkischen Passionsspiele aufgeführt, die inzwischen alle fünf Jahre stattfinden. Im Passionsgarten wird die Entwicklung der Spiele dokumentiert, des Weiteren gibt es spirituelle Passionswege. @ www.passionsspiele-soemmersdorf.de

AS 98 Wasserlosen, > Richtung Euerbach, B303

AS 98 Wasser-losen, > Richtung Euerbach, B303

Schweinfurt: Industrie und Kunst. Die Stadt Schweinfurt vereint die Attribute Reichsstadt, Industrie und Kunst. Vom 12. bis zum Beginn des 19. Jahrhunderts hatte Schweinfurt den Status der Freien Reichsstadt mit den entsprechenden Privilegien inne. Im Zuge der Industrialisierung entwickelte sich die Stadt zu einem bedeutenden Industriezentrum; darüber hinaus beherbergen ihre Museen bedeutende Kunstsammlungen. @ www.schweinfurt.de

AS 99 Kreuz Schweinfurt/ Werneck, > A70 Richtung Werneck, AS 3 Werneck

Balthasar-Neumann – Schlossanlage Werneck. Der namhafte Baumeister des Barock, Balthasar Neumann, zeichnet verantwortlich für den Bau der Schlossanlage Werneck, einem Markt südwestlich von Schweinfurt. Auftraggeber war der Fürstbischof Friedrich Karl von Schönborn. Heute beherbergt das Gebäude ein Krankenhaus. Sehenswert sind auch der Schlossgarten und die Schlosskapelle.

@ www.werneck.de

AS 101 Würzburg/ Estenfeld, > Volkach

Die **Volkacher Mainschleife** bezeichnet nicht nur die tatsächliche Windung des Mains bei der Stadt Volkach südlich von Schweinfurt in Unterfranken, sondern auch die Region an der Flussbiegung. Diese ist geprägt durch den Weinanbau; sehenswert ist die Altstadt von Volkach mit ihren zahlreichen historischen Gebäuden und den beiden Stadttoren aus dem 13. Jahrhundert. @ www.volkach.de

AS 101 Würzburg/ Estenfeld, > Würzburg, B8

Festung Marienberg
Mainfränkisches
Museum

Festung Marienberg Mainfränkisches Museum. Siehe Seite 101, A3.
@ www.mainfraenkisches-museum.de

AS 101 Würzburg/ Estenfeld, > Würzburg

Residenzstadt
Würzburg
UNESCO-Weltkulturerbe

Residenz Würzburg UNESCO-Weltkulturerbe. Siehe Seite 102, A3.
@ www.residenz-wuerzburg.de

AS 103
Kitzingen

Kitzingen
Weinhandel
Deutsches
Fastnachtmuseum

Kitzingen – Weinhandel, Deutsches Fastnachtmuseum.

Siehe Seite 102, A3.

@ www.kitzingen.de

AS 104
Markbreit

Marktbreit – Romantische Stadt.

Marktbreit am Main wartet mit historischen Gebäuden wie dem Renaissancerathaus, Maintor und Malerwinkel auf, ebenso mit dem Alten Kranen aus dem späten 18. Jahrhundert. Besiedelt war die Region schon zur Römerzeit; der Römerrundweg erinnert an das Römerlager auf dem Kapellenberg.

@ www.marktbreit.de

AS 104
Markbreit,
> Ochsenfurt

Fränkisches Weinland

Fränkisches Weinland.

Siehe Seite 101, A3.

@ www.fraenkisches-weinland.de

AS 105 Gollhofen, > Bad Mergentheim

Liebliches Taubertal

Liebliches Taubertal.

Siehe Seite 101, A3.

@ www.liebliches-taubertal.de

AS 106
Uffenheim/Langensteinach,
> Uffenheim

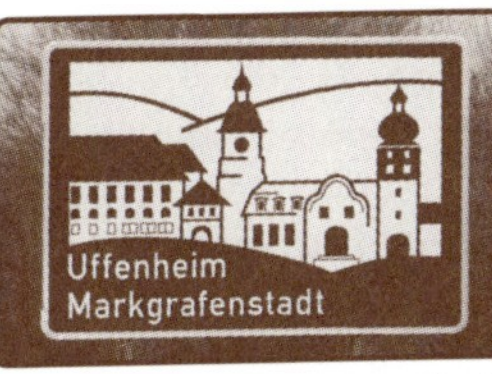

Uffenheim – Markgrafenstadt.

Uffenheim, die fränkische Markgrafenstadt, liegt südlich von Würzburg. Ihre Geschichte reicht zurück bis ins 12. Jahrhundert, Mitte des 13. Jahrhunderts erhielt sie die Stadtrechte. An vergangene Zeiten erinnert das Schloss Uffenheim, das im 17. Jahrhundert errichtet wurde.

@ www.uffenheim.de

AS 107
Bad Windsheim

Freilandmuseum Therme Bad Windsheim.

Das Fränkische Freilandmuseum und die Therme in Bad Windsheim sind die Hauptattraktionen der Stadt westlich von Nürnberg. Mehr als 100 historische Häuser dokumentieren 700 Jahre Geschichte in Franken, während in der Franken-Therme Wellness und Erholung auf dem Programm stehen mit einem Salzsee als besonderem Highlight.

@ www.freilandmuseum.de

AS 108 Rothenburg o.d.T.

Rothenburg ob der Tauber gilt mit seiner geschlossenen Altstadt als Paradebeispiel für die Baukunst des Mittelalters. Zahlreiche gut erhaltene Fachwerkhäuser mit aufwendigen Schnitzereien, enge, gewundene Gassen, Stadtmauern und Stadttore entführen den Besucher ebenso in die Vergangenheit wie Brunnen und Mühlen. @ www.rothenburg.de

AS 109 Wörnitz, > Schillingsfürst

Schloss Schillingsfürst – Bayerischer Jagdfalkenhof. Schloss Schillingsfürst liegt in Schillingsfürst in Mittelfranken. Das Schloss, im Besitz derer von Hohenlohe-Schillingsfürst, wurde im 18. Jahrhundert errichtet und beheimatet heute unter anderem ein Museum sowie den fürstlichen Falkenhof. @ www.schloss-schillingsfuerst.de

AS 111 Feuchtwangen-West

Festspielstadt Feuchtwangen

Festspielstadt Feuchtwangen. Siehe Seite 203, A6.
@ www.feuchtwangen.de

AS 107 Bad Windsheim, > B470, B13

Naturpark Frankenhöhe

Naturpark Frankenhöhe. Siehe Seite 203, A6.
@ www.naturpark-frankenhoehe.de

AS 112 Dinkelsbühl/ Fichtenau, > L2218

Crailsheim Türme an der Jagst

Crailsheim – Türme an der Jagst. Siehe Seite 203, A6.
@ www.crailsheim.de

AS 108 Rothenburg

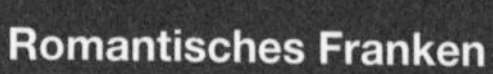

Romantisches Franken. Siehe Seite 201, A6.
@ www.romantisches-franken.de

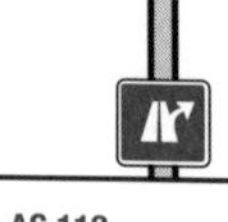

AS 112 Dinkelsbühl/ Fichtenau, > Dinkelsbühl

Dinkelsbühl an der Romantischen Straße in Mittelfranken besticht durch eine gut erhaltene Altstadt, die auf das späte Mittelalter zurückgeht. Im 12. Jahrhundert gegründet, lässt die Stadt mit ihren historischen Gebäuden ihre Vergangenheit noch immer lebendig werden. @  www.dinkelsbuehl.de

AS 113
Ellwangen

Ellwangen – Schönenbergkirche. Nahe Ellwangen thront die barocke Schönenbergkirche auf dem gleichnamigen Berg. Ende des 17. Jahrhunderts errichtet, wurde das Gotteshaus im 18. Jahrhundert nach einem Brand erneut geweiht. Im Innenraum zeugen Deckenfresken und Stuckarbeiten von der zeitgenössischen Kunst. @ www.haus-schoenenberg.de

Limes
UNESCO-Welterbe

Limes, UNESCO-Welterbe. Siehe Seite 205, A6. @ www.unesco.de

AS 114 Aalen/
Westhausen,
> B29 Richtung
Nördlingen,
K3293

Das **Schloss Kapfenburg** liegt weithin sichtbar in der Nähe der Stadt Lauchheim. Die ursprüngliche Anlage des Deutschherrenordens geht auf das frühe 14. Jahrhundert zurück und wurde im 18. Jahrhundert zu ihrer heutigen Form ausgebaut. Sie ist Sitz der Internationalen Musikschulakademie Kulturzentrum Schloss Kapfenburg. @ www.schloss-kapfenburg.de

AS 116
Heidenheim,
> Heidenheim

Das **Schloss Hellenstein** liegt oberhalb der Stadt Heidenheim an der Brenz. Die Anlage geht auf die Zeit der Staufer zurück, mit ihrem Bau wurde bereits zu Anfang des 11. Jahrhunderts begonnen. Nach einem Brand in der Mitte des 16. Jahrhunderts wurde sie schlossartig wieder aufgebaut und beherbergt heute zwei Museen. @ www.heidenheim.de

AS 114 Aalen/
Westhausen,
> Aalen

Limeskastell Aaalen, UNESCO-Welterbe. Das Limeskastell Aalen gilt als das größte Reiterkastell nördlich der Alpen und besaß für die Römer große strategische Bedeutung. Heute erinnert das Limesmuseum an die Zeiten der Römer und dokumentiert in seiner Ausstellung diese Epoche; auf dem Freigelände erschließt sich das ehemalige Kastell.
@ www.museen-aalen.de

AS 114 Aalen/
Westhausen,
> Aalen

Aalen: Limes-Thermen – Heilklima Tiefer Stollen. Im baden-württembergischen Aalen sorgen die Limes-Thermen und das Heilklima im Besucherbergwerk Tiefer Stollen für Wohlbefinden und Erholung. Die Thermen wurden 1985 eröffnet, zwei Jahre später entstand aus dem Eisenerzbergwerk das Besucherbergwerk, in dessen Heilstollen Atemwegserkrankungen behandelt werden.

@ www.limes-thermen.de, @ www.bergwerk-aalen.de

AS 115 Aalen/
Oberkochen,
> Neresheim

Härtsfeld – Abtei Neresheim. Auf dem Plateau des Härtsfelds auf der Schwäbischen Alb thront die Abtei Neresheim oberhalb der gleichnamigen Stadt. Die Klostergründung geht auf das frühe 11. Jahrhundert zurück; das heutige Kirchengebäude, für dessen Pläne der Barockbaumeister Balthasar Neumann verantwortlich zeichnete, wurden im 18. Jahrhundert errichtet.

@ www.abtei-neresheim.de

AS 116
Heidenheim,
> B466a, B19

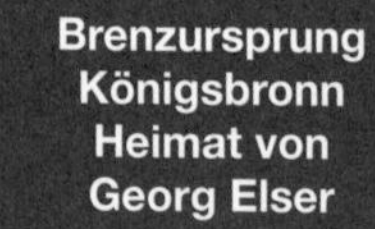

Brenzursprung Königsbronn, Heimat von Georg Elser. Der Brenzursprung, eine Karstquelle, aus der sich die Brenz speist, liegt im baden-württembergischen Königsbronn, das zugleich Heimat von Georg Elser ist, dem Widerstandskämpfer im Nationalsozialismus, dessen Attentat auf Adolf Hitler 1939 in München fehlschlug und der 1945 im Konzentrationslager Dachau ermordet wurde.

@ www.koenigsbronn.de

AS 116
Heidenheim,
> Steinheim

Meteorkrater Steinheim. Der Meteorkrater in Steinheim am Albuch östlich von Stuttgart entstand durch einen Meteoriteneinschlag vor circa 15 Millionen Jahren. Der Krater besitzt einen Durchmesser von knapp 4 Kilometern. Heute informieren Lehrpfade über Geologie und Natur der Landschaft, während das Meteorkrater-Museum den Einschlag und seine Auswirkungen dokumentiert.

@ www.steinheim-am-albuch.de

Höhle Teddybären
Giengen an der Brenz

AS 117
Giengen/
Herbrechtingen, > Giengen

Höhle, Teddybären: Giengen an der Brenz. Von hier aus eroberten die Steiff-Stofftiere die ganze Welt; ihnen ist seit 2005 das Steiff-Museum gewidmet. Die HöhlenErlebnisWelt entführt demgegenüber in die 587 Meter lange Charlottenhöhle, eine Tropfsteinhöhle, die Ende des 19. Jahrhunderts erstmals begangen wurde. @ www.giengen.de

AS 119
Langenau,
> Bernstadt,
L1170

Lonetal – Höhlen und Eiszeitkunst. Das Lonetal ist das Tal des gleichnamigen Baches in Baden-Württemberg südöstlich von Stuttgart; hier existieren verschiedene Höhlen, in denen Eiszeitkunst entdeckt wurde. Hierzu zählen verschiedene Skulpturen, die aus dem Elfenbein von Mammuts geschnitzt wurden, unter anderem der sogenannte Löwenmensch, eine Skulptur mit Löwenkopf und menschlichen Beinen. @ www.lonetal.net

Eselsburger Tal

AS 117
Giengen/
Herbrechtingen, > L1079

Das **Eselsburger Tal** ist ein Naturschutzgebiet südlich von Heidenheim an der Brenz. In diesem Tal beschreibt die Brenz eine Schleife; zu den Naturschönheiten des Tals gehören die Wacholderheiden und die als „Steinerne Jungfrauen“ bekannten Felsnadeln. @ www.herbrechtingen.de

Langenauer Ried

AS 119
Langenau,
> Langenau,
L1170, L1232

Das **Langenauer Ried** ist ein Naturschutzgebiet bei Langenau und gehört zu den 17 schutzwürdigsten Landschaften Europas der UNESCO und umfasst eine Fläche von etwa 80 Hektar. Das Niedermoor bietet zahlreichen Tier- und Pflanzenarten einen geschützten Lebensraum. @ www.langenau.de

AS 121
Nersingen,
> Ulm

Das **Ulmer Münster** kann sich rühmen, den weltweit höchsten Kirchturm zu besitzen. Mit dem Bau der Kirche wurde im 14. Jahrhundert begonnen, sie gilt als bedeutendes Werk der Gotik. Chortürme und Hauptturm erhielt erst 300 Jahre später, Ende des 19. Jahrhunderts, ihre heutige weithin sichtbare Gestalt. @ www.ulmer-muenster.de

AS 123
Vöhringen,
> Weißenhorn

Die **Fuggerstadt Weißenhorn** liegt südöstlich von Ulm in Bayern und fand erstmals zu Beginn des 12. Jahrhunderts Erwähnung. Zu Beginn des 16. Jahrhunderts erlangte die Kaufmannsfamilie der Fugger die Macht über die Stadt und führte sie im Laufe der Jahrhunderte zu Wohlstand. An die Zeit der Fugger erinnern das Fuggerschloss und das Fuggersche Bräuhaus.

@ www.weissenhorn.de

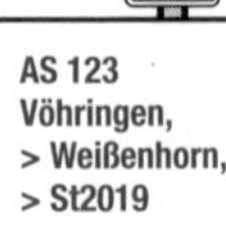

Das **Kloster Roggenburg**, ein Prämonstratenserkloster in der gleichnamigen bayerischen Stadt südöstlich von Ulm, wurde im 12. Jahrhundert gegründet und erhielt nach Zerstörungen im Dreißigjährigen Krieg sein heutiges barockes Aussehen. Nach der Säkularisation zu Beginn des 19. Jahrhunderts kehrten in den 1980er-Jahren Prämonstratensermönche in das Kloster zurück.

@ www.kloster-roggenburg.de

AS 123
Vöhringen,
> Weißenhorn

Die **Wallfahrtskirche Witzighausen**, offiziell Mariä Geburt, liegt in Witzighausen, einem Stadtteil der Stadt Senden südlich von Neu-Ulm in Oberschwaben. Ein erster gotischer Bau entstand um 1480, im 18. Jahrhundert wurden Chor und Kirche neu gebaut. Der Beginn der Wallfahrten geht auf die Mitte des 16. Jahrhunderts zurück.

@ www.wallfahrt-witzighausen.de

Vöhlinschloss Illertissen. Das Vöhlinschloss thront weithin sichtbar oberhalb von Illertissen südlich von Neu-Ulm. Das Schloss ist hervorgegangen aus einer mittelalterlichen Burganlage aus dem 12. Jahrhundert. Das heutige Schloss wurde im 16. Jahrhundert errichtet; es beheimatet ein Heimat- und ein Bienenmuseum und fungiert als Tagungsstätte.

@ www.illertissen.de

Das **Kloster Ochsenhausen** ist eine imposante Barockanlage in der gleichnamigen Stadt im südöstlichen Baden-Württemberg. Schon zu Beginn des 11. Jahrhunderts hatten sich hier Benediktinermönche angesiedelt, im 17. Jahrhundert entstand die heutige Anlage. Das Klostermuseum dokumentiert die 800-jährige Geschichte der Benediktiner in Ochsenhausen. Die historische Orgel zieht viele Musikliebhaber an.

@ www.kloster-ochsenhausen.de

AS 126
Dettingen,
> Ochsenhausen

Das **Kloster Rot a.d. Rot** in der gleichnamigen baden-württembergischen Stadt wurde im 12. Jahrhundert als Prämonstratenserkloster gegründet. Nach Zerstörungen im Dreißigjährigen Krieg und durch ein Feuer entstand Ende des 17. Jahrhunderts die heutige Anlage im Stil des Barocks. Heute ist hier das Jugendhaus St. Norbert des Bistums Rottenburg zu Hause.

@ www.jugendhaus-rot.de

AS 127
Berkheim,
> B312

Fuggerschloss Babenhausen. Das Fuggerschloss im ostbayerischen Babenhausen geht auf eine Burganlage des 13. Jahrhunderts zurück. Im 16. Jahrhundert ging das Schloss in den Besitz des Kaufmanns Anton Fugger über, der es ebenso wie seine Nachfahren um- und ausbauen ließ. Das Fuggermuseum im Schloss dokumentiert Leben und Wirken der bekannten Kaufmannsfamilie.

@ www.touristinfo-babenhausen.de

AS 124
Illertissen,
> Babenhausen

Die Stadt **Memmingen** im Südosten Bayerns an der Grenze zu Baden-Württemberg geht auf das 12. Jahrhundert zurück, archäologische Funde weisen aber auf eine steinzeitliche Besiedlung hin. Zu den Sehenswürdigkeiten der Stadt zählen zahlreiche historische Gebäude wie unter anderem das Renaissancerathaus am Marktplatz und die teilweise noch erhaltenen Stadtbefestigungsanlagen.

@ www.memmingen.de

AS 129
Memmingen-Süd

AS 127 Berkheim, > B312, B300, MM30

Die **Kartause Buxheim** in der gleichnamigen Stadt nordöstlich von Memmingen wurde im 12. Jahrhundert als Stift gegründet und ging zu Beginn des 15. Jahrhunderts an die Kartäusermönche über. Im 17. und 18. Jahrhundert erfolgten bauliche Umgestaltungen, heute sind die Salesianer Don Boscos hier ansässig, ebenso deren Gymnasium sowie ein Museum. @ www.kartause-buxheim.de

AS 131 Bad Grönenbach

Die **Abtei Ottobeuren** liegt in der gleichnamigen Marktgemeinde südöstlich von Memmingen in Bayern. Die Gründung als Benediktinerkloster erfolgte bereits Mitte des 8. Jahrhunderts und erhielt 200 Jahre später den Status als Reichsabtei. Die heutige Anlage zeigt sich im Stile des Spätbarocks; nach der Säkularisation wurde sie 1918 wieder eine selbstständige Abtei. @ www.abtei-ottobeuren.de

AS 129 Memmingen-Süd

Das **Bauernhofmuseum Illerbeuren** südlich von Memmingen wurde 1955 gegründet und dokumentiert das ländliche Leben vergangener Jahrhunderte in der Region anhand von über 30 Gebäuden. Neben dem Museumsdorf zeigen sogenannte Baugruppen die Technik auf dem Land oder die Torfwirtschaft. Das Museumsangebot wird um Sonderausstellungen und museumspädagogische Veranstaltungen ergänzt. @ www.bauernhofmuseum.de

AS 131 Bad Grönenbach, > Ottobeuren

Bad Grönenbach – Kneippheilbad. Bad Grönenbach, das Kneippheilbad, liegt zwischen Memmingen und Kempten. Bereits 1954 wurde es als Kneippkurort anerkannt, 42 Jahre später erhielt es den Titel Kneippheilbad. Sehenswert sind unter anderem Hohes Schloss, Unteres Schloss und die Burg Rothenstein sowie die Stiftskirche St. Philipp und Jakob und die Spitalkirche. @ www.bad-groenenbach.de

Oberallgäu

Die Region **Oberallgäu** und der gleichnamige Landkreis erstrecken sich in unmittelbarer Nähe der Alpen im Südwesten Bayerns mit bekannten Städten wie Kempten oder Oberstdorf. @ www.oberallgaeu.de

Kempten (Allgäu) gehört zu den ältesten Städten in Deutschland. Zu Römerzeiten existierte die Stadt Cambodunum, im 8. Jahrhundert wurde ein Kloster gegründet, aus dem sich die heutige Stadt entwickelte. Der Archäologische Park Cambodunum informiert über die römische Vergangenheit, sehenswert sind auch die Orangerie, die St.-Lorenz-Basilika und die Residenz. @ www.kempten.de

Allgäuer Hochalpen Bad Hindelang. Im Naturschutzgebiet der Allgäuer Hochalpen liegen große Teile des Kneipp- und Heilbades Bad Hindelang vor beeindruckender Naturkulisse. Das Gebiet erstreckt sich auf einer Fläche von gut 20.700 Hektar und ist ein Refugium für zahlreiche Pflanzen- und Tierarten. @ www.allgaeuer-hochalpen.de @ www.badhindelang.de

Historische Wallfahrtskirche Maria Rain. Die historische Wallfahrtskirche in Maria Rain im Oberallgäu wurde zu Beginn des 15. Jahrhunderts errichtet und im Laufe der Jahrhunderte zu ihrer heutigen Form umgestaltet. Sehenswert sind unter anderem die Fresken aus dem 17. Jahrhundert, der Hochaltar sowie die Neben- und Seitenaltäre. @ www.tourismus-bayern.de

AS 138
Nesselwang,
> Seeg

Seenland Ostallgäu

Das **Seenland Ostallgäu** erstreckt sich im Südosten von Bayern zwischen der schwäbisch-bayerischen Hochebene im Norden und den Alpen im Süden und bietet eine abwechslungsreiche Landschaft. @ www.ostallgaeu.de

AS 138
Nesselwang

Falkenstein, Hohenfreyberg, Eisenberg: Burgenregion Ostallgäu. Die Burgenregion Ostallgäu umfasst insgesamt knapp 40 historische Objekte. Die Ruinen der Burgen Hohenfreyberg und Eisenberg befinden sich nördlich von Pfronten. Falkenstein liegt in über 1200 Meter Höhe ebenfalls in der Nähe. @ www.tourismus-ostallgäu.de

AS 138
Nesselwang,
> Seeg

Rokoko-Kirche Seeg

Rokoko-Kirche Seeg. Die Rokokokirche St. Ulrich in der Gemeinde Seeg südöstlich von Kempten ist ein Beispiel dieser Stilepoche und gilt als eine der schönsten Rokokokirchen der Region. Baumeister der Kirche war Johann Jakob Herkomer. @ www.seeg.de

AS 139 Füssen

Ostallgäu Berge · Schlösser · Seen

Ostallgäu: Berge · Schlösser · Seen. Die Region fasziniert durch ihre Bergwelt, den Forgensee und die vielen Schlösser. @ www.tourismus-ostallgaeu.de

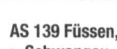

AS 139 Füssen,
> Schwangau

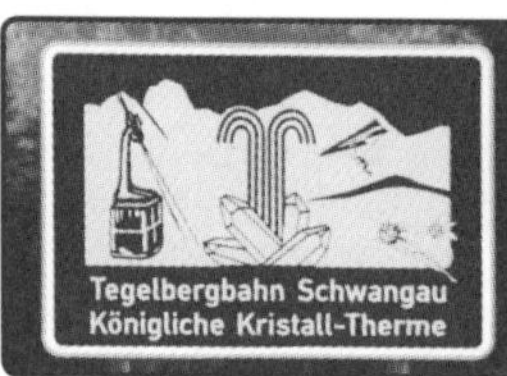

Tegelbergbahn Schwangau – Königliche Kristall-Therme. Die Luftseilbahn Tegelbergbahn überwindet auf einer Länge von knapp 2500 Metern eine Höhe von 893 Metern. Von der Bergstation aus bieten sich beeindruckende Ausblicke auf das Alpenvorland und auf die imposante Bergkulisse der Alpen. Beim Bau der Talstation Mitte der 1960er-Jahre wurde ein Römerbad entdeckt. @ www.tegelbergbahn.de

AS 139 Füssen,
> Schwangau

Neuschwanstein, Hohenschwangau – Königsschlösser. Die Königsschlösser Neuschwanstein und Hohenschwangau zählen zu den Touristenmagneten schlechthin im Ostallgäu. Das heutige Schloss Hohenschwangau entstand im 19. Jahrhundert im neugotischen Stil aus der Ruine der Burg Schwanstein. Schloss Neuschwanstein ist untrennbar verbunden mit König Ludwig II. von Bayern, der es im 19. Jahrhundert errichten ließ. @ www.hohenschwangau.de

Füssen – Historische Altstadt.

Füssen mit seiner historischen Altstadt liegt am östlichen Ende des Forggensees im Ostallgäu und war bereits zu Römerzeiten besiedelt. Unterhalb des Hohen Schlosses, einer gotischen Burganlage, erstreckt sich die Altstadt mit ihren engen, verwinkelten Gassen und den historischen Gebäuden, die an das Mittelalter erinnern.

@ www.stadt-fuessen.de

AS 139 Füssen

Bayreuth – Schweinfurt < > Schweinfurt – Bayreuth

A70

Fichtelgebirge

Das **Fichtelgebirge** erstreckt sich im nordöstlichen Bayern. Höchster Berg ist der Schneeberg mit 1051 Metern; Wälder und Moore, Felder und Wiesen prägen die Landschaft.

@ www.fichtelgebirge.net

AS 26 Dreieck Bayreuth/ Kulmbach, > A9 Richtung Berlin, AS 39

Die **Plassenburg** thront schon von Weitem sichtbar oberhalb der Stadt Kulmbach im Nordosten Bayerns. Sie geht auf das 11. Jahrhundert zurück und gelangte im 14. Jahrhundert unter die Herrschaft der Hohenzollern. Nach der Zerstörung im 16. Jahrhundert wurde die heutige Renaissanceanlage erbaut; sie beherbergt insgesamt 4 Museen.

@ www.kulmbach.de

AS 24 Kulmbach/ Neudrossenfeld, > B85 Richtung Kulmbach

Genussregion Oberfranken Land der Brauereien

In der Region zwischen Frankenwald, Steigerwald, Fränkischer Schweiz und Coburger Land gibt es über 160 Brauereien und 500 Bäckereien. Zu den Spezialitäten gehörten auch Wurst- und Fleischwaren.

@ www.genussregion.oberfranken.de

AS 24 Kulmbach/ Neudrossenfeld

Das **Schloss Thurnau** liegt im Nordosten Bayerns. Mit seinem Bau wurde im 13. Jahrhundert begonnen; bis zum 19. Jahrhundert wurde die Anlage immer wieder ausgebaut und erweitert. Teile werden heute von der Universität Bayreuth als Hotel und für Veranstaltungen genutzt.

@ www.thurnau.de

AS 23 Thurnau-Ost, > Thurnau

AS 22
Thurnau-West,
> KU7 Richtung
Obernsees

Die **Therme Obernsees** in dem gleichnamigen Ortsteil der Gemeinde Mistelgau in der Fränkischen Schweiz südwestlich von Bayreuth hält für ihre Besucher ein großes Bade- und Wellnessangebot bereit. Neben Thermalbecken und Spaßbereich finden sich eine Saunawelt und ein Gesundheitsbereich sowie Gastronomieangebote. @ www.therme-obernsees.de

AS 20
Stadelhofen,
> St2191 Richtung Hollfeld

Der **Felsengarten Sanspareil** entstand Mitte des 18. Jahrhunderts im Stile eines englischen Landschaftsgartens nahe der Gemeinde Wonsees in Oberfranken. Teil des Gartenkonzepts sind die Burg Zwernitz sowie die Felsformationen des Fränkischen Jura. Von den im Zuge der Gartengestaltung errichteten Gebäuden sind der Ruinengarten und der Morgenländische Bau erhalten. @ www.bayreuth-wilhelmine.de

AS 18 Scheßlitz

Fränkische Schweiz

Als **Fränkische Schweiz** wird die Region im Städtedreieck Bayreuth, Erlangen und Bamberg bezeichnet. Die Landschaft ist geprägt von Bergen, Hügeln und Höhlen, dazu gibt es eine Vielzahl an Burganlagen, die zum Teil auch besichtigt werden können. @ www.fraenkische-schweiz.com

AS 18
Scheßlitz,
> B73 Richtung
Coburg

Oberes Maintal – Coburger Land

Oberes Maintal – Coburger Land. Die touristische Region erstreckt sich um die Städte Coburg und Lichtenfels. Die Mittelgebirgslandschaft bietet viele Möglichkeiten für aktive Urlauber, dazu sehenswerte historische Orte und Städte. @ www.oberesmaintal-coburgerland.com

AS 18 Scheßlitz

Giechburg, Gügel – Scheßlitz. Die Giechburg und die Wallfahrtskirche Gügel liegen in Scheßlitz. Die Giechburg wurde im 12. Jahrhundert erstmals erwähnt; im Zuge des Bauernaufstands zerstört, wurde sie als Renaissanceschloss wieder aufgebaut. Die Wallfahrtskirche Gügel wurde im 17. Jahrhundert errichtet. @ www.schesslitz.de

Altstadt Bamberg, Weltkulturerbe. Die Altstadt von Bamberg ist seit dem Jahr 1993 als Weltkulturerbe der UNESCO ausgewiesen. Sie entging weitestgehend den Zerstörungen des Zweiten Weltkriegs und zeigt daher heute das Bild einer mittelalterlichen Stadt mit mehr als 1200 Baudenkmälern, darunter der Dom, die Neue Residenz und das Alte Rathaus. @ www.stadt.bamberg.de

AS 16 Bamberg

Schloss und Park Seehof liegen südlich von Bamberg in der Gemeinde Memmelsdorf. Das weitläufige, prachtvolle Schloss wurde als Sommerresidenz der Bamberger Fürstbischöfe zum Ende des 17. Jahrhunderts errichtet, die Parkanlage im Stile des Rokokos angelegt. Heute befindet sich im Schloss ein Museum und es dient als Rahmen für verschiedene Veranstaltungen. @ www.schloss-seehof.de

AS 17 Kreuz Bamberg, A73 Richtung Nürnberg, AS 22 Memmelsdorf

Steigerwald

Steigerwald. Siehe Seite 102, A3. @ www.steigerwald-info.de

Zeiler Hexenturm Dokumentationszentrum. Hier wird an die dunkle Epoche der Hexenverfolgungen im 17. Jahrhundert erinnert, die sich in Zeil am Main abspielten. Eine Dauerausstellung beschäftigt sich mit diesem Thema, Teile des ehemaligen Kerkers können ebenso wie der Turm besichtigt werden. Darüber gibt es ein pädagogisches Programm für Schüler. @ www.zeiler-hexenturm.de

AS 11 Knetzgau, > Knetzgau

Haßberge

Haßberge. Das Mittelgebirge der Haßberge erstreckt sich im nördlichen Bayern und gehört zum gleichnamigen Naturpark. Von Menschen geschaffene Kulturlandschaft wechselt sich ab mit unberührter Natur aus Wäldern und Wiesen, die zum Wandern einlädt. Sogar Schwarzstorch und Biber sind hier heimisch. @ www.naturpark-hassberge.de

AS 11 Knetzgau, > Haßfurt, St2276, St2427

AS 11
Knetzgau

Mainaue Flussparadies Franken. Die Mainaue im Flussparadies Franken erstreckt sich im Norden Bayerns zwischen Haßfurt und Eltmann. Die Flüsse Main und Regnitz haben die Region maßgeblich geprägt und bieten an ihren Ufern vielfältigen Lebensraum für Tiere und Pflanzen. @ www.flussparadies-franken.de

AS 10 Haßfurt,
> Haßfurt,
St2275, St2278

Romantisches Königsberg in Bayern. Das romantische Königsberg in Bayern wurde im 12. Jahrhundert gegründet; sehenswert ist insbesondere die Altstadt mit ihren zahlreichen Fachwerkhäusern, vor allem die gut erhaltenen Gebäude am Salzmarkt, aber auch die Ruine der Burg Königsberg oberhalb der Stadt. @ www.koenigsberg.de

AS 10 Haßfurt

Die **Ritterkapelle Haßfurt** ging im 14. Jahrhundert aus einem früheren Bau hervor und wurde im Stil der Spätgotik errichtet. Noch heute ist sie ein Wahrzeichen der Stadt; nach ihrer Entstehung war sie Wallfahrtsort, und die Anfang des 15. Jahrhunderts gegründete Priesterschaft prägte das Aussehen des Gotteshauses maßgeblich. @ www.hassberge-tourismus.de

AS 9
Schonungen,
> B286,
Richtung
Schwebheim

Fränkisches Weinland

Fränkisches Weinland. Siehe Seite 101, A3. @ www.fraenkisches-weinland.de

AS 9
Schonungen,
> B26, Richtung
Stadtlauringen

Ellertshäuser See Markt Stadtlauringen. Der 33 Hektar große Ellertshäuser See liegt in der Nähe des Marktes Stadtlauringen und entstand als Stausee in den 1950er-Jahren zur Wasserversorgung der regionalen Landwirtschaft. Heute dient der See vielfältigen Freizeitmöglichkeiten und bietet mit seinen Naturschutzgebieten aber auch Refugien für Tiere und Pflanzen. @ www.stadtlauringen.de

Gochsheim und Sennfeld – Kaiserlich freie Reichsdörfer. Gochsheim und Sennfeld unterstanden wie alle Reichsdörfer im späten Mittelalter nur dem Kaiser, ihre Bewohner waren keine Leibeigenen und nicht zu Frondiensten verpflichtet. Die Gründung beider Dörfer soll auf das 8. Jahrhundert zurückgehen. @ www.gochsheim.de, @ www.sennfeld.de

AS 8
Gochsheim

Schweinfurt
Industrie und Kunst

Schweinfurt: Industrie und Kunst. Siehe Seite 246, A7. @ www.schweinfurt.de

AS 7
Schweinfurt-Zentrum

Balthasar-Neumann
Schlossanlage Werneck

Balthasar-Neumann – Schlossanlage Werneck. Siehe Seite 246, A7. @ www.werneck.de

AS 3 Werneck

Naturpark Kyffhäuser

Naturpark Kyffhäuser. Siehe Seite 124, A38. @ www.naturpark-kyffhaeuser.de

AS 2 Artern,
> B86, L1172

Panorama Museum
Bad Frankenhausen

Panorama Museum Bad Frankenhausen. Siehe Seite 124, A38. @ www.panorama-museum.de

AS 2 Artern,
> B86, L1172

Kultur mit Pfiff
Modellbahn Wiehe

Kultur mit Pfiff – Modellbahn Wiehe. Siehe Seite 125, A38. @ www.modellbahn-wiehe.de

AS 2 Artern,
> B86, L1275

Chinesischer Garten Weißensee. Der Chinesische Garten im thüringischen Weißensee bietet einen Einblick in die chinesische Kunst der Gartengestaltung. Elemente sind nicht nur Pflanzen, sondern auch Steine, Wasser, Gebäude und Wege. Neben einem Teepavillon gibt es zwei weitere Pavillons, Laubengänge und einen Teich, die zu Entspannung und Besinnung einladen. @ www.weissensee.de

Autobahn A71
unterbrochen
> K1, B86

AS 6 Sömmerda-Süd,
> L1054, B85

Thüringer Kloßwelt Heichelheim

Thüringer Kloßwelt Heichelheim. Siehe Seite 142, A4.

@ www.heichelheimer.de

AS 2 Artern,
> L1172, L172

Arche Nebra Himmelswege

Arche Nebra Himmelswege. Siehe Seite 126, A38.

@ www.himmelsscheibe-erleben.de

AS 2 Artern,
> B86, L1215, L215, L212

Erlebnistierpark Memleben

Der **Erlebnistierpark Memleben** im südlichen Sachsen-Anhalt an der Grenze zu Thüringen beheimatet etwa 400 Tiere aus 80 Arten, von einheimischen Tieren wie Kaninchen bis hin zu Exoten wie Aras. Auf den insgesamt 35.000 Quadratmetern gibt es zusätzliche Unterhaltungsangebote wie Fahrgeschäfte und Showveranstaltungen.

@ www.erlebnistierpark.de

AS 3 Heldrungen,
> B86, B85, L2297

Geopark Kyffhäuser

Der **Geopark Kyffhäuser** erstreckt sich auf einer Fläche von über 800 Quadratkilometern im gleichnamigen Gebirge. Dokumentiert werden die geologischen Besonderheiten der Region aus verschiedenen Epochen der Erdgeschichte; der Park kann individuell erkundet oder unter Führung besichtigt werden.

@ www.geopark-kyffhaeuser.com

AS 8 Erfurt-Stotternheim,
> Erfurt-Zentrum

Der **Thüringer Zoopark Erfurt** erstreckt sich oberhalb der Stadt Erfurt auf einer Fläche von über 60 Hektar und beherbergt mehr als 3500 Tiere aus über 480 Arten. Die Gehege sind sehr weitläufig konzipiert und an die unterschiedlichen, natürlichen Lebensräume der Tiere angelehnt, wie das Känguruland oder der Lemurenwald.

@ www.zoopark-erfurt.com

AS 11 Erfurt-Bindersleben,
> K16

egapark Gartenbaumuseum

egapark Gartenbaumuseum. Auf 36 Hektar erleben die Besucher Freilandanlagen und Themengärten sowie Schauhäuser. Das Gartenbaumuseum in der Cyriaksburg dokumentiert in der Dauerausstellung, ergänzt um Sonderausstellungen, die Welt des Gartenbaus.

@ www.egapark-erfurt.de

AS 11 Erfurt-Bindersleben, > K16

Erfurt – Augustinerkloster. Im 13. Jahrhundert wurde mit dem Bau des Augustinerklosters begonnen, das in den folgenden Jahrhunderten erweitert wurde. Martin Luther lebte zwischen 1505 und 1511 als Mönch hier. Nach Zerstörungen im Zweiten Weltkrieg wurde es wieder aufgebaut.

@ www.augustinerkloster.de

AS 10 Erfurt-Gispersleben, > B4, B176

Japanischer Garten & Rosengarten Bad Langensalza

Japanischer Garten & Rosengarten Bad Langensalza. Siehe Seite 148, A4.

@ www.badlangensalza.de

AS 10 Erfurt-Gispersleben, > B 4, K35

Erfurt · Citadelle Petersberg. Mitten in Erfurt liegt die mächtige Citadelle Petersberg, mit deren Bau im 17. Jahrhundert begonnen und die bis ins 18. Jahrhundert in zwei Bauabschnitten ausgebaut wurde. Die gut erhaltene Anlage besitzt eine Grundfläche von etwa 12 Hektar.

@ www.petersberg.info

AS 10 Erfurt-Gispersleben, > B 4, K35

Erfurter Schatz Alte Synagoge

Erfurter Schatz: Alte Synagoge. Siehe Seite 144, A4.

@ www.juedisches-leben.erfurt.de

AS 12 Kreuz Erfurt, > A4 Richt. FFM, AS 44 Neudietendorf, L1044

Erfurt Schloss Molsdorf

Erfurt – Schloss Moldsdorf. Siehe Seite 145, A4.

@ www.moldsdorf.de

AS 13 Arnstadt-Nord

Bachstadt Arnstadt

Bachstadt Arnstadt. Siehe Seite 145, A4.

@ www.arnstadt.de

AS 13 Arnstadt-Nord

Die **Bachkirche Arnstadt** wurde im 17. Jahrhundert erbaut. Bis zu ihrer Zerstörung durch den Stadtbrand 1581 hatte hier eine Vorgängerkirche gestanden. Ursprünglich als „Neue Kirche“ bezeichnet, wurde sie erst im Jahr 1935 in Johann-Sebastian-Bach-Kirche umbenannt.

@ www.arnstadt.de

AS 15
Ilmenau-Ost,
> B88, L308, B4,

Kickelhahn – Goethehäuschen. Der 861 Meter hohe Kickelhahn ist der Hausberg der thüringischen Stadt Ilmenau, und hier steht auch das Goethehäuschen. Ursprünglich eine Schutz- und Jagdhütte, erlangte sie Bekanntheit dadurch, dass der Dichter in den frühen 1780er-Jahren mehrmals auf dem Kickelhahn weilte.

@ www.ilmenau.de

AS 15
Ilmenau-Ost,
> B 88, B87,
L1114, K3,
L1048

Das **Residenzschloss Heidecksburg Rudolstadt** thront imposant über dem thüringischen Rudolstadt. Aus einer seit dem 13. Jahrhundert bestehenden Burganlage entstand zunächst ein Renaissanceschloss, das bei einem Brand Zerstörungen erlitt. Der Neubau entstand im 18. Jahrhundert im Stil des Barocks.

@ www.heidecksburg.de

AS 15
Ilmenau-Ost,
> B88, L1114

Die **Bergbahn im Schwarzatal** ist eine eingleisige Bahnlinie im Thüringer Wald südwestlich von Rudolstadt. Die Schwarzatalbahn verbindet die Orte Rottenbach und Katzhütte; von ihr zweigt am Haltepunkt Obstfelderschmiede die Oberweißbacher Bergbahn nach Cursdorf ab, die unter Denkmalschutz steht.

@ www.schwarzatalbahn.de

AS 16
Ilmenau-West,
> L3087, B4

Rennsteig Naturpark
Thüringer Wald

Rennsteig – Naturpark Thüringer Wald. Siehe Seite 147, A4.

@ www.naturpark-thueringer-wald.de

AS 16
Ilmenau-West,
> L3087, B4

Das **UNESCO-Biosphärenreservat Vessertal-Thüringer Wald** erstreckt sich südöstlich von Suhl auf einer Fläche von 17.080 Hektar. Die vielfältige und abwechslungsreiche Landschaft besteht aus Wäldern, Mooren, Wiesen und Gewässern und bietet zahlreichen, zum Teil seltenen Tier- und Pflanzenarten eine Heimat.

@ www.biosphaerenreservat-vessertal.de

AS 19 Suhl/ Zella-Mehlis, > B62

Der **Erlebnispark Meeres-Aquarium Zella-Mehlis** bietet einen Einblick in die Lebenswelt der Ozeane. Neben Haien sind Rochen, Alligatoren, Krokodile und Meeresschildkröten sowie weitere exotische Meerbewohner zu sehen, dazu gibt es Koi-Karpfen-Teiche; Besucher können der Fütterung der Tiere beiwohnen. @ www.meeresaquarium-zella-mehlis.de

AS 21 Meiningen-Nord, > B19

Die **Theaterstadt Meiningen** verdankt ihren Namen ihrer Theatertradition, die im 19. Jahrhundert begann. Hier entwickelte sich im Meininger Hoftheater das sogenannte Regietheater, das sich in der Folge europaweit ausbreitete. Auch heute noch besitzt die Stadt ein reges Theater- und Kulturleben mit zahlreichen Inszenierungen. @ www.meiningen.de

AS 19 Suhl/ Zella-Mehlis, > B62, L 3247

Die **Waffenstadt Suhl** im südlichen Thüringen führt den Namenszusatz zurück auf die jahrhundertelange Tradition der Herstellung von Handfeuerwaffen. Dieser Tradition ist auch das Waffenmuseum gewidmet, das die Geschichte und den Produktionsprozess der Waffen anhand zahlreicher Ausstellungsstücke dokumentiert. @ www.suhltrifft.de

Die Rhön
UNESCO
Biosphärenreservat

AS 25 Bad Neustadt a.d. Saale, > B279

Die Rhön UNESCO-Biosphärenreservat. Siehe Seite 245, A7.
@ www.biosphaerenreservat-rhoen.de

AS 21 Meiningen-Nord, > B19, K581

Krypta Rohr – Johanniterburg Kühndorf. Die Krypta in Rohr und die Johanniterburg in Kühndorf sind zwei sehenswerte historische Bauwerke. Die Rohrer Krypta in der Michaeliskirche stammt aus der Zeit der Karolinger; die Johanniterburg in Kühndorf wurde im 14. Jahrhundert durch den Johanniterorden erbaut. @ www.kirche-rohr.de, @ www.johanniterburg.de

AS 21 Meiningen-Nord, > B19, L1026

Viba Nougat-Welt Schmalkalden. Auf 2500 Quadratmetern wird im thüringischen Schmalkalden die Herstellung von Schokoladen- und Nougatprodukten dokumentiert, die Besucher können an Kursen teilnehmen und eine Ausstellung bietet Einblicke in die Geschichte des Unternehmens, das auf das Jahr 1893 zurückgeht. @ www.schmalkalden.com

AS 23 Rentwertshausen, > L2668, K1131

Die **Gleichberge und das Steinsburgmuseum** in Römhild liegen im Süden Thüringens. Die Gleichberge, knapp 680 Meter hoch, sind vulkanischen Ursprungs; das Steinsburgmuseum widmet sich der Ur- und Frühgeschichte der Region und ist benannt nach der nahe gelegenen Steinsburg, einer Keltenburg aus vorchristlicher Zeit. @ www.archaeologie.tlda.de

Ehemalige innerdeutsche Grenze 1945-1990

Ehemalige innerdeutsche Grenze 1945-1990. Siehe Seite 13, A20. @ www.grenzerinnerungen.de

AS 24 Mellrichstadt, > B285, St2275

Kirchenburg Ostheim. Die Kirchenburg in Ostheim vor der Rhön ist deutschlandweit die größte ihrer Art. Sie besitzt zwei Mauerringe mit sechs Bastionen und fünf Wehrtürmen. Die evangelische Kirche St. Michael entstand im frühen 17. Jahrhundert im Stil der Renaissance an der Stelle eines Vorgängerbaus aus dem 15. Jahrhundert. @ www.ostheimrhoen.de

AS 24 Mellrichstadt, > B285, St2275

Mellrichstadt liegt in Unterfranken an der Grenze zu Thüringen und geht auf einen karolingischen Königshof zurück. Im 13. Jahrhundert erhielt sie die Stadtrechte. Sehenswert sind unter anderem Altes Schloss und Altes Spital, der Bürgerturm und die heute noch betriebene Burgmühle sowie Galgen- und Suhlesturm. @ www.mellrichstadt.de

AS 24
Mellrichstadt,
> B285

Freilandmuseum Fladungen. Das Fränkische Freilandmuseum in Fladungen in Unterfranken dokumentiert auf einer Fläche von circa 7 Hektar das unterfränkische Leben vergangener Epochen. Verschiedene Hofstellen, eine Mühle, eine Kirche, aber auch Tiere und landwirtschaftliche Flächen ermöglichen einen lebendigen Einblick in die Lebens- und Arbeitsbedingungen früherer Generationen.

@ www.freilandmuseum-fladungen.de

AS 25 Bad
Neustadt a.d.
Saale, > B279

Das **Bäderland Bayerische Rhön** ist ein Zusammenschluss der Kurorte Bad Brückenau, Bad Bocklet, Bad Neustadt, Bad Kissingen und Bad Königshofen in Unterfranken zur Förderung des Kur- und Bädertourismus. Erholungssuchenden soll damit ein vielfältiges Programm zu Urlaub und Wellness in den fünf Partnergemeinden angeboten werden.

@ www.baederland-bayerische-rhoen.de

AS 25 Bad
Neustadt a.d.
Saale, > B279

Bad Königshofen im Grabfeld liegt im Norden Bayerns in Unterfranken und darf seit dem Jahr 1974 den Titel „Bad“ führen. Neben den Möglichkeiten zum Kur-, Wellness- und Badetourismus gibt es Sehenswürdigkeiten wie die Stadtpfarrkirche Mariä Himmelfahrt, das Archäologische Museum und den Heilwassersee.

@ www.badkoenigshofen.de

AS 25 Bad
Neustadt a.d.
Saale, > B279

Bad Neustadt a.d. Saale – Gesundheit und Geschichte. Bad Neustadt in Unterfranken fühlt sich Gesundheit und Geschichte verpflichtet. Die Stadt soll auf das 13. Jahrhundert zurückgehen, Spuren belegen aber eine frühere Besiedlung. Sehenswerte Gebäude sind die Kirche Mariä Himmelfahrt und die Ganerbenburg Salzburg. Der Gesundheit sind verschiedene Kur- und Rehabilitationsangebote gewidmet.

@ www.bad-neustadt.de

AS 26
Münnerstadt,
> B287, St2282

Münnerstadt Maria Bildhausen. Münnerstadt und das Kloster Maria Bildhausen liegen in Unterfranken. Die Gegend um Münnerstadt soll schon in der Jungsteinzeit besiedelt gewesen sein. Im 12. Jahrhundert wurde das Zisterzienserkloster Maria Bildhausen gestiftet. Im 19. Jahrhundert wurden die Kirche und weitere Gebäude abgerissen, heute dient das Kloster als Einrichtung für behinderte Menschen.

@ www.muennerstadt.de
@ www.bildhausen.de

AS 26
Münnerstadt,
> B287, KG20

Schloss Aschach
Museen
Bad Bocklet

Schloss Aschach – Museen Bad Bocklet.
Siehe Seite 244, A7.
@ www.museen-schloss-aschach.de

AS 27
Massbach,
> St2281

Ellertshäuser See
Markt Stadtlauringen

Ellertshäuser See Markt Stadtlauringen.
Siehe Seite 260, A70.
@ www.stadtlauringen.de

AS 28 Bad
Kissingen/
Oerlenbach,
> B285

Frankens Saalestück

Frankens Saalestück.
Siehe Seite 245, A7.
@ www.frankens-saalestueck.de

AS 28 Bad
Kissingen/
Oerlenbach,
> B285

Bad Kissingen
Bayerisches Staatsbad ·
Casino · Therme

Bad Kissingen – Bayerisches Staatsbad · Casino · Therme.
Siehe Seite 245, A7.
@ www.badkissingen.de

AS 29 Poppenhausen, > B286,
B26, B286

Fränkisches Weinland

Fränkisches Weinland.
Siehe Seite 101, A3.
@ www.fraenkisches-weinland.de

AS 30
Schweinfurt-
West, > B303

Passionsspielort
Sömmersdorf

Passionsspielort Sömmersdorf.
Siehe Seite 245, A7.
@ www.passionsspiele-soemmersdorf.de

AS 30
Schweinfurt-
West, > B303

Schweinfurt
Industrie und Kunst

Schweinfurt: Industrie und Kunst.
Siehe Seite 246, A70
@ www.schweinfurt.de

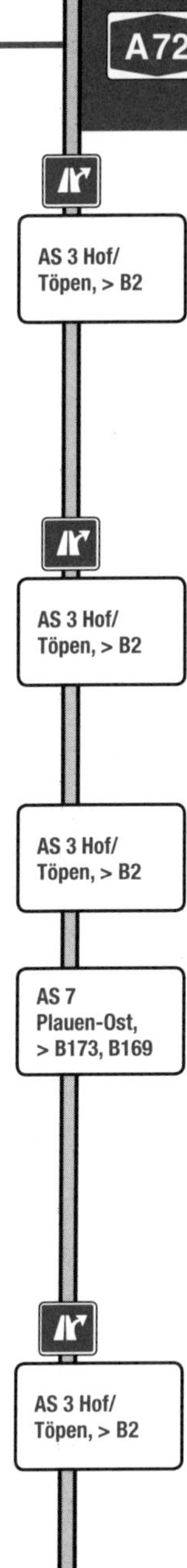

Deutsch-Deutsches Museum Mödlareuth. Das Deutsch-Deutsche Museum im ehemaligen Grenzort Mödlareuth in Bayern und Thüringen erinnert an 41 Jahre deutscher Teilung, während derer die innerdeutsche Grenze inklusive Mauer mitten durch das Dorf führte. Dauer- und Sonderausstellungen sowie das Freigelände dokumentieren die Zeit der Teilung. @ www.moedlareuth.de

Der **Naturpark Frankenwald** erstreckt sich auf gut 1000 Quadratkilometern an der Grenze zwischen Bayern und Thüringen. Etwa die Hälfte des Gebiets besteht aus Wäldern, die andere Hälfte ist von Menschen geschaffene Kulturlandschaft, die durch Holz- und Forstwirtschaft, Flößerei und Bergbau geprägt wurde. @ www.naturpark-frankenwald.de

Genussregion
Oberfranken
Land der Brauereien

Genussregion Oberfranken Land der Brauereien.
Siehe Seite 257, A70.
@ www.genussregion-oberfranken.de

Vogtland
Bäder und Musik

Vogtland: Bäder und Musik. Das Vogtland, die Region im Südwesten Sachsens und Südosten Thüringens sowie im Norden Bayerns, steht für die Begriffe Bäder und Musik. Kurorte wie Bad Elster oder Bad Brambach bieten Erholung und Wellness; bekannt ist das Vogtland aber auch für die jahrhundertealte Tradition des Musikinstrumentenbaus. @ www.vogtlandtourist.de

Hof park & see. Auf das oberfränkische Hof wird mit dem Hinweis „park & see“ aufmerksam gemacht. Gemeint ist hier der Theresienstein, ein Bürgerpark, der seit dem Jahr 1816 existiert und im Stile eines Landschaftsgartens konzipiert wurde, aber auch der Untreusee, ein Stausee im Süden der Stadt, der Ende der 1970er-Jahre entstand. @ www.theresienstein.de

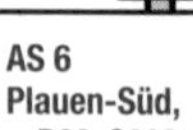

Ski-& Bikewelt Schöneck. Mit Ski- & Bikewelt beschreibt die Stadt Schöneck im Vogtland im südwestlichen Sachsen die vielfältigen Sport- und Freizeitmöglichkeiten, die sich dem Besucher sowohl im Sommer auf zwei Rädern als auch im Winter auf Skiern und Snowboards mit Skipisten und Radstrecken für Freizeit- oder ambitionierte Sportler bieten.

@ www.schoeneck.eu

Bad Elster – Kultur- und Festspielstadt. Bad Elster, die Kultur- und Festspielstadt, liegt im südwestlichen Sachsen im Vogtland an der tschechischen Grenze. Ein breit gefächertes Kulturprogramm bietet Besuchern ganzjährig Unterhaltung in reizvollen Veranstaltungsstätten wie dem König Albert Theater, dem Königlichen Kurhaus oder dem NaturTheater.

@ www.badelster.de

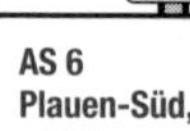

Plauen – Stadt der Spitze. Plauen im Südwesten Sachsens hat sich über die Jahrhunderte einen Namen als Stadt der Spitze gemacht. Die Spitzenherstellung hat bereits seit dem 16. Jahrhundert Tradition, im 19. Jahrhundert entwickelte sich Plauen zum Zentrum der Spitzenherstellung und wurde weltweit bekannt, nachdem die Plauener Spitze auf der Weltausstellung in Paris im Jahr 1900 mit dem Grand Prix ausgezeichnet worden war.

@ www.plauen.de

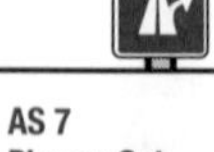

Die **Vogtland Arena**, eine Skisprunganlage am Schwarzberg im sächsischen Klingenthal, ist seit ihrer Eröffnung im Jahr 2006 – als Nachfolgerin des Vorgängerbaus, der 1990 gesprengt wurde – Austragungsort internationaler Skisprungveranstaltungen. Daneben dient die Arena auch als Kulisse für kulturelle Veranstaltungen wie Konzerte.

@ www.vogtland-arena.de

Die **Göltzschtalbrücke** ist eine Eisenbahnbrücke aus Ziegelsteinen, mit deren Bau in der Mitte des 19. Jahrhunderts begonnen wurde. Insgesamt 81 Bögen auf 4 Etagen und mit einer Höhe von 78 Metern überspannen das Göltzschtal im sächsischen Vogtland zwischen Netzschkau und Mylau auf einer Länge von 574 Metern. @ www.goeltzschtalbruecke.info

AS 8 Treuen,
> B173

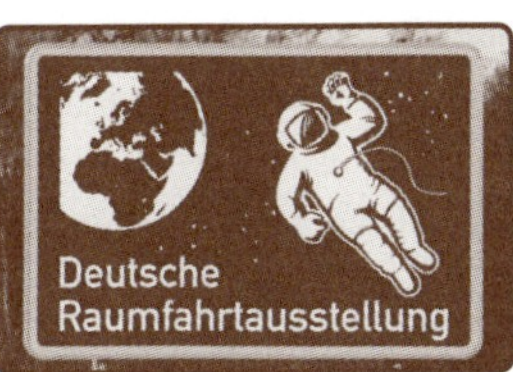

Die **Deutsche Raumfahrtausstellung** im sächsischen Morgenröthe-Rautenkranz beschäftigt sich mit der Geschichte der bemannten und unbemannten Raumfahrt. 1978 nahm der in Morgenröthe-Rautenkranz geborene Sigmund Jähn als erster Deutscher an einer Raumfahrt teil; diese war Ausgangspunkt für die Gründung der Ausstellung.
@ www.deutsche-raumfahrtausstellung.de

AS 8 Treuen,
> S298, K7825, B169

Freizeitpark Plohn

Der **Freizeitpark Plohn** in der Nähe von Zwickau bietet eine Vielzahl von Attraktionen, wie Achterbahnen und weitere Fahrgeschäfte, Deutschlands größtes Baumhaus, oder verschiedene Themenwelten wie Märchenwald, Oldtimerpark oder Dinoland. @ www.freizeitpark-plohn.de

AS 9
Reichenbach,
> B94

Badegärten
Eibenstock

Die **Badegärten Eibenstock** sind eine Bäder- und Wellnesslandschaft im Westerzgebirge. Neben dem Badebereich gibt es eine Vielzahl von Wellnessangeboten, von Massagen und Kosmetikanwendungen bis hin zu den verschiedensten Saunaangeboten. @ www.badegaerten.de

AS 9
Reichenbach,
> B94, K7820

Die **Bergstadt Schneeberg** im Erzgebirge kann auf eine jahrhundertealte Tradition im Silberbergbau zurückblicken, aus der sie auch ihren Beinamen herleitet. Den hier ebenfalls betriebenen Handwerken der Drechselei und des Klöppelns ist das Museum für bergmännische Volkskunst gewidmet, sehenswert ist auch der historische Ortskern. @ www.schneeberg.de

AS 10
Zwickau-West,
> S293, B93

AS 10
Zwickau-West,
> Zwickau

Die **Robert-Schumann-Stadt Zwickau** im Südwesten Sachsens leitet ihren Beinamen vom berühmtesten Sohn der Stadt, dem Komponisten Robert Schumann, ab. Ihm sind unter anderem zahlreiche Veranstaltungen, das Robert-Schumann-Haus oder der Robert-Schumann-Rundweg gewidmet. Sehenswert sind auch historische Gebäude, unter anderem am Hauptmarkt. @ www.schumannzwickau.de

AS 10
Zwickau-West,
> Zwickau

August Horch Museum
Zwickau

August Horch Museum Zwickau. Siehe Seite 140, A4.
@ www.horch-museum.de

AS 10
Zwickau-West,
> S282A

Die **Burg Schönfels** liegt oberhalb der Gemeinde Lichtentanne. Die Burg geht auf das frühe 13. Jahrhundert zurück und wurde als Höhenburg errichtet. Bauerweiterungen im 15. und 16. Jahrhundert im Stil von Spätgotik und Renaissance prägten das heutige Gesicht der Burg. Ein Museum dokumentiert die Geschichte der Anlage. @ www.burg-schoenfels.de

AS 12
Hartenstein,
> S255, B169

Das **Kurbad Schlema** im südwestlichen Sachsen entstand 1958 durch die Vereinigung der Orte Nieder- und Oberschlema, deren Geschichte jedoch weit zurückreicht. Von Bergbau und der Blaufärberindustrie geprägt, begann ab dem Beginn des 20. Jahrhunderts mit der Entdeckung von Radonquellen der Kur- und Badebetrieb. @ www.kurort-schlema.de

AS 12
Hartenstein,
> S255, B101

Schwarzenberg – Perle des Erzgebirges. Schwarzenberg wurde im 13. Jahrhundert gegründet. Die Stadt besitzt zahlreiche historische Gebäude, darunter das Schloss, das in seiner heutigen Form im 16. Jahrhundert entstand und heute ein Museum beheimatet, oder die St.-Georgen-Kirche aus dem 17. Jahrhundert. @ www.schwarzenberg.de

AS 12
Hartenstein,
> S255, B169

Aue – Friedenskirche. In Aue im südwestlichen Sachsen ist die evangelisch-lutherische Friedenskirche in exponierter Lage am Hang ein Wahrzeichen des Stadtteils Zelle. Die Kirche entstand im frühen 20. Jahrhundert im Jugendstil mit einer Kuppelhöhe von 15 Metern und Fenstern, die Szenen aus dem Neuen Testament darstellen. @ www.aue-zelle.de

AS 12
Hartenstein,
> S255, B101

Die **Thermenregion Erzgebirge** ist ein Zusammenschloss des Thermalbads Wiesenbad und des Kurorts Warmbad im Erzgebirge. Entdeckt wurde die Warmbadquelle bereits im 14. Jahrhundert, sie ist auch heute noch die wärmste Quelle in Sachsen. Im 15. Jahrhundert wurde in Wiesenbad die Thermalquelle entdeckt. @ www.thermenregion-erzgebirge.de

AS 12 Hartenstein,
> Lichtenstein

daetz-centrum
Lichtenstein

daetz-centrum Lichtenstein. Siehe Seite 138, A4. @ www.daetz-centrum.de

AS 13
Stollberg-West,
> Annaberg-Buchholz

Berg- und Adam-Ries-Stadt Annaberg-Buchholz. Ende des 15. Jahrhunderts wurde hier mit dem Abbau von Silbererz begonnen, der das Leben in der Region über die Jahrhunderte nachhaltig prägte. Dem bekannten Rechenmeister Adam Ries, der zwischen 1492 und 1559 in Annaberg-Buchholz lebte, ist das gleichnamige Museum gewidmet. @ www.annaberg-buchholz.de

AS 13
Stollberg-West,
> B169

Das **Bergbaumuseum Oelsnitz/Erzgebirge** wurde auf dem Areal des VEB Steinkohlenwerk Karl Liebknecht eröffnet. Freigelände und Museum dokumentieren die Arbeit der Bergleute, aber auch die geologische Entstehung der Steinkohle sowie die Überlandstraßenbahn, die das Steinkohle- und Industrierevier bis 1960 erschloss. @ www.bergbaumuseum-oelsnitz.de

AS 12 Hartenstein, > Lichtenstein

Miniwelt & Minikosmos Lichtenstein

Miniwelt & Minikosmos Lichtenstein. Siehe Seite 139, A4.
@ www.miniwelt.de

AS 15 Chemnitz-Süd, > Chemnitz

Chemnitz Stadt der Moderne

Chemnitz – Stadt der Moderne. Siehe Seite 137, A4.
@ www.chemnitz.de

AS 15 Chemnitz-Süd, > B173, B169

Das **Wasserschloss Klaffenbach** liegt im gleichnamigen Chemnitzer Stadtteil. Im 16. Jahrhundert entstand die Schlossanlage im Stil der Renaissance. Bauherr war der reiche Münzmeister Wolff Hünerkopf. Heute finden im Schloss zahlreiche kulturelle Veranstaltungen statt, daneben gibt es Handwerksateliers und verschiedene Kunstausstellungen. Das Schloss ist auch eine beliebte Kulisse für Hochzeiten.
@ www.wasserschloss-klaffenbach.de

AS 22 Rochlitz, > B175, S242

Wechselburg Romanische Basilika

Wechselburg – Romanische Basilika. Im mittelsächsischen Wechselburg nördlich von Chemnitz ist die romanische Basilika Wechselburg ein sehenswerter Zeuge mittelalterlicher Baukunst. Errichtet wurde sie im 12. Jahrhundert, im 15. Jahrhundert entstand das heute noch vorhandene gotische Gewölbe. Die Basilika ist die Kloster- und Pfarrkirche des Benediktinerklosters Heilig Kreuz und der gleichnamigen Pfarrgemeinde.
@ www.wechselburg.de

AS 21 Penig, > K8258

Das **Schloss Rochsburg** thront oberhalb des gleichnamigen Stadtteils von Lunzenau in Sachsen. Schon im Mittelalter stand hier eine Burg; sein heutiges Aussehen erhielt das Schloss jedoch im 15. und 16. Jahrhundert. Sehenswert ist auch die Schlosskapelle St. Anna, die nach Restaurierungsmaßnahmen wieder in seiner alten Pracht erstrahlt. Bereits zu Beginn des 20. Jahrhunderts wurde ein Museum eingerichtet; es zeigt unter anderem das unterschiedlichste Mobiliar des 16. bis 19. Jahrhunderts.
@ www.kultur-mittelsachsen.de

Waffenstadt Suhl

Waffenstadt Suhl.

Siehe Seite 265, A71.

@ www.suhltrifft.de

Erlebnispark Meeres-Aquarium Zella-Mehlis

Erlebnispark Meeres-Aquarium Zella-Mehlis.

Siehe Seite 265, A71. @ www.meeresaquarium-zella-mehlis.de

Schloss Bertholdsburg Schleusingen – Naturhistorisches Museum. Das Schloss beheimatet das Naturhistorische Museum; es entstand im 13. Jahrhundert und wurde im 16. Jahrhundert zur Renaissanceanlage ausgebaut. Schon im Jahr 1934 wurde ein Museum eingerichtet, 1988 folgte das Naturhistorische Museum. @ www.schleusingen.de

Kloster Veßra Hennebergisches Museum. In der Gemeinde Kloster Veßra befindet sich auf dem Gelände des ehemaligen Prämonstratenserklosters ein Freilichtmuseum, das die Klostergebäude integriert und darüber hinaus anhand historischer Gebäude Leben und Arbeiten in der Regionen dokumentiert. @ www.museumklostervessra.de

UNESCO Biosphären-reservat Vessertal-Thüringer Wald

UNESCO-Biosphärenreservat Vessertal-Thüringer Wald.

Siehe Seite 264, A71. @ www.biosphaerenreservat-vessertal.de

Die **Glasstadt Lauscha** im Süden Thüringens verdankt ihren Namenszusatz dem hier seit Jahrhunderten betriebenen Glasbläserhandwerk, das mit der ersten Hüttengründung im 16. Jahrhundert die Entstehung der Stadt vorantrieb. Hier entstand auch der gläserne Weihnachtsbaumschmuck; die Farbglashütte Lauscha ist zu besichtigen und dokumentiert die Kunst der Glasherstellung. @ www.lauscha.de

A73

AS 2
Suhl-Zentrum

AS 1 Dreieck
Suhl, > A71
Richtung Zella-Mehlis

AS 4
Schleusingen

AS 4
Schleusingen,
> B4, L1625

AS 4
Schleusingen,
> B4

AS 5
Eisfeld-Nord,
> B4, B281

AS 5
Eisfeld-Nord,
> B4, B89

Deutsches Spielzeugmuseum Sonneberg. Das Museum wurde bereits im Jahr 1901 gegründet und umfasst eine Sammlung mit etwa 100.000 Exponaten, darunter Käthe-Kruse-Puppen oder technisches Spielzeug wie Dampfmaschinen und Modelleisenbahnen. Außerdem gibt es aufwendige Schaubilder, insbesondere die Darstellung „Thüringer Kirmes", die auf der Weltausstellung in Brüssel 1910 präsentiert wurde.

@ www.spielzeugmuseum-sonneberg.de

AS 5
Eisfeld-Nord,
> Eisfeld

Das **Schloss Eisfeld** liegt in der gleichnamigen Stadt im Süden Thüringens. Das Schloss wurde im 13. Jahrhundert erbaut; seit dem Ende des Zweiten Weltkrieges wird es als Museum und für Veranstaltungen genutzt. Das Museum ist der Regionalgeschichte gewidmet und besitzt eine bedeutende Sammlung zur Geschichte des Thüringer Porzellans seit Mitte des 18. Jahrhunderts. Ein weiterer Bereich widmet sich unter anderem der Holzschnitzerei. @ www.stadt-eisfeld.de

AS 3 Suhl-
Friedberg,
> L3247

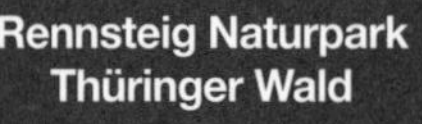

Rennsteig – Naturpark Thüringer Wald. Siehe Seite 147, A4. @ www.naturpark-thueringer-wald.eu

AS 5
Eisfeld-Nord,
> B4, B281

Die **Saalfelder Feengrotten** im Süden Thüringens befinden sich in dem ehemaligen Alaunschieferbergwerk und beeindrucken insbesondere durch die Farbenvielfalt der Tropfsteine. Der Besucher des Schaubergwerks kann sich über die Arbeit der Bergleute informieren, die Luft im Heilstollen genießen oder sich im „Märchendom" in die faszinierende Welt der Tropfsteine und Mineralien entführen lassen.

@ www.feengrotten.de

Ehemalige
innerdeutsche Grenze
1945-1990

Ehemalige innerdeutsche Grenze 1945-1990.
Siehe Seite 13, A20.
@ www.grenzerinnerungen.de

Schloss Callenberg Deutsches Schützenmuseum. Schloss Callenberg oberhalb des nordbayerischen Coburg beheimatet das Deutsche Schützenmuseum. Das Museum dokumentiert die Entwicklung des deutschen Schützenwesens. Daneben ist im Schloss unter anderem der Herzogliche Kunstbesitz zu besichtigen. @ www.schloss-callenberg.de

Oberes Maintal
Coburger Land

Oberes Maintal – Coburger Land. Siehe Seite 258, A70. @ www.oberesmaintal-coburgerland.com

Veste Stadt Coburg. Die Veste thront oberhalb der Stadt Coburg. Die Burganlage geht auf das 13. Jahrhundert zurück und wurde in den folgenden Jahrhunderten immer wieder ausgebaut und befestigt. Schon 1839 wurden Teile der Veste als Museum eröffnet, heute beherbergt sie kunst- und kulturgeschichtliche Sammlungen. @ www.coburg.de

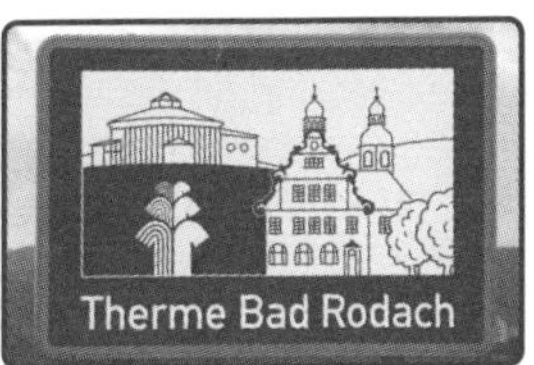

Therme Bad Rodach. Die Therme in Bad Rodach besitzt die wärmste Thermalquelle in Franken. 1976 wurde das Thermalbad eingeweiht, seit 1999 ist Bad Rodach Heilbad. Die „ThermeNatur" verfügt über ein breit gefächertes Bade-, Sauna- und Wellnessangebot sowie Therapie- und Sportmöglichkeiten. @ www.therme-natur.de

Rödental: Schloss Rosenau/ Glasmuseum. In Rödental in der Nähe von Coburg liegen das Schloss Rosenau sowie das Glasmuseum in einem 2008 eröffneten Gebäude gegenüber der Orangerie des Schlosses. Das Schloss entstand zu Beginn des 19. Jahrhunderts im neugotischen Stil auf den Überresten einer früheren Burganlage und ist umgeben von einem weitläufigen Park. @ www.roedental.de

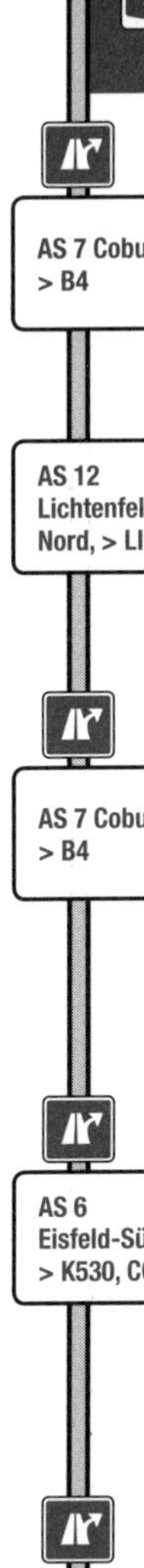

AS 8 Neustadt,
> B4

Neustadt bei Coburg, Bayerische Puppenstadt. Neustadt bezeichnet sich als „Bayerische Puppenstadt“, da hier die Spielzeugherstellung eine lange Tradition besitzt. Der „Puppenstadtweg“ führt den Besucher an 24 historische Schauplätze der Spielwarenproduktion, darunter das Museum der deutschen Spielzeugindustrie, das auch eine Sammlung von Trachtenpuppen ausstellt.

@ www.neustadt-bei-coburg.de

AS 10
Ebersdorf,
> B303

Das **Wasserschloss Mitwitz** befindet sich in der gleichnamigen Marktgemeinde östlich von Coburg. Es stammt aus dem 13. Jahrhundert, erlitt im Bauernkrieg Zerstörungen und wurde Ende des 16./Anfang des 17. Jahrhunderts in seiner heutigen Form wieder aufgebaut. Es beheimatet heute zwei Bildungsstätten sowie ein Imkereimuseum und ist im Rahmen von Führungen zu besichtigen.

@ www.mitwitz.de

AS 10
Ebersdorf,
> Kronach,
B303

Festung Rosenberg – Cranach-Stadt Kronach. Die Festung Rosenberg liegt in der Cranach-Stadt Kronach in Oberfranken. Sie geht auf das 13. Jahrhundert zurück und wurde zunächst von einer Burganlage zum Renaissanceschloss, später zu einer Festungsanlage ausgebaut. Kronach ist auch Geburtsstadt des bedeutenden Renaissancekünstlers Lucas Cranach des Älteren.

@ www.kronach.de

AS 10
Ebersdorf,
> B303

Ahorn – Schlosspark Hohenstein. In der Gemeinde Ahorn in Oberfranken südwestlich von Coburg erstreckt sich der Schlosspark Hohenstein des gleichnamigen Schlosses. Er folgt in seinen Grundzügen dem Konzept des englischen Landschaftsgartens, in dem heute noch Bäume aus der Zeit der Familie von Imhoff zu sehen sind, in deren Besitz die Anlage zwischen 1759 und 1921 war.

@ www.schloss-hohenstein.de

Schloss Tambach – Wildpark.

Das Schloss Tambach mit seinem Wildpark liegt südwestlich von Coburg. Der Park entstand im 19. Jahrhundert im Stil eines englischen Landschaftsgartens und umfasst eine Fläche von 50 Hektar. Hier leben überwiegend heimische Wildtiere wie Luchse, Wildkatzen und Wölfe. @ www.wildpark-tambach.de

AS 10 Ebersdorf, > B303

Genussregion Oberfranken Land der Brauereien.

Siehe Seite 257, A70.
@ www.genussregion-oberfranken.de

AS 10 Ebersdorf

Seßlach – Historische Altstadt.

Seßlach hat eine sehenswerte historische Altstadt, deren spätmittelalterliche Stadtmauer noch nahezu vollständig erhalten geblieben ist. Eine Vielzahl historischer Gebäude, darunter Stadttore, das Rathaus und bürgerliche Wohnhäuser, geben einen Eindruck vom städtischen Wohnen und Leben. @ www.sesslach.de

AS 10 Ebersdorf, > B303

Lichtenfels – Die Deutsche Korbstadt. Im 19. Jahrhundert begann der Korbhandel in Lichtenfels zu florieren; 1904 wurde eine Korbfachschule gegründet. Die Tradition des Korbflechtens und -handels hat die Stadt mit dem Korbmarkt und dem Deutschen Korbmuseum im nahe gelegenen Michelau wieder aufleben lassen. @ www.lichtenfels-city.de

AS 12 Lichtenfels-Nord, > Lichtenfels

Obermain Therme

Die **Obermain Therme** liegt in Bad Staffelstein. Mitte der 1970er-Jahre erfolgten erste Bohrungen nach einer Thermalquelle, seit 1989 werden entsprechende Anwendungen angeboten. 1993 wurde eine Solequelle entdeckt; die Obermain Therme verfügt über ein breites Spektrum an Bade-, Wellness- und Saunaangeboten. @ www.obermaintherme.de

AS 14 Bad Staffelstein-Kurzentrum

AS 13 Lichtenfels

Gottesgarten – Kloster Banz, Vierzehnheiligen. Der Gottesgarten ist ein Gebiet im Obermainland, in dem auch das Kloster Banz sowie Kloster und Basilika Vierzehnheiligen liegen. Die Basilika entstand Mitte des 18. Jahrhunderts, Kloster Banz wurde im gleichen Jahrhundert nach Zerstörungen im Dreißigjährigen Krieg neu errichtet. @ www.frankens-paradiese.de

AS 15 Bad Staffelstein

Der **Staffelberg** ist der Hausberg der Stadt Bad Staffelstein in Oberfranken und ist charakterisiert durch die Geländestufen und das Hochplateau, das in der keltischen La-Tène-Zeit bereits besiedelt war. Das Juraprofil, das Einblicke in die Entstehungsgeschichte liefert, hat dazu geführt, dass der Staffelstein als Geotop ausgezeichnet wurde. @ www.staffelberg.de

AS 16 Ebensfeld, > Ebensfeld

Veitsberg – Markt Ebensfeld. Der Veitsberg liegt auf dem Gebiet des Marktes Ebensfeld südlich von Bad Staffelstein im nördlichen Bayern. Eigentlich trägt er den Namen Abensberg, wird jedoch nach der auf seinem Gipfel stehenden St.-Veits-Kapelle auch Veitsberg genannt. Die Wallfahrtskapelle umgibt ein Ring von imposanten alten Linden. @ www.ebensfeld.de

AS 19 Breitengüßbach-Mitte, > Baunach

Historisches Baunach. Das historische Baunach nördlich von Bamberg geht auf das 7. Jahrhundert zurück, das Gebiet war jedoch bereits deutlich früher besiedelt, wie archäologische Funde aus Hallstatt- und La-Tène-Zeit belegen. Sehenswert ist in Baunach unter anderem der historische Marktplatz mit seinen Fachwerkhäusern, darunter der bereits 1385 erwähnte Obleyhof. @ www.vg-baunach.de

AS 18 Breitengüßbach-Nord

Haßberge

Haßberge. Siehe Seite 259, A70. @ www.naturpark-hassbege.de

Altstadt Bamberg
Weltkulturerbe

Altstadt Bamberg – Weltkulturerbe. Siehe Seite 259, A70.
@ www.stadt-bamberg.de

AS 23
Bamberg-Ost

Schloss und Park
Seehof

Schloss und Park Seehof.
Siehe Seite 259, A70.
@ www.memmelsdorf.de

AS 22
Memmelsdorf,
> St2190

Fränkische Schweiz

Fränkische Schweiz.
Siehe Seite 258, A70.
@ www.fraenkische-schweiz.com

AS 26
Buttenheim,
> St2960, B470

Markt Buttenheim – Geburtshaus Levi's. Im Markt Buttenheim südöstlich von Bamberg steht das Geburtshaus von Levi Strauss, dem Erfinder der Jeans, der 1829 unter dem Namen Löb Strauß hier geboren wurde. Er wanderte nach Nordamerika aus, wo er zunächst mit dem Handel von Textilien tätig war und später die Jeans entwickelte. Ihm ist in seinem Geburtshaus ein Museum gewidmet.
@ www.buttenheim.de

AS 26
Buttenheim

Forchheim – fränkische Königsstadt. Schon im 8. und 9. Jahrhundert war Forchheim fränkischer Königshof und Sitz einer Pfalz, die Stadtrechte erhielt es im frühen 13. Jahrhundert. Sehenswert sind unter anderem die Innenstadt mit ihren historischen Gebäuden, darunter das Rathaus, und die Forchheimer Burg.
@ www.forchheim.de

AS 27
Forchheim-
Nord

Der **Wildpark Hundshaupten** liegt in der Nähe des gleichnamigen Stadtteils von Egloffstein in Oberfranken. Der Park wurde im Jahr 1971 gegründet und erstreckt sich auf einer Fläche von etwa 40 Hektar, zum überwiegenden Teil Wald. Zunächst war Rot- und Damwild zu sehen, später kamen unter anderem Luchse und Wölfe, aber auch verschiedene Haustierrassen hinzu.
@ www.hundshaupten.de

AS 29
Baiersdorf-
Nord,
> St 2243, F08,
F02

AS 32 Erlangen-Zentrum

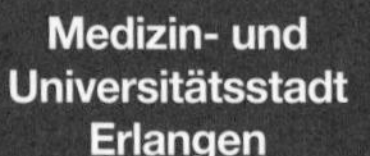

Medizin- und Universitätsstadt Erlangen.
Siehe Seite 103, A3.

@ www.erlangen.de

AS 39 Nürnberg/ Fürth

Die **Denkmalstadt Fürth** liegt in Mittelfranken am Zusammenfluss von Rednitz und Pegnitz zur Regnitz. Fürth wurde um das Jahr 1000 herum erstmals genannt. Viele Baudenkmäler der Stadt überstanden den Zweiten Weltkrieg weitgehend unbeschadet, sodass sie heute noch Zeugnis geben können von der langen Geschichte der Stadt, unter anderem die Altstadt.

@ www.fuerth.de

AS 48 Feucht, > B8

Markt Feucht: Zeidelwesen. Im mittelfränkischen Markt Feucht bei Nürnberg wird das Zeidelwesen, das gewerbsmäßige Sammeln von Wildbienenhonig, im Zeidelmuseum dokumentiert. Feucht profitierte in vergangenen Zeiten von seiner Lage im Nürnberger Reichswald, in dem reiche Honigbestände vorhanden waren. Das Museum zeigt verschiedene Imkereigerätschaften, besitzt einen Lehrbienenstand und verkauft Imkereiprodukte.

@ www.zeidel-museum.de

Römische Villen Borg und Nennig.

Im Saarland sind viele Reste römischer Siedlungen bekannt. Eine davon ist die wieder freigelegte Villa von Nennig, die 1852 zufällig entdeckt wurde, mit einem wunderschönen Bodenmosaik, die andere ist die in unmittelbarer Nähe befindliche Villa Borg auf einem 7,5 Hektar großen Areal in der Gemeinde Perl, die ein archäologisches Freiluftmuseum ist. @ www.villa-borg.de

AS 3 Perl-Borg, > B407

Orscholz – Saarschleife.

Der Luftkurort Orscholz in der Nähe von Mettlach im Saarland liegt gegenüber der berühmten Saarschleife. Hier befindet sich der bekannte Aussichtspunkt, auch „Cloef" genannt, der den einmaligen Ausblick auf die Saarschleife eröffnet, die eine besondere Sehenswürdigkeit im Saarland darstellt. Die Saar zeichnet viele Flussschleifen, aber keine ist so schön wie diese. Ganz in der Nähe befindet sich ein weiteres lohnendes Ziel für Wanderer, der Orkelsfelsen. @ www.orscholz-saar.de

AS 3 Perl-Borg, > B407, L177

Schloss Malbrouck in Lothringen, auch Schloss Meinsberg genannt, wurde zwischen 1419 und 1434 als Burganlage erbaut und thront auf dem Meinsberg. Nach vielen Besitzerwechseln wurde das Schloss im Jahr 1930 unter Denkmalschutz gestellt und von 1975 bis 1998 aufwendig restauriert. Heute wird es unter anderem für Ausstellungen und andere kulturelle Veranstaltungen genutzt. @ www.chateau-malbrouck.com/de

AS 2 Perl

Naturpark Saar-Hunsrück

Naturpark Saar-Hunsrück.

Siehe Seite 19, A1. @ www.naturpark.org

AS 6 Merzig

Weltkulturerbe Völklinger Hütte

Weltkulturerbe Völklinger Hütte. Siehe Seite 20, A1. @ www.voelklinger-huette.org

AS 9 Dreieck Saarlouis > A620, AS 7

AS 5 Merzig-Schwemlingen, > B51

Mettlach – Keramik. Ihren Anfang nahm die Keramikindustrie in Mettlach im 19. Jahrhundert in der Alten Abtei und brachte dem Ort Ansehen, Arbeit und Wohlstand. Die Lage an der Saar bot schon damals gute Voraussetzungen. Heute zeigt das Keramikmuseum in der Alten Abtei Schätze aus mehreren Epochen. @ www.keramikmuseum-mettlach.de

AS 6 Merzig, > Losheim a. See

Stausee Losheim. Der Stausee ist ein Badegewässer mit hoher Wasserqualität. Das familienfreundliche Strandbad liegt in einer idyllischen Badebucht und bietet ausgedehnte Liegewiesen, eine Wasserrutsche, eine Sprungplattform, einen herrlichen Biergarten und ein Hotel mit Restaurant. @ www.losheim-stausee.de

AS 6 Merzig

Merzig Viezregion

Merzig – Viezregion. Als „Viez“ bezeichnen die Saarländer ihren Apfelwein. In der Region Merzig sind die Viezäpfel, meist kleine, säuerliche Äpfel, zu Hause und liefern den Rohstoff für das begehrte „Saargauer Stöffche“. @ www.merzig.de

AS 9 Dreieck Saarlouis > A620, AS 3 Saarlouis-Mitte

Saarlouis – Festungsstadt. Die frühere Festung Saarlouis zeigt sich heute noch im sechseckigen Grundriss der Altstadt. Ab 1887 wurde die Festung größtenteils abgetragen, in der nördlichen Altstadt findet man noch Reste davon. Teile wurden als Wassergräben in die Grünanlagen der Stadt integriert. @ www.saarlouis.de

AS 19 Friedrichsthal-Bildstock, > L262

Gondwana
Das Prähistorium

Gondwana – Das Prähistorium. Der Freizeitpark in Schiffweiler lädt zu einer Zeitreise durch die Erd- und Menschheitsgeschichte ein. Die Vorführungen und Erlebniswelten sind real, interessant und lehrreich für Kinder und Erwachsene. Attraktionen für Kinder sind die Dinosaurier-Show und der Spielpark. @ www.gondwana-das-praehistorium.de

ALTES HÜTTENAREAL Neunkirchen. Hier wurden Gebäude und Anlagen, die zum ehemaligen Eisenwerk gehörten, zum Industriepark und Museum umfunktioniert. 1995 wurde der Hüttenpark eingeweiht. Auf dem 40 Hektar großen Gelände sind alte Werksbauten, Industrieanlagen und Maschinen der früheren Eisenhütte ausgestellt. @ www.neunkirchen.de

Bexbach Grubenmuseum

Bexbach – Grubenmuseum. Siehe Seite 209, A6. @ www.saarl-bergbaumuseum-bexbach.de

Homburg – Römermuseum. Mit rund 30 Hektar Fläche und etwa 2000 Einwohnern war die römische Siedlung schon recht groß. Zwischen 275 und 276 n.Chr. wurde sie von den Alemannen überfallen und verlor an Bedeutung. Heute kann man hier die rekonstruierten Gebäude und Straßenzüge mit den überdachten Gehsteigen bewundern.

@ www.roemermuseum-schwarzenacker.de

Der **Rosengarten Zweibrücken** ist das Wahrzeichen der Stadt Zweibrücken. Rund 45.000 Rosen mit 1500 Arten und Sorten erfreuen die Besucher in einem Park auf einer Fläche von 45.000 Quadratmetern. Die „Pfälzer Rosenfreunde" gründeten 1914 diese Anlage mit Hilfe der Stadt Zweibrücken. Im Rosengarten finden auch kulturelle Veranstaltungen wie zum Beispiel die Rosengarten-Konzertreihe oder das barocke Sommerfest statt. @ www.rosengarten-zweibruecken.de

Kloster Hornbach

Kloster Hornbach. Durch umfassende Sanierung des Benediktinerklosters wurde ein historisches Kulturdenkmal vor dem Zerfall gerettet. Zwischen Haupthaus und Seitenschiff der Basilika wurde ein Museumsbau errichtet, der das sogenannte „Historama" beherbergt.

@ www.klosterstadt-hornbach.de

AS 36 Pirmasens-Winzeln

Naturpark Pfälzerwald Biosphärenreservat Pfälzerwald-Nordvogesen

Naturpark Pfälzerwald – Biosphärenreservat Pfälzerwald-Nordvogesen. Siehe Seite 209, A6.

@ www.biosphere-vosges-pfaelzerwald.org

AS 41 Dreieck Karlsruhe, > A5, AS 47 Ettlingen

Schloss Ettlingen. Siehe Seite 182, A5.

@ www.ettlingen.de

AS 42 Karlsbad, > L609, L654

Klosterruine Frauenalb. Das Kloster wurde um 1190 gegründet und litt fortan unter politischen Wirren. Nach 1803 wurde es als Militärlazarett, Sägemühlenfabrik, Tuchfabrik, Brauerei, Hotel, Erholungs- und Altenpflegeheim genutzt. Die Restaurierungsarbeiten dauern an, Teile sind Besuchern bereits zugänglich. @ www.klosterruine-frauenalb.landkreis-karlsruhe.de

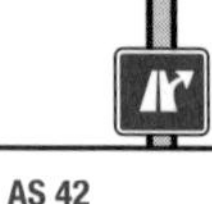

AS 42 Karlsbad, > Waldbronn

35°C
Albtherme Waldbronn

Albtherme Waldbronn 35°C. Aus einer Tiefe von rund 400 Metern kommt das Thermalwasser der Albtherme Waldbronn direkt in verschiedene Badebecken. Das großzügig angelegte Kurbad verfügt über ein Innenbecken, ein Außenbecken, ein Spaßbecken und ein Therapiebecken mit Wassertemperaturen bis 35°C. @ www.albtherme-waldbronn.de

AS 41 Dreieck Karlsruhe, > A5, AS 48

Fächerstadt Karlsruhe

Fächerstadt Karlsruhe. Siehe Seite 152, A5.

@ www.karlsruhe.de

AS 43 Pforzheim-West

Naturpark Schwarzwald Mitte/Nord

Naturpark Schwarzwald Mitte/Nord. Siehe Seite 182, A5.

@ www.naturparkschwarzwald.de

AS 43 Pforzheim-West, > B10, B294

Schloss Neuenbürg

Schloss Neuenbürg über der Stadt Neuenbürg wurde 1620 fertiggestellt. Heute wird das Schloss als Teil des Badischen Landesmuseums Karlsruhe betrieben. Neben Räumen für Feierlichkeiten bietet sich hier auch ein Feinschmeckerrestaurant an. @ www.schloss-neuenbuerg.de

Reuchlinhaus Goldstadt Pforzheim. Das Reuchlinhaus ist Schmuckmuseum und Kulturzentrum in der Goldstadt Pforzheim. Der Beiname „Goldstadt" rührt von der Goldverarbeitung im Kunsthandwerk der Stadt. Das Haus ist nach dem Humanisten Johannes Reuchlin, einem berühmten Sohn der Stadt, benannt. @ www.pforzheim.de

Weltkulturerbe Kloster Maulbronn. Seit 1993 gehört das Kloster Maulbronn zum UNESCO-Weltkulturerbe. Paradies nennt man die Vorhalle der Klosterkirche; ein Meisterwerk frühgotischer Baukunst. Das Brunnenhaus ist ein beliebtes Fotomotiv. @ www.kloster-maulbronn.de

Das **Schleglerschloss Heimsheim** wurde um 1415 erbaut. Ursprünglich war das 30 Meter hohe Gebäude eine Wohn- und Wehrburg mit Wachtürmen. Heute wird das Schloss von den Bürgern und Vereinen der Stadt als Raum für Proben, Tagungen und Feiern genutzt. @ www.heimsheim.de

Pomeranzengarten Leonberg. Im Jahr 1609 zog die verwitwete Herzogin Sibylla von Württemberg in das Schloss von Leonberg. Ihr Sohn Johann Friedrich ließ für seine Mutter einen Lustgarten mit einem „Pomeranzenhaus" anlegen. Den Namen hat der Garten von der damals sehr wertvollen exotischen Frucht, der Pomeranze. @ www.leonberg.de

Siebenmühlental

Siebenmühlental. Anfangs standen hier sieben Mühlen, die dem Tal seinen Namen gaben. Heute sind es elf, von denen nur noch eine in Betrieb ist. Bekannt ist die „Mäulesmühle" mit dem Mundarttheater „Komede-Scheuer". @ www.siebenmuehlental.de

AS 54
Esslingen

Esslingen am Neckar. Die große Kreisstadt wurde vermutlich im 8. Jahrhundert gegründet und im Jahr 777 erstmals urkundlich erwähnt. Esslingen hat eine sehr gut erhaltene Altstadt mit vielen sehr alten Fachwerkhäusern und steht für ein hohes Maß an Lebensqualität, Umweltbewusstsein und Kultur. @ www.esslingen.de

AS 55
Wendlingen,
> B313

Nürtingen – Stadtkirche St. Laurentius. Die Stadtkirche St. Laurentius darf mit Fug und Recht als Wahrzeichen der Stadt bezeichnet werden. Sie prägt das Bild der Stadt am Neckar. Die dreischiffige Hallenkirche besticht durch ihren spätgotischen Baustil und ihren 48 Meter hohen Turm. @ www.stadtkirche-nuertingen.de

AS 55
Wendlingen,
> B313

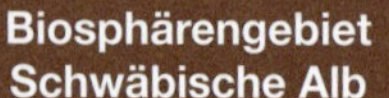

Biosphärengebiet Schwäbische Alb. Eine reiche Fauna und Flora findet sich besonders in den Wiesen und Wacholderheiden der Bergrücken und in schwer zugänglichen Bergtälern. @ www.biosphaerengebiet-alb.de

AS 56
Kirchheim unter
Teck-West

Kirchheim unter Teck verfügt über eine gut erhaltene Altstadt mit dem Rathaus, der evangelischen Martinskirche und Fachwerkbauten. Auch das Renaissanceschloss aus dem 16. Jahrhundert sowie die Burg Teck, außerhalb der Stadt, sind einen Besuch wert. @ www.kirchheim-teck.de

AS 58
Aichelberg,
> L1214

Die Limburg lag auf dem 598 Meter hohen gleichnamigen Weilheimer Hausberg im Vorland der Schwäbischen Alb. Sie wurde um 1060 erbaut und war Stammsitz des Adelsgeschlechts der Zähringer, die sich damals noch „Grafen von Lintburg" nannten. Von der Burg sind heute nur noch Erdwälle zu erkennen. @ www.alb-tourismus.de

Freilichtmuseum Beuren

AS 57 Kirchheim unter Teck-Ost, > B465, L1210

Freilichtmuseum Beuren. Die historischen Wohn- und Landwirtschaftsgebäude des Museums stammen aus den Gebieten Mittlerer Neckar und Schwäbische Alb. Hier wird das frühere Leben in ländlicher Kultur durch historische Gebäude, Gebrauchsgegenstände und Werkzeuge wieder lebendig. @ www.freilichtmuseum-beuren.de

Stauferland Drei-Kaiser-Berge

AS 55 Wendlingen, > Göppingen

Stauferland Drei-Kaiser-Berge. Die Berggruppe mit dem Hohenstaufen (684 m), dem Rechberg (707 m) und dem Stuifen (757 m) bilden ein weithin sichtbares, markantes Ensemble zwischen Göppingen und Schwäbisch Gmünd. Land und Berge bekamen ihren Namen durch das Königs- und Kaisergeschlecht der Staufer. @ www.stauferland.de

Urweltmuseum Holzmaden

AS 58 Aichelberg, > L1214

Urweltmuseum Holzmaden. Hier wird im Schieferbruch und Saurierpark auf ungefähr 1000 Quadratmetern Austellungsfläche die Welt von vor 180 Millionen Jahren wieder lebendig. Ein Faszinosum für Familien und Hobbyarchäologen. @ www.urweltmuseum.de

AS 57 Kirchheim unter Teck-Ost, > B465, K1248

Die **Burg Teck** thront hoch oben auf dem Teck, dem Hausberg des Ortes Owen. Erste Erwähnung fand die Burg in einem Vertrag aus dem Jahr 1152 zwischen Kaiser Barbarossa und dem Herzog von Zähringen. Der Herzog bekam die Herrschaft über Burgund und die Provence für sein Versprechen, am Italienfeldzug teilzunehmen. Als Pfand für sein Versprechen übergab er Barbarossa die Burg Teck. @ www.owen.de

AS 59 Mühlhausen, > Bad Ditzenbach

Bad Ditzenbach – Vinzenz Therme. Inmitten einer naturbelassenen Landschaft liegt die Vinzenz Therme. Die Bad Ditzenbacher Mineral- und Thermalquellen sind bereits seit 1472 bekannt und seit dem 18. Jahrhundert werden diese für heilende Trinkkuren und Bäder genutzt. Beim Schwitzen in der Panorama-Sauna kann man den Blick auf das herrliche Umland genießen. @ www.bad-ditzenbach.de

AS 61
Merklingen,
> Blaubeuren,
L1230

Der **Blautopf Blaubeuren** ist ein kleiner, blau-grün schimmernder See, der aus dem unterirdischen Höhlensystem der Blautopfhöhle auf der Schwäbischen Alb gespeist wird. Die Höhle beginnt am Grund des Blautopfs in etwa 21 Metern Wassertiefe und erstreckt sich von dort nach Westen über rund zehn Kilometer. @ www.blaubeuren.de

AS 61
Merklingen

Wacholderheiden Aichen. Das Naturschutzgebiet Mönchsteig in den Hochlagen der Schwäbischen Alb bei Aichen umfasst rund 50 Hektar und ist eine Heidelandschaft mit reduzierter Bewirtschaftung. Die Nutzung beschränkt sich überwiegend auf die Schafzucht, um das typische Bild dieser Landschaft zu erhalten. Hier leben viele geschützte Tier- und Pflanzenarten. @ www.mythos-schwaebische-alb.de

AS 62
Ulm-West,
> Ulm

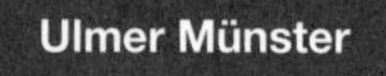

Ulmer Münster.
Siehe Seite 251, A7.
@ www.ulmer-muenster.de

AS 64
Oberelchingen

Klosterkirche Oberelchingen. Kloster Elchingen ist ein ehemaliges Benediktinerkloster in Elchingen im Landkreis Neu-Ulm. Seit dem Jahr 1644 gibt es hier eine Wallfahrt zu der in der Klosterkirche stehenden Gnadenmutter Maria. Besonders sehenswert ist die Kirche auch durch die herrliche barocke Ausgestaltung. @ www.pfarrgemeinde-oberelchingen.de

AS 67
Günzburg,
> B16

Schloss Höchstädt wurde 1603 im Auftrag von Philipp Ludwig von Pfalz-Neuburg als dreistöckiger Vierseitenbau mit rechteckigem Grundriss und vier Ecktürmen erbaut. 2004 wurde das prächtige Schloss restauriert und Besuchern zugänglich gemacht. Heute dient es als Kulturzentrum der Gemeinde Höchstädt. @ www.schloss-hoechstaedt.de

AS 67
Günzburg,
> B16

Günzburg – Historische Altstadt. Bei einer Führung durch die fast vollständig erhaltene Altstadt blickt man hinter die Fassaden der alten Fachwerkhäuser und entdeckt alte Handwerksbetriebe wie Orgelbauer, Schäftemacher und Putzmacherinnen. Sehenswert sind auch die Frauenkirche und das Markgräfliche Schloss. @ www.guenzburg.de

AS 73
Augsburg-Ost

Augsburg, Stadt der Renaissance. In der Maximilianstraße, der Augsburger Prachtstraße, stehen drei herrliche Renaissance-Brunnen: der Augustusbrunnen, der Merkurbrunnen und der Herkulesbrunnen. Hervorzuheben ist der üppig im Renaissancestil gestaltete Gold-Saal des Augsburger Rathauses @ www.augsburg.de

AS 74b Dasing

Wittelsbacher Land

Das **Wittelsbacher Land** ist das Stammland „Altbaierns“ und die Heimat wohlhabender Adelsfamilien. Reiche Städte, Burgen, Schlösser und Hofgüter sowie ein mildes Klima prägen das Land. @ www.wittelsbacherland.de

AS 75
Adelzhausen,
> St2338

Wallfahrtskirche Maria Birnbaum. Die barocke Wallfahrtskirche „Unserer Lieben Frau im Birnbaum“ befindet sich in Sielenbach. Nach mehreren angeblichen Wunderheilungen, die sich hier um 1659/60 ereigneten, wurde die Kirche um einen Birnbaum erbaut. @ www.maria-birnbaum.de

AS 78 Dachau,
> B471

Barockkirche Fürstenfeld. Das Kloster Fürstenfeld liegt rund 25 Kilometer westlich von München und ist ehemalige Zisterzienserabtei, deren Gründung auf das Jahr 1263 zurückgeht. Die Klosterkirche St. Maria gilt als ein Hauptwerk des süddeutschen Spätbarock und ist an Prunk und Pracht kaum zu übertreffen. @ www.kloster-fuerstenfeld.de

AS 78 Dachau, > B471

Die **Stadt Dachau**, nordwestlich von München gelegen, präsentiert ihre malerische Altstadt mit historischen Bürgerhäusern und der Pfarrkirche St. Jacob. Sehenswert sind auch das Schloss Dachau mit seinem englischen Landschaftsgarten. An ein trauriges Kapitel der deutschen Geschichte, die Zeit des Nationalsozialismus und das Dachauer Konzentrationslager, erinnert heute die KZ-Gedenkstätte. @ www.dachau.de

AS 96 Hofoldinger Forst, > Aying

Kulturlandschaft Aying. Aying ist eine bayerische Gemeinde mit dörflichem Charakter, die unter anderem mit ihrer Erlebnisbrauerei und dem höchsten Maibaum in Europa viele Gäste anzieht. @ www.aying.de

AS 97 Holzkirchen, > B318, B13

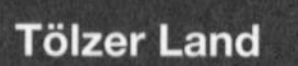

Das **Tölzer Land** erstreckt sich zwischen der Isar und der Loisach. Die Voralpen-Landschaft hat zu allen Jahreszeiten ihre besonderen Reize für Sportler, Wanderer und Erholungssuchende. @ www.toelzer-land.de

AS 97 Holzkrichen, > Tegernsee

Tegernseer Tal – Ehemalige Benediktinerabtei, gegr. 746. Kloster Tegernsee war eine Abtei der Benediktiner. Heute ist es als „Schloss Tegernsee" im Besitz der Adelsfamilie der Wittelsbacher. Das Tegernseer Tal ist geprägt durch die Berge, den Tegernsee und grüne Wiesen. Der Tegernsee liegt südlich von München im Vorland der Alpen und erstreckt sich über eine Fläche von knapp 9 Quadratkilometern. @ www.tegernsee.com

AS 97 Holzkrichen, > Tegernsee

Olaf Gulbransson Museum Tegernsee. Das Museum widmet sich seit 1966 dem Gedenken an den norwegischen Künstler Olaf Gulbransson und seinem Werk. Olaf Gulbransson (1873-1958) war der international bekannte Karikaturist der Satire-Zeitung Simplicissimus, der seit 1929 in Tegernsee wohnte. @ www.olaf-gulbransson-museum.de

Schliersee/Wendelsteinregion. Die Region in Oberbayern erstreckt sich über rund 200 Quadratkilometer, zwischen Tegernsee und Inn vom Voralpenland bis zur österreichischen Grenze, und ist zu allen Jahreszeiten ein beliebtes Urlaubsgebiet. Sehr empfehlenswert ist die Fahrt mit der Seilbahn auf den 1838 Meter hohen Wendelstein ab Osterhofen.

@ www.schliersee.de
@ www.wendelsteinbahn.de

Markus Wasmeier Freilichtmuseum Schliersee. Der frühere Skirennfahrer und zweifache Olympiasieger Markus Wasmeier eröffnete 2007 in seinem Heimatort Schliersee ein Freilichtmuseum in Form eines Museumsdorfes. Ziel des Museums ist es, typische historische Gebäude des bayerischen Oberlands vor dem Verfall zu retten, hier wieder aufzubauen und zu bewahren. @ www.wasmeier.de

Klosterkirche Weyarn. Im Jahr 1133 ließ Graf Siboto von Falkenstein die vorhandene Burg zum Kloster für den Augustinerorden umbauen. Die barocke Stiftskirche St. Peter und Paul im oberbayerischen Weyarn, etwa 40 Kilometer südlich von München, ist ein Schmuckstück dieses Baustils und der Architektur. @ www.pfarrei-weyarn.de

Wallfahrtsort Birkenstein. Die heutige Wallfahrtskapelle Birkenstein wurde im Jahr 1710 erbaut. Vorher stand an gleicher Stelle eine kleine Kapelle, die ihren Ursprung im Jahr 1673 hatte. Die Wallfahrtskapelle liegt in der Gemeinde Fischbachau im Landkreis Miesbach auf 855 Metern Höhe am Fuß des Berges Breitenstein. Seit 1673 wird hier die aus Fischbachau stammende Marienstatue, umgeben von 92 Engeln, als Gnadenbild verehrt. @ www.wallfahrtsorte-wallfahrtskirchen.de

Die **Wallfahrtskirche Wilparting** ist dem heiligen Marinus, einem irischen Wanderbischof, und dem heiligen Anian, seinem Dekan, geweiht, die sich 657 hier ansiedelten. Gleichzeitig ist sie katholische Dorfkirche von Wilparting in der Gemeinde Irschenberg. Seit vielen Jahrhunderten wird die Kirche von Wallfahrern aus aller Welt besucht.

@ www.wilparting.de

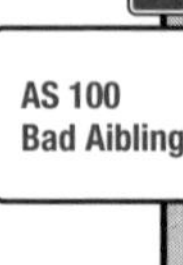

Bad Aibling, Moor- & Thermalbad – Bad Feilnbach, Moorheilbad. Bad Aibling ist Bayerns ältestes Moorheilbad und seit Eröffnung der Therme im Jahr 2007 auch Bayerns jüngstes Thermalbad. Im Moorbad Bad Feilnbach verweist man auf anerkannte Heilerfolge mithilfe des „schwarzen Goldes". Bereits seit dem 19. Jahrhundert sind die Moorvorkommen Basis des Kurbetriebs.

@ www.bad-aibling.de, @ www.bad-feilnbach.de

AS 102
Rosenheim,
> B15

Historische Altstadt Rosenheim. Die Gründung von Rosenheim geht auf ein römisches Militärlager um 15 n. Chr. zurück. Im Mittelalter brachte der Salzhandel über den Inn die Stadt zu erheblichem Wohlstand. Dies war auch die Basis für die heute noch erhaltene historische Altstadt mit Gebäuden verschiedener Epochen, darunter Baudenkmäler wie die Heilig-Geist-Kirche.

@ www.rosenheim.de

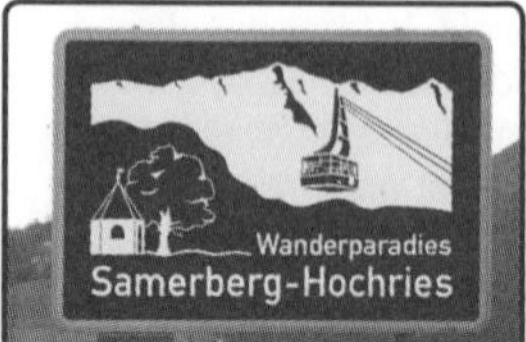

Wanderparadies Samerberg-Hochries. Typisch bayerisch präsentiert sich die Gemeinde Samerberg im Landkreis Rosenheim. Das beliebteste Wanderziel ist die 1569 Meter hohe Hochries. Sie bietet Wanderwege und Hütten, die zur Einkehr einladen; in der Gipfelhütte kann übernachtet werden. Der Gipfel ist auch mit einem Sessellift und der Seilbahn erreichbar.

@ www.samerberg.de

Kampenwand – Schloss Hohenaschau, Aschau im Chiemgau.

Die Gemeinde Aschau wird erstmals im Jahr 927 in einem Salzburger Urkundenbuch als „ad ascouva" erwähnt und kann seither auf eine sehr wechselvolle Historie zurückschauen. Besonders sehenswert sind das Schloss Hohenaschau und natürlich die berühmte Kampenwand. @ www.aschau.de, @ www.kampenwand.de

AS 105 Frasdorf, > St2093

Chiemsee – Chiemgau.

Der Chiemsee ist mit einer Fläche von knapp 80 Quadratkilometern der größte See in Bayern. Er ist ein bedeutendes Naturschutzgebiet für Wasservögel. Sehr sehenswert sind auch die Inseln Herrenchiemsee mit dem gleichnamigen Schloss und Frauenchiemsee mit seinem Kloster Frauenwörth. @ www.chiemgau.de

AS 106 Bernau, > St2092

Reit im Winkl – Urlaubsregion mit Winklmoos-Alm.

Reit im Winkl liegt rund 25 Kilometer südlich des Chiemsees im sogenannten Kaiserwinkl, einem Tal, das von hohen Bergen umgeben ist und sich nur nach Westen hin öffnet. Rund zehn Kilometer entfernt liegt die Winklmoosalm, ein bekanntes Skigebiet mit gleichnamigem Alpengasthof auf 1160 Metern Höhe.

@ www.reitimwinkl.de, @ www.winklmoosalm.de

AS 109 Grabenstätt, > Reit im Winkl

Jod-Thermalsolequelle Bad Endorf.

Die Jod-Thermalsolequelle in Bad Endorf im Landkreis Rosenheim gehört zu den wirkstoffreichsten Quellen in Europa. Das Chiemgauer Thermen-Wasser soll sich sehr positiv auf den kompletten Organismus auswirken. Inhaltsstoffe und Wärme fördern Durchblutung, Stoffwechsel und Immunsystem und entlasten dabei Muskeln und Gelenke.

@ www.bad-endorf.de

AS 106 Bernau, > St2092

AS 106 Bernau, > St2092

Das **Bauernhausmuseum Amerang** im oberbayerischen Amerang lässt seine Besucher mit einer Ausstellung zur Alltagskultur in die Geschichte des ländlichen Lebens der Region eintauchen. Hier kann man das Innenleben alter Bauernhäuser mit Mobiliar und allem, was dazu gehört, besichtigen.

@ www.bhm-amerang.de

AS 106 Bernau, > St2092

Schloss Herrenchiemsee. König Ludwig II. von Bayern kaufte die Herreninsel 1873 als Baugrund für sein neues Schloss. Zum Vorbild nahm er Schloss Versailles. Es sollte zu Ehren von König Ludwig XIV. von Frankreich erbaut werden, den Ludwig II. sehr bewunderte. Als er 1886 starb, war das Schloss noch unvollendet.

@ www.herren-chiemsee.de

AS 106 Bernau, > B305

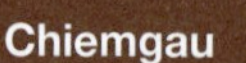

Chiemgau. Als Idyll und Paradies kann man ohne Übertreibung das Voralpenland um den Chiemsee bezeichnen. Gepflegte Dörfer und Bauernhöfe, romantische Hotels und Gasthöfe in einer Natur so anmutig und klar, dass es einem schon einmal die Sprache verschlagen kann.

@ www.chiemgau.de

AS 109 Grabenstätt

Region Achental

Region Achental. Hier beginnen die Berge der Chiemgauer Alpen. Das Achental erstreckt sich von der Grenze zu Österreich bei Schleching im Süden bis zum Chiemsee im Norden. Es ist die Verlängerung des österreichischen Leukentals.

@ www.schleching.de

Hochfelln – Bergener Moos. Der Hochfelln oberhalb des Ortes Bergen in den Chiemgauer Alpen ist 1674 Meter hoch. Wer den Berg nicht zu Fuß erklimmen möchte, kann mit der Seilbahn fahren. Das nahegelegene Bergener Moos ist ein Naturschutzgebiet, in dem die Ursprünglichkeit der Fauna und Flora bewahrt wird.

@ www.bergen-hochfelln.de

Traunstein – Vaterstadt Papst Benedikts XVI. Der junge Joseph Ratzinger war im oberbayerischen Traunstein zu Hause, ging hier zur Schule und feierte hier seine Primiz. Der Traunsteiner Benediktweg führt auch zum ehemaligen Wohnhaus der Ratzingers, zum sogenannten „Predigerhäusl" und zur Primizkirche St. Oswald. Den Begriff Vaterstadt wählte Ratzinger selbst. @ www.traunstein.de

AS 112 Traunstein/ Siegsdorf, > Traunstein, B306

Rupertiwinkel

Rupertiwinkel. Das Gebiet des Rupertiwinkels besteht größtenteils aus dem früheren Landkreis Laufen zwischen Chiemgau und dem Berchtesgadener Land und grenzt im Osten an das österreichische Salzburger Land.
@ www.berchtesgadener-land.com

AS 112 Traunstein/ Siegsdorf, > B306, St2105

Das **Holzknechtmuseum Ruhpolding** wurde 1988 als kulturhistorisches Spezialmuseum für den Berufsstand der Holzknechte eröffnet. Hier werden die Lebens- und Arbeitsbedingungen der Holzknechte sowie deren Gerätschaften und Werkzeuge erklärt. Im Zentrum steht der Mensch bei seiner gefährlichen Arbeit. @ www.holzknechtmuseum.de

AS 112 Traunstein/ Siegsdorf

Naturkunde-Mammut-Museum Siegsdorf. Das Museum basiert auf der Entdeckung rund 45.000 Jahre alter Mammutknochen und zeigt auf über 650 Quadratmetern die Entwicklungsgeschichte über 250 Millionen Jahre. Durch Versteinerungen, Knochenskelette und Führungen werden die Giganten der Eiszeit wieder lebendig.
@ www.museum-siegsdorf.de

AS 112 Traunstein/ Siegsdorf, > Ruhpolding

Berchtesgadener Land

Das **Berchtesgadener Land** liegt mit einer Fläche von rund 840 Quadratkilometern im äußersten Südosten Deutschlands. Bekannte Sehenswürdigkeiten sind der Königssee und das Watzmann-Gebirge. @ www.berchtesgaden.de

AS 115 Bad Reichenhall, > B20

München – Berchtesgaden < > Berchtesgaden – München

AS 115 Bad Reichenhall, > B20

Königliches Schloss – Salzbergwerk Berchtesgaden. Das Schloss wurde im Jahr 1102 als Augustinerkloster gegründet und war bis 1803 Sitz der Berchtesgadener Kirchenfürsten. Das seit 500 Jahren betriebene Salzbergwerk wurde 2007 als Erlebnisbergwerk für Besucher neu gestaltet. @ www.haus-bayern.com, @ www.salzzeitreise.de

AS 115 Bad Reichenhall, > B20

Bad Reichenhall: Staatsbad – Therme – Casino. Seit 1846 ist Reichenhall ein Kur- und Badeort. Im Jahr 1890 wurde die Stadt auf Erlass des bayerischen Prinzregenten „Bad Reichenhall" und 1899 königlich bayerisches Staatsbad. Im Jahr 1955 wurde hier Bayerns erste Spielbank erbaut. @ www.bad-reichenhall.com

AS 115 Bad Reichenhall, > B20

Berchtesgaden-Königsee Alpen-Nationalpark

Berchtesgaden-Königssee, Alpen-Nationalpark. 1978 wurde durch den Freistaat Bayern der Nationalpark verordnet, um das Gebiet vor zu starkem Tourismus zu schützen. Er umfasst heute die Gesamtfläche von etwa 210 Quadratkilometern. @ www.nationalpark-berchtesgaden.de

A81

Würzburg – Gottmadingen < > Gottmadingen – Würzburg

AS 3 Tauberbischofsheim, > B290

Liebliches Taubertal

Liebliches Taubertal. Siehe Seite 101, A3. @ www.liebliches-taubertal.de

AS 5 Boxberg, > B292

Deutschordensland Bad Mergentheim. Erstmals urkundlich erwähnt wurde Mergentheim im Jahr 1058 mit Namen „Mergintaim". Von 1526 bis 1809 war die Stadt an der Tauber Hauptsitz des Deutschen Ordens und gehörte danach zum Königreich Württemberg. Über die Geschichte des Deutschen Ordens erzählt das Deutschordensmuseum im Deutschordensschloss. @ www.bad-mergentheim.de

Bauland
Heimat des Grünkerns
Limes

AS 6
Osterburken,
> B292

Bauland, Heimat des Grünkerns – Limes. Das Bauland ist eine ländliche Region zwischen Neckar und Tauber, in der bevorzugt Grünkern angebaut wird. Das Land wird wegen des rauen Klimas auch „Badisch Sibirien“ genannt. Auch der Limes verläuft hier. @ www.buchen.de

AS 6
Osterburken,
> B292

UNESCO-Welterbe Limes – Römerkastelle Osterburken. Zwischen den Jahren 155 und 159 n. Chr. wurde hier ein Kohortenkastell am Limes errichtet. Für das 2. Jahrhundert sind ein Annexkastell (ein Erweiterungsbau) sowie ein Badehaus durch entsprechende Fundamente und Restmauern belegt. @ www.roemermuseum-osterburken.de

AS 6
Osterburken,
> L1046

Kloster Schöntal war einst eine Filiale des berühmten Klosters Maulbronn. Die Zisterzienser begründeten das Kloster um das Jahr 1153. Im Dreißigjährigen Krieg wurde das Kloster fluchtartig verlassen und der Plünderung preisgegeben. Anfang des 18. Jahrhunderts wurde die prächtige Barockkirche erbaut. @ www.kloster-schoental.de

AS 7
Möckmühl,
> Möckmühl,
L1047

Möckmühl – Historische Altstadt. Bereits im Jahr 750 n. Chr. wird Möckmühl in einer Urkunde erwähnt. Die Stadt liegt an der Mündung des Flusses Seckach in die Jagst auf einer Anhöhe. Die komplette historische Altstadt steht unter Denkmalschutz. @ www.moeckmuehl.de

Götzenburg
Jagsthausen

AS 7
Möckmühl,
> Jagsthausen,
L1047

Götzenburg Jagsthausen. Die Burg Jagsthausen geht auf eine im 14. und 15. Jahrhundert erbaute Burg zurück und erhielt ihren Beinamen „Götzenburg“ wegen ihres berühmtesten Bewohners, den Götz von Berlichingen, der hier einen Teil seiner Kindheit verbrachte und dem Goethe das gleichnamige Drama widmete. @ www.jagsthausen.de

AS 8 Neuenstadt a.K., > K2007

Mörike – Cleversulzbach. Eduard Mörike war von 1834 bis 1843 Pfarrer in Cleversulzbach. Erst danach widmete sich der Lyriker vorranging der Literatur. Er gilt als einer der bedeutendsten Dichter der späten Romantik. Durch die Vertonung vieler seiner Gedichte wurde er auch international bekannt. Das Mörike Museum in Cleversuzbach erinnert an sein Schaffen. @ www.moerike-museum.de

AS 10 Weinsberg/Ellhofen, > B39A, B39

Weinsberg
Burgruine Weibertreu

Weinsberg, Burgruine Weibertreu. Siehe Seite 206, A6. @ www.weinsberg.de

AS 11 Heilbronn/Untergruppenbach, > Untergruppenbach

STETTENFELS: Burg, Schloss, Park. Weithin sichtbar überragt das Wahrzeichen von Untergruppenbach im Landkreis Heilbronn in Baden-Württemberg das Tal und die Weinberge. Im 11. Jahrhundert erbaut, bietet Burg Stettenfels heute Raum und Kulisse für Feierlichkeiten, Konzerte und Theateraufführungen sowie einen herrlichen Ausblick über die ganze Region. Jährlich findet hier ein mittelalterliches Burgfest statt. @ www.stettenfels.de

AS 10 Weinsberg/Ellhofen, > B39, B14

Naturpark Schwäbisch-
Fränkischer Wald
Welterbe Limes

Naturpark Schwäbisch-Fränkischer Wald – Welterbe Limes. Siehe Seite 205, A6.

@ www.naturpark-schwaebisch-fraenkischer-wald.de

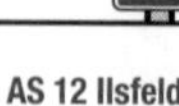

AS 12 Ilsfeld, > Lauffen

Hölderlinstadt Lauffen. Johann Christian Friedrich Hölderlin, geboren 1770 in Lauffen, zählt zu den bedeutendsten deutschen Lyrikern. Das Hölderlin-Museum im Klosterhof erzählt vom Leben und Werk des Dichters. Sehenswert ist auch der historische Stadtkern der Stadt am Neckar, der seit 1984 unter Denkmalschutz steht. Lauffen ist eine der bedeutendsten Weinbaugemeinden in Baden-Württemberg. @ www.lauffen.de

Besigheim – Fachwerk und Wein. Die Weinstadt Besigheim konnte sich bis heute ihren mittelalterlichen Charme durch die einmalig schönen und gut erhaltenen Fachwerkhäuser bewahren. Beim alle zwei Jahre stattfindenden Besigheimer Winzerfest öffnen sich die Weinkeller und bieten ein einmaliges Flair. @ www.besigheim.de

AS 13
Mundelsheim,
> L1115

Erlebnispark Tripsdrill

Der Erlebnispark Tripsdrill geht auf eine 1929 eröffnete Gastwirtschaft, die sogenannte „Altweibermühle" im Weiler Treffendrill bei Cleebronn zurück. Heute steht hier ein 75 Hektar großer Vergnügungspark mit Tier- und Wildpark. Die Attraktion ist das „Mammut", die beliebte Achterbahn. @ www.tripsdrill.de

AS 13
Mundelsheim,
> L1115, K1625

Löwensteiner Berge

Die **Löwensteiner Berge** sind ein Mittelgebirgszug nahe Heilbronn und Teil des Naturparks Schwäbisch-Fränkischer Wald. Der Höhenzug erreicht Höhen bis zu 560 Meter über NN. Benannt sind die Berge nach der Stadt Löwenstein. @ www.naturpark-sfw.de

AS 12 Ilsfeld,
> L1100, L1116

Schillerstadt Marbach. Friedrich Schiller wurde am 10. November 1759 in Marbach geboren. Er zählt zu den berühmtesten deutschen Dichtern und neben Goethe, Wieland und Herder zum sogenannten „Viergestirn der Weimarer Klassik". In Marbach befindet sich auch das Schiller-Nationalmuseum. Eine kleine Ausstellung in Schillers Geburtshaus zeigt unter anderem sein Taufhäubchen. @ www.schillerstadt-marbach.de

AS 14
Pleidelsheim,
> Marbach
a. Neckar

Altstadt Bietigheim

Altstadt Bietigheim. In Bietigheim-Bissingen, rund 19 Kilometer nördlich von Stuttgart gelegen, gibt es viele sehenswerte Fachwerkhäuser und andere historische Gebäude. Neben dem Hornmoldhaus sind die Gebäude der Lateinschule von 1476 und des Physikats von 1568 zu bewundern. Durch die Stadt führt auch die Deutsche Fachwerkstraße. @ www.bietigheim-bissingen.de

AS 15
Ludwigsburg-
Nord, > B27

AS 15
Ludwigsburg-Nord, > L1133, L1110

Festung Hohenasperg. Die Geschichte der Stadt Asperg ist eng mit dem Berg und der Festung Hohenasperg verbunden. Schon um 700 v. Chr. war der Hohenasperg eine Flucht- und Schutzburg und ein keltischer Herrschersitz. In einer Schenkungsurkunde des Gaugrafen Gozberg wird Asperg im Jahr 819 erstmals erwähnt. @ www.asperg.de

AS 15
Ludwigsburg-Nord,
> Ludwigsburg, B27

Blühendes Barock: Schloss Ludwigsburg. Das Schloss in Ludwigsburg wurde im Jahr 1733 unter Herzog Eberhard Ludwig von Württemberg als Barockschloss fertiggestellt, und es blieb bis heute fast unverändert so erhalten. Es gehört zu den größten und schönsten Barockschlössern Deutschlands. @ www.schloss-ludwigsburg.de

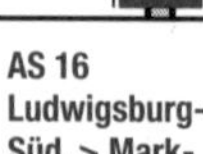

Schäferlaufstadt Markgröningen. Wann der Schäferlauf entstand, weiß man nicht, doch gibt es viele Mythen und unbestätigte Geschichten zur Entstehung. Wahrscheinlich liegt der Ursprung in einem Schäfertreffen, verbunden mit einem Wettlauf. Der Sieger wurde für ein Jahr der Anführer der hier lebenden Schäfer. @ www.markgroeningen.de

Keltenmuseum Hochdorf/Enz. Das Museum liegt im Eberdinger Ortsteil Hochdorf. Es präsentiert Fundstücke und Beigaben aus dem 1978 entdeckten keltischen Hügelgrab. Die Entdeckung des Grabes ist die Basis für die Gründung des Museums 1991. Der Grabhügel wurde in ursprünglicher Größe rekonstruiert. @ www.keltenmuseum.de

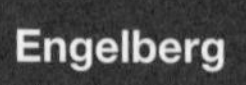

Der **Engelberg** ist ein Bergrücken bei Leonberg. Durch den Berg führt ein Tunnel der A81. Vor dem Südportal des stillgelegten alten Engelbergtunnels, in dem im Zweiten Weltkrieg Flugzeugteile von KZ-Häftlingen produziert wurden, befindet sich eine KZ-Gedenkstätte. @ www.leonberg.de

Martinskirche Sindelfingen

Die **Martinskirche Sindelfingen** ist eine große dreischiffige Basilika und entstand im 11. Jahrhundert auf den Grundmauern einer älteren Kirche aus dem 7. Jahrhundert. Der große Glockenturm birgt sechs Glocken. Die größte und klangvollste ist die fast fünf Tonnen schwere Christusglocke.

@ www.martinskirche-sindelfingen.de

AS 21
Sindelfingen-Ost

Historische Altstadt Waldenbuch

Historische Altstadt Waldenbuch. Erstmals urkundlich erwähnt wurde die Stadt Waldenbuch im Jahr 1296 und die Stadtrechte sind seit 1363 überliefert. Die Altstadt liegt auf einem Hügel und gruppiert sich um das Renaissance-Schloss aus dem 16. Jahrhundert. Schon Goethe beschrieb das schöne Städtchen.

@ www.waldenbuch.de

AS 22
Böblingen-Ost,
> Waldenbuch,
K1057, K1051

Stiftskirche Herrenberg im Schönbuch

Stiftskirche Herrenberg im Schönbuch. Herrenberg, erstmals 1271 urkundlich erwähnt, wurde 1759 Amtsstadt und 1806 Oberamtsstadt. Das Wahrzeichen der Stadt ist die Stiftskirche mit ihrem markanten Zwiebelturm. Sie wird umgeben von der historischen Altstadt mit Marktplatz, Rathaus und Fachwerkhäusern.

@ www.herrenberg.de

AS 28
Herrenberg,
> B28

Die **Burgruine Hohennagold** ist die Ruine einer Höhenburg auf dem Nagolder Schlossberg aus dem 12. Jahrhundert. Noch heute sind Grundmauern des alten Burgkerns erhalten. Darüber hinaus finden sich noch große Teile einer Vorburg und Ruinen von Wehrtürmen. Die Burg ist zur Besichtigung frei zugänglich.

@ www.nagold.de

AS 29
Rottenburg,
> B28a, Richtung Nagold

Die **Wurmlinger Kapelle** auf dem Wurmlinger Berg ist ein Barockbau aus dem Jahr 1685. Vom Rottenburger Stadtteil Wurmlingen aus führt ein Kreuzweg zu der etwa 130 Meter höher gelegenen Wallfahrtskapelle hinauf. Sie kann in den Sommermonaten nach vorheriger Anmeldung im Wurmlinger Pfarramt besucht werden.

@ www.wtg-rottenburg.de

AS 29
Rottenburg,
> Hechingen,
B28a, L361

AS 31
Empfingen,
> Balingen,
B463

Zollernalb

Zollernalb. Die Region Zollernalb befindet sich im südwestlichen Teil der Schwäbischen Alb. Hier thront die Stammburg der Hohenzollern weithin sichtbar auf einem Vorberg der Schwäbischen Alb. @ www.zollernalb.com

AS 30
Horb a.N.,
> B32

Historische Stadt Horb am Neckar. Horb liegt am Ostrand des Nordschwarzwalds im sogenannten Gäu auf etwa 420 Metern über NN. Die sehenswerte historische Altstadt mit Burg und Burggarten, dem Marktplatz und dem Rathaus liegt auf einer Anhöhe über dem Neckar. @ www.horb.de

AS 31
Empfingen,
> B463

Kloster Kirchberg ist ein früheres Frauenkloster der Dominikanerinnen nahe der Stadt Sulz am Neckar. Ursprünglich stand auf dem Kirchberg eine Burg aus dem 11. Jahrhundert. Das Kloster wurde um das 1237 gegründet. Heute ist das Kloster eine Tagungsstätte und Ort der Stille und Begegnung. @ www.klosterkirchberg.de

AS 32 Sulz a.N.,
> Sulz, K5505,
K5507, B14

Das **Wasserschloss Sulz-Glatt** liegt in Glatt, einem Stadtteil von Sulz am Neckar, und ist eines der ältesten Renaissance-Schlösser Süddeutschlands. Im Jahr 2001 wurde das Kultur- und Museumszentrum Schloss Glatt mit diversen Kunstsammlungen und ständig wechselnden Kulturangeboten eröffnet. @ www.schloss-glatt.de

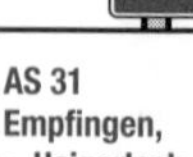

AS 31
Empfingen,
> Haigerloch,
B463

Schloss
Haigerloch

Schloss Haigerloch. Der Ursprung des Schlosses, hoch über der Stadt Haigerloch gelegen, geht auf eine Burg aus dem 11. Jahrhundert zurück. In malerischer Natur präsentiert sich das Gästeschloss heute als Restaurant und Hotel. Das ruhig gelegene Schloss ist ein beliebter Urlaubsort mit einer Fülle an Freizeitangeboten. @ www.schloss-haigerloch.de

Klosterkirche Oberndorf a. N. Das ehemalige Augustinerkloster war und ist der kulturelle Mittelpunkt der Stadt. 1809 wurde die spätbarocke Kirche erbaut. Sie beherbergt das Kultur- und Verwaltungszentrum der Stadt und ist Aufführungsort hochkarätiger Konzerte. @ www.oberndorf.de

AS 33
Oberndorf a.N.,
> L415

Rottweil – Älteste Stadt Baden-Württembergs. Rottweil liegt etwa in der Mitte zwischen Stuttgart und dem Bodensee, direkt am Neckar und ist ein kulturelles Zentrum zwischen Schwäbischer Alb und Schwarzwald. Bekannt ist die Stadt auch durch die alemannische Fastnacht mit dem „Rottweiler Narrensprung“. @ www.rottweil.de

AS 34 Rottweil,
> B462, B14

Dreifaltigkeitsberg Spaichingen. Der 985 Meter hohe Dreifaltigkeitsberg liegt an der Südwestflanke der Schwäbischen Alb. Die 1415 auf dem Berg eingeweihte Wallfahrtskapelle wurde 1666 durch die heute noch bestehende barocke Dreifaltigkeitsbergkirche ersetzt, um der steigenden Beliebtheit Rechnung zu tragen. @ www.spaichingen.de

AS 34 Rottweil,
> B462, B14

Naturpark
Südschwarzwald

Naturpark Südschwarzwald. Siehe Seite 187, A5. @ www.naturpark-suedschwarzwald.de

AS 36
Tunningen

Naturpark
Schwarzwald
Mitte/Nord

Naturpark Schwarzwald Mitte/Nord. Siehe Seite 182, A5. @ www.naturparkschwarzwald.de

AS 35
Villingen-Schwenningen,
> B523

Neckarursprung
Schwenningen

Neckarursprung Schwenningen. Der Neckar entspringt in unmittelbarer Nähe von Villingen-Schwenningen am Südostrand des Schwarzwaldes auf der Hochebene der sogenannten „Baar“. @ www.villingen-schwenningen.de

AS 36
Tunningen,
> Bad Dürrheim

Bad Dürrheim
Sole-Heilbad
und Saline

Bad Dürrheim – Sole-Heilbad und Saline. Bad Dürrheim liegt im Schwarzwald-Baar-Kreis auf der Hochebene der Baar zwischen dem südlichen Schwarzwald und der Schwäbischen Alb in der Nähe der Donau- und der Neckarquelle. Der Kurort liegt auf 733 Metern über NN und ist das höchstgelegene Solebad Europas.

@ www.bad-duerrheim.de

AS 37 Dreieck
Bad Dürrheim,
> Donau-
eschingen, B27

Donauquelle und Fürstenschloss. Bei Donaueschingen vereinen sich die Flüsse Brigach und Breg und bilden den Ursprung der Donau. Daneben gilt der Quelltopf des Donaubachs in der Nähe der Vereinigung der beiden Quellflüsse als imaginäre „Donauquelle". In unmittelbarer Nähe befindet sich das Fürstenschloss.

@ www.donaueschingen.de

AS 38
Geisingen,
> B31

Hüfingen – Historische Altstadt. Sehenswert ist die historische Altstadt Hüfingens allemal. In der sogenannten Hinterstadt wurden ab 1970 die Fachwerkhäuser saniert und leerstehende Gebäude zu modernen Fachwerk-Wohnhäusern umgebaut. Die Restaurierung wird derzeit in anderen Stadtteilen fortgesetzt.

@ www.huefingen.de

AS 38
Geisingen,
> B31

Donaubergland

Donaubergland. Die Region umfasst rund 1000 Quadratkilometer und erstreckt sich über die Landkreise Tuttlingen und Sigmaringen. Große Teile des Naturparks Obere Donau zählen dazu.

@ www.donaubergland.de

AS 38
Geisingen,
> Immen-
dingen, B311

Historisches Villingen. Der mittelalterliche Stadtkern von Villingen ist weitestgehend noch erhalten. Sehenswert sind unter anderem das frühgotische Münster, das spätgotische Rathaus, die Stadtmauer mit drei Tortürmen, die Alte Prälatur und das Franziskanermuseum.

@ www.villingen-schwenningen.de

AS 38 Geisingen, > Blumberg, L185

Sauschwänzlebahn – Strategische Bahnlinie. Die ursprünglich militärisch-strategische Wutachtalbahn wird wegen des spiralförmigen Streckenverlaufs auch „Sauschwänzlebahn" genannt. Auf der Strecke von Weizen bis Blumberg-Zollhaus wird seit 1977 eine beliebte Museums-Dampfbahn betrieben. @ www.sauschwaenzlebahn.de

AS 39 Engen

Historisches Engen

Historisches Engen. Der Ort Engen entwickelte sich seit dem späten Mittelalter zu einer Stadt mit Marktrechten. Die historische Altstadt ist eine der besterhaltenen mittelalterlichen Baudenkmäler Süddeutschlands und steht seit 1977 unter Denkmalschutz. @ www.engen.de

AS 41 Singen

Hegau Vulkane

Hegau Vulkane. Der Hegau ist eine Region im Süden Baden-Württembergs zwischen Bodensee und Schwarzwald, die vor rund 14 Millionen Jahren durch starke vulkanische Aktivitäten geprägt wurde. @ www.hegau.de

AS 39 Engen, > Aach, B31

Größte Quelle Deutschlands: Aachquelle. Aus der Aachquelle entspringt ein kleiner Fluss, der nur 14 Kilometer weiter in den Bodensee mündet. Das Wasser der Aachquelle stammt aus der Donau, da es zwischen Immendingen und Fridingen versickert und durch einen unterirdischen Fluss in der Aachquelle wieder austritt. @ www.aachquelle.de

AS 41 Singen, > Singen, L191

Ruine Hohentwiel

Ruine Hohentwiel. Die ehemalige Gipfelburg der Festung Hohentwiel steht auf der vulkanischen Quellkuppe des Berges Hohentwiel hoch über der Stadt Singen. Sie erstreckt sich über rund 9 Hektar. @ www.festungsruine-hohentwiel.de

AS 38 Geislingen, > B311

Tuttlingen, Weltzentrum der Medizintechnik, Honberg

Tuttlingen, Weltzentrum der Medizintechnik, Honberg. In der Stadt Tuttlingen liegt die Ruine Honberg. Sie ist das Wahrzeichen von Tuttlingen. @ www.tuttlingen.de

AS 1 Dreieck Potsdam, > A10 Richtung HH,

Havelland

Havelland.
Siehe Seite 58, A2.
@ www.havelland.de

AS 8 Coswig, > L121 > Jeber-Bergfrieden

Fläming

Fläming.
Siehe Seite 59, A2.
@ www.reiseregion-flaeming.de

AS 1 Dreieck Potsdam, > A10 Richtung Berlin

Schwielowsee

Schwielowsee.
Siehe Seite 25, A10.
@ www.schwielowsee.de

AS 3 Beelitz

Historischer Stadtkern Beelitz

Historischer Stadtkern Beelitz.
Siehe Seite 24, A10.
@ www.beelitz.de

AS 3 Beelitz, > B246 > Beelitz, L73

Naturpark Nuthe-Nieplitz

Naturpark Nuthe-Nieplitz.
Siehe Seite 24, A10.
@ www.naturpark-nuthe-nieplitz.de

AS 6 Klein Marzehns, > Raben

Naturpark Hoher Fläming

Naturpark Hoher Fläming.
Siehe Seite 59, A2.
@ www.flaeming.net

AS 4 Brück, > Treuen-brietzen

Historischer Stadtkern Treuenbrietzen. Fachwerkbauten prägen den Charakter des mittelalterlichen Stadtkerns von Treuenbrietzen, der unter Denkmalschutz steht. Sehenswert sind unter anderem der Sabinchenbrunnen aus dem Jahr 1913 und das Heimatmuseum, das sich in einem ehemaligen Turm der Stadtmauer befindet. @ www.treuenbrietzen.de

AS 5 Niemegk, > Bad Belzig

Historischer Stadtkern Bad Belzig

Historischer Stadtkern Bad Belzig. Siehe Seite 59, A2.
@ www.stadt-belzig.de

AS 5 Niemegk, > Treuen-brietzen, B102

Historischer Stadtkern Jüterbog

Historischer Stadtkern Jüterbog. Jüterbog wurde 1007 erstmals erwähnt. Das Rathaus auf dem Marktplatz ist das zweitälteste in Brandenburg. Die Mittelstraße, die von Fachwerkhäusern gesäumt wird, führt zur Nikolaikirche, in der Thomas Müntzer predigte. @ www.jueterbog.de

AS 6 Klein Marzehns,
> Wiesenburg

Schloss/Park Wiesenburg. Der als das bedeutendste Gartendenkmal zwischen Potsdam und dem Gartenreich Dessau-Wörlitz geltende Park besteht seit Ende des 19. Jahrhunderts. Schloss Wiesenburg wurde im 13. Jahrhundert ursprünglich als Burg erbaut und ab 1863 im Stil der Neorenaissance umgestaltet. Heute kann man hier Wohnungen und Ateliers mieten. @ www.schlosspark-wiesenburg.de

AS 6 Klein Marzehns,
> Raben

Die **Burg Rabenstein** wurde im 13. Jahrhundert erbaut und liegt- südlich des Ortes Raben im Landkreis Potsdam-Mittelmark. Die Burg wurde komplett restauriert und ist heute Austragungsort vieler Veranstaltungen, wie zum Beispiel Mittelalterspektakeln. Eine Gaststätte und Übernachtungsmöglichkeiten sind vorhanden. Beliebt sind auch die Vorführungen der Falknerei. @ www.burgrabenstein.de

AS 8 Coswig,
> Wittenberg

UNESCO-Welterbe Lutherstadt Wittenberg. Von Wittenberg, der Residenzstadt der sächsischen Kurfürsten, ging die lutherische Reformationsbewegung aus. Luther soll 1517 seine 95 Thesen an die Tür der Schlosskirche genagelt haben. Zahlreiche kulturhistorsich interessante Bauwerke können besichtigt werden. Eine Besonderheit sind die offengelegten Stadtbäche in der historischen Altstadt. @ www.wittenberg.de

AS 9 Vockerode,
> Wörlitz, L133

UNESCO-Welterbe Gartenreich Dessau-Wörlitz.
Das Gartenreich Dessau-Wörlitz, auf einer Fläche von 142 Quadratkilometern, gehört seit 2000 zum UNESCO-Welterbe. Johann Wolfgang von Goethe holte sich hier Anregungen für seine Gartengestaltung in Weimar. Den Besucher erwarten sechs Schlösser, sieben historische Garten- und Parkanlagen und zahlreiche Kleinarchitekturen.
@ www.gartenreich.com

AS 10
Dessau-Ost,
> B185

UNESCO-Welterbe Bauhaus Dessau. 1925 zog das Bauhaus mit seinem Direktor Walter Gropius nach Dessau und erlebte hier seine Blütezeit. Die legendäre Hochschule für Gestaltung kann heute besucht werden. Es finden Führungen durch das Bauhausgebäude, die Meisterhäuser oder die Mustersiedlung Dessau-Törten statt. Seit 1996 gehört das Bauhaus Dessau zum UNESCO-Welterbe. @ www.bauhaus-dessau.de

AS 11
Dessau-Süd,
> B184
> Dessau

Reppichau – Kunstprojekt Sachsenspiegel. Der Sachsenspiegel war eines der bedeutendsten Gesetzesbücher – vermutlich zwischen 1220 und 1235 von Eike von Repgow niedergeschrieben. Erst 1900 wurde es durch das Bürgerliche Gesetzbuch abgelöst. In ganz Reppichau sind Kunstwerke aus dem Sachsenspiegel zu sehen. Reppichau liegt zwischen den Orten Dessau, Köthen und Aken. @ www.reppichau.de

AS 9
Vockerode

UNESCO
Biosphärenreservat
Flusslandschaft Elbe.

UNESCO-Biosphärenreservat Flusslandschaft Elbe.
Siehe Seite 84, A24.
@ www.nationale-naturlandschaften.de

AS 12 Bitterfeld/Wolfen,
> Köthen

Bachstadt Köthen

Bachstadt Köthen.
Siehe Seite 43, A14.
@ www.koethen-anhalt.de

AS 12 Bitterfeld/Wolfen,
> Bitterfeld,
B183, B107

Naturpark
Dübener Heide

Naturpark Dübener Heide.
Siehe Seite 45, A14.
@ www.duebener-heide.de

AS 12 Bitterfeld/Wolfen,
> Bitterfeld,
B183

Land Art Goitzsche

Land Art Goitzsche. Der Begriff „Land Art" steht hier für Landschaftskunst. Aus der Bergbaulandschaft des ehemaligen Tagebaus Goitzsche ist ein Naherholungsgebiet mit Bademöglichkeiten, Rad- und Wanderwegen, aber auch mit zahlreichen künstlerischen Projekten entstanden. Das letzte große Landschaftsprojekt ist der Bitterfelder Bogen, der 2006 eingeweiht wurde. @ www.goitzsche.eu

Doppelkapelle Landsberg. Die romanische Doppelkapelle Sanctae Crucis liegt auf der Porphyrkuppe hoch über der Stadt Landsberg. Einst Burgkapelle der Residenzburg der Markgrafen der sächsischen Ostmark, zeugt sie heute von der mittelalterlichen Vergangenheit der Stadt. Führungen werden ganzjährig angeboten. @ www.stadt-landsberg.de

AS 13 Halle,
> B100
> Landsberg

Barockschloss Delitzsch. Ende des 14. Jahrhunderts durch Wilhelm I. von Meißen als Wasserburg errichtet, erfolgte um 1535 die Umgestaltung zum Schloss im Renaissancestil. Das Museum zeigt die Wohnräume und gibt Einblicke in das Leben der Herzoginwitwen der Adelsfamilie von Sachsen-Merseburg. @ www.barockschloss-delitzsch.de

AS 13 Halle,
> B100
> Delitzsch,
B183a

Leipzig – Friedliche Revolution 1989. Friedliche Revolution werden die Ereignisse in der DDR in den Jahren 1989 und 1990 genannt, die zum Mauerfall und zur Wiedervereinigung Deutschlands führten. Die Montagsdemonstrationen und die Friedensgebete in der Leipziger Nikolaikirche spielten dabei eine große Rolle. @ www.revolution89.de

AS 17
Leipzig-West

Dom und Schloss
Merseburg

Dom und Schloss Merseburg. Siehe Seite 127, A38. @ www.merseburger-dom.de

AS 17
Leipzig-West,
> Merseburg

Gradierwerk Bad Dürrenberg. Mit etwa 700 Metern Länge liegt Deutschlands größtes Gradierwerk in Bad Dürrenberg in Sachsen-Anhalt. Im etwa zehn Hektar großen Kurpark steht den Besuchern auch eine Kaltinhalierhalle zur Verfügung. Das Borlach-Museum bietet Informationen zur Historie des Salzes. @ www.stadt-bad-duerrenberg.de

AS 18 Bad
Dürrenberg

AS 17 Leipzig-West, > B182

Gondwanaland im Zoo Leipzig

Gondwanaland im Zoo Leipzig. Siehe Seite 44, A14.

@ www.zoo-leipzig.de

AS 17 Leipzig-West

Richard Wagner in Leipzig. Am 22. Mai 1813 wurde Richard Wagner in Leipzig geboren. Hier besuchte er die Schule und erlebte die Aufführungen seiner ersten Kompositionen. Sein Geburtshaus am Brühl 3 steht heute nicht mehr, aber viele andere Orte, die Wagner mit Leipzig verbinden, können besucht werden.

@ www.richard-wagner-leipzig.de

AS 20 Weißenfels

Weißenfels Schloss Neu-Augustusburg

Weißenfels – Schloss Neu-Augustusburg. Das frühbarocke Schloss Neu-Augustusburg wurde im 17. Jahrhundert erbaut. Seit 1964 befindet sich ein Museum im Schloss, das vor allem durch seine Sammlung historischer Schuhe bekannt wurde.

@ www.museum-weissenfels.de

AS 18 Bad Dürrenberg, > Leipzig, L187

Schloss Altranstädt wurde in seiner heutigen Form im 17. Jahrhundert errichtet. Hier wurde am 24. September 1706 der „Friede zu Altranstädt“ zwischen dem schwedischen König Karl XII. und dem sächsischen König August dem Starken unterzeichnet. Heute wird das Schloss für Kunstausstellungen und Veranstaltungen genutzt.

@ www.markranstaedt.de

AS 18 Bad Dürrenberg, > Lützen, L187

Gustav-Adolf-Gedenkstätte Lützen. Die Gustav-Adolf-Gedächtniskapelle in Lützen wurde 1906 errichtet und erinnert an den Schwedenkönig Gustav II. Adolf, der 1632 in der Schlacht von Lützen den Tod fand. Zur Gedenkstätte gehören auch zwei aus Schweden stammende Holzhäuser, in einem befindet sich ein Museum.

@ www.stadt-luetzen.de

AS 20 Weißenfels, > B91, B176, B180, L213, B250

Arche Nebra Himmelswege

Arche Nebra, Himmelswege. Siehe Seite 126, A38.

@ www.himmelsscheibe-erleben.de

Dom & Schloss Moritzburg Zeitz. Die Krypta des Doms St. Peter und Paul auf dem Gelände der Moritzburg ist eine der ältesten Hallenkrypten Deutschlands. Ältestes Ausstattungsstück ist ein Taufstein um 1250. Der Bau des Barockschlosses Moritzburg wurde 1678 abgeschlossen. Es war die Residenz der Herzöge von Sachsen-Zeitz. Heute beherbergt es das Deutsche Kinderwagenmuseum. @ www.zeitz.de

AS 20
Weißenfels,
> Zeitz, B91

Weinstraße Saale-Unstrut. Zwischen Leipzig und Weimar erstreckt sich das traditionsreiche Qualitätsweinanbaugebiet Saale-Unstrut auf knapp 765 Hektar über die Bundesländer Sachsen-Anhalt, Thüringen und Brandenburg. Rad- und Wanderrouten führen durch die idyllische Natur entlang an terrassenförmig angelegten Weingärten und romantischen Flusstälern. www.saale-unstrut-tourismus.de

AS 21a
Naumburg,
> Naumburg,
B180, B87

Naumburger Dom. Der Dom St. Peter und St. Paul aus dem 13. Jahrhundert war einst Kathedrale des Bistums Naumburg an der Saale und ist heute ein bedeutendes Kulturdenkmal, das als eines der wichtigsten Bauten der Frühgotik viele Besucher anzieht. Berühmt sind der Westchor und die Stifterfiguren, die aus der Werkstatt des Naumburger Meisters stammen. @ www.naumburger-dom.de

AS 21a
Naumburg

Der **Naturpark Saale-Unstrut-Triasland** erstreckt sich auf einer Fläche von 103.737 Hektar über den Burgenlandkreis und den Saalekreis. Burgen, Schlösser, die Auenlandschaften von Saale und Unstrut und der Weinanbau prägen diese Region. Viele seltene Tier- und Pflanzenarten haben hier einen Lebensraum gefunden, so zum Beispiel verschiedene wild wachsende Orchideenarten und der Eisvogel.

@ www.naturpark-saale-unstrut.de

AS 20
Weißenfels,
> B91, B176,
B180, L213,
B250

AS 22
Eisenberg,
> Bürgel

Die **Töpferstadt Bürgel**, im Saale-Holzland-Kreis zwischen Jena und Eisenberg gelegen, wurde 1234 erstmals urkundlich erwähnt. Ihre günstige Lage an den sich hier kreuzenden Handelsstraßen bescherte der Stadt einen Aufschwung. Die Tradition des Töpferhandwerks geht auf das 17. Jahrhundert zurück. Von der Geschichte erzählt das Keramikmuseum im Alten Schulhaus. @ www.stadt-buergel.de

AS 22
Eisenberg,
> Bürgel,
L1070, L2306

Dornburger Schlösser. Hoch über dem Saaletal auf einem Muschelkalkfelsen liegen die drei Dornburger Schlösser – das Alte Schloss, das Renaissanceschloss und das Rokokoschloss Ernst Augusts. Umgeben werden sie von einem Landschaftsgarten, dem Eschen- und Rosengang und dem Obst- und Grasegarten. Schon Johann Wolfgang von Goethe hielt sich gern hier auf. @ www.dornburg-schloesser.de

AS 22
Eisenberg

Schlosskirche Eisenberg. Die evangelische Schlosskirche St. Trinitatis im thüringischen Eisenberg zwischen Gera und Jena ist eine prunkvolle Barockkirche, die zwischen 1680 und 1692 erbaut wurde. Zu DDR-Zeiten wurde sie zum Museum umfunktioniert, nach der Wiedervereinigung erfolgte die Restaurierung und im Jahr 1992 wurde sie wieder als Kirche geweiht. @ www.stadt-eisenberg.de

AS 23 Bad
Klosterlausnitz

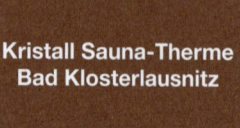

Kristall Sauna-Therme
Bad Klosterlausnitz

Kristall Sauna-Therme Bad Klosterlausnitz. Bad Klosterlausnitz liegt zwischen der Saale und der Weißen Elster. Ferien- und Kurgäste genießen hier neben der thüringischen Landschaft auch die Angebote der Kristall Sauna-Therme, so zum Besipiel das Thermalsole-Außenbecken, das Natronbecken und die Sauna. Für Anhänger der Freikörperkultur ist auch das textilfreie Baden möglich.

@ www.kristallbad-bad-klosterlausnitz.de

AS 25b
Lederhose,
> Weida

Osterburg zu Weida im Thüringer Vogtland. Hoch über der Stadt Weida befindet sich die Osterburg, die im 12. Jahrhundert errichtet wurde und bis Anfang des 15. Jahrhunderts Stammsitz der Vögte von Weida war. Ein Förderverein hat sich der Erhaltung der Burg verschrieben. Heute finden hier Veranstaltungen, wie zum Beispiel Mittelalterspektakel, statt.

@ www.osterburg-vogtland.eu

AS 12 Bitterfeld-Wolfen,
> B183, K2071
> Wetting-Löbejün

Gedenkstätte Rothenburg. In Rothenburg im Saalekreis befand sich von November 1944 bis April 1945 eines von mehreren Außenlagern des Konzentrationslagers Buchenwald. Auf dem Friedhof am Saalberg erinnern Gedenksteine an die Häftlinge und in der Ortsmitte wurde ein Mahnmal für die Opfer des Faschismus errichtet.

@ www.rothenburg-saalekreis.de
@ www.aussenlager-buchenwald.de

AS 26 Triptis,
> B281
> Saalfeld

Der **Hohenwartestausee** in Thüringen, auch Thüringer Meer genannt, ist einer der reizvollsten Stauseen Deutschlands. Die landschaftlichen Gegebenheiten lassen den Vergleich mit Fjorden zu. Wer möchte, kann den Stausee auf einer Schifffahrt erkunden, für Aktive gibt es zahlreiche Wassersportangebote, der See ist sogar ein lohnendes Tauchrevier.

@ www.fahrgastschiffahrt-hohenwarte.de

AS 26 Triptis,
> B281
> Pößneck,
L1104

Burg Ranis, auf einem Felsen über dem Ort Ranis gelegen, fand erstmals 1199 urkundliche Erwähnung und diente deutschen Königen und Kaisern als Reichsburg. Nach umfangreichen Sanierungsarbeiten, die 1994 begannen, wird die Burg heute unter anderem von der Thüringer Literaturakademie genutzt, sie beherbergt ein Burgmuseum und Gastronomie.

@ www.thueringerschloesser.de

AS 25b Lederhose, > L1078, K507

Brehm-Gedenkstätte Renthendorf. Das ehemalige Wohnhaus der Familie Brehm aus dem Jahr 1865 gehört zum Ensemble der Gedenkstätte, die an das Leben und Schaffen des „Tiervaters Brehm“, Alfred Edmund Brehm, und seiner Familie erinnert. Weitere Teile sind die Pfarrscheune und die Kirche. @ www.brehm-gedenkstaette.de

AS 26 Triptis, > Zeulenroda

Thüringer Vogtland

Thüringer Vogtland. Siehe Seite 141, A4. @ www.vogtlandtourist.de

AS 27 Dittersdorf, > L1077, L2349, L1103

Im **Wasserkraftmuseum Ziegenrück** an der oberen Saale kann der Besucher eines der ältesten noch erhaltenen Laufwasser-Kraftwerke in Deutschland besichtigen. Erste Erwähnung fand die Wassermühle 1258; 1965 wurde das seit etwa 1900 betriebene Kraftwerk stillgelegt. Seit 1966 ist die Anlage ein Museum. @ www.saalburg.de

AS 28 Schleiz, > L1095

Bleilochstausee – Schloss Burgk. Der Bleilochstausee ist der größte Stausee in Deutschland. Namengebend waren die Bleiberge, zwischen denen er gelegen ist. Schloss Burgk, 1365 erstmalig erwähnt, diente einem Fürstengeschlecht als Sommerschloss. Sehenswert im Museum der Burg ist die Exlibris-Sammlung. @ www.saalburg-ebersdorf.de
@ www.schloss-burgk.de

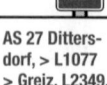

AS 27 Dittersdorf, > L1077 > Greiz, L2349, B94

Die **Residenzstadt Greiz** liegt im thüringischen Vogtland an der Grenze zu Sachsen. Greiz hatte große Bedeutung als Residenzstadt; von dieser Zeit zeugen unter anderem das Obere Schloss, das Untere Schloss und das Sommerpalais. Aufgrund ihrer Lage und historischer Bauwerke wird Greiz auch „Perle des Vogtlandes“ genannt. @ www.greiz.de

AS 28 Schleiz

Die **Rennstadt Schleiz**, zwischen Thüringen und dem Vogtland gelegen, verfügt mit dem Schleizer Dreieck über die älteste Naturrennstrecke Deutschlands; das erste Rennen fand 1923 statt. Zudem bietet Schleiz den Saale-Orla-Wanderweg und Sehenswürdigkeiten, wie die Bergkirche und die Schlossruine. @ www.schleiz.de

AS 29 Bad Lobenstein,
> B90
> Lobenstein

Der **Saale-Rennsteig** befindet sich in der Region Rennsteig-Saaleland zwischen dem Thüringer Wald und den Saalestauseen. Der Besucher kann die Natur auf Wander-, Rad- und Wasserwanderwegen erforschen. Prägend für die Region ist die Glaskunst, die man zum Beispiel in Lauscha bewundern kann. @ www.rennsteig-saale.de

AS 29 Bad Lobenstein

Moorbad Lobenstein. Bad Lobenstein liegt im Thüringer Schiefergebirge am Thüringer Meer und wurde 1250 erstmalig erwähnt. Eisenhaltige Quellen und Moorvorkommen begünstigten die Entwicklung zur Kurstadt, deren Wahrzeichen der Alte Turm ist. Heute zieht ein Thermalbad zahlreiche Besucher an. Sehenswert sind unter anderem auch die Burganlage und das Regionalmuseum. @ www.moorbad-lobenstein.de

Ehemalige innerdeutsche Grenze 1945-1990

Ehemalige innerdeutsche Grenze 1945-1990.
Siehe Seite 13, A20.
@ www.grenzerinnerungen.de

AS 32 Naila/Selbitz

Naturpark Frankenwald

Naturpark Frankenwald.
Siehe Seite 269, A72.
@ www.naturpark-frankenwald.de

AS 30 Rudolphstein,
> Tiefengrün,
H011, St2198

Deutsch-Deutsches Museum Mödlareuth

Deutsch-Deutsches Museum Mödlareuth.
Siehe Seite 269, A72.
@ www.moedlareuth.de

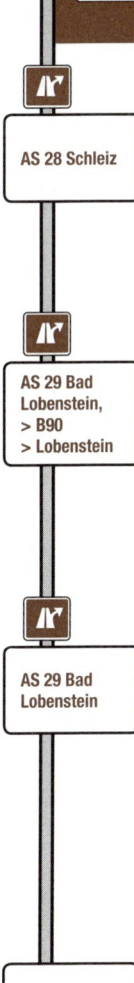

AS 31 Berg/ Bad Steben, > Bad Steben

AS 34 Hof-West, > Hof

AS 36 Münchberg-Süd, > Münchberg, St2194, B2

AS 39 Bad Berneck/ Himmelkorn

AS 39 Bad Berneck/Himmelkorn, > Neuenmarkt, B304

Genussregion Oberfranken Land der Brauereien

Genussregion Oberfranken – Land der Brauereien.
Siehe Seite 257, A70.. @ www.genussregion-oberfranken.de

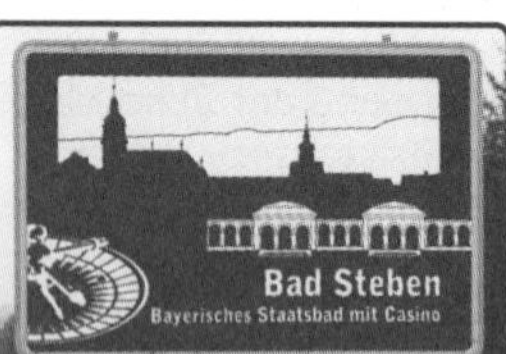

Bad Steben – Bayerisches Staatsbad mit Casino. Bad Steben liegt im Naturpark Frankenwald. 1832 wurde dem Bergbauort Steben aufgrund der Heilquellen der Titel Königlich Bayerisches Staatsbad verliehen. Ein Besuchermagnet ist die Therme mit ihren vielfältigen Angeboten; der Kurpark lädt zu einem Spaziergang ein. Wer möchte, kann sein Glück in der Spielbank versuchen. @ www.bad-steben.de

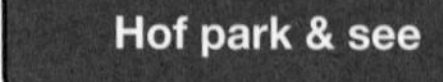

Hof park & see.
Siehe Seite 269, A72.
@ www.theresienstein.de

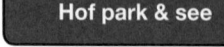

Oberfränkisches Bauernhofmuseum. Das Oberfränkische Bauernhofmuseum Kleinlosnitz im Fichtelgebirge bietet mit drei verschiedenen Höfen und dem Handwerkerhaus einen Einblick in das ländliche Leben. Die Brotzeitstube lädt zum Einkehren ein; das neue Eingangsgebäude zeigt wechselnde Ausstellungen. @ www.kleinlosnitz.de

Fichtelgebirge

Fichtelgebirge.
Siehe Seite 257, A70.
@ www.fichtelgebirge.net

Deutsches Dampflokomotiv-Museum Neuenmarkt

Deutsches Dampflokomotiv-Museum Neuenmarkt. Das Eisenbahnerdorf Neuenmarkt befindet sich in Oberfranken. Eine Vielzahl an Normalspur-Dampflokomotiven kann im Museum besichtigt werden, auch Salon- und Speisewagen zählen zu den hiesigen Exponaten. Es finden Veranstaltungen statt und der Lokschuppen kann für Feste gemietet werden. @ www.dampflokmuseum.de

AS 39 Bad Berneck/Himmelkorn, > Bad Berneck

Bad Berneck – Kneippheilbad. Das traditionsreiche Heilbad im Fichtelgebirge hat sich zu einem modernen Gesundheitsort entwickelt. Neben den Kuranlagen mit dem Kurpark sind auch der historische Stadtkern und der Dendrologische Garten, in dem seltene Bäume und Sträucher zu sehen sind, einen Besuch wert. @ www.bad-berneck.de

AS 39 Bad Berneck/Himmelkorn, > Bischofsgrün, B 303, BT4

Radon-Sole-Therme Fichtelberg

Radon-Sole-Therme Fichtelberg. Bei einem Großbrand 2012 wurde die Therme zerstört, ein Termin für den Wiederaufbau ist ungewiss. @ www.fichtelberg.de

AS 41 Bayreuth-Nord

Die **Festspiel- und Universitätsstadt Bayreuth** ist bekannt für die Richard-Wagner-Festspiele, die hier alljährlich im Festspielhaus auf dem Grünen Hügel stattfinden. Die Stadt ist eng mit der Kultur verbunden, davon zeugen zahlreiche Veranstaltungen. Die Universität besteht seit 1975 und ist damit eine der jüngsten Universitäten des Landes. @ www.bayreuth.de

AS 41 Bayreuth-Nord, > Weiden i.d.Opf.

Eremitage. Außerhalb Bayreuths liegt das Eremitageschloss, auch Altes Schloss genannt, erbaut 1715 als Ort geistiger Läuterung. Markgraf Friedrich machte es 1735 seiner Gemahlin, Markgräfin Wilhelmine, zum Geschenk. Neben einem Schlossrundgang ist auch ein Spaziergang durch den Hofgarten empfehlenswert. @ www.bayreuth-wilhelmine.de

AS 41 Bayreuth-Nord, > Weiden i.d.Opf.

Lohengrin Therme – Heilquellen-Kurbetrieb. Die Therme bietet dem Besucher verschiedene Becken im Innen- und Außenbereich. Darüber hinaus sorgen eine großzügige Saunalandschaft und ein Wellness-Bereich für Entspannungsmöglichkeiten. Wer sich auch kulinarisch verwöhnen möchte, besucht im Anschluss das Bistro. @ www.lohengrin-therme.de

AS 41
Bayreuth-Nord,
> Bayreuth, B2,
B22, St2186

Therme Obernsees

Therme Obernsees.
Siehe Seite 258, A70.
@ www.therme-obernsees.de

AS 43 Trockau,
> Gößwein-
stein

Gößweinstein – Basilika und Wallfahrtsmuseum. Das Museum beschäftigt sich mit dem Thema Wallfahren und Pilgern in den Religionen, auch mit der Gnadenbildwallfahrt nach Gößweinstein. Die Basilika wurde 1730-39 nach Balthasar Neumann erschaffen. Besonders sehenswert sind die Wachsmenschen.
@ www.wallfahrtsmuseum.de

AS 44 Pegnitz

Fränkische Schweiz

Fränkische Schweiz.
Siehe Seite 258, A70.
@ www.fraenkische-schweiz.com

AS 44 Pegnitz,
> Auerbach,
B85, B470

Klosterdorf Speinshart. Nach der Säkularisierung 1803 entwickelte sich das Klosterdorf aus Wirtschaftsgebäuden der Abtei. 1746 zerstörte ein Feuer einen Großteil des Dorfes. Dem denkmalpflegerische Aufbau ist es zu verdanken, dass das Klosterdorf heute zu den schönsten Dörfern in Süddeutschland zählt.
@ www.kloster-speinshart.de

AS 44 Pegnitz,
> Pottenstein,
B2, B470

Die **Teufelshöhle Pottenstein** ist eine Tropfsteinhöhle, deren Klima die Heilung von Atemwegserkrankungen unterstützt. Daher werden hier Liegekuren angeboten. Ebenso finden in der Teufelshöhle kulturelle Veranstaltungen statt. Fledermäusen dient die Höhle als Winterquartier. @ www.teufelshoehle.de

AS 45 Weiden-
sees, > BT32,
B2, St2260

Wildpark Hundshaupten

Wildpark Hundshaupten.
Siehe Seite 281, A73.
@ www.hundshaupten.de

AS 47
Hormersdorf

Frankenalb

Frankenalb.
Siehe Seite 105, A3.
@ www.frankenalb.de

AS 48 Schnaittach, > Schnaittach

Festung Rothenberg – Schnaittach-Tal. Die Festung, auf dem Rothenberg im Schnaittach-Tal gelegen, wurde im 18. Jahrhundert als Barockfestung erbaut. Die Wälle der Festung sind über 22 Meter hoch. Heute finden hier unter anderem Vernissagen, Musik- und Theateraufführungen statt. Auch Führungen werden angeboten. @ www.schnaittach.de

AS 49 Lauf/ Hersbruck

Altstadt Lauf – Industriemuseum. Zum Industriemuseum in Lauf an der Pegnitz gehören die ehemaligen Räume der Fabrik Dietz & Pfriem, die bis 1991 Ventile für Benzin- und Dieselmotoren herstellte. Die Produktionsstätten sind fast vollständig erhalten. Sehenswert in der historischen Altstadt sind zum Beispiel die Stadtkirche, das Glockengießerspital und das Alte Rathaus. @ www.industriemuseum-lauf.de

AS 49 Lauf/ Hersbruck

Hersbruck Gesundheitsregion – Therme

Hersbruck Gesundheitsregion – Therme.
Siehe Seite 199, A6.
@ www.gesundheitsregion-hersbruck.de

nuernberg.de

nuernberg.de
Siehe Seite 104, A3.
@ www.nuernberg.de

AS 50 Lauf, > Röthenbach

Röthenbach a.d. Pegnitz Historische Arbeitersiedlung

Röthenbach a.d. Pegnitz – Historische Arbeitersiedlung. Die Arbeitersiedlung entstand Anfang des 20. Jahrhunderts auf Betreiben des Fabrikanten Conrad Conradty. Er ließ für seine Arbeiter über 700 Wohnungen bauen. Die Häuser wurden erhalten und saniert und sind heute ein beliebtes Wohnviertel. Ein Museum erinnert an die Anfangszeiten. @ www.roethenbach.de

AS 52 Nürnberg-Fischbach, > Nürnberg

Tiergarten Nürnberg

Tiergarten Nürnberg.
Siehe Seite 105, A3.
@ www.tiergarten-nuernberg.de

AS 54 Dreieck Nürnberg/ Feucht,
> A73
> Feucht, AS 48

Markt Feucht
Zeidelwesen

Markt Feucht – Zeidelwesen. Siehe Seite 282, A73.
@ www.zeidel-museum.de

AS 55
Allersberg,
> Roth

Triathlonregion Rothsee. Sport wird in dieser Region etwa 28 Kilometer südlich von Nürnberg großgeschrieben. Überregional bekannt sind die jährlich stattfindende „Quelle Challenge" und der seit 1989 ebenfalls jährlich stattfindende „Rothsee-Triathlon". Die Schwimmstrecke des Triathlons liegt im Rothsee, der gleichzeitig Namensgeber ist.
@ www.rothsee-triathlon.de

AS 55
Allersberg,
> Roth

Schloss Ratibor Roth

Schloss Ratibor – Roth. Siehe Seite 200, A6.
@ www.stadt-roth.de

AS 55
Allersberg

Barockes Allersberg. Allersberg wird erstmals 1254 urkundlich erwähnt und gehört zu den Urpfarreien. Der Marktplatz konnte sich seine barocke Prägung über die Jahrhunderte bewahren. Sehenswert in der historischen Altstadt sind zum Beispiel der Torturm aus dem 14. Jahrhundert und die Pfarrkirche Maria Himmelfahrt aus dem 18. Jahrhundert. Führungen werden angeboten.
@ www.altersberg.de

AS 55
Allersberg,
> Roth, B2

Fränkisches Seenland

Fränkisches Seenland. Siehe Seite 200, A6.
@ www.fraenkisches-seenland.de

AS 56
Hilpoltstein

Hilpoltstein – Burgstadt am Rothsee. Die Stadt wurde um 1280 gegründet und blickt somit auf eine lange Geschichte zurück. Die Burgruine, hoch über der Stadt auf einem Felsen, ist das Wahrzeichen Hilpoltsteins und Kulisse für kulturelle Veranstaltungen. Die Innenstadt hat neben dem Marktplatz und der barocken Stadtkirche viele historische Sehenswürdigkeiten zu bieten.
@ www.hilpoltstein.de

AS 56
Hilpoltstein,
> St2338
> Freystadt

Die **Wallfahrtskirche Freystadt** liegt vor der Stadt Neumarkt in der Oberpfalz und wurde der Überlieferung nach im Dreißigjährigen Krieg durch zwei Hirtenknaben begründet die dort eine winzige Kapelle als Holz und Lehm bauten und ein geschenktes Marienbild verehrten. Ab 1714 gab es hier auch ein Kloster.

@ www.kirche-freystadt.de

AS 57 Greding,
> St2227
> Berching

Historisches Berching. Die Stadt auf der Fränkischen Alb in der Oberpfalz besteht seit über 1100 Jahren und wird auch „Kleinod des Mittelalters" genannt. Sie macht diesem Beinamen mit ihrer intakten Stadtmauer mit vier Stadttoren, vielen Türmen und Kirchenbauten alle Ehre und ist wahrhaft sehenswert.

@ www.berching.de

AS 58
Altmühltal

Naturpark Altmühltal. Naturfreunde und Wanderer wissen schon lange, wie traumhaft schön es im Altmühltal ist. Besonders schön ist der Altmühl-Panoramaweg, der 2012 von einer Trekkingmesse und einer Wanderzeitschrift zum schönsten Wanderweg Deutschlands gewählt wurde. Durch das Tal führt auch der Altmühltalradweg.

@ www.naturpark-altmuehltal.de

AS 56
Hilpoltstein,
> St2338
> Freystadt

Pfalzgrafenstadt
Neumarkt

Pfalzgrafenstadt Neumarkt. Siehe Seite 199, A6.

@ www.neumarkt.de

AS 57 Greding,
> St2227
> Thalmässing

Die **Benediktinerabtei Plankstetten** liegt südlich von Neumarkt in Plankstetten. Das 1129 gegründete Kloster war lange Jahre der Sitz der Bischöfe von Eichstätt. Im Dreißigjährigen Krieg wurde es teilweise zerstört und im 17. Jahrundert wieder restauriert. Die romanische Krypta stammt aus der Zeit der Gründung.

@ www.kloster-plankstetten.de

AS 57 Greding,
> St2227
> Berching

Markt Thalmässing liegt in Mittelfranken im Landkreis Roth mit 37 angeschlossenen kleineren Ortschaften. Bekannt ist die Gemeinde für das Keltische Bauernhaus, das durch die Naturhistorische Gesellschaft Nürnberg rekonstruiert wurde. Früher gab es hier drei Burgen, die aber bis auf geringe Reste zerstört und nicht wieder rekonstruiert wurden.

@ www.thalmaessing.de

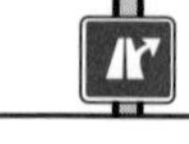

AS 57 Greding

Historische Altstadt Greding. Idyllisch gelegen ist die kleine Stadt Greding an der Schwarzach im Altmühltal. Über 900 Jahre alt ist sie und viele historische Gebäude künden von einer bewegten Vergangenheit. Wegen der fast komplett erhaltenen Stadtmauer mit ihren 18 Wehr- und drei Tortürmen wird Greding auch „Stadt der 21 Türme" genannt. Eine Attraktion ist der jährlich stattfindende Gredinger Trachtenmarkt.

@ www.greding.de

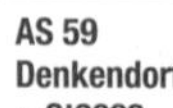

AS 59
Denkendorf,
> St2392
> Eichstätt

Eichstätt – Barocke Domstadt. Erstmals erwähnt wird Eichstätt im Landkreis Oberbayern im Jahr 740. Im Jahr 908 erhielt es Markt-, Münz- und Zollrechte. Das Erbe der Fürstbischöfe Eichstätts sind die herrlichen Barockbauten, die der Stadt ein besonderes Flair verleihen. Über der Stadt thront die Willibaldsburg, der ehemalige Sitz der Fürstbischöfe, die heute das Jura-Museum beherbergt.

@ www.eichstaett.de

AS 58
Altmühltal,
> Beilngries,
St2228, St2230

Historisches Beilngries. Die Altstadt von Beilngries präsentiert Bauten des Mittelalters, des Rokokos und des Barocks. Die mittelalterlichen Stadttürme der früheren Stadtmauer prägen das Stadtbild. Neun von zwölf Türmen haben seit dem 15. Jahrhundert die Zeiten überdauert. Das Schloss Hirschberg, nordwestlich der Stadt, nutzt die Diözese Eichstätt heute als Bildungshaus.

@ www.beilngries.de

Pappenheim ist eine ehemalige Residenzstadt in Mittelfranken und wird vom Naturpark Altmühltal umgeben. Aus Schillers Drama „Wallensteins Tod" ist der Auspruch „Daran erkenn' ich meine Pappenheimer" bekannt, und bekannt wurde so auch die Stadt. Die 1200-jährige Stadt hat eine Fülle von Sehenswürdigkeiten zu bieten. @ www.pappenheim.de

Burg Prunn – Nibelungenlied. Hoch über dem Tal der Altmühl steht Burg Prunn auf einen Kreidefelsen und dominiert weithin sichtbar die Kulisse. Doch auch von der Burg selbst hat man einen herrlichen Blick über das Tal. Die Burg wird heute als Veranstaltungsort genutzt. Hier werden regelmäßig Schauspiele aus dem Nibelungenlied aufgeführt.

@ www.burg-prunn.de

Weltkulturerbe
Römischer Limes

Weltkulturerbe Römischer Limes. Siehe Seite 205, A6.

@ www.unesco.de

Audi Forum museum mobile. Ingolstadt ist die Heimat des Autoherstellers Audi. Im „museum mobile" werden historische Fahrzeuge und Exponate in ungewöhnlicher Architektur und mit modernsten Medien inszeniert. So wird die Geschichte des Automobils im Allgemeinen und die des Autoherstellers im Besonderen wieder lebendig. @ www.audi.de

Ingolstadt – Historische Altstadt. Im Jahr 806 wird die Stadt erstmals urkundlich erwähnt. Sie erfreut sich bis heute einer gut erhaltenen historischen Altstadt. Besonders schön anzuschauen ist das Ensemble von Rathaus, Pfeifturm und Moritzkirche auf dem Marktplatz und ebenso das Kreuztor, das bekannte Wahrzeichen der Stadt. @ www.ingolstadt.de

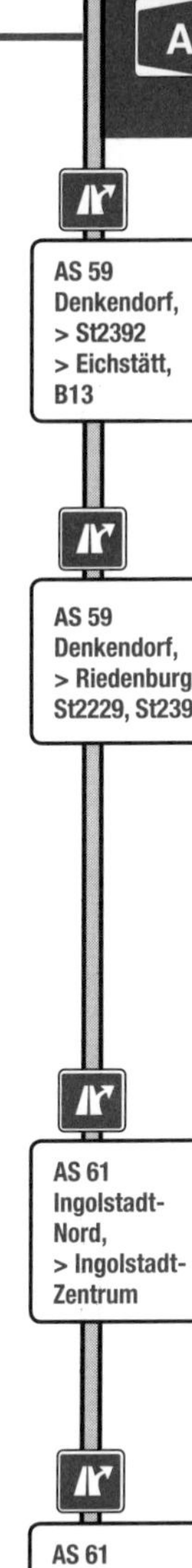

AS 63
Manching,
> B16
> Neuburg

Neuburg – Renaissance an der Donau. Neuburg liegt an der Donau, und hier zeigt die Stadt auch ihren besonderen Glanz mit dem Renaissance-Schloss Neuburg. Etwa ab 1527 ließ Pfalzgraf Ottheinrich die frühere Burg zum Schloss umbauen. Alle zwei Jahre findet vor der Kulisse der historischen Altstadt das Neuburger Schlossfest statt, das hierfür den idealen Rahmen bietet. @ www.neuburg-donau.de

AS 63
Manching,
> B16
> Neuburg,
St2048

Haus im Moos – Freilichtmuseum. Rund 15 Kilometer südwestlich von Ingolstadt liegt Süddeutschlands größtes Niedermoor, das Donaumoos. Das Haus im Moos befindet sich in Kleinhohenried-Karlshuld. Es ist eine Umweltbildungsstätte für jedermann mit Tiergehegen und großem Freilichtmuseum. Hier wird das Studium der Natur zu einem Erlebnis. @ www.haus-im-moos.de

AS 63
Manching

Kelten Römer Museum Manching. Das 2006 eröffnete Museum zeigt Funde aus einer keltischen Stadt. Der hier gefundene Schatz von 450 keltischen Goldmünzen ist eine einzigartige Besonderheit. Darüber hinaus sind hier zwei 15 Meter lange römische Militärschiffe aus der Zeit um 100 n. Chr. ausgestellt. Diese wurden 1986 in einem verlandeten Seitenarm der Donau gefunden. @ www.museum-manching.de

AS 63
Manching,
> Regensburg,
B16, St2232

Festspielstadt Vohburg Agnes Bernauer. Seit 1904 bereichert der Katholische Bürgersöhneverein mit Theaterinszenierungen im Rahmen der Agnes-Bernauer-Festspiele das kulturelle Veranstaltungsprogramm der Herzogstadt Vohburg an der Donau. Im Jahr 1909 führte man erstmalig das mit Vohburg verknüpfte historische Stück „Agnes Bernauer" von Martin Greif, ein vaterländisches Trauerspiel in vier Akten, auf. @ www.agnes-bernauer.de

Deutsches Hopfenmuseum Wolnzach. Das Museum befindet sich im größten Hopfenanbaugebiet der Welt, der Hallertau, 50 Kilometer nördlich von München. Die 1000 Quadratkilometer große Ausstellung zeigt die Geschichte rund um den Hopfenanbau und das Bierbrauen. In „Biergenuss-Seminaren“ kann man das Grundnahrungsmittel Bier neu kennenlernen. @ www.hopfenmuseum.de

AS 65 Dreieck Holledau,
> A93, AS 54 Wolznach

Schrobenhausen – Lehnbachstadt im Spargelland. Die über 1200 Jahre alte Stadt Schrobenhausen wird umrahmt von einer historischen Stadtmauer aus dem 15. Jahrhundert. Die Kulturstadt präsentiert sich mit vier städtischen Museen und einer ganzen Reihe von schönen Sakralbauten. Schrobenhausen ist bekannt für die besondere Qualität des Spargels. @ www.schrobenhausen.de

AS 66 Pfaffenhofen,
> Pfaffenhofen, St2045

Kloster Scheyern, Stammsitz der Wittelsbacher. Die Kirche von Scheyern wird 1241 erstmals in einer Urkunde erwähnt. Die Gründung der Burg datiert man auf das Jahr 508. Die Grafen von Scheyern waren die Vorfahren der Wittelsbacher. Heute kann man sich die Benediktinerabtei Scheyern kaum noch als ehemalige Stammburg der Wittelsbacher vorstellen.
@ www.kloster-scheyern.de

AS 66 Pfaffenhofen,
> Pfaffenhofen, St2045

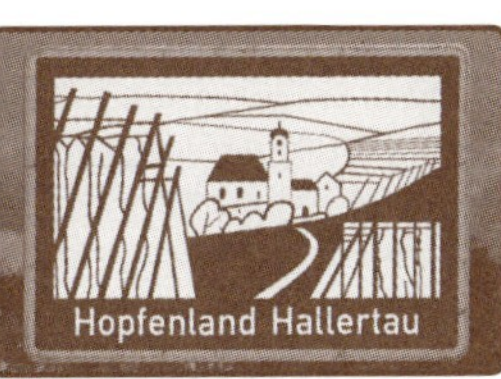

Hopfenland Hallertau. Die Hallertau, auch Holledau genannt, ist das größte Hopfenanbaugebiet der Welt und erstreckt sich über rund 2400 Quadratkilometer fast genau in der Mitte des Freistaates Bayern. Der Hopfenanbau hat hier eine lange Tradition und lässt sich bis in das 8. Jahrhundert zurückverfolgen. Neben dem Hopfen spielt auch der Spargelanbau eine große Rolle in dieser Region.
@ www.hopfenland-hallertau.de

AS 66 Pfaffenhofen

AS 2 Oberschleißheim,
> Oberschleißheim

AS 2 Oberschleißheim,
> B471
> Dachau

AS 6 Flughafen München-F.J.Strauss

AS 7 Freising-Mitte

AS 9 Erding

Schloss Schleißheim gehört zu den größten Residenzen in Bayern und zu den bedeutendsten Barockbauten Deutschlands. Der Gebäudekomplex umfasst drei Bauten des 17. und 18. Jahrhunderts, die durch einen Park miteinander verbunden sind. Die Anlage wurde von Bayerns Kurfürsten als Sommerresidenz errichtet. @ www.schloesser-schleissheim.de

Stadt Dachau

Stadt Dachau.
Siehe Seite 292, A8.
@ www.dachau.de

Besucherpark Flughafen München Franz Josef Strauß. Im Erdinger Moos, nördlich von München und nahe der Stadt Freising, liegt der Flughafen Franz Josef Strauß. Er ist einer der größten Europas. Besucher können täglich Busrundfahrten über das Gelände unternehmen. Diese werden in verschiedenen Sprachen geführt. @ www.munich-airport.de

Freising – Domberg und Weihenstephan. Der Vorgängerbau des späteren Doms war die Marienkirche, die schon aus Stein erbaut war. Um 860 wurde eine neue dreischiffige Domkirche an gleicher Stelle errichtet. Im Westen Freisings liegt der Ortsteil Weihenstephan, der auf das gleichnamige Kloster aus dem 9. Jahrhundert zurückgeht. @ www.freising.de

Erding – Historische Altstadt. Die frühere bayerische Herzogenstadt liegt etwa 40 Kilometer nordöstlich von München und wurde 742 erstmals urkundlich erwähnt. Das Bild der Altstadt prägen trotz der Kriegswirren noch heute zahlreiche Bürgerhäuser aus dem 17., 18. und 19. Jahrhundert. Ein sehenswertes Wahrzeichen der Stadt ist das Landshuter Tor, auch „schöner Turm" genannt. @ www.erding.de

Das Kastulusmünster Moosburg a.d. Isar ist die Hauptkirche der Stadtpfarrei Sankt Kastulus. Die Schutzpatrone der mächtigen Kirche sind die heilige Maria und der heilige Kastulus. Mit dem geschnitzten Hochaltar des Landshuter Künstlers Hans Leinberger von 1514 birgt das Münster ein Schmuckstück bayerischer Kunst zwischen Spätgotik und Renaissance. @ www.sankt-kastulus.de

Die gotische Stadt Landshut. Die berühmtesten gotischen Bauwerke von Landshut sind die Kirchen. Die Kirche St. Martin besitzt mit einer Höhe von 130 Metern den höchsten Backsteinturm der Erde. Im Jahr 2001 wurde die Stiftskirche des Kollegiatstifts St. Kastulus zur Basilica minor erhoben. Sie bildet neben weiteren Kirchen und den Bürgerhäusern der Altstadt ein Zentrum der Gotik. @ www.landshut.de

Die **Burg Trausnitz** liegt über der Altstadt von Landshut. Grabungsfunde datieren die Gründung der Burg auf das 9. bis 10. Jahrhundert. Der nördlich angrenzende Herzogengarten wurde im Jahr 1784 angelegt und bereits 1837 für die Bevölkerung öffentlich zugänglich gemacht. Im 2004 restaurierten „Damenstock" ist heute die „Kunst- und Wunderkammer Burg Trausnitz" zu sehen. @ www.burg-trausnitz.de

AS 17a
Dingolfing-West

Dingolfing im niederbayerischen Landkreis Dingolfing-Landau liegt im Tal der Isar rund 100 Kilometer nordöstlich von München. Die tiefer gelegene Kernstadt mit dem Marienplatz sowie der Pfarrkirche St. Johannes wird von der Oberstadt überragt. Beide Stadtteile waren früher an einer einzigen Stelle, dem Reiserbogen, verbunden. Über die Stadtgeschichte informiert das Museum Dingolfing in historischen Gebäuden. @ www.dingolfing.de

München – Deggendorf < > Deggendorf – München

AS 19 Landau a.d. Isar

Landau a.d. Isar – Vorgeschichtsmuseum. Das Archäologiemuseum Landau wurde 1995 in einem ehemaligen Herzogensitz der Wittelsbacher eingerichtet. Es zeigt die Kulturgeschichte der Menschen in Niederbayern von der Altsteinzeit bis zum Mittelalter. Das Museum widmet sich daneben auch wechselnden Sonderausstellungen und der experimentellen Archäologie. @ www.kastenhof.landau-isar.de

AS 22 Plattling-West

St. Jakob in Plattling. Die Gründung der Kirche St. Jakob in Plattling ist nicht belegt und daher umstritten. Die heutige Kirche wurde vermutlich im 12. Jahrhundert erbaut. Mit der wuchtigen Bauweise der Romanik präsentiert sich die Kirche eindrucksvoll. Hervorzuheben sind der Flügelaltar aus dem 16. Jahrhundert und ein Taufstein. @ www.plattling.de

AS 25 Deggendorf-Mitte, > Bischofsmais, St2135

Bayerischer Wald

Bayerischer Wald. Siehe Seite 107, A3. @ www.nationalpark-bayerischer-wald.de

AS 25 Deggendorf-Mitte

Historische Altstadt Deggendorf

Historische Altstadt Deggendorf. Siehe Seite 109, A3. @ www.deggendorf.de

A93

Hof – Kiefersfelden < > Kiefersfelden – Hof

AS 2 Hof-Ost, > Hof-Zentrum

Hof park & see

Hof park & see. Siehe Seite 269, A72. @ www.theresienstein.de

AS 2 Hof-Ost, > Hof-Zentrum

Der **Zoo Hof** im Nordosten Bayerns wurde im Jahr 1954 eröffnet und gehört zum Stadtpark Theresienstein. Die Anlage beheimatet unter anderem Luchse, Erdmännchen und Kapuzineraffen. Australische Sittiche und Schnee-Eulen sind in begehbaren Volieren zu bewundern. Außerdem gibt es ein Naturkundehaus. @ www.zoo-hof.de

AS 13 Markt-redwitz-Nord, > Bad Alexan-dersbad, B30

Fichtelgebirge

Fichtelgebirge.

Siehe Seite 257, A70.

@ www.fichtelgebirge.net

AS 13 Marktredwitz-Nord

Genussregion Oberfranken Land der Brauereien

Genussregion Oberfranken – Land der Brauereien.

Siehe Seite 257, A70.

@ www.genussregion-oberfranken.de

AS 6 Rehau-Süd

Rehau – Modellstadt Bayerns.

Rehau im Nordosten Bayerns führt den Zusatz Modellstadt Bayerns auf den Umstand zurück, dass die Stadt nach mehrfachen Zerstörungen durch Feuer im 16., 18. und 19. Jahrhundert im 19. Jahrhundert im Stile des Klassizismus angelegt wurde und damit beispielgebend sein sollte für andere Orte. @ www.stadt-rehau.de

AS 9 Selb-West

Selb – Stadt des Porzellans.

Selb liegt im nordöstlichen Bayern im Fichtelgebirge. Die Stadt geht auf das 13. Jahrhundert zurück; Mitte des 19. Jahrhunderts entwickelte sich hier eine bedeutende Porzellanindustrie, und heute sind noch die namhaften Porzellanhersteller Rosenthal und Hutschenreuther hier ansässig. @ www.selb.de

AS 7 Schönwald

Schönwald – Natur und Porzellan.

Schönwald im Nordosten Bayerns ist verbunden mit Natur und Porzellan. Das Fichtelgebirge mit Gewässern und Mooren bietet vielfältige Naturerlebnisse. Gegen Ende des 19. Jahrhunderts siedelte sich eine Porzellanfabrik an, die auch heute noch existiert. @ www.stadt-schoenwald.de

AS 8 Selb-Nord, > B15 > Rehau

Porzellanikon Selb Die Museen

Porzellanikon Selb: Die Museen.

Das Porzellanikon Selb besteht aus den Museen Europäisches Industrie-Museum für Porzellan, Rosenthal Museum und Europäisches Museum für Technische Keramik. @ www.porzellanikon.org

AS 10
Höchstädt,
> Thierstein

Die **Burgruine Thierstein** liegt oberhalb der gleichnamigen Ortschaft im Fichtelgebirge südöstlich von Hof. Im 14. Jahrhundert errichtet, verfiel die Anlage ab dem 16. Jahrhundert allmählich, auch als Folge verschiedener Brände, der letzte im Jahr 1725, und bildet heute mit dem hoch aufragenden Bergfried eine malerische Kulisse. Im Innenhof findet der „Thiersteiner Burgsommer" statt. @ www.thierstein.de

AS 12
Wunsiedel,
> Wunsiedel,
WUN14

Die **Festspielstadt Wunsiedel** liegt im Nordosten Bayerns im Fichtelgebirge nahe der Grenze zur Tschechischen Republik und wurde erstmals im 12. Jahrhundert erwähnt. Im Mittelalter wirtschaftlich bedeutend durch den Zinnabbau und das Schmiedehandwerk, ist Wunsiedel heute Ort der Luisenburg-Festspiele auf der ältesten Naturbühne Deutschlands, auf der jährlich Theaterstücke aufgeführt werden.

@ www.wunsiedel.de

AS 13
Marktredwitz-Nord, > Bad Alexandersbad, B30

Das **Luisenburg-Felsenlabyrinth** im oberfränkischen Wunsiedel im nordöstlichen Bayern gilt als Europas größtes Felsenmeer und besteht aus Granitblöcken. Entstanden aus Verwitterungs- und Erosionsprozessen, war es schon im 18. Jahrhundert eine Besucherattraktion und wurde zu dieser Zeit als Landschaftsgarten gestaltet. @ www.wunsiedel.de

AS 14
Marktredwitz

Egerland Kulturhaus Marktredwitz. Das Egerland Kulturhaus im nordöstlichen Bayern ist den nach dem Zweiten Weltkrieg aus dem Egerland (heute Teil der Tschechischen Republik) Vertriebenen gewidmet. Das Museum dokumentiert in der Dauerausstellung, ergänzt um wechselnde Sonderausstellungen, die Egerländer Kulturgeschichte, daneben existiert die Egerländer Kunstgalerie.

@ www.egerlandmuseum.de

Der **Naturpark Steinwald** erstreckt sich auf knapp 250 Quadratkilometern im Fichtelgebirge im Nordosten Bayerns. Der Naturpark wurde im Jahr 1970 eingerichtet; er ist vorwiegend geprägt durch Nadelwälder und Granitgestein. In abgeschiedeneren Regionen leben zahlreiche heimische Wildtiere, darunter auch das Auerhuhn.

@ www.naturpark-steinwald.de

AS 18 Wiesau, > Friedenfels, ST2169, St2170, St2169

Die **Heilquellen Sibyllenbad** liegen im nordöstlichen Bayern in unmittelbarer Nähe zur tschechischen Grenze in der Gemeinde Neualbenreuth. Eine erste Mineralquelle wurde bereits Ende des 17. Jahrhunderts entdeckt, Ende der 1980er-Jahre wurde das Sibyllenbad als Kur- und Heilbad gebaut.

@ www.sibyllenbad.de

AS 17 Mitterteich-Süd, > Neusalbenreuth, B299, TIR25, St2175

Die **Klosterstadt Waldsassen** liegt im nordöstlichen Bayern. Schon im 12. Jahrhundert wurde hier ein Zisterzienserinnenkloster gegründet, das Ende des 17. Jahrhunderts nach Zerstörungen im Barockstil neu aufgebaut wurde. Die Stiftsbasilika ist ebenso imposantes Zeugnis davon wie der Bibliothekssaal des Klosters.

@ www.waldsassen.de

AS 17 Mitterteich-Süd, > Waldsassen, B299

Als **Tirschenreuther Teichpfanne** wird eine Region in der Oberpfalz im Osten Bayerns rund um die Stadt Tirschenreuth südöstlich von Bayreuth bezeichnet. Mehr als 3500 Seen verleihen dem Gebiet seinen Namen; die meisten entstanden als Fischzuchtteiche, ein Großteil dient auch heute noch der Zucht von Karpfen.

@ www.stadt-tirschenreuth.de

AS 17 Mitterteich-Süd, > Tirschenreuth, B299, B15

Oberpfälzer Wald

Oberpfälzer Wald.
Siehe Seite 195, A6. @ www.naturpark-oberpfaelzer-wald.de

AS 28 Kreuz Oberpfälzer Wald, > Waidhaus

AS 20
Windisch-
eschenbach,
> Bayreuth,
St2181

Das GEO-Zentrum-KTB Windischeschenbach südöstlich von Bayreuth ist der Geologie der Erde gewidmet. Im Rahmen des Kontinentalen Tiefbohrprogramms der Bundesrepublik Deutschland (KTB) wurde von 1987 bis 1995 zur Erforschung der Erdkruste bis in 9101 Meter Tiefe gebohrt. Heute informieren Ausstellungen, Veranstaltungen und Führungen über die geologische Beschaffenheit der Erde.

@ www.geozentrum-ktb.de

AS 20
Windisch-
eschenbach

Windischeschenbach-Neuhaus: Zoigl-Bautradition. Im oberpfälzischen Windischeschenbach-Neuhaus wird auch heute noch die Zoigl-Brautradition gepflegt. Die Besonderheit des untergärigen Bieres besteht darin, dass es von Privatpersonen im Kommunbrauhaus gebraut und sein Ausschank durch den sogenannten Zoiglstern am Haus des Braubeberechtigten angezeigt wird.

@ www.windischeschenbach.de

AS 21b
Altenstadt a.d.
Waldnaab,
> Altenstadt

Europas Bleikristallzentrum liegt im oberpfälzischen Neustadt an der Waldnaab südöstlich von Bayreuth. Den Beinamen verdankt die Stadt den hier ansässigen Glasmachern und Glasschleifern, die eine Vielzahl von Kunstwerken herstellen. Schmuckstücke der Glasproduktion können nicht nur käuflich erworben, sondern auch im Stadtmuseum bewundert werden.

@ www.neustadt-waldnaab.de

AS 21b
Altenstadt a.d.
Waldnaab,
> Parkstein

Der **Basaltkegel Parkstein** befindet sich in der gleichnamigen Gemeinde in der Oberpfalz im Osten Bayerns. Er ist vulkanischen Ursprungs und entstand im Erdzeitalter Tertiär. Der Vulkanismus der Region wird im Museum „Vulkanerlebnis Parkstein" dokumentiert; Besucher finden hier auch einen Geopfad, der über 500 Millionen Jahre Erdgeschichte informiert.

@ www.parkstein.de

Historische Altstadt Weiden.

Die historische Altstadt besitzt eine Vielzahl sehenswerter Bauwerke. So säumen den Marktplatz gepflegte Giebelhäuser, das Alte Rathaus stammt aus der Mitte des 16. Jahrhunderts, ebenso das Alte Schulhaus. Der sogenannte Waldsassener Kasten, ein Barockgebäude, entstand Mitte des 18. Jahrhunderts und beheimatet heute das Internationale Keramikmuseum. @ www.weiden.de

Klosterdorf Speinshart

Klosterdorf Speinshart.

Siehe Seite 320, A9.
@ www.kloster-speinshart.de

Barock in Luhe.

Luhe-Wildenau südlich von Weiden in der Oberpfalz im östlichen Bayern zeigt sich in verschiedenen Bauwerken. Hierzu gehört die Pfarrkirche St. Martin, die zwar bereits im Mittelalter entstand, innen aber im Stil von Barock und Rokoko ausgestattet wurde. Auch der Alte Pfarrhof stammt aus der Epoche des Barocks, ebenso die Wallfahrtskirche St. Nikolaus. @ www.luhe-wildenau.de

Burg Wernberg

Burg Wernberg.

Siehe Seite 197, A6.
@ www.burg-wernberg.de

Die **Burg Trausnitz im Tal** in der Gemeinde Trausnitz südlich von Weiden in der Oberpfalz geht auf das 13. Jahrhundert zurück. Nach Brandschäden entstand zu Beginn des 18. Jahrhunderts neben der alten Burg das Schloss; im 19. Jahrhundert wurde die Anlage restauriert, die letzte Sanierung erfolgte in den 1990er-Jahren; heute dient sie als Jugendherberge. @ www.oberpfaelzerwald.de

Oberpfälzer Freilandmuseum

Oberpfälzer Freilandmuseum.

Siehe Seite 197, A6.
@ www.freilandmuseum.org

AS 24 Weiden-Frauenricht, > Weiden

AS 23 Weiden-West, > B470 > Pressath

AS 26 Luhe-Wildenau

AS 27 Wernberg-Köblitz, > Wernberg

AS 29 Pfreimd, > Trausnitz, St2157

AS 30 Nabburg, > Diendorf

AS 30 Nabburg

Historisches Nabburg.
Siehe Seite 197, A6.

@ www.nabburg.de

AS 32 Schwandorf-Nord

Das **Oberpfälzer Seenland** im Osten Bayerns im Landkreis Schwandorf ist entstanden als Folge des hier bis Anfang der 1980er-Jahre betriebenen Braunkohletagebaus. Die gefluteten Abbaugebiete erstrecken sich auf einer Gesamtfläche von mehr als 800 Hektar und bieten vielfältige Möglichkeiten für Freizeitaktivitäten. @ www.oberpfaelzer-seenland.de

AS 32 Schwandorf-Nord

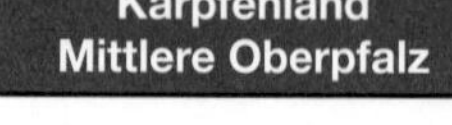

Karpfenland Mittlere Oberpfalz.
Siehe Seite 197, A6.

@ www.karpfenland-oberpfalz.de

AS 33 Schwandorf-Mitte

Schwandorfer Felsenkeller-Labyrinth. Das Schwandorfer Felsenkeller-Labyrinth im östlichen Bayern geht zurück auf das späte 15., frühe 16. Jahrhundert. Mit der Herstellung von Bier in der kalten Gärung wurden entsprechend kühle Räumlichkeiten erforderlich, und mehr als 100 Felsenkeller wurden in den Stein gehauen. Die Gewölbe können besichtigt werden. @ www.schwandorf.de

AS 36 Ponholz, > Regenstauf

Naturpark Oberer Bayerischer Wald

Naturpark Oberer Bayerischer Wald. Siehe Seite 107, A3.

@ www.naturpark-obw.de

AS 35 Teublitz, > Burglengenfeld

Kaiser- und Herzogsburg – Historisches Burglengenfeld. Die Kaiser- und Herzogsburg in der Oberpfalz nördlich von Regensburg ist schon von Weitem sichtbar mit den beiden Bergfrieden. Die Burg, die ein heilpädagogisches Zentrum beheimatet, ist im Rahmen von Führungen im Sommer zu besichtigen. Sehenswert ist auch die unter Denkmalschutz stehende Altstadt mit Rathaus und Stadtbefestigung.

@ www.burglengenfeld.de

Die **Burgen und Schlösser im Regental**, dem warmen, streckenweise weiten Tal nördlich von Regensburg, sind durch Wanderwege erschlossen. Zu ihnen zählen die Burgruine Stockenfels, Schloss und Burg Stefling im gleichnamigen Ortsteil von Nittenau oder Schloss Karlstein und die nicht weit entfernt liegende Burgruine Ramspau. @ www.tmv-regental.de

AS 36 Ponholz,
> Regenstauf

UNESCO-Welterbe Regensburg. Siehe Seite 106, A3.
@ www.regensburg.de

AS 38
Regensburg-
Nord

Die **Befreiungshalle in Kehlheim** in Niederbayern liegt oberhalb der Stadt und wurde auf Geheiß König Ludwigs I. von Bayern im 19. Jahrhundert errichtet. Sie erinnert an die Siege gegen die Truppen Napoleons während der Befreiungskriege zwischen 1813 und 1815. Außen zieren die Halle 18 Statuen, innen 34 Siegesgöttinnen. @ www.kelheim.de

AS 46
Bad Abbach,
> Bad Abbach,
St2143, B16

Thermal- und Schwefelwasser, Moor – Bad Abbach. Bad Abbach liegt in der Nähe von Regensburg. Schon im 13. Jahrhundert waren die Schwefelquellen bekannt. Im 15. Jahrhundert existierte ein Badebetrieb, in dem sowohl die Schwefelquellen als auch das Moor genutzt wurden. Auch heute noch ist Bad Abbach ein Kurort, dessen Angebot um ein Thermalbad erweitert wurde. @ www.bad-abbach.de

AS 46
Bad Abbach

Kloster Weltenburg – Donaudurchbruch. Kloster Weltenburg am Donaudurchbruch im Altmühltal bei Kehlheim ist eine Benediktinerabtei, die auf das 7. Jahrhundert zurückgeht. Der Donaudurchbruch, der seit 1938 als Naturschutzgebiet ausgewiesen ist, ist charakterisiert durch steile, teilweise bewaldete Felswände. @ www.tourismus-landkreis-kehlheim.de

AS 49
Abensberg,
> Abensberg,
St2144,
> Weltenburg

AS 50
Siegenburg

Hopfenand Hallertau

Hopfenland Hallertau. Siehe Seite 327, A9.
@ www.hopfenland-hallertau.de

AS 49
Abensberg,
> Rohr i.NB

Asamkloster Rohr

Asamkloster Rohr. 1133 schenkte Adalbert von Rohr wegen Kinderlosigkeit seinen Besitz dem Bischof von Regensburg und somit auch das Kloster. Der Innenraum der Asamkirche, einer romanischen Basilika, wurde im 18. Jahrhundert im Stil des Barock neugestaltet. @ www.kloster-rohr.de

AS 50
Siegenburg,
> Bad Gögging,
B299

Thermal- und Schwefelwasser – Moor, Bad Gögging. Ein beliebtes Thermalbad in Bayern ist Bad Gögging. Der Grund liegt wahrscheinlich in den vielfältigen Anwendungsmöglichkeiten. Mit dem Thermalbad, der Römersauna, der Meersalzgrotte und weiteren Wellnessanwendungen wird ein umfassendes Angebot präsentiert. @ www.bad-goegging.de

AS 56 Dreieck
Inntal, > A8
> Rosenheim,
AS102 Rosenheim

Historische Altstadt Rosenheim

Historische Altstadt Rosenheim. Siehe Seite 294, A8.
@ www.rosenheim.de

AS 58
Brannenburg,
> Degerndorf

Der **Wendelstein** erhebt sich im gleichnamigen Massiv bis zu einer Höhe von 1838 Metern. Der Berg wird von der Wendelsteinbahn erschlossen. Die Zahnradbahn aus dem Jahr 1912 transportiert noch heute Besucher von der Talstation in Brannenburg aus auf den Gipfel. Von Osterhofen verkehrt eine Seilbahn auf den Wendelstein. @ www.wendelsteinbahn.de

AS 57
Reischenhart,
> B15
> Neubeuern

Markt Neubeuern – Historischer Marktplatz. Der Markt Neubeuern südlich von Rosenheim besitzt nicht nur einen historischen Marktplatz, sondern erhielt im Jahr 1981 auch den Titel als schönstes deutsches Dorf. Das Dorf bietet neben der schönen Kulisse auch kulturelle Veranstaltungen. @ www.kulturdorf-neubeuern.de

Gold-Dorf Nußdorf am Inn. Nußdorf am Inn südlich von Rosenheim kann sich mit zwei Titeln schmücken: Im Jahr 2001 war es das schönste Dorf Bayerns, 2004 kam der Titel als schönstes Dorf Europas hinzu. Darüber hinaus besitzt Nußdorf eine lange Geschichte; es geht bis auf das 8. Jahrhundert zurück. @ www.nussdorf.de

AS 58
Brannenburg,
> Nußdorf am Inn

Oberaudorf – Hocheck. Die Gemeinde Oberaudorf mit dem Hausberg Hocheck bietet Sehenswürdigkeiten wie die Ruine der Auerburg, die ein Burgturmmuseum beheimatet, oder das Kloster Reisach. Zu den Freizeitmöglichkeiten am Hocheck gehören Skilaufen, Wandern und Mountainbiken. @ www.oberaudorf.de, @ www.hocheck.com

AS 59
Oberaudorf

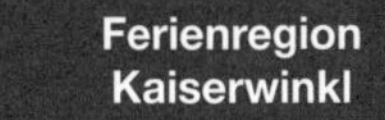

Die **Ferienregion Kaiserwinkl** ist ein alpine Ferienregion zwischen Inntal und dem nördlichen Teil des Kaisergebirges. Nur ein kleiner Teil im südlichen Bayern bei Reit im Winkl liegt auf bayerischem Gebiet. @ www.kaiserwinkl.com

AS 59
Oberaudorf

Brünnstein – Sudelfeldgebiet. Der Brünnstein und das Sudelfeldgebiet liegen im Mangfallgebirge in den Bayerischen Voralpen südlich von Rosenheim. Der Brünnstein erreicht eine Höhe von über 1600 Metern; das nahe gelegene Sudelfeldgebiet ist ein beliebtes und als besonders familienfreundlich ausgezeichnetes Skigebiet. @ www.sudelfeld.de

AS 59
Oberaudorf,
> Mühlbach

Kiefersfelden im „Kaiser-Reich" liegt südlich von Rosenheim. In unmittelbarer Nähe erhebt sich das Kaisergebirge, das auf österreichischer Seite liegt und von dem die Gemeinde den Namenszusatz ableitet. Zahmer und Wilder Kaiser sind die prägenden Bergformationen. @ www.kiefersfelden.de

AS 60
Kiefersfelden

AS 18
Waldkraiburg/
Ampfing,
> Waldkraiburg

Waldkraiburg – Vom Bunker zur Erlebnisstadt. In 500 Bunkern der oberbayerischen Stadt östlich von München wurde im Zweiten Weltkrieg Sprengstoff hergestellt. Dieser Geschichte trägt das Museum Bunker 29 ebenso Rechnung, wie der „Weg der Geschichte“, der an 18 Stationen die Historie der Stadt dokumentiert. @ www.waldkraiburg.de

AS 20
Mühldorf-Nord,
> Landshut,
B299, St2086

Massing Freilicht- und Berta-Hummel-Museum. Im Freilichtmuseum Massing werden bäuerliche Gebäude aus der Region restauriert und wieder errichtet sowie Gegenstände ländlichen Lebens für die Nachwelt bewahrt. In Massing steht auch das Geburtshaus der Künstlerin Berta Hummel. Hier können sie die Vorlagen sowie diverse Stücke der weltberühmten Hummelfiguren und Sonderausstellungen bewundern. @ www.freilichtmuseum.de
@ www.hummelmuseum.de

AS 20
Mühldorf -Nord

Mühldorf am Inn – Der schöne Stadtplatz. Der Stadtplatz ist das Zentrum der Altstadt. Zwei Tore bilden die Eingänge, das Münchner Tor geht auf das 13. Jahrhundert zurück; die Geschichte der Stadt reicht jedoch bis ins 10. Jahrhundert. Sehenswert sind unter anderem auch das Rathaus sowie verschiedene Kirchen.

@ www.muehldorf.de

AS 22 Altötting

Die **Wallfahrtsstadt Altötting** zählt sich zu den sogenannten Shrines of Europe, einem Zusammenschluss der sechs wichtigsten Marienwallfahrtsorte in Europa. Die Stadt liegt östlich von München in Oberbayern. Ziel der Wallfahrer, die aus aller Welt anreisen, ist das Gnadenbild der Schwarzen Madonna in der Altöttinger Gnadenkapelle, die auch von drei Päpsten besucht wurde. @ www.altoetting.de

Burg Burghausen. Die Burg oberhalb der Stadt Burghausen im Landkreis Altötting ist mit 1051 Metern die längste Burganlage der Welt und vereinigt sechs verschiedene Burghöfe. Die denkmalgeschützte Altstadt und die einmalige Burg bilden am Ufer der Salzach eine einzigartige Kulisse. Burghausen nennt sich selbst auch „kleine Weltstadt der Kultur" und bietet ein entsprechend reiches Programm.

@ www.burghausen.de

AS 25
Burghausen

Marktl am Inn – Geburtsort Papst Benedikt XVI.

Marktl am Inn hat ab Mitte der 2000er-Jahre als Geburtsort von Papst Benedikt XVI. Bekanntheit erlangt. 2005 wurde der hier geborene Kardinal Joseph Ratzinger zum Papst gewählt; in der Pfarrkirche St. Oswald wurde er getauft, in seinem Geburtshaus wird sein Leben und Wirken dokumentiert.

@ www.marktl.de

AS 25
Burghausen,
> Marktl

Die **Abtei Schäftlarn** liegt südlich von München in der gleichnamigen Gemeinde in Oberbayern. Das Benediktinerkloster geht auf das 8. Jahrhundert zurück; im 18. Jahrhundert wurden Klostergebäude und Kirche erneuert, die Kirche ist ein sehenswertes Beispiel für die Rokokokunst. Das Kloster wird von Benediktinern bewirtschaftet. @ www.abtei-schaeftlarn.de

AS 5 Schäftlarn

Wolfratshausen – Die Flößerstadt. Die Flößerei besitzt in Wolfratshausen eine jahrhundertealte Tradition und begann schon im 13. Jahrhundert. Der Niedergang der Flößerei setzte mit dem Aufkommen von Straßen- und Bahnverkehr ein. Heute lässt Wolfratshausen die Tradition mit Floßfahrten nach München wieder aufleben. @ www.wolfratshausen.de

AS 6 Wolfratshausen

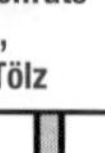

Tölzer Land.
Siehe Seite 292, A8.
@ www.toelzer-land.de

AS 7 Seeshaupt, > Seeshaupt

BUCHHEIM MUSEUM. Das Buchheim Museum der Phantasie befindet sich in Bernried am Starnberger See. Seit 2001 bietet das nach seinem Gründer Lothar-Günther Buchheim benannte Museum eine Ausstellung expressionistischer Künstler wie Emil Nolde, aber auch eine volkskundliche Sammlung und Werke des Gründers. @ www.buchheimmuseum.de

Pfaffenwinkel – Fünf-Seen-Land. Der Pfaffenwinkel erstreckt sich auf Teile des Fünf-Seen-Landes im südlichen Bayern. Die Region südlich von München ist landschaftlich reizvoll mit Wäldern, Kulturlandschaften und Mooren sowie den fünf Seen Ammer- und Starnberger See, Wörth-, Weißlinger- und Pilsensee. @ www.oberbayerisches-alpenvorland.de

Das **Erlebniskraftwerk Walchensee** liegt am gleichnamigen See in der Gemeinde Kochel am See. In dem in den 1920er-Jahren in Betrieb gegangenen Hochdruckspeicherkraftwerk kann der Besucher die Funktionsweise eines Wasserkraftwerks hautnah miterleben und erfahren, wie auf diese Weise Energie erzeugt wird. @ www.kochel.de

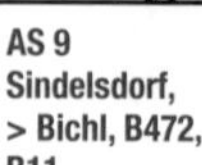

Das **Kloster Benediktbeuern** ist eines der ältesten Benediktinerklöster Bayerns und wurde um das Jahr 725 gegründet. Der Neubau begann im Jahr 1669 und kann in dieser Form noch heute bewundert werden. In der Bibliothek des Klosters wurden 1803 die Texte der „Carmina Burana“ wiederentdeckt und um 1935 vom Komponisten Carl Orff für großen Chor und Orchester vertont. @ www.benediktbeuern.de

Das **Franz Marc Museum Kochel am See** südlich von München zeigt in einer alten Villa sowie einem modernen Erweiterungsgebäude Werke des Künstlers, der sich von der oberbayerischen Region in seinen Arbeiten inspirieren ließ, und anderer Künstler, wie Paul Klee und Wassily Kandinsky.

@ www.franz-marc-museum.de

AS 10 Murnau/
Kochel,
\> Kochel a. See

Murnau – Schlossmuseum/ Münter-Haus. In Murnau erinnern das Schlossmuseum und das Münter-Haus an das Wirken der Expressionisten um Gabriele Münter und Wassily Kandinsky. Zu Beginn des 20. Jahrhunderts ließen sie sich von der Region inspirieren.

@ www.murnau.de

@ www.schlossmuseum-murnau.de

AS 10 Murnau/
Kochel,
\> Murnau

Das **Freilichtmuseum Glentleiten** dokumentiert anhand von ungefähr 60 Gebäuden das Leben der Menschen in Oberbayern in vergangenen Zeiten. Auch traditionelles Handwerk findet hier seinen Platz und wird in Vorführungen anschaulich erklärt.

@ www.glentleiten.de

AS 10 Murnau/
Kochel,
\> Großweil,
St2062

Das Blaue Land

Das Blaue Land wird die Region im oberbayerischen Alpenvorland bezeichnet, die sich um Murnau am Staffelsee erstreckt. Hier liegt auch das Murnauer Moos, ein über 30 Quadratkilometer großes Moor.

@ www.oberbayerisches-alpenvorland.de

AS 10 Murnau/
Kochel

Das **Zugspitzland** liegt in dem Gebiet um Garmisch-Partenkirchen unterhalb der Zugspitze, die mit 2962 Meter Höhe Deutschlands höchster Berg ist. Die Region bietet viele Möglichkeiten zum aktiven Urlaub, aber auch zahlreiche Sehenswürdigkeiten wie Schloss Linderhof. @ www.zugspitzland.de

AS 11
Eschenlohe,
\> Garmisch-
Partenkirchen

AS 11
Eschenlohe,
> Garmisch-Partenkirchen

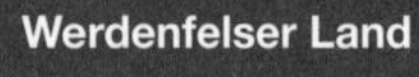

Das **Werdenfelser Land** ist eine Region in Oberbayern in den bayerischen Alpen um die Flüsse Loisach und Isar. Städte sind unter anderem Garmisch-Partenkirchen, Mittenwald und Murnau. @ www.werdenfelserland.de

AS 11
Eschenlohe,
> auf A95 bleiben, B2,
> Oberammergau

Passionsspielort Oberammergau. 1633 waren 80 Einwohner des Ortes der Pest zum Opfer gefallen. So haben die Bürger gelobt, ein Passionsspiel aufzuführen, wenn sie fortan verschont würden. Sie wurden verschont und so werden seither die Passionsspiele alle zehn Jahre durch die Ortsbevölkerung aufgeführt. @ www.gemeinde-oberammergau.de

AS 30 Inning a. Ammersee,
> Andechs

Kloster Andechs. Auf dem sogenannten heiligen Berg am östlichen Ufer des Ammersees in Andechs liegt das wohl berühmteste Kloster Bayerns samt schöner Wallfahrtskirche. Kloster Andechs ist eine sehr beliebte Wallfahrt und man braut hier ein köstliches Bier, das auch seinen Siegeszug in alle Welt vollzogen hat. @ www.andechs.de

AS 29
Greifenberg,
> Dießen a. Ammersee

Marienmünster Dießen am Ammersee. Die korrekte Bezeichnung der Kirche ist Marienmünster Mariae Himmelfahrt. Sie war vormals Stiftskirche des Augustiner-Chorherrenstiftes Dießen. Der Bau der heutigen Kirche begann um 1720. Der Barockaltar und die Ausschmückung der Kirche sind besonders sehenswert. @ www.katholisch-diessen.de

AS 28 Windach,
> St. Ottlilien

Erzabtei St. Ottilien

Die 1884 gegründete Erzabtei Sankt Ottilien ist ein Kloster der Missionsbenediktiner im Landkreis Landsberg am Lech, in dem heute 100 Benediktinermönche leben. Es steht im Klosterdorf Sankt Ottilien in der Gemeinde Eresing. @ www.erzabtei.de

Landsberg am Lech an der Romantischen Straße. Von Westen her blickt man über den Lech auf die Kulisse der Altstadt Landsbergs mit ihren vielen Türmen und Toren. Dicht gedrängt stehen Häuser in engen, romantischen Gassen, geschützt von der Stadtmauer. Das Bayertor mit 36 Metern Höhe und der Mutterturm als vorgeschobener Wächter auf der anderen Lechseite sind mächtige Wahrzeichen von Landsberg. @ www.landsberg.de

Bad Wörishofen – Kneipp- und Thermalbad. Wörishofen ist einer der bekanntesten Kurorte Deutschlands. Hier wirkte der Pfarrer Sebastian Kneipp und verbreitete sein Wissen von der Heilkraft des Wassers und somit die Basis der sogenannten Kneipp-Kur. 1920 wurde Wörishofen zur Kurstadt mit dem Namenszusatz „Bad“ erhoben.

@ www.bad-woerishofen.de

AS 20 Bad Wörishofen

Kloster Irsee entstand um das Jahr 1182 aus einer Einsiedelei. Zwischen 1699 und 1730 wurde zunächst die große Barockkirche und dann die mächtige Klosteranlage errichtet. Natürlich wurde damals wie heute ein köstliches Bier als beliebtes „Grundnahrungsmittel“ und Wirtschaftsgut gebraut. Die Klosteranlage nennt sich heute „Schwäbisches Tagungs- und Bildungszentrum“. @ www.kloster-irsee.de

AS 20 Bad Wörishofen, > Bad Wörishofen, St2015

Kaufbeuren – Crescentiakloster. Kaufbeuren ist eine kreisfreie Stadt im bayerischen Allgäu. Das Kloster Kaufbeuren wird auch Crescentiakloster genannt und ist ein Frauenkloster. In diesem Kloster lebte auch die im Jahr 1900 heiliggesprochene Maria Crescentia Höss. Nach der Säkularisation wurde das Kloster als Franziskanerinnenkloster 1831 neu gegründet.

@ www.crescentiakloster.de

AS 20 Bad Wörishofen, > Bad Wörishofen, St2015, B16

AS 19 Mindelheim, > Kirchheim i. Schw.

Fuggerschloss Kirchheim im Schwarzwald. Das Fuggerschloss ist das Wahrzeichen von Markt Kirchheim rund 10 Kilometer nördlich von Mindelheim. Der Kaufmann Anton Fugger erwarb 1551 die Herrschaft über Kirchheim und Johannes Fugger ließ 1578 bis 1587 die Burg abbrechen. In den darauffolgenden Jahren erbaute man hier das heutige Schloss. Der Zedernsaal wird heute für verschiedene Konzerte und Veranstaltungen genutzt.

@ www.kirchheim-schwaben.de

AS 19 Mindelheim

Historische Altstadt Mindelheim. An der Stadtmauer im nordöstlichen Teil von Mindelheim im Unterallgäu steht die alles überragende Pfarrkirche St. Stephan, während das Rathaus im Zentrum der Altstadt den Marienplatz dominiert. Auch hier suchten viele Häuser dicht an dicht den Schutz innerhalb der Stadtmauer. Bekannt ist Mindelheim auch als Stadt der Weihnachtskrippen.

@ www.mindelheim.de

AS 16 Erkheim, > Ottobeuren

Abtei Ottobeuren

Abtei Ottobeuren. Siehe Seite 254, A7.

@ www.abtei-ottobeuren.de

AS 16 Erkheim, > Babenhausen, MN13

Fuggerschloss Babenhausen

Fuggerschloss Babenhausen. Siehe Seite 253, A7.

@ www.touristinfo-babenhausen.de

AS 13 Memmingen-Nord, > Buxheim

Kartause Buxheim

Kartause Buxheim. Siehe Seite 254, A7.

@ www.kartause-buxheim.de

AS 14 Memmingen-Ost

Memmingen

Memmingen. Siehe Seite 253, A7.

@ www.memmingen.de

AS 11 Aitrach, > Legau

Bauernhofmuseum Illerbeuren

Bauernhofmuseum Illerbeuren. Siehe Seite 254, A7.

@ www.bauernhofmuseum.de

Württembergisches Allgäu

Württembergisches Allgäu.

Auch als Westallgäu bezeichnet, liegt die Region im Grenzgebiet des südöstlichen Baden-Württemberg zum bayerischen Ostallgäu und erstreckt sich über eine Fläche von rund 2500 Quadratkilometern. @ www.westallgaeu.de

Thermen und Moor – Bad Wurzach · Bad Waldsee.

Bad Wurzach ist ein Moorheilbad mit eigener Thermalquelle. Patienten finden Heilung durch die Wirkung der Erde des Naturmoores. Auch Bad Waldsee bietet Kuranwendungen aus Moor, Thermalwasser und Kneipp'schen Elementen. @ www.bad-wurzach.de, @ www.bad-waldsee.de

Leutkirch im Allgäu. Leutkirch hat ein breites Angebot für Freizeitaktivitäten in der Natur. Doch die Stadt bietet auch Kultur mit Museen, Theater- und Konzerträumen und Musikfestivals. Leutkirch ist mit 175 Quadratkilometern eine der größten Gemeinden Baden-Württembergs. @ www.leutkirch.de

Kißlegg – Schlösser & Seen. 824 wird Kißlegg erstmals als „Ratpotiscella" nachgewiesen. Der Luftkurort verfügt neben dem Alten und dem Neuen Schloss über weitere Sehenswürdigkeitkeiten. Im Gemeindegebiet befinden sich der Obersee, der Zeller See und der Schlingsee sowie weitere Seen im näheren Umkreis. @ www.kisslegg.de

Isny im Allgäu ist seit 1965 ein sogenannter „Heilklimatischer Kurort". Der höchste Punkt befindet sich auf über 1100 Metern, sodass im Winter auch die Skipisten und Loipen genutzt werden können. Sehenswert sind die vielen Kirchen, Tore und Türme aus mittelalterlicher Zeit. @ www.isny.de

AS 6
Wangen-Nord

Wangen im Allgäu. Im Westallgäuer Hügelland zwischen Leutkirch und Lindau am Bodensee liegt die ehemalige Freie Reichsstadt und der heutige Luftkurort Wangen. Die herrliche Altstadt wird dominiert vom barocken Rathaus und dem Pfaffenturm am Markplatz. Die unter Denkmalschutz stehende historische Altstadt mit ihren schönen Brunnen versetzt einen in längst vergangene Zeiten.

@ www.wangen.de

AS 5
Wangen-West,
> Amtzell

Die **Wallfahrtskirche Pfärrich** ist eine der ältesten Wallfahrten in Oberschwaben in Amtzell-Pfärrich. Der Legende nach soll ein Ochse in einem Pferch (Pfärrich) gescharrt und ein kostbares Kreuz freigelegt haben. Dies war der Anlass zum Bau der Kapelle. Sie wurde 1377 erstmals urkundlich bestätigt und 1401 vergrößert, da sich eine beliebte Wallfahrt entwickelt hatte.

@ www.amtzell.de

AS 5
Wangen-West,
> Ravensburg,
B32, L326

Die Waldburg ist eine der besterhaltenen Burganlagen und weithin sichtbares Wahrzeichen Oberschwabens. Sie liegt im Ort Waldburg rund zehn Kilometer südöstlich von Ravensburg. Bei einer Führung können Interessierte alles über die Adelsfamilie Waldburg und die Waldburg selbst erfahren. Der Palaskeller der Burg kann für Feierlichkeiten aller Art gebucht werden.

@ www.gemeinde-waldburg.de

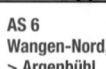

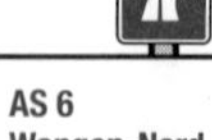

AS 6
Wangen-Nord,
> Argenbühl

Argenbühl ist eine Gemeinde im Landkreis Ravensburg im württembergischen Allgäu mit sechs Ortsteilen. Im Ortsteil Ratzenried befinden sich die Burgruine Ratzenried und das Heimatmuseum. Im Ortsteil Eglofs ist das Allgäu-Schwäbische Musikarchiv beheimatet. Eglofs wurde 1998 als schönstes Dorf Baden-Württembergs ausgezeichnet.

@ www.argenbuehl.de

Vierländerregion Bodensee. Die touristisch und wirtschaftlich bestens erschlossene Region bietet eine hohe Lebensqualität. Hier fügen sich die Potenziale der Länder Deutschland, Österreich, Schweiz und Liechtenstein zusammen. Die Region rund um den Bodense ist ein beliebtes Ferien- und Urlaubsgebiet vor der imposanten Kulisse der Alpen.

@ www.bodensee.eu

Maria vom Sieg Wigratzbad. Sechs Kilometer südlich von Wangen im Allgäu liegt der Ort Wigratzbad. Bei der Nennung des Namens wird meist an die Gebetsstätte, die von Antonie Rädler gegründet wurde, gedacht. Sie steht unter dem Schutz der „Unbefleckten Empfängnis Mutter vom Sieg" und ist ein Heiligtum des Bistums Augsburg.

@ www.gebetsstaette.de

Schloss Achberg. Im Jahr 1335 wird erstmals die „Burg zu Achberg" urkundlich überliefert und wahrscheinlich im 16. Jahrhundert zum Schloss umgebaut. Das Schloss liegt im romantischen Argental zwischen Lindau am Bodensee und Wangen im Allgäu. Es ist ein beliebtes Ausflugsziel für Wanderer und Radfahrer. Hier befindet sich auch der „Flunauer Steg", eine 48 Meter lange Hängebrücke über die Argen.

@ www.schloss-achberg.de

Inselstadt Lindau. Die frühere Freie Reichsstadt liegt am südöstlichen Ufer des Bodensees. Die historische Altstadt Lindaus liegt auf einer Insel und ist durch einen Eisenbahndamm und eine Auto- und Fußgängerbrücke mit dem Festland verbunden. Die Altstadt ist komplett als Fussgängerzone ausgewiesen, was der romantischen Atmosphäre sehr zuträglich ist.

@ www.lindau.de

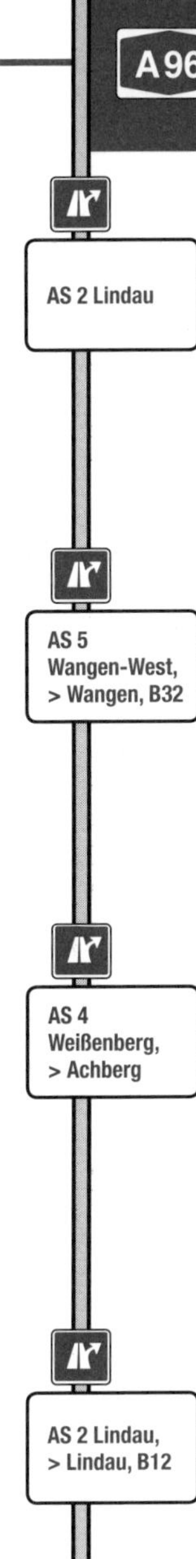

AS 5 Lörrach

Ruine Rötteln Wiesental. Von der ehemaligen Höhenburg Rötteln steht heute nur noch eine Ruine nahe des Weilers Rötteln im Lörracher Ortsteil Haagen. Auch als Röttler Schloss bekannt, war die Burg einst eine der mächtigsten in Südbaden. Sie wurde im Dreißigjährigen Krieg schwer beschädigt und 1678 im Holländischen Krieg fast völlig zerstört.

@ www.burgruine-roetteln.de

AS 4 Kandern

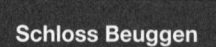

Naturpark Südschwarzwald. Siehe Seite 187, A5. @ www.naturpark-suedschwarzwald.de

AS 8 Rheinfelden-Karsau, > B34 Rheinfelden

Schloss Beuggen liegt etwa zehn Kilometer östlich von Basel in Rheinfelden und ist ein ehemaliges Wasserschloss. Die Anlage diente über 500 Jahre als Stammsitz des Deutschen Ordens und ist die älteste noch erhaltene Kommende dieses Ritterordens. Schloss Beuggen dient heute als Tagungs- und Begegnungsstätte. @ www.schloss-beuggen.de

AS 130 Stockach-West

Der Bodensee wird auch Schwäbisches Meer genannt und verbindet Deutschland, Österreich und die Schweiz. Er besteht aus Obersee und Untersee und hat eine Gesamtfläche von 532 Quadratkilometern. Mit seinen Inseln Lindau, Mainau und Reichenau ist er ein beliebtes Urlaubsziel für Erholungssuchende und Wassersportler. @ www.bodensee.eu

AS 130 Stockach-West

Historisches Narrengericht Stockach. Das närrische Gericht geht auf den Unabhängigkeitskampf der Schweizer Eidgenossen mit den Habsburgern zurück. Hofnarr Kuony von Stocken gab seinem Herrn Leopold von Österreich den Rat, auch den möglichen Ausgang des Kampfes zu bedenken. Nach verlorener Schlacht durfte er einen Wunsch äußern und wünschte sich das Narrengericht in seiner Vaterstadt Stockach.

@ www.fasnacht-stockach.de

AS 13 Kreuz München-Nord

Allianz Arena München

Allianz Arena München. Im Norden von München direkt am Autobahnkreuz der A9/A99 befindet sich die Allianz Arena, eines der größten Fußballstadien Europas. Es bietet den Fußballfans bei Bundesligaspielen insgesamt 71.137 Sitz- und Stehplätze. Bei internationalen Spielen dürfen nur 67.800 Plätze verkauft werden. Es ist ein reines Fußballstadion mit Naturrasen, dessen Dach komplett geschlossen werden kann. @ www.allianz-arena.de

AS 1 Dreieck Allgäu > A7 > Füssen

Allgäuer Seenland

Das **Allgäuer Seenland** ist eine rund 5000 Quadratkilometer große voralpenländische Urlaubsregion zwischen Kempten, Füssen, Oberstdorf und Lindau, in der sich viele Seen als Reste der letzten Eiszeit erhalten haben.
@ www.allgaeuerseenland.de